向井文雄
mukai fumio

「重不況」の経済学

日本の新たな成長に向けて

新評論

「重不況」の経済学／目次

はしがき

本書の目的は、①日本が輝きを失った一九九〇年代以来の長期停滞の本質的原因を検討し、それを通して、②日本の新たな成長の道筋を探るとともに、③世界同時不況で再構築を迫られている経済学そのものの刷新に向けて新たな視点を提示する、という三点にある。このために経済学の用語は相応に頻出するが、日本経済の行方を憂慮されている多くの方々に読んでいただけるよう、できるだけ平易な説明に努めた。

表題の「重不況」とは、これまでに日本が直面してきた一九三〇年代の「世界大恐慌」、日本の「長期停滞」、リーマンショック以後の「世界同時不況」のように、「バブル崩壊で発生し、『流動性の罠』が生じ得るような大不況」を指す著者の造語である。本書では、この「重不況」下においては、需要制約や金融政策等に関して、通常の不況では表に出ない特異なメカニズムが顕在化すると考える。

以下に本書の構成をおおまかに説明しておこう。まず第1章では、九〇年代以来の長期停滞を解決するための小泉構造改革期（二〇〇一～〇六年）こそ、世界の中で日本の経済的地位が劇的に低下した時期だったことを明確にする。そして、「構造改革」の理論的支柱となっていた、サプライサイド（供給側、特に「生産性」）を重視し需要を軽視する「新しい古典派」の経済学に基づく諸仮説がいずれも、その後の検証によって実証されないことが明らかになっていることを示す。

これに対して、二〇〇八年以来の世界同時不況は需要の重要性をあらためて再認識させている。

第2章～第4章では、こうした点を踏まえて経済成長や景気循環などを「需要の制約」の観点であらためて整理し直すとともに、通常はランダムで互いに相殺しあっている各経済主体の需要の将来見通しが、重不況下では一方向に「斉一化」し、そのために金利の影響力が低下する（つまり重不況下では通説に反して金融政策の有効性が低下し、したがって、いわゆる「リフレ政策」の有効性も低下する）という観点をはじめ、実効性ある成長戦略のための理論的枠組みを提示する。さらに、金融・資産経済が常に効率的であるわけではなく、かつ実体経済とは独立に運動し得るという観点から、景気循環、バブル、効率的市場仮説の破れ等の問題を考察し、新たな観点を提示する。

後半の第5章～第6章では、以上を踏まえて、政府の財政出動の位置づけと累積債務問題の解決策を検討する。また、高コストの先進工業国が取り組むべき成長戦略として、イノベーションだけでなく「非価格競争」「ニッチ」「北欧型政府経済システム」に着目する。

以下で本書が試みるささやかな検討と提言を一人でも多くの方に吟味していただき、日本経済の未来に向けた建設的な議論がいくらかでも深まるなら、これ以上の喜びはない。

二〇一〇年八月

著者

第1章 日本経済 沈みゆく日本：構造改革と長期停滞

はじめに——手詰まりの日本経済と構造改革

「沈みゆく日本」、「日本の一人負け」、「地盤沈下」、「ジャパン・パッシング（日本外し）」、「ジャパン・ナッシング」。これらはいずれも、近年の日本を評することばである。政治的な意味で使われているものもあるが、元来、日本の政治的影響力は経済力に大きく依存していたのであるから、これらはみな日本経済の地盤沈下を端的に反映した評といえる。

現在の日本経済は二つの問題に直面している。第一は「**世界同時不況**」、第二は一九九〇年代以来の「**日本経済の長期停滞**」である。日本は、九〇年代の長期停滞を経て二〇〇〇年代には戦後最長といわれる「実感なき景気回復」を経験したが、後述するようにこの「回復」には、世界に占める**GDP（国内総生産）の割合がほぼ半減**するほどの経済規模の相対的縮小がともなった。そして今回の世界同時不況で、主要先進国中最も大きな打撃を受けたのが日本であったことからもわかるように、この「景気回復」は他国の経済動向に依存するものであり、自律的な成長は実現していない。詳細は以下の第1節で述べるが、少なくとも、小泉政権による「構造改革」は、日本経済にとって特記すべき成果をもたらさなかったというしかなく、日本経済の停滞を本質的に解決する道筋はいまだみえていない。

九〇年代の長期停滞の原因を解明し、小泉構造改革の理論的基礎となったとされる林文夫（一九五二〜。一橋大学教授）、エドワード・プレスコット（一九四〇〜。二〇〇四年、リアル・ビジネス・サイクル理論でノーベル経済学賞をF・キドランドと共同受賞）両氏による仮説（Hayashi & Prescott［2002］、初稿は一九九九年公表）は、日本経済の停滞を「生産性（TFP）上昇率の低下」と「週休二日制の導入等による労働投入の減少」で説明したものである。しかし、林氏自身を中心に六年にわたって行われた実証研究では、この仮説を実証する結果は、ほぼ得られなかったように見える。こうした立場に基づいて行われた「構造改革」（以下、本書で「構造改革」は、この意味に限定して用いる）は、現実の効果面でも、理論的根拠の面でも、手詰まりの状態にある。

手詰まりの原因は、**第2章**以降で説明するが、これまでの構造改革の基盤となってきた新古典派経済学、特に現在その中心的位置を占める「新しい古典派」の理論が、もっぱらサプライサイド（供給側）を重視しているためと考えられる。実際、今回の世界同時不況では、（「新しい古典派」が嘲笑の的にしていた）「需要」にターゲットをしぼったケインズ主義的政策が大規模かつ一斉に採用されており、「新しい古典派」はほぼ無視されている。また、今回の危機が大恐慌の二の舞を避け得るという予想の根拠として、一九三〇年代の大恐慌発生当時には存在していなかったケインズ経済学が、今回は存在していることを挙げる論者もいる。もちろん、各国が現在採っている財政政策は、財源面で持続性に疑問が持たれており、危機的状況に対応するための緊急かつ一時的な政策と理解されてはいる（この持続性の問題については、**第**

6章で一定の回答を予定している)。

本書では、こうした現在の状況もふまえつつ、まず本章第1節で、日本経済の急速な地盤沈下が「失われた一〇年」とされる九〇年代ではなく**小泉構造改革**の時期に起き、サプライサイドの構造改革には効果がなかったと考えられることを確認する。続く第2節では、構造改革の理論的基礎としてもてはやされてきた様々な仮説が、今日、実証的には総崩れに近い状況となっており、サプライサイドの視点には理論的にも行き詰まりがみられることを明らかにする。そして次章以降ではこれらをふまえ、問題解明にあたって新たに「需要」の観点を加えることで、日本経済の長期停滞原因の解明を試みるとともに、対策の方向を検討してゆく。

第1節　二〇〇〇年代日本経済の劇的地位低下

二〇〇二年二月から〇七年一〇月まで続き、「いざなぎ景気」を超えて戦後最長の景気拡大といわれた「実感なき景気回復」を、構造改革の成果とする論者（例えば竹中平蔵氏）もいる。しかし、世界における日本経済のプレゼンスは、この時期に急速に縮小したのである。

1　日本経済の相対的縮小

半減したGDPシェア　世界経済に占めるGDPのシェアを**図1**でみると、日本経済が一九九七～二〇〇七年の一〇年間に劇的に縮小したことがわかる。しかも、G7（先進七か国）のうち日本以外の六か国の合計は、一九九七年の四九・六％が二〇〇七年の四七・五％へ微減したにすぎないが、日本は一四・

図1　10年で半減した日本のGDPシェア（1997〜2007）

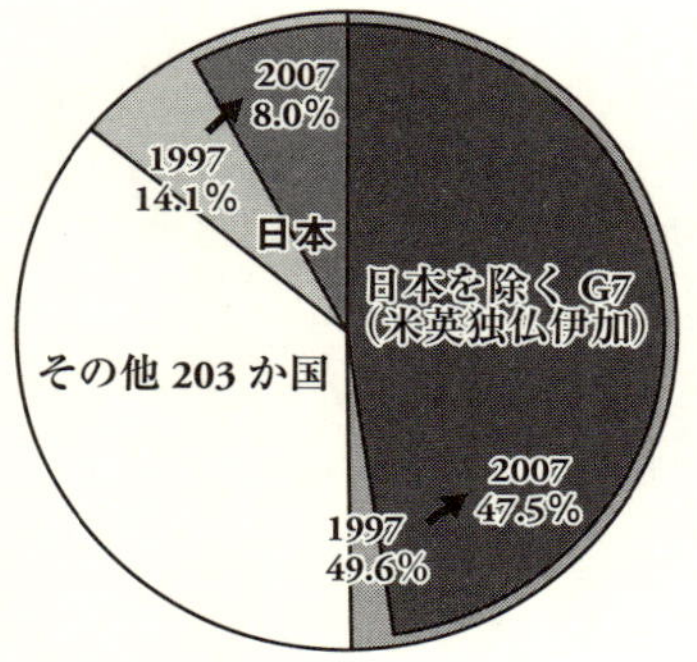

出所：国連統計部のデータによる

一%が八・〇%へと激減（**一〇年でほぼ半減**）しているのである。日本は、この一〇年でドイツ一国分に相当するシェアを失ったことになる。これをみれば、その原因が中国など開発途上国の台頭によるものではないことも明らかである。

国際比較は名目値で行うしかないので、これは名目ＧＤＰでの比較である。日本は、この間実質ＧＤＰでは、多少は成長している（両者に乖離があるのは物価下落のためだ）。だが、国際間の取引は名目価格とその時点の為替レートで行われているのだから、その実質成長が生産力や生産性向上によるものであれば、それは最終的に名目成長や為替レートに反映される。つまり、名目ＧＤＰと為替レートこそ、国際経済の中におけるその国のその時点での経済的実力を示すのである。日本のこの間の実質成長が名目成長に反映されていないということは、その成長が生産性や競争力向上の結果ではなく、単に国内の物価を下落させ（付加価値を縮小させ）、自国通貨安で輸出価格の水準を切り下げることで（そしてそれによって輸出主導の形で）、かろうじて達成されたものだということを示している。[1]

一人当たりＧＤＰ順位の急落

これを人口一人当たりＧＤＰ順位でみてみよう。**図2**のように、ＯＥＣＤ諸国（経済協力開発機構に加盟する先進三〇か国）内での日本の人口一人当たり名目ＧＤＰ順位は、一九八八年に三位となって以後、バブル潰しで八位となった一九九〇年と、橋本改革時の六位（九八

図2　OECD諸国中の日本の1人当たりGDP順位

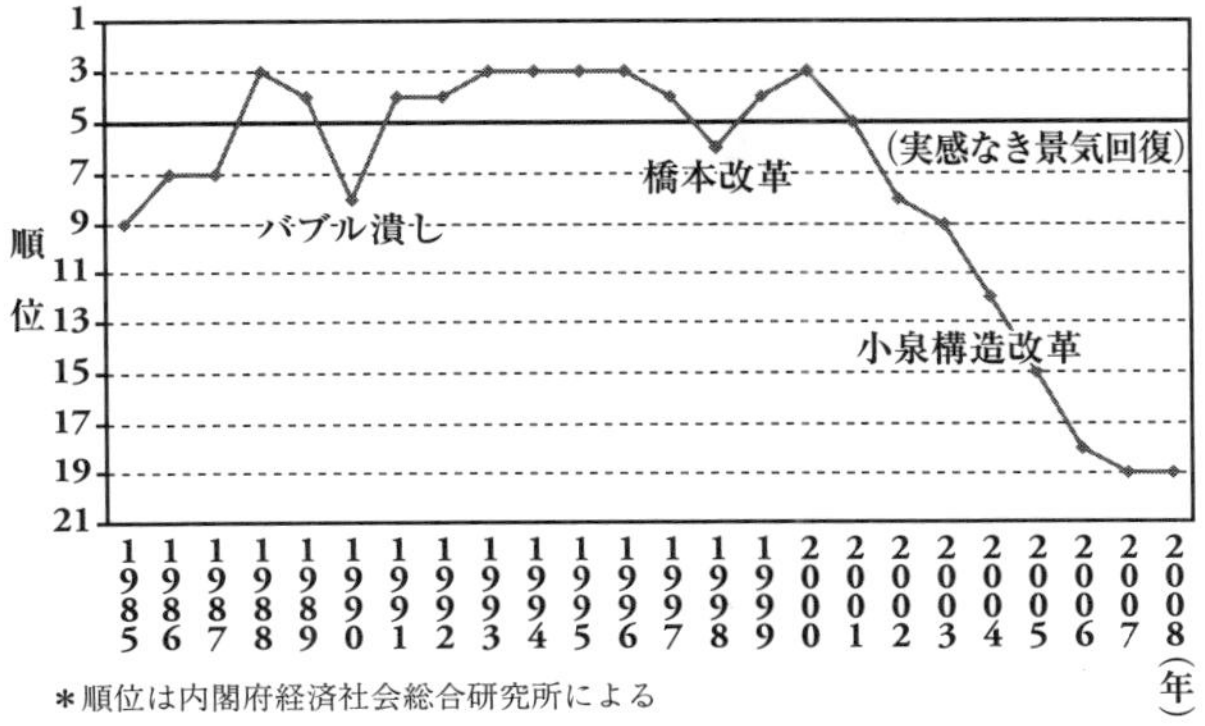

＊順位は内閣府経済社会総合研究所による

年）の二回を例外として、一九八八〜二〇〇一年までの一四年間にわたり、おおむね五位以内を維持し続けていた。しかし、ちょうど小泉政権が成立し、構造改革が本格化した〇一年以降は、明確かつコンスタントな低下トレンドをたどり、最近では〇六年にドイツ、フランス、カナダを下回って一八位へ、〇七年にはさらにイタリアを下回って一九位へと、急速に順位を低下させている(2)。最近日本を抜いたドイツ、フランス、イタリアの順位変動をみてみると、コンスタントに一五〜一九位程度である。つまり、この期間に急速に変化したのは日本の方なのだから、順位低下の原因はわが国側にある可能性が強い。

一人当たりGDPとは「国の生産性」をほぼ反映するものであるから、「構造改革」が推進したはずの生産性向上策は、わが国を抜いた十数か国もの国々をはるかに下回る効果しか生まなかったことになる。

（1）なお、一九九七年と二〇〇七年の円対ドルの為替レートは、ほぼ同水準である。

（2）「実感なき景気回復」が輸出主導で行われたとすれば、それは為替レートと深く係わっているわけだから、このドル表示での順位には意味がある。なお、購買力平価でも日本の順位は一七位前後に止まる。また、現在の円高でこの順位はあるていど改善するだろう。実際に、IMF（国際通貨基金）の二〇一〇年四月時点の推計値でみると、日本の順位は二〇〇九年には一五位程度に上昇している。

G7各国経済の動向との比較

図3は、G7各国の「GDPギャップ」（最近一〇年間の平均）である[3]。GDPギャップ（需給ギャップ）とは、一国経済の供給能力（潜在GDP）と総需要の乖離のことである。これがマイナスであればデフレ圧力が強まり、また生産能力の過剰を意味するから、設備投資は抑制基調となる。

図3　G7各国のGDPギャップ（1998～2007平均）

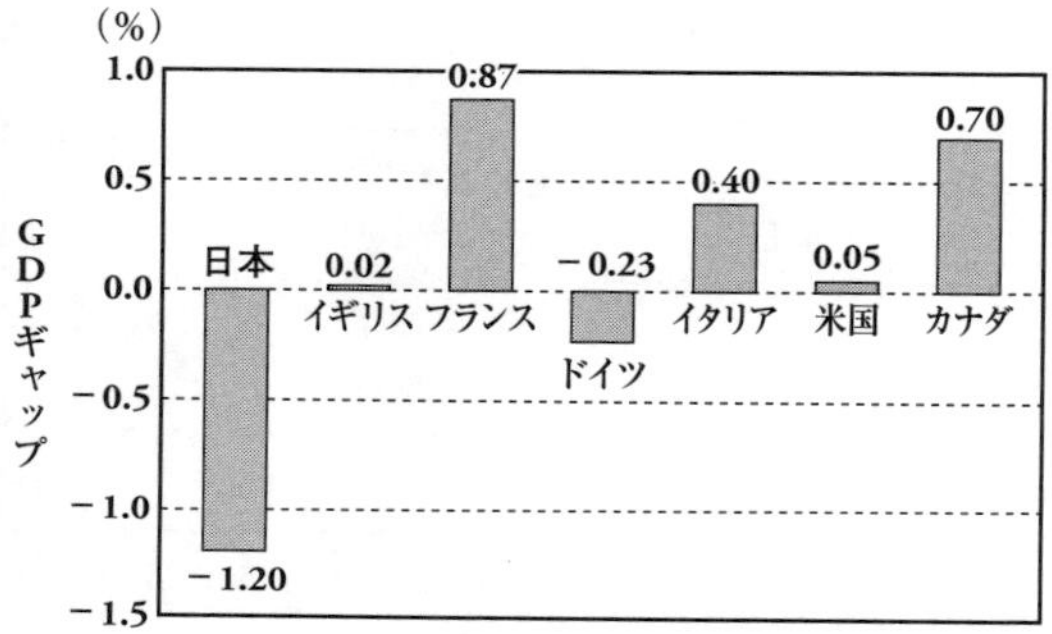

出所：データはIMF, World Economic Outlook Database, April 2010による

グラフのように日本は、各国に比較して大きく需要が供給能力を下回っている。また各年のデータをみると、最終年（二〇〇七年）を除く九年間は毎年マイナスである。こうした状況では、企業は供給能力の過剰を認識して設備投資を抑制し、設備の縮小廃棄を進める。その分だけ総需要が小さくなり、供給能力の縮小で潜在成長率が低下するから、成長がなくなるのも当然だろう。つまり、日本の順位低下は円安だけが原因ではなく、実体経済の力の相対的低下を反映している。

次に、同じ一〇年間の一人当たりGDPの変化を比較した**図4**をみると、他のG7各国でそれぞれ五三～一〇三%増加したのに対して、日本は一・三%の増加にすぎない[4]（桁違いといえる）。このように他の先進国と比較すれば、「わが国は経済が成熟しているから成長率が低いのは当然だ」といった議論があたらないことは明らかだ。

日本経済は、生産性重視の構造改革が行われたはずのこの期間

図4　G7各国の10年間（1997〜2007）の1人当たりGDP成長

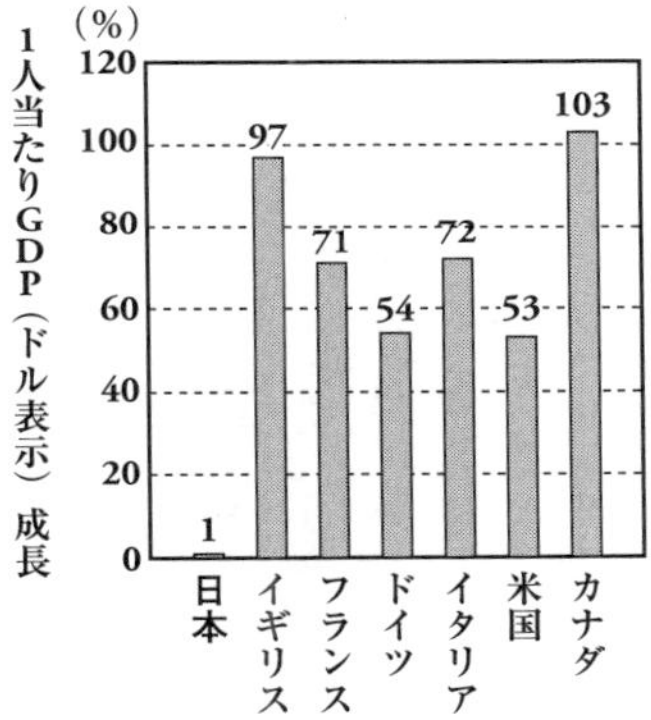

出所：データは IMF, World Economic Outlook Database, April 2010 による

にこそ、他のG７各国と比較しても際だつほど特異な停滞を記録したのである。

「失われた二〇年」——構造改革期の縮小

九〇年代は「失われた一〇年」といわれながらも、一人当たりGDPで三位前後を維持していた。これに対して二〇〇〇年代は、一般の理解とは異なり、日本がその経済的地位を劇的に失った時期といえるわけである。世界経済の舞台に置いてみれば、日本経済が構造改革の一〇年間にこそむしろ縮小スパイラルの道を歩んだことが明白にわかる。九〇年代を「失われた一〇年」というなら、橋本改革から小泉構造改革の一〇年間も「もう一つの失われた一〇年」あるいは「最悪の一〇年」であり、われわれは「失われた二〇年」を経験してきたのだといえる。

なお、図３で日本と同様にGDPギャップの平均がマイナスを示しているドイツは、九八年に政権に復帰した社会民主党のシュレーダー政権下（九八〜〇五年）で、やはり「構造改革」が進められていた。

（３）ＧＤＰギャップについては各種の議論があるが、同じ基準で計算した比較には一定の意味がある。なお、ＧＤＰギャップの計算に必要な潜在ＧＤＰの推計には大きく二つの考え方がある。資本や労働を最大限に利用した場合を潜在ＧＤＰと捉える考え方と、平均的に利用した場合を捉える考え方であり、一般には後者が使われている。図３で使用したＩＭＦの推計もこれに基づいている。

（４）ただし、この間、人口が一・八％増加する一方、労働力人口が〇・五％程度減少したので、労働力人口当たり生産性は一・三％＋一・八％＋〇・五％＝三・六％上昇していることになる。だが、いずれにせよ他の国とは桁が違う。

2 「実感なき景気回復」と輸出の関連性

ではなぜ、日本経済のシェアが劇的に縮小したこの二〇〇〇年代に、「実感なき景気回復」があったのだろうか。「縮小」と「回復」という一見矛盾する現象は、どのように説明しうるのだろうか。

第2節でも別の角度から論ずるが、この回復には、構造改革派[5]が成長要因として重視するサプライサイドの要因ではなく、輸出（すなわち需要）の影響が大きかったと考えられる。

よく知られているように、この時期には、長期にわたる超低金利等による実質的な円安政策（超低金利の円を売って高金利のドルを買う資産運用者が増えるので、売られた円は安くなる）が採られた。実際、円の実質実効為替レート[6]でみると、この間の円安は「異常」なほど大きい（野口［二〇〇八］一三八〜一四〇頁、鈴木［二〇〇八］五七〜六一頁など）。

実際にこの時期の成長要因の寄与状況をみると、輸出の貢献度が極めて高い。すなわち、この景気回復は構造改革の成果というよりも、円安と、米国の住宅バブルに伴う信用膨張と過剰消費という国際環境下で、輸出（＝需要要因）によって実現されたものと考えられる。

そしてこれに並行して、先にみた一人当たりＧＤＰ順位の低下や、世界に占めるＧＤＰシェアの急速な縮小が生じている。こうした事実は、「実感なき景気回復」が、現実にはわが国産業の生産性や付加価値の相対的な低下と並行して、しかもある意味それを代償として得られたものであることを示している。つまり、それは「円安による交易条件の悪化を許容して実現した外需依存型の景気回復」であり、日本経済は、従来に比べて相対的に低付加価値化し、生産性を低め、国民がより多く働くことで、輸出に過度に依存した限定的な景気回復を実現したのである。

このように、構造改革派が主張するサプライサイドの対策に効果がなく、唯一効果があったようにみえるのが需要側の要因（輸出）だったことは、長期停滞の原因が需要側にあったことを示唆している。もちろん、近時の為替レートの変化を反映して、各種の指標は今後ある程度変化するだろう。しかしそれは同時に、円安によって維持されてきた、輸出主導による景気回復の枠組みが終焉したことをも意味する。この輸出立国戦略の問題点については、**第3章**であらためてふれる。

第2節　構造改革派の日本経済長期停滞論を検証する

二〇〇〇年代の停滞については、九〇年代初頭のバブル崩壊の後遺症が何らかの影響を与えているとする向きがある。しかしそれは、バブル崩壊後一〇年を過ぎた後に突如急激な変化が生じた理由を説明できない。ところでこの停滞期は、小泉首相（在任二〇〇一年四月～〇六年九月）の「構造改革なくして成長なし」の言葉に代表される「構造改革主義」が、政府やメディアに大きな影響力を持ち、それに基づく政策が行われた期間と重なる。これは偶然の一致だろうか。

構造改革論者の中には、生産性が伸びなかった理由を、改革の不徹底のためとする向きもある。では、

（5）本書では「構造改革派」ないし「構造改革論者」という呼称を、主に Hayashi & Prescott［2002］と視点を同じくする経済学者の意味で使う。この立場は、プレスコットらによるリアル・ビジネス・サイクル理論（ＲＢＣ理論）に基礎をおいている。ＲＢＣ理論とは、景気循環の要因を主に生産技術などの実物的要因（実質変数）に限定するもので、「新しい古典派」の中心的な理論の一つである。なお後に出てくる「主流派経済学」は、広義の新古典派経済学と同義で使用している。

（6）実効為替レート（二国間だけでなく、すべての貿易相手国の国別貿易ウエイトで加重平均した総合的為替レート）に物価上昇率の差を加味したもの。

イタリア、フランスなど、一人当たりGDPで日本を抜いた十数か国が、すべてわが国以上の「構造改革」を行ったのかというと、そのようなことを示す客観的事実はない。各国が普通に達成したことを、これだけ長期の「痛み」に耐えたわが国だけが努力が足りず達成できなかったとする総括には同意しがたい。むしろ、構造改革論者たちの方法論に誤りがあったと考えるのが自然だろう。

そこでこの節では、構造改革派が九〇年代以降の長期停滞をどのように考えていたかを検討する。

1 「生産性の低い産業分野のウエイト増大」をめぐる認識

構造改革派は低生産性分野のウエイト増大を「異常」と考えた　まず、九〇年代の停滞期に生産性上昇率の低い産業分野で就業人口割合が増加した問題をとりあげよう。

構造改革派の中には、長期停滞の原因を九〇年代の政策の誤りに求める向きもある。例えば池尾和人氏（慶應義塾大学教授）は次のように述べている。「生産性上昇率の低い産業がウエイトを増大させるというのは、本来の市場メカニズムでは起こらないことのはずです。本来の市場メカニズムでは効率のいいものが生き残って、効率の悪いものは規模を縮小するはずです。ところが、九〇年代の日本においては、効率の悪いものが規模を拡大し、効率のいいものが規模を縮小したということが起きたのではないかという話になるわけです。そういうことを引き起こしたのは、総合経済対策という名前で行われた一九九〇年代の裁量的な景気刺激策、財政出動が大きな原因の一つとして考えられます」（池尾・池田［二〇〇九］二四四頁、以下傍点は引用者による）。

この問題については、宮川努氏（学習院大学教授）も同様の見方を示している（宮川［二〇〇三］）。また西村・中島・清田［二〇〇三］は「一九九六年以降、非効率な企業が存続し、効率的な企業が撤退するという、奇妙な状況」が存在することを「初めて」明らかにし、その原因として「不必要な政策（規制・保護・補助金など）が存在するために市場の機能が失われている」可能性を指摘している。ここには主流派経済学者、構造改革論者の本質に係わる論点があるので、以下で検討してみよう。

低生産性分野のウエイト増大は普遍的現象である

実は、池尾氏らの理解とは異なって、生産性上昇率の高い産業から低い産業に就業人口などが移動し、低い産業の側がウエイトを増大させることは、何ら異常なことではない。

例として「ペティ＝クラークの法則」をみてみよう。これは、第一次産業から第二次産業へ、さらに第三次産業へと、就業人口や国民所得に占める比率の（伸びの）重点が移動していくという経験則である。この経験則は一九四〇年にコーリン・クラーク（一九〇五〜八九）がウィリアム・ペティ（一六二三〜八七）の学説をもとに発表して以来、長期の検証に耐えている（クラーク［一九五五］第9章）。その端的な例を**図5**に示した。これは世界二一か国の産業構造の変化を、就業者数割合の推移によって示したものである。

三角ダイヤグラムの見方を第三次産業を例に示すと、底辺の水平のレベルが〇％で、右端の（「第三次産業」と記した）上向きの矢印の方向に、底辺から垂直に頂点に近づくほど就業人口比率が上がり、頂点が一〇〇％である。そこで各国の第三次産業の比率の変化をみると、一貫して上昇していることがわかる。同様に、上の頂点と右の頂点を結ぶ辺を〇％とする第一次産業をみると、時間を追って低下している。こ

図5　就業者数の推移でみる産業構造変化のパターン（世界21か国）

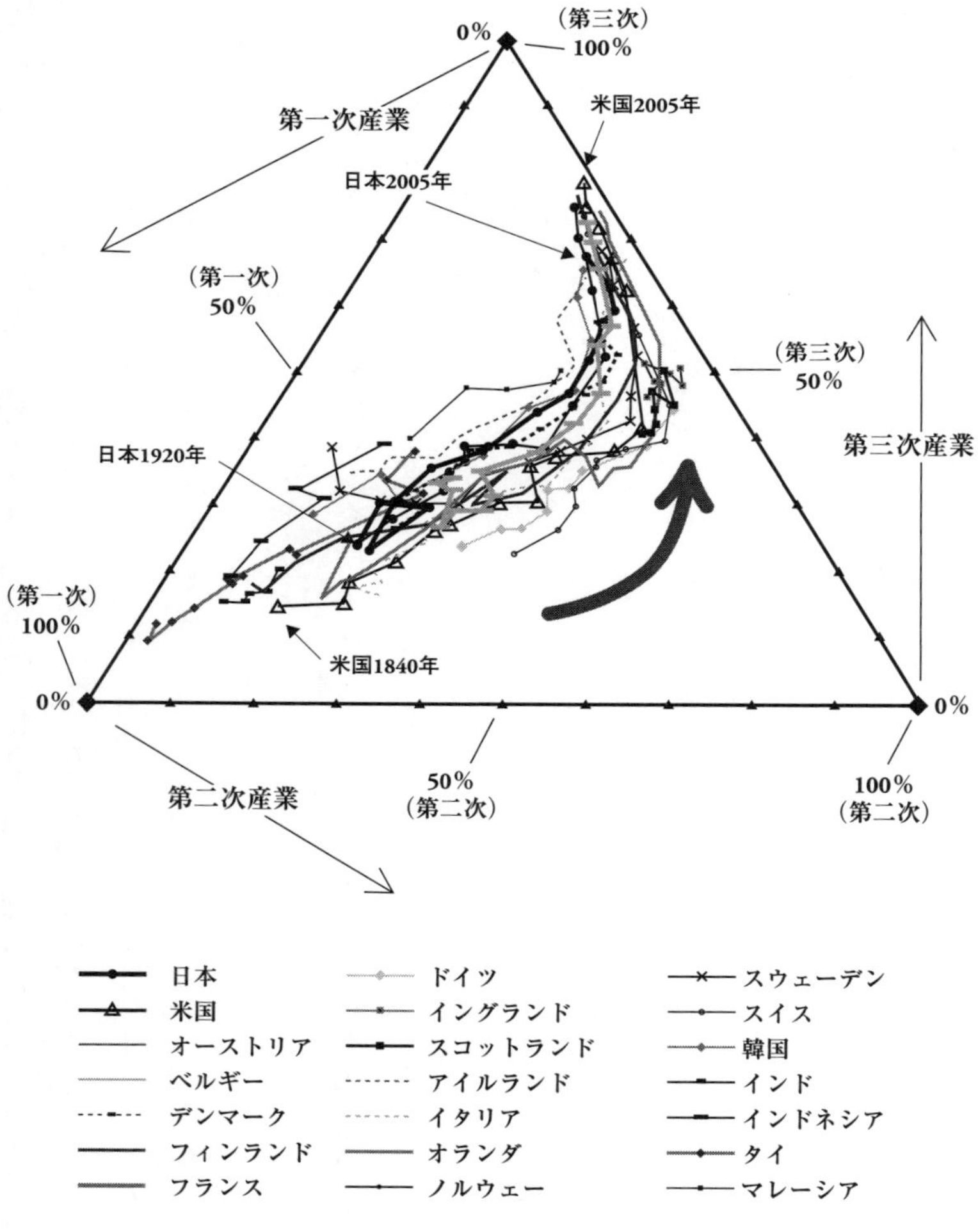

出所：吉村［2008］に一部加筆

れに対して第二次産業は、右の頂点（一〇〇％）に向けていったんは増加するが、その後低下している。つまりこの第二次産業が低下する部分で、第二次産業から第三次産業に成長の重点がシフトしたのである。

一般に、第三次産業は第二次産業に比べて生産性の水準やその上昇率が低い。つまりペティ＝クラーク法則はまさに、「生産性上昇率の高い産業から低い産業へ人材が流れる」現象を説明している。しかもこれは例外的ではなく、「市場システム」に普遍的な現象である。

構造改革下でも生じた高生産性分野の雇用縮小　もう一つの例として、小泉構造改革下で生じた現象をみてみよう。厚生労働省の『労働経済白書（平成二〇年版）』は、生産性上昇率の高い製造業が従業者数を減らし、上昇率の低いサービス業が増やしていることを示す**図6**など、労働生産性上昇率に関する分析をもとに次のように述べる。「一九九〇年代までは、生産性の高い産業分野に人材が集まり、産業構造の変化自体が、我が国社会全体の生産性を高める方向に作用してきた。しかし、二〇〇〇年代になると、この動きは逆転し、生産性の低い分野に労働力が集中する傾向が生じ、生産性の向上を阻害している」（厚生労働省編［二〇〇八］二一五頁）。

つまり、池尾氏が問題視している九〇年代はまだましで、構造改革が進められていた二〇〇〇年代の方が問題は大きい。『労働経済白書』は、これを「労働生産性の高い分野が人員を削減し、労働生産性を高めたものの、社会全体で見れば、高生産性分野の構成比が低下し、労働力配置の観点からは、労働生産性の低下に寄与している」（同、二一六頁）と分析している。

また「我が国の雇用は、パートタイマー、契約社員、派遣労働者など正規以外の従業員での増加が大き

図6　就業者数と労働生産性の推移

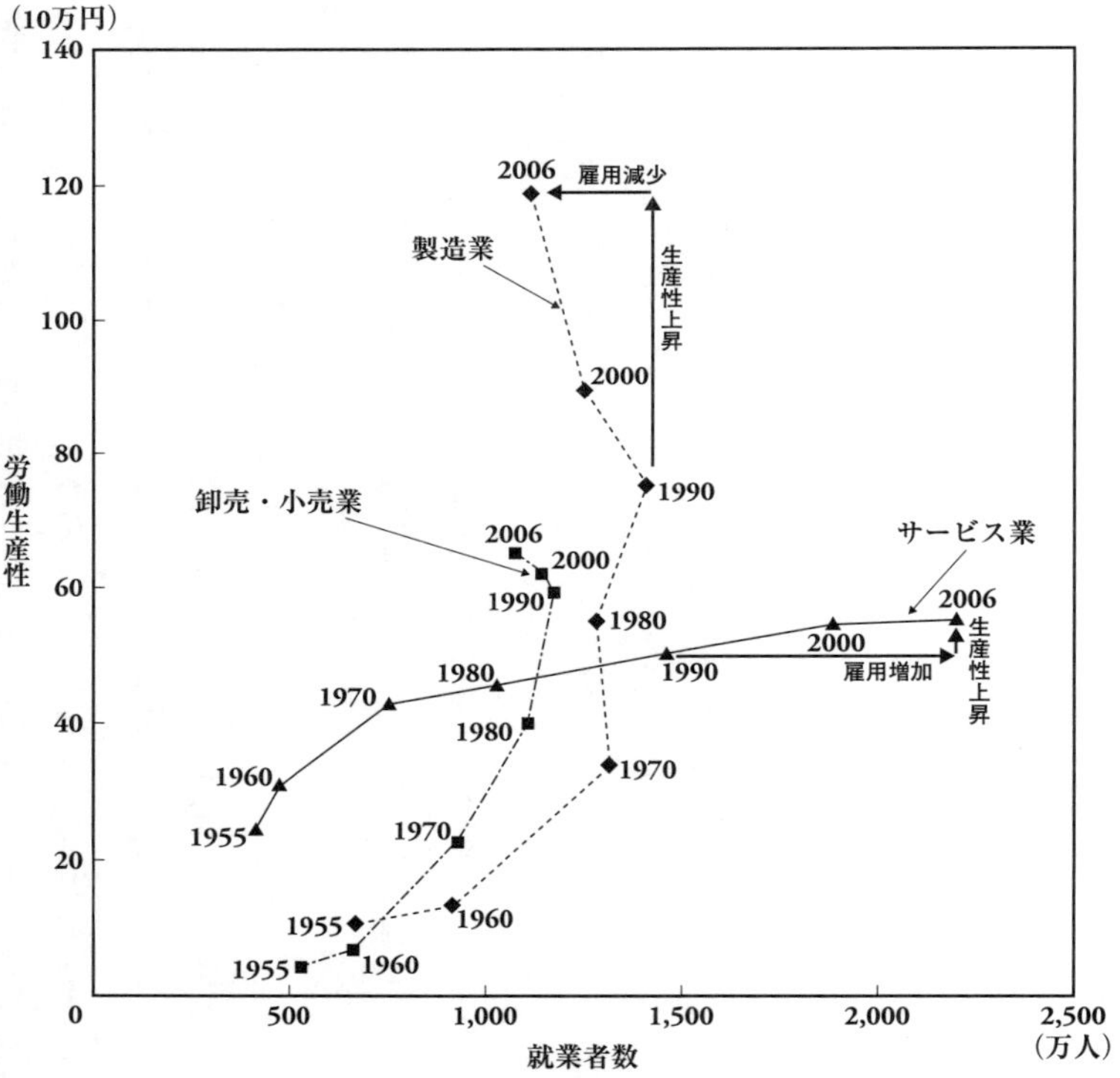

注：①労働生産性は実質国内総生産（産業別）を就業者数（産業別）で除したものとした。
　　②2000年基準の値（実質・固定基準年方式）に過去の指数を接合して遡及系列とした。
出所：厚生労働省［2008］に一部加筆

く、……この動きは同時に、今日における労働力の産業間配置機能の後退につながっている」と述べ、労働市場の規制緩和（構造改革）の負の影響をも示唆している（同、二二五頁）。また、先にふれた宮川氏らも労働市場の分析から「一九九〇年代後半以降、企業がリストラを進めることによって、生産性の向上を図ってきたが、このリストラによって労働者は生産性の高い産業へ移動するよりも、生産性の低い産業へ移動せざるを得なかった可能性がある」（宮川・櫻川・滝澤［二〇〇七］一三〇頁）としている。これは、実は米国の黄金時代である一九五〇、六〇年代にも生じていた普遍的な現象である。いずれにせよ、池尾氏らが問題視していることは、このように当たり前といえる現象なのであり、それを日本の特異な停滞の原因とはみなしえないことは明らかだろう。なお、生産性上昇と成長の関係については、**第2章**第2節であらためて検討する。

2　構造改革派による長期停滞原因の理解の問題点

構造改革派の議論のポイント　構造改革派経済学では、日本の長期停滞をサプライサイドの「**生産性問題**」と、その改善を阻害する「**市場の歪み問題**」としてとらえる。つまり、市場の構造的な歪みが産業の生産性上昇を抑え、それが九〇年代以降の長期停滞の原因になっていると考える。例えば先の池尾氏は、その歪みは、九〇年代に政府が行った「総合経済対策」によって引き起こされたとみなしている。

こうした「市場の歪み」を重視する見方としては、宮川［二〇〇三］の「資金市場と労働市場の固定性」、宮川・櫻川・滝澤［二〇〇七］の「労働市場での資源配分のひずみ」、西村・中島・清田［二〇〇三］の「不必要な政策（規制・保護・補助金など）が存在するために市場の機能が失われている」ことで効率的な企業が撤退するという「市場の自然淘汰機能の崩壊」、権・深尾［二〇〇七］の「低い『新陳代謝機能』が九〇年代のTFP［全要素生産性］の停滞を起こした可能性」などの議論、また「『新陳代謝機能』を高めるためには金融システムの機能回復が重要」とする議論や、淘汰されるべき企業が追い貸しで生き延び、資金や人材を抱え込んでいるというR・カバレロらの「ゾンビ企業仮説」（Caballero & Hoshi & Kashyap［2008］）などがある（**コラム1参照**）。

こうした議論や仮説が、「日本が長期停滞から脱するためには、規制を緩和して『市場の歪み』を是正し、生産性改善を図らなければならない」という構造改革論の経済学的根拠になっている。竹中平蔵氏らが、「実感なき景気回復」の要因を、輸出（需要側要因）によるものではなく、構造改革の成果（市場の歪みの解消と生産性の改善＝サプライサイド要因）によると主張している根拠も、こうした議論（仮説）にある。だがその主張は、構造改革期に日本の一人当たりＧＤＰがほとんど伸びなかったことで、マクロ的には否定されているといえる。

「市場の歪み」仮説の問題点　現状では、「市場の歪み」の是正によって生産性向上が実現したとはいえないと考えられるが、それは構造改革派が主張するように、「構造改革の不徹底」によるものかもしれない。そこで、「市場の歪み」仮説に基づく彼らの議論を具体的に検討してみよう。

「市場の歪み」仮説の一例として、まず「労働市場の歪み仮説」をみてみよう。これは、高生産性企業が、増産のために人材を確保しようとしても、労働市場の歪みで労働移動が妨げられているためにそれができず、成長が妨げられている、というものである。かつての高度成長時代には、農村から製造業へと継続的な労働力の供給があったが、農村の過疎化・高齢化に伴いこのルートは消滅している。このため、現在は主に第二次―三次産業間や同一産業内で労働力の供給を行わざるを得ないが、その際たしかに従来の日本の労働市場には、終身雇用や年功賃金など企業間の労働力移動を妨げる障害が多かった。

しかし、労働市場に歪みがあったとしても、それで説明できるのは「高生産性企業が雇用を増やしたくても増やせない」ところまでである。ところが現実は、先の図6で明らかなように、高生産性企業・分野は雇用を「減らしている」のである。これは、高生産性企業自身が自主的に雇用削減をしなければ生じ得ないことである。もちろん、低生産性企業が超高給を餌に高生産性企業から人材を大規模に引き抜いているというなら別だが、そうした話は聞かない。したがってこの現象には、市場は介在していないのである。であるなら、問題が「市場の歪み」とは無関係であることは明らかだろう。

また、宮川・櫻川・滝澤〔二〇〇七〕が着目したこの「労働市場での資源配分のひずみ」問題、すなわち高生産性企業の雇用減少問題を、深尾・宮川〔二〇〇九〕は「ボーモル効果」（後述）によって説明しているが、この解釈は「市場の歪み」論とは整合性がない。この問題の本質を理解するには、「需要」の観点を組み込むことが不可欠である（この点については**第2章**であらためて整理する）。

産業の新陳代謝機能低下説、ゾンビ企業仮説　次に、企業の「低い『新陳代謝機能』が九〇年代のTFPの停滞を起こした可能性」があり、その解決には「金融システムの機能回復」が重要とする議論（権・深尾〔二〇〇七〕）についても、深尾氏ら自身がそれが九〇年代の長期低滞以前から存在している問題であることを明らかにし、日本経済停滞の直接の原因ではないことを示している（金・権・深尾〔二〇〇七〕）。また**コラム1**でもふれた「ゾンビ企業仮説」も、実証的に否定されている（権・深尾〔二〇〇七〕）。

その他、日本の市場規制が停滞の原因だという見方については、そもそも高度成長を続けていた日本経済が低成長に移行した一九八〇年代には、すでに中曽根政権（一九八二〜八七）による「行財政改革」が行われたのであるから、少なくともこれ以降に規制が著しく増えたとは思えない。かりに増えた部分があ

コラム1　「ゾンビ企業仮説」と一国全体の生産性

ゾンビ企業仮説とは、再建の見込みのないゾンビ的な企業が、銀行の追い貸しで生きながらえ、それが資金と人材をつかんで離さないために、高成長分野に資金と人材が回らず、それによって経済全体の生産性上昇率が低下し、経済が停滞したという仮説である。これは、九〇年代日本の長期停滞の原因を提示した林＝プレスコット仮説（TFP低下説）に、具体的メカニズムを提供する仮説だった。

しかしこの仮説はすでに否定されている。例えば金・権・深尾［二〇〇七］は、日本経済の新陳代謝機能の低さは九〇年代以前から存在していた問題であることを明らかにし、また権・深尾［二〇〇七］は、ゾンビ企業の多い非製造業よりも製造業の方でTFP上昇率の低下が深刻であったことを示し、ゾンビ企業仮説では九〇年代日本の長期停滞を説明できないことを明らかにしている。

だが、日本経済全体の生産性を高めるためには、ゾンビ企業に代表される低生産性・非効率の企業を市場から退場させる必要があるという考え方には、それなりの道理があるようにみえる。そして実際こうした考え方の下で、非効率企業の市場からの早期退場を促進するために、資金市場や各商品市場の効率性を高め、競争性・効率性の高い市場を作っていく必要があるとされたのである。銀行の資産査定の厳格化などは、それに役立つものであると考えられた。

たしかに、それによって生産性の高い企業だけを残せば、日本経済の「生産性」は上昇するようにみえる。

構造改革派は、経済全体の生産性向上で付加価値は縮小するが、コスト低下がもたらす価格低下で需要が増え、それに対応する増産のために資金や雇用が吸収されると考える。ゾンビ企業や低生産性企業を市場から早期に淘汰すべしという発想は、こうした生産性重視の視点から生まれる。

しかし、この長期停滞下で、企業から吐き出された大量の余剰資金や余剰人材が有効活用され、成長に寄与しているといった話は寡聞にして聞かない。企業の生産性向上策やゾンビ企業の淘汰は、余剰人員等を吐き出させることで生き残った企業の平均の生産性は向上させたかもしれないが、**国全体の生産性は一向に向上していない**。吐き出された余剰資源が、有効に使われないまま滞留しているからである。これでは、「生産性」という概念や指標を使って、経済の活性化策を考える意味はないというしかない。

るにしても、日本の規制はその多くが欧米の規制に追随するものにすぎず、日本だけが特に高い規制を行ったとは考えられない。

つまり、規制や市場に歪みがあったにしても、それは高度成長時代からあったものか、先進国共通の規制強化に連動したものであるから、それを日本の経済成長率のみが九〇年代に突如著しく変化したことの原因だと主張することには無理がある。従来からあった規制が突如大きくマイナスに働くようになったというなら、その理由を説明する必要があるはずだ。

生産性（ＴＦＰ）上昇率低下仮説の問題点　では、そもそもこれらの議論のきっかけとなった仮説、すなわち九〇年代日本経済の停滞の原因とされた「ＴＦＰ上昇率低下仮説」は、その後の二〇〇〇年代日本経済の変動を含めて、日本の長期停滞を適切に説明できるのだろうか。まずは「生産性」を中心とする諸要因と、二〇〇〇年代の「実感なき景気回復」の関係を整理してみよう。その上で、新古典派成長理論の枠組みの外にある「需要」の問題についてもふれる。

ロバート・ソロー（一九二四〜。一九八七年ノーベル経済学賞）に始まる**新古典派成長理論**では、成長要因は三つに分解される。第一は「資本投入」、第二は「労働投入」である。そして、この二つで説明できない残余を通称「ソロー残差」といい、「生産性（ＴＦＰ＝全要素生産性）[7]」の変化として把握する。生産性とは、売上や付加価値などの産出量を、投入された資本や労働者数などすべての経営資源（生産要素）で

（7）全要素生産性（ＴＦＰ：Total Factor Productivity）は、労働や資本を含むすべての生産要素を投入量とした場合の、投入量に対する産出量の比を表したもの。直接計測が難しいため、ソロー残差で把握する。

割った比率である。通常、TFPは「技術進歩率」を表すものと考えられている。そして新古典派成長理論ではこのTFPの向上こそが、経済的豊かさの実現に最も重要だと考えられているのである。

長期停滞の原因としてTFPに着目し、構造改革に影響を与えた林＝プレスコット論文の林氏ら自身による検証の概要は**コラム2**で紹介するが、ここでは、経済産業省経済産業研究所の「産業・企業生産性プロジェクト」の実証研究の成果論文「日本のTFP上昇率はなぜ回復したのか」（権・金・深尾［二〇〇八］）を中心に、この問題を整理しよう。

この論文では、実質付加価値成長率が一九九五〜二〇〇〇年平均の年率〇・八％から二〇〇〇〜〇五年の年率一・二％に上昇した原因として、二〇〇〇年以降、労働投入は九〇年代のトレンドのまま引き続き減少し、資本投入増加の成長への寄与もほとんど増えなかったこと、TFP上昇率（付加価値ベース）は、九〇年代の年率〇・二％から、二〇〇〇〜〇五年には一・三％へと一％以上加速したことを挙げ、「二〇〇〇〜〇五年にはサプライサイドから見た経済成長の最大の源泉は、TFP上昇であった」としている。

またこのTFP上昇率加速の原因としては、景気変動による稼働率向上の影響は「ごく一部」であり、企業内で達成されたTFP上昇を表す内部効果が〇・六四％から一・三六％へと増加した一方で、純参入効果（＝参入効果－退出効果）の増加は〇・一九％、再配分効果（存続企業間の資源の再配分による生産性上昇への寄与）の増加は〇・一二％と、市場の効率化に係わる問題の影響はいずれも比較的小さく、「全産業のTFP上昇率の加速の七割以上は内部効果の増加がもたらした」もの、としている。

これは構造改革による「市場の効率化」（純参入効果すなわち「新陳代謝」や、企業間の資源の再配分）よりも、企業内部のリストラ等の効果が大きかったことを推測させる。

実際、この内部効果の具体的な内容について、製造業では「マン・アワー投入は非製造業にもまして減少したが、中間投入や資本投入増加が九〇年代後半に比べ加速する中で、ＴＦＰ上昇が（特に二〇〇一年以降）起きた。またパート労働の削減など、労働の質上昇が著しかった」ことが述べられ、非製造業では「ＴＦＰ上昇の加速は、労働投入、資本投入、中間投入をすべて減らすという、いわばリストラ型の生産性改善であった」としている。これは、おおむね「市場の効率化」や「歪み」とは無関係の要因である。

そして、「二〇〇〇年代の日本経済におけるＴＦＰ上昇率加速のかなりの部分が、労働・資本投入を減少させ、非製造業の場合にはさらに中間投入まで削減しながら、何とか生産量をあまり減らさないように踏みとどまるという、企業内のリストラ努力によってもたらされた可能性が高いと考えられる」としている。また、「そのようなリストラは、主にグローバルな競争圧力に直面する輸出企業、多国籍企業、研究開発を行う企業、等で行われた」と述べている。

回復の要因は「ＴＦＰ上昇」ではなく「輸出環境の好転」　次に、この論文が述べる「ＴＦＰ上昇率の加速」が、実際に二〇〇二年二月～〇七年一〇月の「実感なき景気回復」の原因かどうかをみるために、その検討の枠組み（供給側の要因）の「外」にある状況、すなわち「需要」に係わる状況を整理してみよう。

まず第一に、この時期には長期にわたる超低金利政策の結果として円安が継続し、日本経済にとって輸出に適した条件が整っていた。円安の状況を実質実効為替レートでみると、二〇〇一年夏から〇七年夏のピークまでに二六％程度円安が進行している（二〇〇〇年夏との比較では約三五％の円安）。これは、この分、日本の輸出品のドル表示価格が低下し得たことを意味する。これは輸出（需要要因）を有利にした

コラム2　林＝プレスコット仮説

一九九九年に初稿が公表された林＝プレスコット論文（Hayashi & Prescott［2002］）は、九〇年代の日本の長期停滞の原因として、労働時間の減少とＴＦＰの低下を挙げ、高い説得力でわが国の**構造改革路線の成立**に大きな影響を与えたといわれている。しかしその後、仮説の実証と拡張を目指して、文科省の大規模補助金（科学研究費特定領域研究補助金）により、林氏を領域代表者（領域名「経済制度の実証分析と設計」）として二〇〇〇〜〇五年度の六年間にわたって行われた研究プロジェクトは、望ましい収穫をもたらさなかった。プロジェクトの成果をまとめた論文集（林編［二〇〇七］）は、浅子和美氏の書評で「むしろ意に反した実証結果が並んだといえるのではなかろうか。…大山鳴動して鼠数匹…」と評される結果に終わった（浅子［二〇〇七］）。

実際この論文集の第1章では、経済停滞の主因は投資の停滞にあると結論づけられているし（ホリオカ［二〇〇七］）、第2章では、ＴＦＰはたしかに八〇〜九〇年代にかけて低下しているが、**純粋な技術進歩率は低下していない**という結果が得られている（宮川・櫻川・滝澤［二〇〇七］）。

また第3章では、コラム1でふれたように、いわゆるゾンビ企業が多い非製造業よりも、ほとんどゾンビ企業がいない製造業においてＴＦＰ上昇の減速が深刻であったとの結果が示されており、**ゾンビ企業仮説を否定する**結果が示されている（権・深尾［二〇〇七］）。

さらに第5章では、Hayashi & Prescott［2002］のモデルに投資財生産部門を加えて拡張したモデルでは九〇年代の日本経済の停滞を十分説明できないことから、このモデルに反映されていない**需要不足や投資不足**が重要な要因として存在する可能性が示唆されている。また、技術進歩はＧＤＰ変動の五〇％以上を説明できるが、非技術的要因も四〇％強を説明でき、後者が重要ではないという見方は実証されないとしている（ブラウン・塩路［二〇〇七］）。

特に第2章の、「九〇年代にＴＦＰの低下はあるものの、純粋な技術進歩率は低下していない」という分析結果は、供給側の生産性向上を重視してきた構造改革派経済学そのものの根拠を揺るがすものといえる。

はずだ。これに比べれば二〇〇〇〜〇五年の期間に「年率一・三％へと一％以上加速」（権・金・深尾［二〇〇八］）したというＴＦＰ上昇率加速の影響はないに等しい。

第二に、この時期は米国経済で「住宅バブル」等に係わる消費・輸入が拡大した時期と一致する。それは同時に、中国などの開発途上国が、主に米国への輸出拡大によって高度成長した時期にもあたり、他の先進各国も等しく好況期だった。こうした外部環境の変化で、日本の輸出も急増した可能性が高い。

すなわち「実感なき景気回復」は、円安政策を除けば、米国のバブルという外生的な要因、および外需という「需要側の要因」で生じたものである。これらは国内の供給側の要因とはほぼ無関係である。したがって、供給側の問題だけを考慮して需要を軽視する「新しい古典派」の経済学は本質的に、この回復を説明することはできない。

第２章であらためて詳しく述べるが、本書では、需要が十分であればサプライサイド要因が成長を決定するが、逆に需要が弱ければ需要側要因が成長を決定すると考える。右の場合は外需で成長したのだから、外需の変化で需要の制約が緩められて成長が生じたと考えなければならない。つまり、成長を制約しているのは需要なのである。この場合、サプライサイドの要因は、需要の制約が決定する成長率を実現する手段にからんで、二次的に働くにすぎないということになる。

ところが、林＝プレスコット仮説以来の構造改革派経済学では、もっぱらサプライサイドの生産性が重視されてきた。そこで、ＴＦＰの伸びが景気回復の主因かどうかを、もう少し具体的にみてみよう。**図７**は、需要別にみた二〇〇一〜〇八年の成長の概要である。

まず、二〇〇八年度の輸出や民間企業設備投資の急減は、ＴＦＰの急低下や資本・労働投入の減少（新

図7　需要項目別実質経済成長（2001～08）

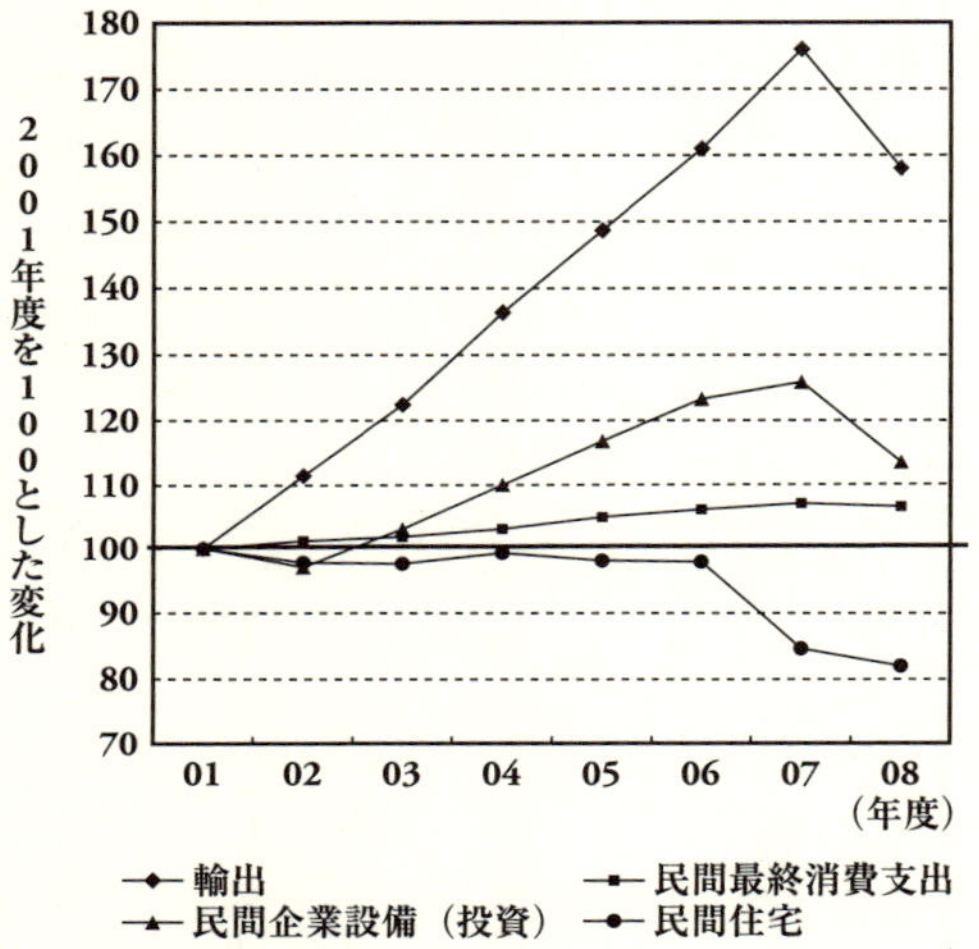

出所：内閣府（一部改変）

古典派成長理論の「成長の三要因」によるものではなく、世界同時不況による「需要減少」によるものであることに異論はないだろう。もちろん、需要減少によって設備投資や労働投入も減少したりしているだろうが、それは需要減少（予想）への反応である(8)。

次にさかのぼって二〇〇一～〇七年度をみると、輸出が急速に伸びたのに対して、他の項目の伸びは低い。民間企業設備投資も伸びてはいるが、そのかなりの部分は輸出関連とされる。先にみた権・金・深尾［二〇〇八］では、この時期に労働投入は減少し、資本投入は成長に寄与しなかったとされていた。つまり新古典派成長理論の視点では、この間は輸出産業のみで生産性が上昇し、輸出が伸びたという説明になる。しかしこれではなぜ輸出産業のみで生産性が上昇し、輸出以外の分野でそれが伸びなかったかを説明できない。

また深尾・宮川［二〇〇九］によれば、二〇〇五～〇六年度には堅調な外需を背景に、製造業では労働・資本投入が急速に拡大した一方で、ＴＦＰ上昇は大きく減速している。これは製造業全体の変化を述べたものであるが、そこにはこの時期に高い成長を示した輸出産業の変化がかなり反映しているはずだ。そこでは、成長要因がＴＦＰから労働・資本投入へと大きくシフトしたにもかかわらず、輸出の伸びのトレンドは極めて滑らかである。成長が仮に供給主導であるなら、こうした供給側の成長要因のドラスティックな交替は、高い確率で輸出の成長トレンドに大きな屈折をもたらすはずだが、そうはなっていない。またＴＦＰの伸びが大きく減速した時期にも輸出の成長が続いたことは、ＴＦＰ上昇を成長の主因とする構造改革派の仮説では単純には説明できない。少なくともこれは、ＴＦＰと成長の間に直接的な関係がないことを再確認させてくれる。

このようにみれば、輸出の伸びは、常識的には供給側の要因ではなく、需要側の要因（外需）によると考えるのが自然だろう。こうした観点に立って権・金・深尾［二〇〇八］の分析結果を解釈すれば、まず「堅調な外需」つまり需要要因によって増産の余地が生じ、それを受けて、企業は増産の手段として「成長の三要因」たる労働投入、資本投入、生産性向上を比較し、選択していったと考えられる。そして、当初は生産性向上が選択されたものの、当面の生産性向上の余地がある程度使い尽くされると、次の手段として労働投入や資本投入へ移行していった状況があったものと理解できる。また、〇八年度の落ち込みも明らかに需要要因（外需）によるものである。つまり、この間（二〇〇一年度以降）の変動を主導していたのは需要要因であるといえよう。

（8）新古典派的な説明では、資金不足や労働力不足あるいは生産性低下が「急速に起きた」という説明になるが、少なくとも日本では、後出の図10（五〇頁）の非金融法人企業（＝一般企業）の資金過不足をみれば明らかなように、日本企業は豊富な内部資金を持っている。こうした企業が急速な資金不足に直面することはあり得ない。また、いわゆる「派遣切り」問題に明らかなように、労働力不足があったのでもない。生産性の急低下なども あり得ない。つまりこの変動は、新古典派成長理論にとっては外生的な要因である「需要不足」によって起きたのである。

以上から、少なくとも「実感なき景気回復」期に関しては、成長の本源的要因は、新古典派成長理論の唱えるサプライサイドの三要因（資本、労働、生産性）ではなく、外需という需要要因であり、三要因は二次的要因だったと考えるのが自然である。すなわちこの環境下では、新古典派成長理論の分析は視野が狭く有効性が低いのであり、これに需要の視点を加えなければ、成長の全体像はみえないと考える（需要と経済成長の関係については、**第2章**であらためて整理する）。

もう一つ付け加えると、この「実感なき景気回復」が米国のバブルという特殊事情で生じたのであれば、日本の長期停滞の根本問題はいまだ解決されていないということになる。しかも米国の過剰消費という外的条件は、〇八年以降のバブル崩壊で失われてしまったのである。

輸出環境が増産手段選択に与える影響

次に、輸出市場という環境を考慮しながら、輸出増加（＝需要増加）に対応するために企業が増産手段をどのように選択するかをトレースし、権・金・深尾〔二〇〇八〕の観察結果と比較してみよう。

輸出企業が、輸出環境の好転に応じて増産を図る際の選択肢を順にみると、権・金・深尾〔二〇〇八〕では、「既存設備や人的資源の稼働率向上」は小さかったと評価している。

その理由としては、九〇年代の長期低迷時に過剰人員・設備が経営を圧迫した苦い経験、また株主本位の経営の強化や、経営の短期志向化などで、企業が設備の廃棄や人員縮小などを具体化しつつあって、すでに輸出企業では需給ギャップが縮小し始めており、稼働率向上による増産の余地は小さかったと思われることである。

とすれば、次の選択肢は新古典派による「成長の三要因」つまり①資本投入の増加、②労働投入の増加、③TFP向上策、の三点となる。輸出企業は直面する製品市場環境と活用可能な資源を踏まえて、この中から増産に向けていずれかの（あるいは複数の）手段を選択することになる。

その選択に影響を与える環境要因としては、韓国、台湾、中国をはじめとする開発途上国との輸出市場における競争（つまり需要の奪い合い）が重要になる。(9) 開発途上国は、一九七〇年代までは技術力や資金力などの制約のため、日本の輸出財産業が得意としていたハイテク分野には参入できずにいたが、今日では技術・資金面でのキャッチアップが進み、続々と参入している。この結果コスト競争が熾烈になり、開発途上国との「コスト差」が重要な問題として表面化している。

こうした状況下で日本企業が採りうる方策は、技術力で追い上げられつつも、引き続き①戦略的な設備投資によって優位に立つ努力を続ける、②生産技術の革新によってコストの優位を作り出す努力を続ける、③新たな高付加価値製品の開発による製品力で差別化あるいは優位を作り出す、④高賃金による労働コスト格差の解消を図る、といったことになる。

これらの中で、①〜③に関する日本の優位は年々縮小しつつある。結局、影響が大きく、かつ最も確実に計算できるのが、④の労働コストの抑制ないしは削減であるから、これが中心的な手法となるのはごく自然なことである。すると生産技術の改善も、労働コストの抑制をターゲットとしたものが多くなる。

この選択の結果として、当然労働投入は削減の方向に向かい、資本投入は労働力の削減に係わるものが

（9）これはごく常識的な思考の流れだと思うが、成長理論の主流を占める新古典派成長理論ではサプライサイドのみが重視され、「需要」は考慮されないため、このことが成長理論の中心的メカニズムに入りにくいのである。

コラム3 構造改革派経済学の成長制約論

新古典派経済学は事実上、需要は供給に従属するという仮説（著書『政治経済学概論』［一八〇三］でこれを唱えたフランスの経済学者ジャン＝バティスト・セイの名にちなみ、セイ法則と呼ばれる）をベースに構築されているため、需要に制約があるという発想が薄い。特に構造改革派はサプライサイドのみを過度に重視する。例えば宮川努氏は、生産性が向上すれば「…価格が下がり、需要を喚起する…需要がつけば生産が増えて、生産性の高いところへ資源がシフトする。結果的に需給が一致した状態で経済成長が実現するというのが標準的な考え方」（岩田・宮川［二〇〇三］二六七頁）とし、供給側の価格低下に起因して需要が増え、（望ましい水準で必然的に）需給が一致するという「標準的な考え方」を支持している。

したがって、成長を制約する要件はもっぱら供給側の制約ということになり、供給側を改善すれば必ず成長が始まるというのが「構造改革」の信念である。というわけで、どんどんリストラを行って生産性を上げることが推奨されている。そして、その効果は必ずしも即座には現れないとしても、いつかは生産性の向上によって成長がもたらされると信じられているのである。

中心となり、生産数量の飛躍的な拡大は望めないので、生産力の拡充投資は限定的となる。したがって、積極的に促進されるのは技術革新のみということになり、必然的にＴＦＰは上昇することになる。

しかし、こうした生産性向上への努力は、当面の技術シーズの枯渇によって二〇〇五〜〇六年には限界につきあたり、次の選択肢として労働投入等の増加へ向かったと考えられる。このように需要の増加という大枠の中で、それに対応するための増産手段の選択過程で供給側の制約が現れ、一見すると新古典派成長理論による分析の有効性が高くみえるようになるものと考えられる。

高生産性産業の雇用減少はパラドックスではない　池尾氏は、生産性のみに視点を限定する立場から、九〇年代に生産性の高い産業が雇用を縮小させた原因として、政府の「総合経済対策」による「市場の歪み」を挙げているが、ここまでにみたように「市場の歪み」論は実証的に否定されており、これではパラドックスを説明できない。実は以下に述べるように、開発途上国との国際競争などに係わる「需要」側の視点（構造改革派に欠けている視点）を導入すれば、この矛盾もごく自然な動向として理解できるのである。

日本では輸出財の中心はハイテク関連だから、輸出関連産業は基本的に高付加価値、高生産性企業が多い。つまり、高生産性企業ほど輸出企業が多い。これらの企業は輸出市場における開発途上国との競争で、強いコスト削減圧力、労働投入削減圧力を受ける。このため、輸出財製造企業が多い高生産性産業分野は、雇用を削減することで生産性向上を図らざるを得ないのであり、労働力が高生産性分野に移動しない原因はそこにある。構造改革派が考えるように、労働市場に構造的な歪みがあるために高生産性企業に就業者が移動しないのではなく、高生産性企業は高生産性を維持するためにこそ、労働力は要らないのである。

もちろん、構造改革派が考えるように、生産性向上による価格低下で需要が増え、作ればいくらでも売れるならよい。しかし、世界・国内市場に需要の限度があり、また開発途上国を中心とする低コスト企業との競争の中でシェアは低下への圧力を受け続けるから、雇用を維持できるほどの売上増加は現実には不可能である。

この結果、生産性の高い輸出財製造分野は、むしろ生産性向上のために人員を削減しつつあることが、先にみた『労働経済白書（平成二〇年版）』の分析に現れているわけである。深尾・宮川［二〇〇九］も同様の解釈を示している。また以上の解釈は、二〇〇〇年代の資本、労働、ＴＦＰの変動に関する権・金・深尾［二〇〇八］の指摘とも整合的である。

退出企業に高生産性企業が多い理由　輸出企業の中には、生産性を精一杯上げても、開発途上国企業との激しい価格競争についていけずに脱落し、市場から退出する企業（または開発途上国に生産を移管する企業）が出ることになる。こうした企業はしかし、国内の他の産業分野からみれば高生産性企業である。

市場から退出する企業に高生産性企業が多いのは、このように輸出財関連企業が、世界市場で開発途上国企業との価格競争に敗退するケースが少なくないからである。企業が市場から退出するかどうかは、主にその企業が直面している製品市場（生産物市場）における競合他社との生産性の差が問題になるのであって、他分野の企業に比べて生産性が高いかどうかとは関係がない。

ところが構造改革派経済学では、資本、労働、生産性というサプライサイドの問題しか考えないので、日本の資本市場や労働市場（生産要素市場）に「歪み」があるため、高生産性企業が低生産性企業との「労働者や資金の獲得競争に敗れて」市場から退出する、と主張する。高生産性企業が直面しているのは、もっぱら資金や労働力の確保というサプライサイドの問題だというわけである。

これは、信じがたいほど現実遊離の議論というしかない。実際には、高生産性輸出企業が常に厳しい戦いを強いられているのは、製品市場における開発途上国等の競合企業との競争である。

「一九九六年以降、非効率な企業が存続し、効率的な企業が撤退するという奇妙な状況」が存在している（西村・中島・清田［二〇〇三］）という構造改革派の認識と議論は、製品市場分野が異なる企業間の生産性を比較しているために生じた見かけ上の問題にすぎない。これは製品市場の競争や需要の観点からみれば「奇妙」でもなんでもなく、構造改革派経済学者の視野がサプライサイドに限定されているために生じた袋小路なのである。「構造改革」は、このように現実と乖離した机上の空論に基づいて推進されたのである。

3 「生産性」の成長指標としての限界

構造改革派は、生産性向上によって製品価格が下がれば製品が大量に売れ、低価格化で製品当たり付加価値が低下しても、数量の伸びで高い付加価値総額を稼ぐことができるので、所得減少は起きないと主張した。だが、高生産性分野の雇用縮小（図6）でみたように、それは現在の日本には当てはまらない。

構造改革派の唱えるこうした「生産性向上論」は、価格競争を意識して、労働者数など生産要素のカット、つまり分母側（投入量側）の対策を中心に据える[10]。

もちろん、企業にとって危急の際のコストカットは不可避の対策である。だがそれだけでは、企業は縮小均衡していくだけである。かつて日産自動車の再建をめぐってカルロス・ゴーン氏による「改革」がもてはやされたが、結果的にその「改革」の効果はいまだコストカット中心にとどまっているといえるし、現在の日産のポジションは、トヨタはおろかあいかわらずホンダの後塵を拝したままである。コストカットによって日産の（＝供給側の）生産性は向上し成長が始まるはずが、一向にトヨタの背中は近づいてこない。

これはそのまま、構造改革を続けた日本経済全体にもあてはまる。効率性追求・コスト削減は、企業存続のための応急的対策としては重要であるが、それは国や企業の「存続」は保証しても、中長期の「成

（10）しかし生産性向上は、分子側つまり付加価値や売上等の産出量増加によっても可能である。分子側の増産策のうち、数量の増加に係わる問題については**第2章**で、また製品当たり付加価値を伸ばす戦略については**第5章**で整理する。

長」を約束するものとはいえない。

ここまでの検討をもとに、ここで、**政策を「生産性」のみで判断すべきではない理由を四つ**挙げよう。

第一に「生産性」は、政策面での利用・操作可能性に問題がある上、生産性の上昇率そのものの測定にも困難がある。TFP（全要素生産性）は、資本投入と労働投入の影響以外の残差にすぎないため、資本稼働率や労働稼働率、あるいは需要側の要因をはじめとする様々な要因に大きく影響を受ける。このため、その検出結果は研究者によって多様で安定せず、政策判断の指標として有効性に欠ける。[11]

第二に、例えば「高い労働生産性分野に労働力を集中させることによって、着実な産業構造の高度化を達成することが重要」（厚生労働省編［二〇〇八］二二八頁）ではあるにしても、それを実現する具体的手段が存在しない。生産性向上手段としてサプライサイドの視点から提案され、一部に取り組みが行われていた「ゾンビ企業対策」や「低生産性企業の市場淘汰策」、また広範に行われた企業内部の「リストラ策」は、日本経済全体としては、他の主要先進国の生産性の伸びをはるかに下回る効果しかもたらさなかった。二〇〇〇年代には高生産性分野が雇用を減らし、低生産性企業が雇用を増加させたという先の『労働経済白書（平成二〇年版）』の分析は、これらの取り組みに効果がなかったか、むしろ負の効果しかなかった可能性すらあることを示している。

第三に、生産性向上のためのコスト削減で、国民の所得が過度に負の圧力を受け続けている。

第四に、対策の焦点が、生産性（特にコスト削減による効率化）に偏向しすぎており、付加価値の高い新製品開発などへの取り組みが軽視されている。

以上からわれわれは、政策判断の指標として妥当なのは「生産性」ではなく、「**付加価値総額**」の変化だという結論に達する。その理由は第一に、雇用との連動性が高いことである。雇用の確保は国民に安心を与え、それが内需にプラスの影響を与える。第二に、生産性とは異なり、需要の制約や開発途上国との競争の影響を要件として把握することができる。第三に、需要の拡大につながる新製品やイノベーションを評価しうる。

すなわち、経済政策の視点は**「コスト」（生産性）から、「売上」（付加価値総額）へ転換**されなければならない。経済成長に必要なのは、生産性上昇率の高い産業ではなく、「付加価値総額の伸びの高い産業」である。いうまでもなく、その上で生産性の伸びが高いならなおよい。

おわりに――生産性論、「市場の歪み」論では長期停滞は解明できない

このように、サプライサイドの視点に立って、生産性向上を阻害する諸問題を抽出して提起された構造改革派の主要な仮説は、いずれも現実を説明できずに終わっている。こうした仮説の基礎となった林＝プレスコット論文（Hayashi & Prescott［2002］）の実証を目指した林編［二〇〇七］も、コラム2でも述べたように浅子和美氏（一橋大学教授）の書評で「むしろ意に反した実証結果が並んだといえるのではなかろうか」と評される結果となった（浅子［二〇〇七］）。この評価は、林編［二〇〇七］以後の研究によってますます補強さ

（11）通常、TFPは技術進歩率を意味するが、九〇年代のTFP低下問題については、コラム2で紹介した「純粋な技術進歩率は低下していない」という宮川・櫻川・滝澤［二〇〇七］や、稼働率等を考慮すると「真の」技術進歩率は低下していないとする川本［二〇〇四］などの分析がある。また権・深尾［二〇〇七］はHayashi&Prescott［2002］の九〇年代TFP上昇率低下の推計値二・一七ポイント（%）のうち一・二八ポイント（%）は過大推計と見積もっている。このようにTFPの検出に関しては、必ずしも一致した値が得られていない。

れていると考える。

これら構造改革の理論的基盤となった仮説がことごとく実証されていないのだから、現在の日本では、構造改革は従属的な問題にすぎないというしかない。また、**日本の長期停滞の原因**は、サプライサイドの要因（生産性上昇率の低下、資本不足、労働力不足）ではなく、**需要側の要因にある**と考えるしかない。サプライサイドの対策に効果があるのは「供給制約」のある国の経済である。日本が「需要の制約」で経済成長できないのであれば、供給側の対策（構造改革）をどれだけやっても経済が成長しないのは当然だろう。

第2章以降では、本章で提示した問題意識を出発点に、需要が独立要因として働く「需要制約」問題の経済学的な意味とその含意を検討していく。

第2章 経済成長 生産性とボーモル効果からみた経済成長

はじめに

第1章でみたように、日本の長期停滞の原因として構造改革派経済学から提案された解釈は実証されないことが明らかになりつつある。また、長期にわたり実施され、国民に「痛み」を生んできた「構造改革」も、目に見える成果はなかったと考える。

では、二〇〇〇年代の日本経済の（相対的）縮小の原因はどこにあるのだろうか。これについて本書では、わが国が**構造改革を実施したこと自体が、経済の（相対的）縮小の原因となった**と考える（これは、ドイツについてもある程度あてはまると考える）。その根拠は、本章以後の検討で明らかにしたい。

本書の基本的な視点を簡単にいえば、構造改革派がもっぱらサプライサイドの視点で考えるのに対して、本書ではそれに「**需要の視点**」を加えて考えるというものである。それは、構造改革派が九〇年代長期停滞の原因として取り上げたサプライサイドのみのメカニズムが、現時点でみれば、いずれも説明力を持たないものであったこと、したがって、それが正しいものとして構築された構造改革は当然誤った処方箋の集まりだったと考える点に基づく。

ケインズの「需要の視点」は、その後台頭した新古典派経済学によって軽視され、広義の新古典派の主流である「新しい古典派」、中でもリアル・ビジネス・サイクル理論は、需要を軽視する点で、その極をなした（本書でいう構造改革派は、これに基礎を置く）。

しかし、今回の世界同時不況では需要の重要性が再認識され、米国など各国政府は、大規模な需要対策のための財政出動を行っている。だが、こうしたケインズ的需要政策は、危機に際して緊急に採用された一時的な対策であり、その経済学的な根拠は、もっぱら各国政策当局者が持つ初歩的な古いケインズ経済学の知識にすぎない。

一方、現代経済学に重要な位置を占め、ケインズの「需要の視点」を引き継いでいる「ニュー・ケインジアン」の経済学は、「新しい古典派」の理論や仮説を基礎に置き、それに需要の視点を加味するための条件を導入したものであるが、（おそらくその結果として）世界同時不況を予見することも理解することもできず、「新しい古典派」と同様、打撃を受けている。その原因は、おそらく、小手先の問題ではなく、「ニュー・ケインジアン」と「新しい古典派」に共通の基礎的理論や仮定（たとえばセイ法則）に問題があるものと考える。

つまり、現在は「需要」に対する認識が強まり、需要側の対策が大規模に採用されているが、その根拠となるべき需要の視点を組み込んだ経済理論体系は、いまだ存在していない状況にある。

第2章以降の各章は、日本の長期停滞問題の検討と同時に、それを通じて、ケインズ的な「需要の視点」を現代の経済学にどのように位置づけ直すべきかに関して、基礎的な検討を行うことになる。

こうした視点の下、本章では、まず生産性と景気循環・経済成長、ボーモル効果と不均等成長、プロダクト・サイクルと付加価値成長のメカニズムなどについて、いずれも需要の視点を加味した検討を行う。

第1節　生産性からみた景気循環・経済成長

日本経済の（相対的）縮小は、景気循環と経済成長メカニズムに係わると考えられる。まず成長と需要の関係を整理しよう。

「新しい古典派」は、供給が需要を創り出すというセイ法則がおおむね成立すると考えるから、需要を心配しない。これに対してジョン・メイナード・ケインズ（一八八三〜一九四六。ケインズ経済学の創始者。主著は『雇用・利子および貨幣の一般理論』）に連なる立場では、需要には供給とは独立して決まる部分があり、需要が不足することはあり得ると考える。ケインズは、「有効需要」の不足を不況の原因と捉えた。

一般に人間は満腹以上には食べられない（エンゲル法則）。必要なものも一つあれば二つはいらない。豊かで必要なモノがおおむねそろっていれば新しく買うことはない（限界効用逓減の法則）。すると、価格が下がっても販売数量は大して増えない。吉川洋氏は、需要不足の原因を「需要の飽和」として整理している（吉川［二〇〇三］八七〜八八頁）。本書も基本的には、こうしたケインズの視点に連なる。

この第1節では、生産性向上が付加価値総額と需要に与える影響を検討し、その変動が景気循環を引き起こすメカニズムを整理する。そして、それに基づいて経済成長を新古典派成長理論とからめて論ずる。

1　生産性の変化が付加価値総額に与える影響

需要不足の要因としてケインズや吉川氏は需要サイドに注目するが、サプライサイド（供給側）も付加価値の増減を介して不況に関わる。ここではその影響を整理しよう。

市場システムには付加価値縮小のメカニズムがビルトインされている　意外にも生産性の向上で需要不足が発生し得る問題をみてみよう。これは「観念上、デフレは、たとえば生産性の急速な上昇……によっても引き起こされうる」（バーナンキ［二〇〇四］二八頁）にみるように、理論的にはあり得る問題なのである。これを理解するには、生産性と需要をつなぐ概念として「付加価値」を考えればよい。

「付加価値額」とは、「人件費＋利益＋金融費用＋賃借料」である（正確には、これに租税公課を加える。粗付加価値は、さらに減価償却費を加える）。このうち「利益」も資本のコスト等（株主への配当。また内部留保は将来のコストに充てられる）と考えられるから、**付加価値とは要するにコストである**（赤字のとき「付加価値＜コスト」となるが、これは未来の利益で穴埋めされる）。一方、生産性向上は製品当たりコストの削減を意味する。したがって生産性向上とは、同額の付加価値額の削減を意味する。これは生産性向上の**直接効果**といえる。

企業単位でみると、付加価値分のほかに、外部からの中間製品や原材料の仕入れ、また生産設備等の購入や投資などにかかるコストがある。しかし、それらを供給する企業等も同様に供給財に付加価値を付しており、そうした付加価値の連鎖によって世界経済が成り立っている。つまり、世界経済全体でみれば、**コストの総額は付加価値の総額と等しい**。

これを一国単位でみる場合、国内でかけられたコストの総額は一国の付加価値総額（＝GDP）に等しく、かつそれは「国民総所得」のうち国内で発生する分（家計、企業、政府に分配）に等しい（三面等価の原則）。したがって生産性向上によるコスト削減額は、その「直接効果」でみる限り、そのまま付加価値総額の減少額あるいは国民総所得の縮小額に等しい。

これに対して、生産性向上で価格が低下すれば、一般に需要数量が増加するはずである。これを生産性向上の**間接効果**と呼ぼう。

市場競争下では、価格の高い供給者は低い供給者にシェアを奪われる。このため、供給者は常にコスト削減や効率化などの圧力を受けている。その圧力下で、企業が行う生産性向上への努力は、直接効果として、製品当たりコスト＝付加価値額を減少させる。この効果は、市場競争の圧力下でコンスタントに働き続け、付加価値総額に確実にマイナスの効果を及ぼす。この意味で、市場システムには、本質的に**競争を通じて付加価値を縮小する仕組み**が組み込まれているといえる。

付加価値総額の減少と増加のバランス

したがって、生産性向上の直接効果による付加価値総額の減少分（製品当たり付加価値額側の減少分）を、間接効果（価格低下に伴う需要数量増による付加価値総額の増加分）や新しい製品の寄与分でカバーできれば、付加価値総額（＝製品当たり付加価値額×数量）が増加し、経済は成長する。それができなければ経済は停滞ないしは縮小する。

つまり、生産性向上と国民の所得の維持・向上を両立させるには、生産性向上の直接効果による付加価値＝コストの削減分を、①販売数量の増加、②新製品の投入・販売の二点によってカバー（またはオーバー）する必要がある。

ここで問題は、市場では必ず直接効果が発生し、付加価値の減少が確定的であるのに対して、間接効果すなわち需要数量の増加率等は不確実性が高く、直接効果の減少分を上回るかどうかは保証されていないことである。

構造改革派は、この点について、セイ法則により「おおむね保証されている」と考える。すなわち、生産性さえ上がれば、製品価格の低下によって需要数量が増加したり、競争力が向上してシェアを奪ったりできるから、必ず効率化で縮小した製品当たり付加価値額を補う以上に販売数量が増加して、付加価値総額も成長すると考える。

しかし実際には、**第3章**で明らかにするように、セイ法則には「破れ」があり、それは保証されない。需要（販売数量）増加の程度は、価格だけでなく、様々な要因によって左右されるのである（本章第3節で整理する「需要の価格弾力性」を参照）。この付加価値総額の増減バランスは、景気循環や経済成長に影響を及ぼす重要な問題として、この後もくりかえし本書に登場するはずである。

2　生産性と経済成長の関係に関するモデル

次に、前項の整理を元にして、生産性向上で可能となる「価格低下で販売数量が増加するメカニズム」と、経済成長の関係を考える。

生産性上昇による付加価値構成と経済規模の変動

市場の競争圧力で生産性が向上すると、価格が下が

図8a　生産性向上と成長のメカニズム：新製品を考慮しない場合

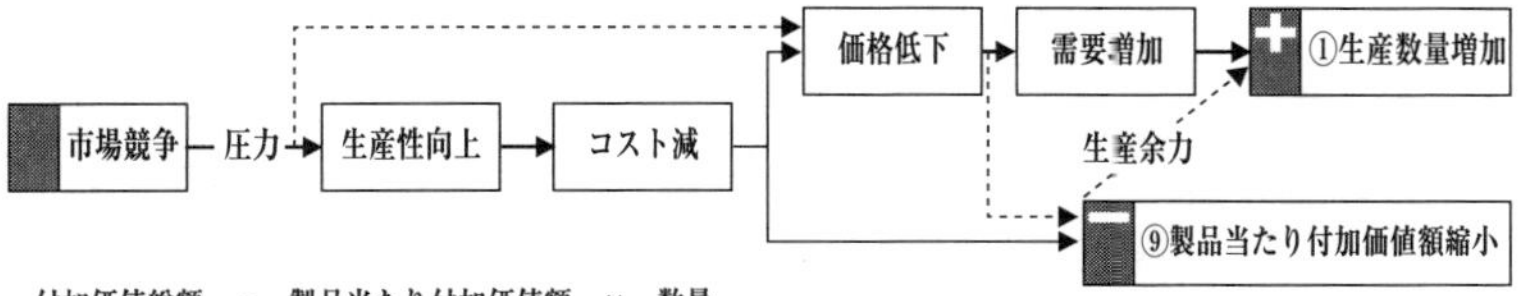

付加価値総額　＝　製品当たり付加価値額　×　数量

（①生産数量増加分 ＞＝＜ ⑨製品当たり付加価値額縮小分　→　付加価値総額の成長は　→ プラス／ゼロ／→ マイナス）

り製品当たり付加価値額が減少する。また、その分だけ生産に余力が生じる。このとき、構造改革派経済学では、供給は需要を作るというセイ法則に基づいて、価格低下で（安くなれば売れるから）販売数量が十分に増え、需給がバランスして付加価値総額は維持されると考える。かりに数量が十分に増えない場合、名目付加価値総額は減少することになる。しかし、コスト（＝付加価値額）も均等に低下すれば、実質付加価値総額は低下せず、需給もバランスすると考える。

だが、この場合でも、需要は「供給能力」とはバランスしていない。生産設備は、その設備コスト（投資時点の名目価格で整備）を中長期的に回収できるように計画されるのが普通であるから、名目付加価値総額が縮小すれば、企業は過剰となった設備コストの回収に窮する。また、設備過剰を受け、企業は将来に向けた設備投資を縮小するため、設備投資需要の減少により景気は悪化する。つまり供給能力の維持・成長には、一般に名目付加価値総額の維持・成長が必要なのである。

こうした「生産性上昇による景気後退」が起こらないためには、「（コスト低下→価格低下→）販売数量増加」による付加価値総額の増加が、「製品当たり付加価値額の縮小」で生ずる減少分より大きくなければならない。

しかし、本書では、需要は思い通りに増加するとは限らないと考える。こ

図8b　生産性向上と成長のメカニズム

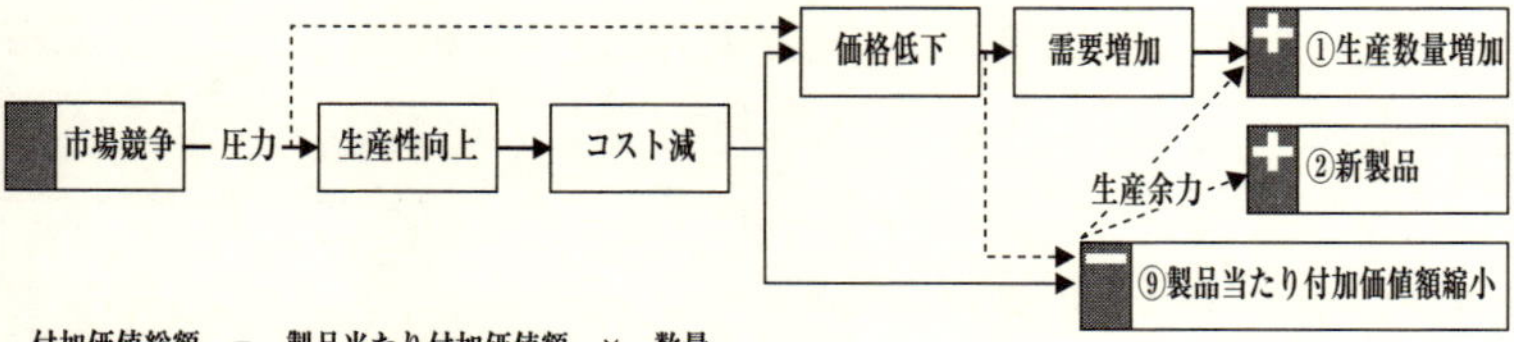

付加価値総額　＝　製品当たり付加価値額　×　数量

（①生産数量増加分＋②新製品分 ＞＝＜ ⑨製品当たり付加価値額縮小分　→　付加価値総額の成長は →プラス／ゼロ／→マイナス）

うした生産性と成長の関係を示すのが**図８ａ**である。生産性向上による製品当たり付加価値額縮小を、価格低下による販売数量（需要）増加がカバーし、付加価値総額が維持されればゼロ成長、オーバーすればプラス成長、増加が不十分であればマイナス成長となる。

生産性向上で生じる「生産余力」と豊かさの実現　しかし図８ａには、イノベーションによる新製品で、財のバリエーションが増えていくというメカニズムが組み込まれていない。経済史を見れば、長期的には、企業は（市場の効率化圧力による）製品当たり付加価値額低下で生じる「生産余力」を、生産数量の増加に振り向けるだけでなく、新製品の生産に振り向けてきた。経済の発展・成長とは、こうしたプロセスをいうのである。**図８ｂ**はその観点を追加したものである。

このように生産性が向上すると「生産に余力」が生じ、新しい製品が追加生産できるようになり、製品のバリエーションが拡大する。これが人々の生活を豊かにしてきたのである。

図９ａは、これにさらに時間軸を加えたものである。単純化のために、ｎ期に生産されるのは製品Ａのみという経済を考え、各期の生産のために支払われたコストは全額が家計収入となり、家計は全額をその期のうちに

図9a　生産性向上と付加価値増減の関係

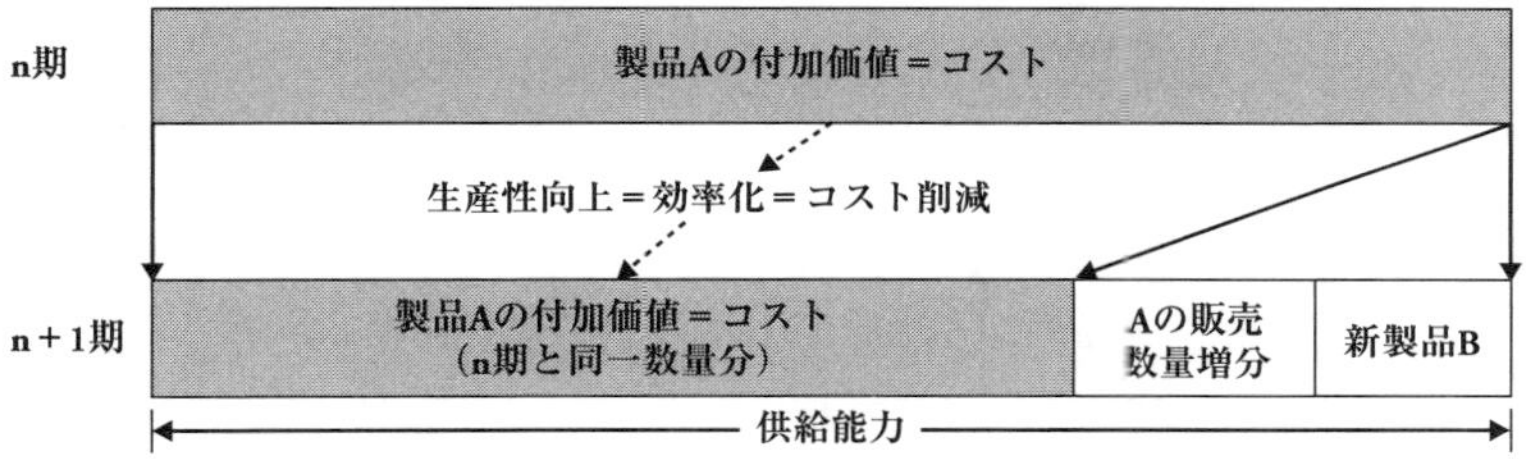

図9b　生産性向上と需要不足の関係

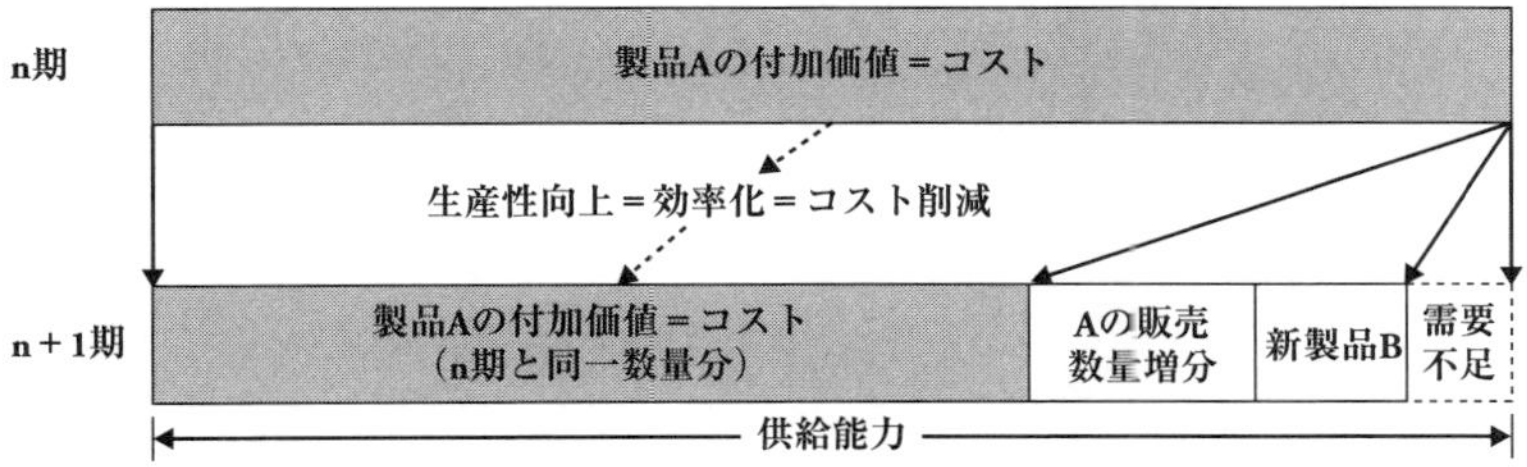

図9c　外部からの資金流入による需要補完の例

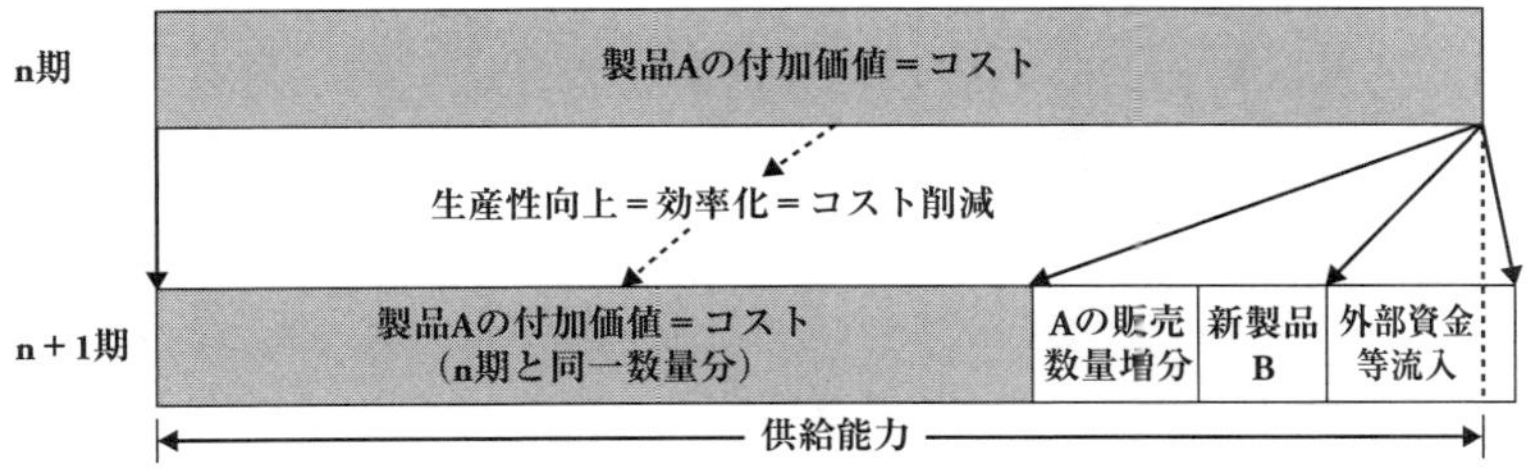

消費すると考える。したがって、ここでは各期に生産された製品はすべてその期のうちに売れる（つまり、セイ法則が成り立っている）。

生産性向上によるコストの削減で、n＋1期には、製品Aの、n期と同じ数量分に関しては、付加価値は縮小する。しかし、価格低下でAの売上数量が増加したり、さらに、新製品Bを生産する余力が生じて、供給される製品のバラエティが増加する。これによって、生産性が向上するだけで、人々の生活は豊かになっていく。図9aでは名目の経済成長はないが、物価が下落しているので実質経済成長はある。

留意すべきは、n期とn＋1期の間では市場の構成が変化していることである。このように生産性の変化は、市場規模だけでなく市場構成も動的に変化させるのが普通である。なお、新製品Bは、吉川洋氏（吉川［二〇〇三］［一九九九］）がいう、長期不況対策としての「プロダクト・イノベーション」（需要創出型イノベーション）を反映していると考えればよい。

供給能力に対する需要不足の発現と「痛み」　問題は、図9bのように、製品Aの価格低下による販売数量増加が十分でなかったり、新製品Bが生まれなかったり、あるいは生まれても十分に売れなければ、供給能力に比較して需要不足が発生することだ。

ここでいう「需要不足」とは、「供給に対する需要不足」ではなく、「供給能力に対する需要不足」である。商品レベルの需要と供給の不一致は市場が調節するが、問題はこの「需要と供給能力の不一致」つまり需給ギャップである。図9bのn＋1期でみると、供給能力はn期の需要に対応する規模のままだから、n＋1期の供給能力はその分過剰となる。

今日では、多くの製品には、大規模な生産設備が必要であり、その償却（投資資金の回収）には短くとも数年はかかる。製品価格が低下しても十分に需要が増えず、販売数量が伸びなければ、企業は設備投資費用を回収できず、といって、その投資を遡ってなかったことにすることもできない。また、日本が生産するような高度の製品では、従業員の訓練にかなりの期間が必要となる。こうした中で供給能力が過剰となれば、過剰設備や労働力の教育訓練にかかったコストを回収できないまま、設備を廃棄し従業員を解雇するか、使わずに保持し続けるかの選択を迫られることになる。どちらにしても、それは企業の収益を悪化させる。

すると企業は、回収できない資金を、他分野での利益や資産を削って償還するしかなく、また過剰な生産能力を圧縮するための「調整」（設備の廃棄や設備投資の抑制、人員の削減など）を行うしかない。この結果、不景気の波が生じざるを得ない。問題は、その調整の速度とプロセスである。「調整」が急速に生じた場合、企業の倒産や失業などの「痛み」は大きくなり、人々は安全を求めて消費を抑え貯蓄を増やす（例えば、日本の一九九〇年代の長期停滞について、ホリオカ［二〇〇七］参照）。それは需要不足をさらに強める負のスパイラルにつながる。また、こうした生産性向上に伴う需要の変化が、国、分野、製品ごとに不均等に生ずることで発生する痛みの問題もある。この「不均等成長」の問題については、このあとの第2節であらためてふれる。

このように、図9の各図は、成長だけでなく、生産性向上と景気循環の関係を説明するメカニズムを含んでいる。本書では、景気循環は「需要の飽和」などの需要側の要因のほか、生産性向上という供給側の要因が引き起こす需要不足によっても生じると考える。

外部からの資金流入等による需要増　最後に**図9c**は、外部からの資金等の流入で需要が補完される場合である。例えば他国からの借入金の流入超過（資本収支の黒字）など経済循環の外からの資金が流入した場合は需要が補われる。この典型的な例が、先般の住宅バブル崩壊前の米国経済である。また、歴史的には、当座の生活・投資資金を持った移民の流入や、植民地拡大なども、需要を補う役割を果たしただろう。最近では例えば、ドイツにとってのユーロ圏の拡大には同様の効果があったかもしれない。このように外部からの資金流入等によって需要が上乗せされると、需要不足は表面化しにくくなる。

3　需給バランス問題への設備投資需要の組み入れ

図9では「各期に生産された製品はすべてその期のうちに売れる」と仮定した。これは、消費財のレベルでセイ法則が成り立つという仮定である。しかし、現実には人々は様々な理由で消費を節約する。この場合にはセイ法則が成り立たないが、経済学では消費財のほかに設備投資を含めて考えればセイ法則は成り立つと考える。ここでは、この問題を検討しよう。

「消費の先送り」と異時点間配分　すなわち、経済学には、需要と供給能力のアンバランスを自動的に回復させるメカニズム論がある。それは、ここまでの簡単なモデルでは考えていなかった投資需要に係わる。すなわち、家計において、仮に現在は消費に回す額が少ないとしても、それは、消費を将来に先送りしただけであり、将来のある時点では必ず先送りした分の消費が行われると考える。

先送りされた分の金額はとりあえず貯蓄に回るため、（その時点では）資金が余り、利子率が低下し、投資資金の調達コストが下がる。すると企業は、その低利資金を活用し、先送りされた将来の消費をあて込んで投資を拡大する。つまり先送りによって消費需要が減った分だけ、企業の設備投資による需要が拡大するから、需要と供給は自動的にバランスすると考える。ちなみに、この背景には、供給に応じて需要が定まり、需給は自動的にバランスすると考えるセイ法則が存在する。

実現しなかった投資需要の回復——企業が資金余剰主体になるという異常

しかし、利子率低下による投資拡大は、常に生じるとは限らない。それは二〇〇〇年代の日本経済をみれば明らかである。超金融緩和政策が長期にわたって続けられたにもかかわらず、投資は一向に回復せず、企業はひたすら借入金の返済を続け、ついには企業が「資金余剰主体」になるという異常な状態に陥っているのである。[1]

日本の部門別資金過不足の状況を対GDP比の推移で示した**図10**をみると、非金融法人企業（一般の企業）は、一九九〇年代初頭まではコンスタントに資金不足状態が続いていたが（それが正常な状態）、九三年前後から借入金を返済し続け、九八年度にはついに資金余剰主体となり、それが今日まで続いている。これは、企業が、資金を設備投資に回さず、金融資産の積み増し、ないしはひたすら借入金の返済に充当していることを意味する。

（1）通常、家計は貯蓄を行う資金余剰主体であり、企業は投資活動のために借り入れを行う資金不足主体である。なお、図10からは、八〇年代からの継続的な資本の海外流出、九〇年代末以降の家計資金余剰の圧縮及び企業の投資需要不足を補う政府支出の拡大なども読み取れる。企業に代わって、政府が国債発行による借り入れで資金不足主体となり、財政出動を行うことで、かろうじて日本経済が回っている状況といえる。

図10　日本の部門別資金過不足

企業・家計の資金余剰と政府の資金不足が継続

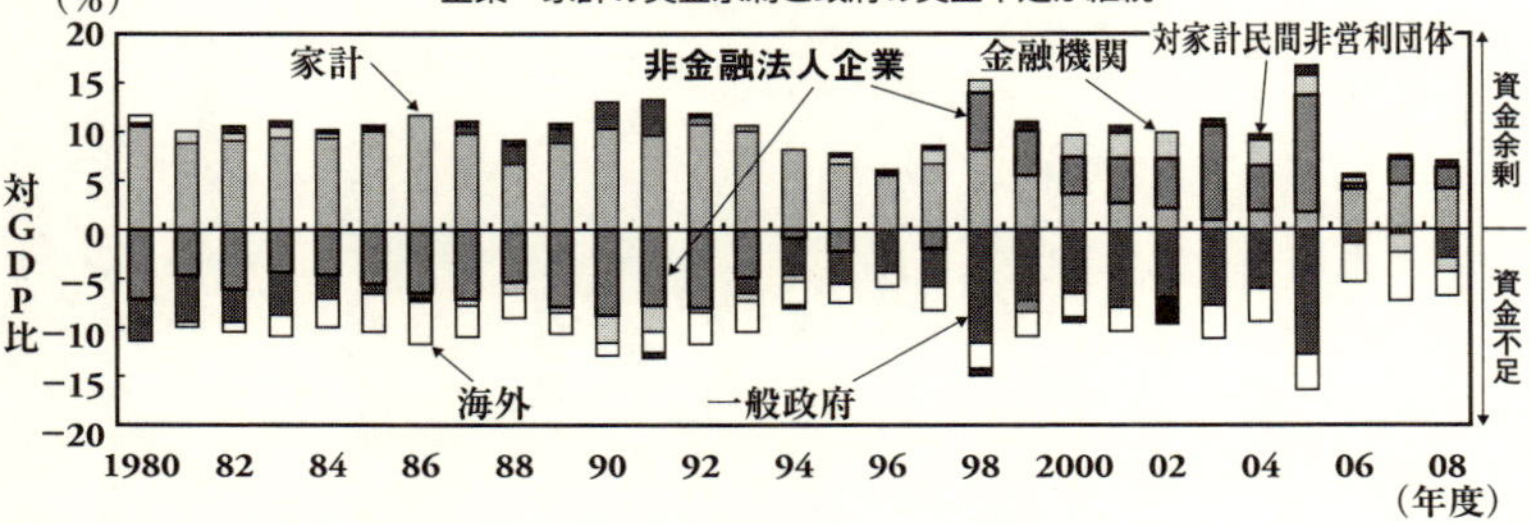

出所：『経済財政白書（2009年版）』（データは日本銀行「資金循環統計」による）

九〇年代には、まだ「将来の消費回復」をあて込んで投資した企業があったかもしれないが、実態として消費はさらに先送りされるばかりで回復しなかったから、投資は無駄になり、不良資産を増加させただけに終わった。今日、企業が投資を抑制し、ひたすら借入金の返済を続けているのも当然だろう。

このように、「消費の先送りがあっても、利子率の低下で設備投資が増加するから、需給はバランスするはず」という期待は、九〇年代以降今日に至るまで実現されていない。これは、「利子率低下による設備投資拡大」というメカニズムが長期にわたって機能しないことの実例の一つである。

4　「経済成長理論」への需要側の視点の組み入れ

ここまでみてきたように、生産性上昇による付加価値の縮小と、価格低下による需要増加および新製品の変化は、少なくとも一時的には、供給能力と需要の間にギャップを生じさせ、それは経済の好不況を作り出すと考える。一方で、生産性向上による生産余力（供給力過剰の発生は、それを埋めようとする努力を通じて、経済成長に密接な関係を持つと考えられる。

先にみたように、「新古典派成長理論」は、セイ法則によって需要が供給に従属すると考えるため、経済成長は、需要には制約されないと考える。そして経済成長は、資本投入、労働投入、TFP（全要素生産性）上昇という三つのサプライサイドの要因のみで説明できると考える。確かに、資本や労働に制約があれば成長はそれに制約され、それらの伸び以上の成長には、TFP上昇率の向上が必要になる。

新古典派成長理論では資本と労働力の過剰を説明できない

また、主流派経済学では、企業は収益機会を逃さない存在と考える（企業の収益最大化原理）。したがって、企業は、収益を追求するために利用可能な資本や労働などを常に最大限に使い尽くしているはずである。だからこそ、資本量や労働量の制約が経済成長を制約すると考えるのである。したがって、新古典派の原理的な視点では、資本や労働に余剰が生じるということはあり得ない。

かりに余剰が生じているとしたら、経済成長は、これらサプライサイドの三要因以外の要因によって制約されているはずである。実際に、九〇年代以後の日本で、資本や労働はどうなっているだろうか。

極めて重要な点と思われることとして、今日、世界的に「**資本は過剰**」である（**第4章参照**）。少なくとも英米両国を除く先進国ではそのようにみえるし、特に日本ではそうだ。こうした理解は、世界的に長期金利が低い状態が続いていることでも補強されるし、過剰な国際金融資本が、投資機会を求めて世界各地でしばしばバブルを引き起こしているとする見方もある（山口編［二〇〇九］）。

ところが、その日本で、資本規制をなくし、資本の流入を促進しないと成長できないという（新古典派成長理論に準拠してはいるが）理解に苦しむ議論がある。しかし、日本は、一九八〇年代以降、国内に使い道がなくて、資金が海外に流出し続けているし、さらに近年は図10のように、企業が毎年資金余剰という異常な状況にある。資本のコストについても、ゼロ金利、超金融緩和政策下の日本で、資本コストが著しく高いとはいえない。実質金利も、投資が活発だった八〇年代末より高いわけではない。問題は国内の投資機会不足であって、それは図1にみるように、日本市場（需要）に成長性がないからだ。このようにみれば、資本不足が成長の制約とはいえないようにみえる。

林＝プレスコット仮説では、九〇年代日本の停滞原因の一つとして、TFP問題のほかにもう一つ、週休二日制等による「労働時間の減少」が取り上げられている。労働時間の減少で生産が増えなかったために、日本経済が停滞したという解釈である。

しかし、労働時間減少が原因で生産が伸びないというなら、企業がリストラで人員を削減するわけはない。ところが日本では、バブル後の九〇年代から**労働の過剰感**が続いており、リストラも継続的に行われてきているのである。こうした点を踏まえれば、因果関係は逆であり、むしろ需要不足のために生産能力が過剰で人手が余っているから、企業は労働時間を削減したと考えるのが自然だろう。

また、日本だけでなく先進工業国は全体に失業率が高い。では開発途上国では労働力が足りないかといえば、もちろんそうではない。中国「脅威」論の主な原因の一つは、農村に無尽蔵に近い安価な労働力供給源があることだ。つまり、労働も過剰気味であり、成長の制約となっているとは考えにくい。

こうした状況下では、九〇年代以降の日本の成長に関して、新古典派成長理論で意味を持つのは「TFP上昇率」のみである。しかし、そもそも資本も労働力も余っているのであれば、それらを使えば成長できるのであり、**TFP上昇**に頼る必要はない。

新古典派成長理論では、本来は資本や労働力は使い尽くされていなければならないはずが、それらは実は有効に使われていないのである。そして、使われていない理由を説明する「市場の歪み論」も、ここまでみてきたように、実証されていない。

つまり、過剰な資本や労働力の存在は、新古典派成長理論では想定されていないことであり、説明もできない。サプライサイドの制約要因で成長をみるという新古典派成長理論は、少なくとも九〇年代以後（おそらくは八〇年代から今日まで）の日本には、妥当しないと考えられるのである。日本の低成長は、サプライサイドの要因よりも、第1章で二〇〇〇年代の輸出主導の成長に関連してみたように、「国内需要の継続的な不足」が原因だと考えるのが自然である。

なお、世界的に過剰な資本等が存在しているとするなら、それは生産要素に関して、日本だけでなく世界的にアンバランスがあり、その活用が非効率な状態にあることを意味する。まさに、経済的な歪みは日本だけにあるのではなく、世界的に存在しているのである。

この問題については、**第4章**であらためて整理するが、その原因は、サッチャー政権やレーガン政権、日本では中曽根政権以来、新古典派経済学や、それに基づく新自由主義思想にしたがって進められた金融グローバル化、さらにそれと並行して進められた株主権限の強化から資本分配率の向上につながるような様々な制度改革、また富裕層の減税や金融緩和政策の継続的な実施などにあると考える。

需要制約下でのサプライサイドの三要因の位置づけ

新古典派成長理論の成長の三要因の位置づけを、こうした観点で少し単純化して考えてみよう。本書では、「需要の制約」が経済成長を第一義的に制約している場合があると考える。この場合に新古典派成長理論の三要因は、需要の制約下で二義的な要因として働くことになる。つまり、三要因は、需要の制約で決まる生産を（三つの手段を組み合わせて）どのように実現するかという、成長のための手段配分に係わるものと考えるのである。

すなわち、各企業は、「需要の制約下で」可能な成長率を見積もり、それに応じた生産量の増減を資本投入、労働投入、技術進歩による生産性向上という手段を組み合わせて実現する。こうした段階での各企業の選択を一国レベルで集約したものが新古典派成長理論の三要因ということになる。

なお実際は、資本投入は需要（投資需要）に直結し労働投入は消費需要に係わるから、これらのサプライサイドの要因は需要にも間接的に影響を及ぼしている。このため問題はもう少し複雑である。

需要からみた経済成長理論の再構築　新古典派成長理論は、日本の高度成長時代や、テイク・オフ（離陸）した開発途上国の成長など、基本的には需要の制約がない場合にのみ妥当する仮説であり、需要制約がある環境下では、その制約を組み入れた形に拡張されなければならない。

需要制約という環境に妥当するのは、シンプルだが需要の視点を織り込んだ図９ａ～ｂのモデルであり、その考え方をベースに、経済成長理論は再構築されるべきだと考える。新古典派成長理論は、その新しい経済成長理論に包含され、需要の制約がないという特殊な条件下で成り立つ系の一つとして位置づけられるべきと考える。経済成長理論再構築の問題は、次の第２節でもふれる。

第2節　ボーモル効果、不均等な成長と新たな経済成長理論

生産性が向上すると、市場競争下で価格が低下し、①製品当たり付加価値額が縮小すると同時に、②価格低下で需要が増え、販売数量が増加する。前者①は付加価値総額を縮小させ、後者②はそれを増加させる。しかし、後者②には需要の制約問題があるため、後者が常に前者を上回る（または一致する）とはいえない。しかし、新製品が需要を創り出せば、付加価値総額が上回ることが多いかもしれない。これが図9a～bで述べたことである。

このとき、生産性向上による付加価値額縮小のペースに需要数量増加のペースが追いつかない場合でも、市場のすべての製品あるいはすべての国、地域において、付加価値の縮小が均等に生じるならまだよい。需要と供給能力の不一致で生ずる景気変動を耐えれば、以前より短い労働時間で同じレベルの消費が実現されるから、実質の生活水準は向上する。しかし現実には、そうした「均等な」縮小はあり得ない。

そこでこの節では、主に不均等成長の問題を考えよう。「不均等成長」は、ペティ=クラークの法則の周辺や、通常の企業や産業のレベルでも地域や国の間でも現実に起こっているのだから、その影響を把握する必要がある。またそれは、ボーモル効果（後述）のように一見不可解な現象を出現させる。

さらに不均等な成長は、付加価値総額や生産性上昇率の異なるセクター間に、様々なあつれきや痛みを発生させる。ある製品分野で生産性向上が急速に進むと、この分野の製品の価格が下がり、他分野の人々はその恩恵で生活が豊かになる。しかし、この分野自身は、販売数量の伸びが不十分な場合には、生産能力の過剰状態が持続しやすい。この場合には、償却の終わっていない生産能力の削減を継続的に行わなけ

ればならないし、労働者の解雇・失業・転職なども生じ、企業の収益が常に不安定になるなど、多くの痛みを受け続けることになる。

第2節では、図8a、b、図9a、bをベースに、不均等成長に係わる「ボーモル効果」（またペティ＝クラークの法則）のメカニズムを検討し、それをもとに統合的な不均等成長のメカニズムを考える。それは、経済成長に、新古典派成長理論とは異なった方向から光を当てるものになると考える。

1　ボーモル効果と不均等な付加価値総額変化

不均等な付加価値成長が生じる原因の第一は、製品別の「生産性向上速度の差」であり、第二は、製品等の「付加価値総額の天井の存在（すなわち需要の制約問題）」だと考える。

構造改革派の考え方は、「生産性上昇率が高いほど、付加価値成長率は高くなる」という楽観的なものである。したがって、第二の問題は存在しないと考える。これは、構造改革派が基盤を置く新しい古典派の経済学では「供給が需要を創る」というセイ法則に従って、供給がしっかりしていれば需要はそれに付随しておおむね自動的に生ずると考えるからである。彼らが、ひたすら生産性の向上など、サプライサイドの対策さえ講じればよいと考えるのは、これによる。

しかし、ウィリアム・ボーモル（一九二二〜。文化経済学の創始者。航空など規制業種への競争導入の論拠となったコンテスタビリティ理論の提唱者の一人）が見いだした「ボーモル効果」は、生産性上昇率の高い「発展部門」が、「停滞部門」に対して「雇用」の割合を縮小させるという現象である。(2) まさに、これは不均等な付加価値成長のモデルであり、第1章でふれたペティ＝クラークの法則にも通ずる。ボーモル効果やペティ＝クラークの法則の存在は、新しい古典派の標準的なメカニズム論とは逆の現象が存在することを示しているのである。

サプライサイドの視点とボーモル効果のメカニズム　ボーモルのモデルでは、生産性が上昇し続ける発展部門と、停滞する停滞部門の生産量の比を一定にした場合には、発展部門から停滞部門に労働力が流出する（Baumol［1967］）。この「流出」現象が、ここでいうボーモル効果である。

ここにはボーモルによって「両部門の生産量の比が一定」という条件が置かれているが、新しい古典派の標準的な考え方では、生産性が向上すれば、製品当たりのコストつまり付加価値額は低下するが、同時に生産性向上による価格低下によって需要（数量）が増加して付加価値総額（＝製品当たり付加価値額×数量）が増加し、その増産のために雇用が増加するはずである（図8a参照）。

ところが、実際には雇用は増加せず、逆に雇用の割合を減らす現象がボーモル効果として観察された（ボウモル＆ボウエン［一九九四］、原著一九六六年）。そして、この観察結果に対してボーモル（Baumol［1967］）は、「生産性が向上する発展部門と生産性が停滞する停滞部門の生産量の比を一定にしようとした場合」という条件（仮定）を置くことにより、生産性向上速度の差で、この現象を説明できたのである。

したがって、ボーモル効果が観察されていることは、新古典派の標準的な考え方では説明できないパラドックスということになる。生産量の比が一定という条件は、生産性の伸びが高い発展部門も低い停滞部

（2）本書では、ボーモルの論文（Baumol［1967］）のうち、生産性が上昇し続ける発展部門と停滞する停滞部門間で、発展部門から停滞部門に労働力が移動する問題を主題とする。

コラム4 ボーモルの病

ボーモル効果は、サービス産業など「停滞部門」側の生産性が伸びない問題（「ボーモルの病」）としても理解できる（たとえば『通商白書二〇〇八』第2章第4節1）。本書がマクロ的に、生産性上昇率の高い製造業が雇用を減らしていることに注目するのに対して、この見方はサービス産業の生産性が伸びないことを問題にする。

しかし、本書は、需要の制約下では仮にサービス産業の生産性が向上しても、それは単に失業者を増加させるだけで、わが国経済全体の生産性は向上しないと考える。

そもそも、サービス産業の雇用増加は、製造業が吐き出した安価な労働力が活用できるからであって、それ自体、極めて合理的である。その安価な労働力を利用せずに、（かえって高コストとなる可能性が高い）生産性向上に取り組めとする主張は、特殊な個別分野に対してはあり得るとしても、マクロ的には非合理というべきである。

こうした転倒した主張がなされるのは、労働力がすでに利用し尽くされているという前提に立っているからだ。確かに、労働力が利用し尽くされているなら、残る主な対策は生産性向上しかない。だが、現状で労働力が利用され尽くしているとは、とても思えない。過度の生産性信仰が、経済問題の理解をおかしくしているのである。

門も、生産量の伸びが同じであることを意味するが、これは、発展部門側で生産の伸びを制約する何らかのメカニズムが存在しない限り、生じ得ないはずである。そこで、新古典派の一部をなす構造改革派経済学では、労働力や資金が高生産性分野に移動しない何らかの障害が存在するために、高生産性分野が生産を伸ばせないと考え、その原因を「市場の歪み」の問題として理解しようとした。しかし、市場の歪み仮説による説明が成り立たないことは、第1章で述べた。

また、そもそもボーモル効果に関する論文が書かれたのは一九六七年だから、一九六〇年前後の米国経済には、すでにボーモル効果は存在したのである。つまり、かりに「市場の歪み論」が正しいなら、それは、米国のゴールデン・エイジとされた一九五〇年代や六〇年代にも存在していたことになる。また、ペティ=クラークの法則も、ボーモル効果によって説明できると考えられるが（後述）、この法則は、ほぼすべての国で時代を超えて成立している（図5）。これほど普遍的な現象であり、経済繁栄の時代にも、停滞の時代にも存在したのであれば、ボーモル効果やペティ=クラークの法則が、ほぼ「市場の歪み」と無関係なことは明らかだ。とすれば、次は「需要の制約」の可能性を検討するのが自然だろう。

ボーモル効果発現条件の再定義とボーモル効果の一般的説明　しかし、この「両部門の生産量の比が一定」という仮定は、その仮定を置く必要のある現象がなぜ生ずるかを説明していない。また、これはかなり厳しい条件のようにみえる。そこで、この条件を再検討してみよう。

ボーモル効果が生ずるのは、両部門の雇用量が互いに異なる率で変動した結果だから、ボーモル効果を規定するのは各部門の「雇用量」の変動である。一方、この雇用量（雇用者数）と人件費総額はほぼ比例的関係にある。また、人件費総額は一般に付加価値総額の中で最も大きい割合を占めるから、付加価値総額と人件費総額は連動していることが多い。そこで、（単純化のため）付加価値総額に対する人件費総額の割合と、人件費総額と雇用量の割合が比較的安定しているとみなそう。すると、「各部門の雇用者数の動きを左右するのは、ほぼ各部門の付加価値総額だ」と考えてよいことになる。つまり、その部門の付加価値総額が増えれば雇用が増え、減れば雇用も減少すると考えてよい。

付加価値総額による「生産量の比が一定」条件の一般化　以下、付加価値総額を使ってボーモルの条件を考えてみよう。発展部門の生産性上昇率が停滞部門よりも高ければ、発展部門の製品当たりコストの低下率は、停滞部門のそれよりも当然大きい。競争市場下では、コストの低下に従って製品価格も低下するから、生産性向上に応じて製品当たり付加価値額も縮小する。その一方、「両部門の生産量の比が一定」という仮定だから、両部門の生産量（数量）の伸び率は同じである。

両部門の付加価値総額は、それぞれ、この両者つまり①製品当たり付加価値額に②生産数量を乗じたものだから、両部門の製品当たり付加価値低下率の差が、そのまま両部門の付加価値総額の変化率の差となる。この結果、発展部門の付加価値総額の伸びは停滞部門のそれを下回る。つまり、発展部門の付加価値総額のウエイトは低下することになり、それが雇用に反映されることになる。

以上から、ボーモルほど厳しくない条件でも、この現象が生じる場合があることがわかる。すなわち、より一般的なボーモル効果発現条件は、「停滞部門に比較して発展部門の付加価値総額の比が低下する」または「発展部門の付加価値総額の上昇率が停滞部門のそれよりも低い（下回る）」という条件でよいことがわかる。この条件があるときには、おおむね発展部門の労働者数は停滞部門に対してその割合を低下させる（あらためていうまでもないほど当然のことである）。

付加価値総額は、①製品当たり付加価値額×②需要数量である。したがって、付加価値総額の伸び率は「**①製品当たり付加価値額縮小率**」×「**②価格低下による需要（数量）の増加率**」に分解できる。つまり、新しいボーモル効果発現の条件も、この①と②に分解できる。

ここで停滞部門を固定して考えてみれば、これは、すでにこの節以前にさんざん検討してきた「成長の条件」、つまり①製品当たり付加価値額の縮小を②需要数量の増大がカバーし、上回るという条件と同じである。これは「生産性上昇による製品当たり付加価値額縮小率」と、「生産性上昇による価格低下でもたらされる需要数量の増加率」のバランスが重要であることを意味する。このうちの前者、つまり生産性向上の直接効果が確実であるのに対して、間接効果である後者、つまり需要数量の増加率がどのようになるかは、様々な環境や条件次第で異なると本書では考えるわけである。

新たに一般化された条件からみた付加価値総額の意義

このように、「ボーモルの条件を付加価値総額でとらえ直した」ことで、「需要の制約」の影響を取り込んで分析することが可能になっていることがわかるだろう。

よくみれば、これは当たり前のことをいっているにすぎない。しかし、構造改革派経済学のように「生産性」のみをみていたときには、「両部門の生産量の比一定」条件は、生産性とは無関係の存在にみえた。これに対して、視点を「付加価値総額」に移動させたことで、付加価値総額の変動を、それを左右する①生産性向上による「製品当たり付加価値額の縮小」と、②生産性向上に伴う価格低下による「需要数量の増大」の二つに分解できた。そして、後者が、ボーモルの「両部門の生産量の比一定」条件に係わっていることがわかる。

つまり、生産性単独ではなく、視野を広げて付加価値総額を対象にしたことで、生産性、生産数量と付加価値総額の関係の理解が可能となり、ボーモルの条件と、生産性変化の関係が理解できただけでなく、付加価値総額と雇用量の関係から、ボーモル効果が発現するかどうかを規定する、より厳密な条件が解明されたのである。

需要制約とボーモル効果　こうして、新しい一般化された条件からは、ボーモル効果発現の判断基準は、生産性ではなく「付加価値総額」だと考えるべきことがわかる。また、生産量の比が一定というボーモルの条件にせよ、本書が一般化した新しい条件にせよ、ボーモル効果が成立するためには、発展部門の生産数量が十分に伸びないことを認める必要がある。つまり、新しい古典派の論者が、ボーモル効果を承認するには、少なくとも部門のレベルではセイ法則を捨てて、「需要の制約」があることを認めなければならないと考える。

こうした理解を踏まえて、あらためてボーモル効果が発現する根本的な条件を、ボーモルの視点からみてみよう。新古典派成長理論の成長の三要因のうち、まず発展部門の「生産性」については、明らかに何の問題もなく伸びているとボーモルは認識している。一方、「労働投入」は原因ではなく結果であると理解されている。また「資本」については、発展部門に対して投入を妨げる要因はないし、停滞部門が資本を必要とする理由もない。また、投資家は停滞する部門に投資は行わないだろう。少なくともボーモルには、そのような認識はない。つまり、資本、労働、生産性という新古典派成長理論の成長の三要因は、いずれも発展部門の生産数量の成長を抑制する要因とは考えにくい。

とすれば、発展部門の生産数量の成長を停滞部門並みに抑制している原因で、残るのは「需要の制約」しかない。この需要の制約こそ、価格低下で生ずるはずの販売数量の伸びを抑制していると考えられる。これに対して、生産性は付加価値総額への影響を通して、間接的に雇用者数に影響を及ぼすにすぎない。

ボーモル効果は、ボーモルが明示的に示した、①生産性向上速度の差だけでなく、②「両部門の生産量の比が一定」という条件（仮定）に覆われてみえにくくなっていた「発展部門の販売数量の増加が制約される問題」に強く依存しているのである。

そして、逆にボーモル効果が現実に観察されていることは、発展部門側に需要の制約が実際に存在していることを示している。わが国においても、かりに図6がボーモル効果を示すとすれば、新古典派の理解とは異なって、少なくとも製造業という部門単位では、「供給に対応した必要十分な需要が常に自動的に生ずる」とするセイ法則は概略的にも成立していないことになる。このセイ法則の問題については**第3章**で包括的に論ずる。

ボーモル効果からみた日本経済の理解

次に以上の整理から得られる理解を元に、新しいボーモル効果発現条件と日本経済を対照してみてみよう。

まず第一に、発展部門の付加価値総額（＝製品当たり付加価値額×数量）の伸びが停滞部門と同じである場合には、労働力は停滞部門へ移動することはない。しかし第二に、発展部門の価格低下等に伴う需要数量の増加が十分大きいために付加価値総額の成長が停滞部門のそれよりも大きければ、発展部門は労働力を吸収して雇用を拡大させる。

これが、「高度成長時代」に日本の製造業が実現したことである。当時は、日本経済の規模が小さかったから世界市場の需要の天井は高く、日本の労働コストはまだ低かったから開発途上国との競合問題は小さかった。このため、生産性向上は世界でのシェア拡大につながり、国内でも国民の物質的な豊かさは不十分でモノに対する需要が強かったため、価格の低下に応じて国際市場でも国内市場でも需要数量の十分な拡大が生じたと考えられる。

高度成長時代には確かに、もっぱら「生産性」だけを追求していればよかったのである。しかし、生産性上昇と付加価値総額の伸びの方向を一致させていた当時の条件は、今はなくなっている。

第三に、発展部門の需要数量の拡大が十分でなく、付加価値総額の伸び率が停滞部門のそれを下回る場合、生産性上昇率の高い発展部門は、労働力を停滞部門にはき出すことになる。これは、九〇年代から二〇〇〇年代にかけて、生産性上昇率の高い製造業などが、雇用を縮小し続けているという日本の状況（『労働経済白書（平成二〇年版）』が取り上げた状況）を表していると考える。

このように、付加価値総額で捉える視点は、単に、ボーモル効果や、九〇年代から二〇〇〇年代の日本の高生産性上昇部門の雇用縮小問題だけでなく、高度成長期の雇用拡大問題をも、統合的かつシンプルに説明できることがわかるだろう。そのメカニズムは、一定の条件下では需要数量が十分に伸びないという単純な問題に係わる。

これに対して、生産性と市場の歪み論などのサプライサイドの要因のみでボーモル効果を説明することは、ほぼ不可能である。

2　普遍的な成長理論の条件

第1節では、「需要制約」の視点を組み入れた普遍的な成長理論の可能性についてふれた。ここでは、それにここまでみてきた不均等成長の視点を組み入れる可能性について考えよう。

ペティ゠クラークの法則の包含　ペティ゠クラークの法則が記述する現象は、ボーモル効果が扱う一連の現象と重なる。一国の工業化の当初は、工業製品の普及率が低いために需要が強く、強い需要を背景に、販売・生産数量が急速に拡大し、第二次産業は労働力や付加価値総額のウエイトを増大させる。これは戦後の日本でいえば、高度成長時代である。

しかし、製品の普及が一巡し、また人々が物質的に豊かになると、工業製品に対する需要の強度が低下し、さらに人々が強い魅力を感じるような新しい製品が間欠的にしか生まれなくなると、需要の制約が顕在化し、第二次産業のウエイトはボーモル効果によって徐々に低下していく。

すなわち、ボーモルがボーモル効果のモデルで記述した現象は、ペティ゠クラークの法則として知られる現象の一部であると考えられる。この意味で、ボーモル効果は、不均等な付加価値成長の一断面を示すものといえるだろう。

普遍的な「経済成長理論」の枠組み　一方、本書で一般化したボーモル効果の新しい説明は、日本の二〇〇〇年代の、生産性の伸びが高い分野から低い分野への労働移動の問題（つまりボーモルが説明しようとした現象）に止まらず、一九七〇年代までの高度成長時代の労働移動の状況をも統一的に説明できる。

また、その説明の範囲は、この労働移動問題、ボーモル効果、ペティ゠クラークの法則といった特殊な経済事象の説明に止まらず、図8各図や図9各図の検討を基礎として経済成長の一般理論につながっている。

すなわち、この説明モデルは、部門間の不均等成長を包含した、説明範囲の広い普遍的な成長理論の可能性を示している。

これをわかりやすくみるために、ボーモル効果が「発現しない」条件を考えてみよう。簡単化のために、停滞部門側の付加価値総額が変化せず、一定だと仮定すれば、発現しない条件は、「発展部門側の付加価値総額が少しでも増加すればよい」という単純なものだ。

先にみたように、この付加価値総額の増加という条件は、①生産性向上による製品当たり付加価値額の縮小を②価格低下による需要数量の増大がカバーし、上回ればよいという条件に分解できる。これは経済成長に関して、図8各図や図9各図でみた、成長に関する条件と同じである。また、ここでの、①生産性向上、②付加価値総額、③販売・生産数量の三者の関係は、成長に関する図8a、bにおける三者の関係と基本的に同じである。

逆に、成長に関する図8各図と図9各図でみたメカニズムに、部門間の生産性向上速度の差と、需要（数量）の制約の差という二つの条件を加えるだけで、ボーモル効果、ペティ＝クラークの法則が、シンプルに理解できるのである。[3]

このように、図8各図、図9各図のメカニズムは、「需要の制約」に関する条件の設定次第で、ボーモル効果やペティ＝クラークの法則、さらには、高度成長期の労働移動や長期停滞期の問題を一貫して説明できる枠組みであり、それは新たな統合的成長理論の基盤になり得るものだと考える。

そして、ここで最も重要な役割を果たすのは「需要の制約」の視点である。この視点を含むことによって、この成長理論は、従来の成長理論を代替しうるものになると考える。

なお、経済成長問題に関しては、さらに「プロダクト・サイクル」の視点を組み入れる必要があるが、これについては本章第3節でふれる。

3　「疑似」ボーモル効果

実は、高生産性企業が、業務の一部を、外部の低コストの企業にアウトソーシングすると、高生産性企業側は、人員を削減することができ、社内直営コストに比べてアウトソーシング先への委託コストが安ければ安いほど、アウトソーシング後には、委託企業側の生産性が向上し、受託企業側が雇用を増やすことになる。

この際に、受託側企業が、専門性故に高効率で業務を処理できるために低額で受託しているなら、受託側企業の労働者も高い給与を受けられる。しかし、多くの場合は（特に現在のような経済環境では）、受託企業側のコストが低いのは、低賃金の労働者を使用しているためであることが多いだろう。

これは、まさに『労働経済白書（平成二〇年版）』が取り上げた、高生産性企業が雇用を減らしつつ生産性をさらに向上させ、低生産性企業が、生産性を停滞させたまま、雇用者数を増加させているという現状とぴたり一致する。これを「疑似ボーモル効果」と呼ぼう。

企業自身にとっては、アウトソーシングで効率性を高めることは、正に追求すべきことである。さもなければ国際競争に生き残れなかった企業が、生き残り続けられるとしたら、国民経済的にも意味がある。しかし、日本全体の生産性を向上させるという、構造改革主義経済学本来の経済政策の目的からみれば、これには何の価値もない。

高生産性企業は、単に高賃金の雇用をカットするために、低賃金の労働者を使うアウトソーシング先を

（3）なお、ボーモルのモデル自体は、経済成長ではなく部門間の問題を扱っているため、図8b、図9a〜cで考えた「新製品」成長への寄与は考慮されていない。

利用しているにすぎないのであり、高生産性企業の生産性上昇は、高賃金雇用の減少と、受託企業側の低賃金雇用の増加とセットである。言い換えれば、「高生産性企業の生産性向上は、アウトソーシング先の低賃金雇用の拡大無しには実現できない」のであり、両者は一つの現象の表と裏の関係になっている。それは一国全体の生産性を改善しない。

したがって、一見、政策的にアウトソーシングを促進すれば、生産性が向上するかにみえても、それは一国経済レベルでは必ずしも喜ぶべきこととは限らない。「生産性という概念」が、単独では、政策的にも活用が難しい指標だということは、これからもわかるだろう。

問題は、この疑似ボーモル効果と、真のボーモル効果との割合がどの程度であるかであるが、ペティ＝クラークの法則が普遍的に観察されていること、またボーモルらが、文化産業と製造業という、疑似ボーモル効果が生じる余地のない（つまり、アウトソーシング関係が存在しない）、無関係の産業間で現象を把握していることからも（ボウモル＆ボウエン［一九九四］）、真のボーモル効果は決して小さくはないと考える。

第3節　プロダクト・サイクルと付加価値成長のメカニズム

新古典派経済学者は、需給は、おおむね常にバランスしていると考える。これはセイ法則がおおむね成立していると考えるからだ。しかし、日本では、経常収支の恒常的黒字が三〇年近く継続している。これは、一国単位では、長期にわたって需要（内需）と供給のバランスが実現されない場合があることを示す(4)。また、ボーモル効果やペティ＝クラークの法則が普遍的に観察されることは、発展部門の販売・生産数量（需要）の増加に制約があることを示している。

こうしたことなどから、本書ではセイ法則に破れがあると考えるので（**第3章**参照）、一国経済の安定成長は、本章の第1節でみたように、効率化による付加価値縮小速度と、それを埋める需要数量拡大の速度の差し引きで、需要の伸びの側が上回るどうか、あるいはそれが少なくともバランスするかに依存すると考える。本書では、これが経済の付加価値成長を考える基本的モデル、あるいは枠組みである（図8、図9各図参照）。この節では、この枠組みの下で、需要不足を引き起こす具体的な要因を考えよう。

価格が低下しても需要が十分に増えないとしたら、その原因には、少なくとも次の四点が考えられる。第一は、製品の魅力が低いために、価格が下がっても需要数量増が不十分となること、第二は、大恐慌や長期停滞のような重い不況下における雇用不安や需要の将来予測の低下によって、いわゆる消費マインドと投資マインドが低下し、財の価格が低下しても、需要の伸びが抑えられること、第三は、国際競争における競争力の不足で、シェア獲得が不十分となること、第四は、構造改革の圧力による生産性向上の加速に、需要増加（販売数量増）の速度が追いつかないことである。

以下の第1項では、このうち第一の、製品の魅力などニーズの強さに係わる需要不足要因を検討し、その他については次の第2項で検討しよう。ただし、国際競争に係わる問題については、第一の問題にも係わるので必要に応じてふれる。

（4）今や日本は、自ら輸出立国（本書では「輸出立国」とは輸出超過志向の国を指す）を選んでいるという理解すらあり得るが、それはやはり、内需が不足しているために、輸出超過を選ばざるを得なかったと考えるべきである。

図11　主要耐久消費財の世帯普及率の推移

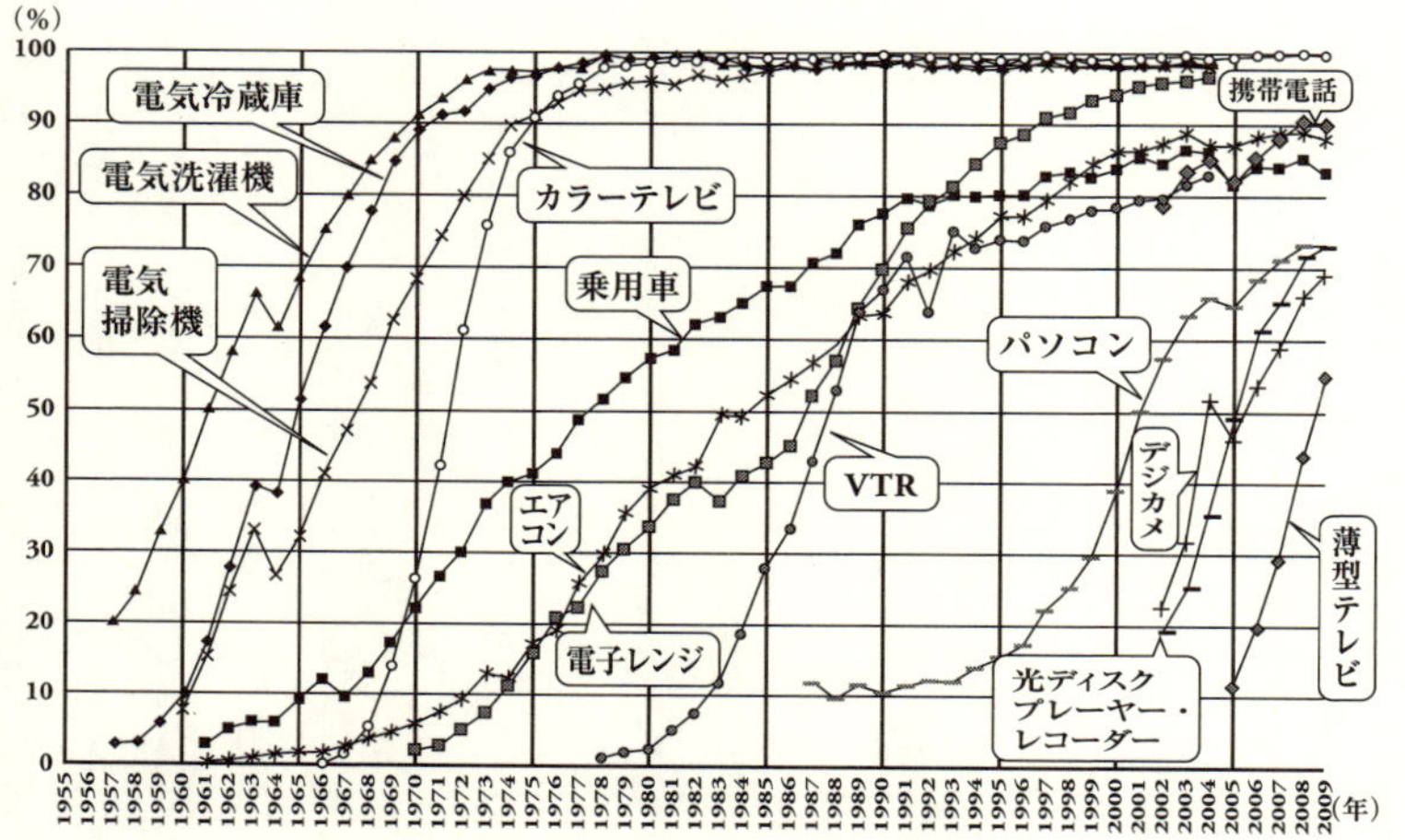

注：単身世帯以外の一般世帯が対象。1957年は9月調査、58〜77年は2月調査、78年以降は3月調査。05年より調査品目変更。デジカメは05年よりカメラ付き携帯を含まず。薄型テレビはカラーテレビの一部。

出所：本川裕「社会実情データ図録」(http://www2.ttcn.ne.jp/honkawa/2280.html)（内閣府「消費動向調査」に基づく）

1　プロダクト・サイクルと需要の制約

価格低下に伴って需要数量がどの程度伸びるかは、製品の特性に係わると考えられる。そこで、需要の制約と製品特性の関係を理解するためにプロダクト・サイクルに注目する。

普及率とプロダクト・サイクル　普及率は、耐久消費財等では**図11**にみるように、当初は緩やかに伸び、次第に伸びは大きくなっていくが、普及率の上限に近づくにつれて、再び伸びが小さくなるS字型の曲線を描く。普及率の変化分（増分）が普及の増加量（＝販売・生産数量―廃棄量）となるから、おおむね普及率の伸び率が最も高いところで、販売・生産数量が大きい（ただし、廃棄量つまり概ね更新需要の大きさ次第でずれる）。

このように普及率の変化は普及率自身に影響されるため、ロジスティック曲線等（図11の曲線）を描く。つまり、製品需要の強さは一定ではなく、製品のその時点の普及率に応じて変化する。

こうした変化の背景には、「プロダクト・サイクル」があると考えられる。「プロダクト・サイクル理論」とは、一つの製品には、製品機能の開発が活発に行われる「開発期」、さらに生産技術の発展で低価格化が進められながら生産・販売量が増加していく「成長期」、その後、普及率の高まりで更新需要のみとなって頭打ちとなり、技術の改良がおおむね止まるが、価格を低下させながら中進国、後進国へ需要が拡大していく「成熟期」に入り、ついには代替製品が出現することで販売量も減少していく「衰退期」に入るというサイクルがあると考える。

そして、その中で、ステージごとに競争力の源が異なるため、製品の主な生産国が、高度の技術力を持つ先進工業国から、中進国、開発途上国など低コスト生産国へと順次移り変わっていくという理論である。(5)

つまり、この理論は、先進工業国と開発途上国の競争関係を説明する。**図12**はそれを表したものである。

プロダクト・サイクルと普及率の関係をみると、新製品は、当初は開発費負担などで高価格であり、認知度も低いため、普及率の伸びは低い（開発期）。しかし、徐々に普及率が高まると、生産量の累積による学習曲線効果（累積生産量が倍増するごとに生産コストが一定率で低下する経験則）などで価格が低下し、また認知度も上がって需要が急速に拡大し、生産数量が急速に増加する（成長期）。しかし、さらに普及率が高くなると、低所得で買えない人や関心のない人々の層にぶつかって、普及率の伸びは低下し、ついにはゼロとなる（成熟期）。こうなると需要は更新需要だけになる。

（5）バーノン［一九七三］参照。レイモンド・バーノン（一九一三〜九九）は、多国籍企業論で著名な米経済学者。赤松要（一八九六〜一九七四。元一橋大学経済学部長）の「**雁行形態論**」（赤松［一九五六］）も同趣旨である。

図12　プロダクト・サイクル

	開発期（製品化期）	成長期（普及期）	成熟期	衰退期
市場	豊かな先進国市場	中進国への拡大	中低所得開発途上国に拡大	同左
競争内容	製品開発競争	生産技術競争と製品改良競争	コスト競争と差別化競争	コスト競争
製品の付加価値	高	中	低	低

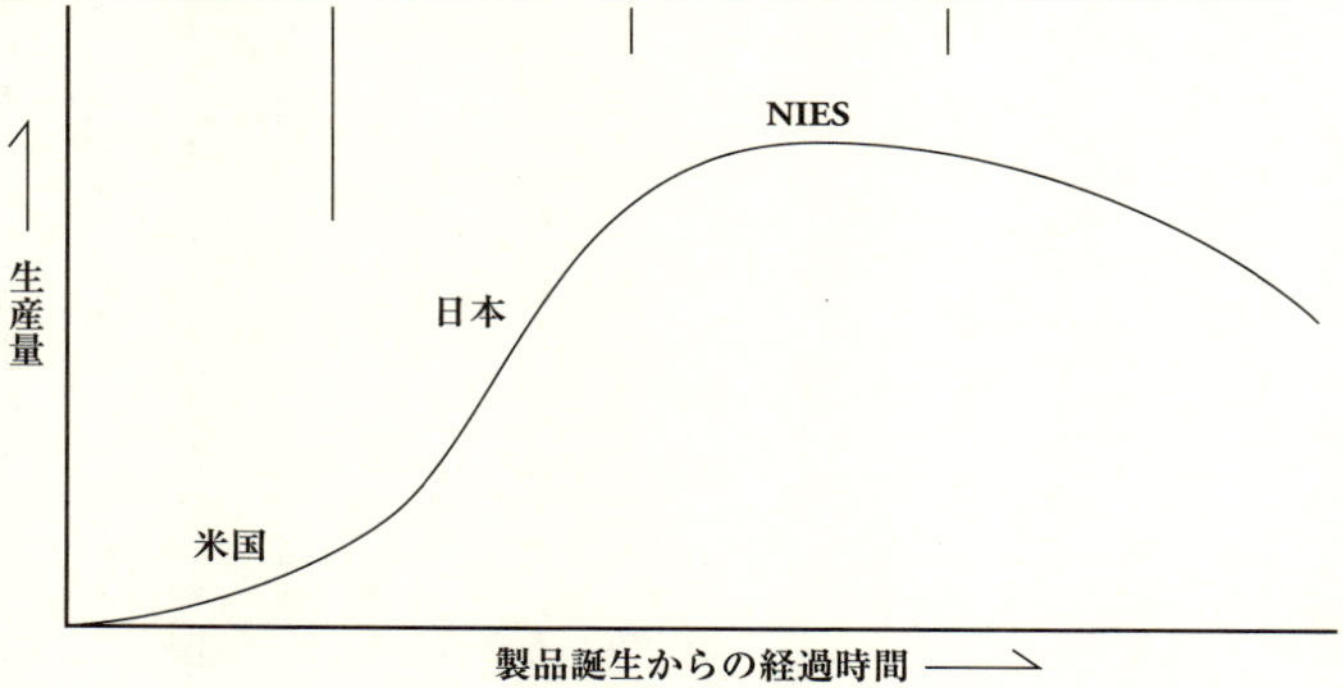

プロダクト・サイクルと需要の伸びの制約

プロダクト・サイクルは、製品のステージによって需要の強さが変化することを示す。したがって、その製品がどのステージにあるかは、その製品の「需要の価格弾力性」を左右すると考えられる。

図8a、bと第2節でみたように、コスト低下による付加価値額減少を補う以上に、売上数量が増加すれば、付加価値総額は成長する。そして、その成長率は、一定の価格低下に対して、需要数量がどの程度伸びるか（つまり**需要の価格弾力性**）に依存する。

表1は、生産性向上で製品当たり付加価値額が一〇〇円から八〇円に縮小した場合に、成長がどうなるかを模式的に示したものである。ここで、需要の価格弾力性が一のとき（ケースA）には、需要数量は一〇〇〇から一二五〇に

表1　需要の価格弾力性によって異なる生産性向上効果

生産性向上の効果	当初	需要の価格弾力性の影響（3つのケース）		
		ケースA（弾力性＝1）	ケースB（弾力性＝2）	ケースC（弾力性＝0.5）
価格の変化（円）	100	80	80	80
需要数量（個）	1,000	1,250	1,400	1,100
付加価値総額（円）	100,000	100,000	112,000	88,000
成長率		0%	12%	－12%
備考		ゼロ成長	プラス成長	マイナス成長

注：わかりやすくするため、販売数量は、弾力性が1のときに付加価値総額が変わらないように若干操作してある。

増加するため、この製品分野全体で得られる付加価値総額は変わらず、成長率はゼロである。一方、弾力性が二の場合（ケースB）には、需要数量の伸びが高いため、製品当たり付加価値額の低下を補って、付加価値総額は一二％成長する。弾力性が〇・五のとき（ケースC）は、付加価値総額は減少し▲一二％のマイナス成長となる。つまり、生産性向上は、経済成長を保証せず、成長率は需要（の価格弾力性）に左右される。

当然ながら、需要（数量）は、①市場の状況と、②その製品の特性に左右される。そして、需要の価格弾力性は、②の製品の特性に規定されるとともに、①の市場の状況に係わる二つの制約を受ける。

その第一は、製品全体市場の需要の制約である。第二は市場シェアに係る制約であるが、いずれも②の製品の特性と密接に係わる。そして、その係わりの程度と影響は、プロダクト・サイクルの中で、その製品がどのステージにあるかに大きく依存する。つまり、各製品が、プロダクト・サイクル上でどのポジションにあるかによって、価格変化に対する各製品の需要の伸び率は異なる。

プロダクト・サイクルには成熟期があるから、耐久消費財などの需要にも「成熟期の上限」がある。このため、生産性上昇による価格低

コラム5

需要の価格弾力性

通常、「需要の価格弾力性」を左右する要因としては、①「**代替財**」の存在と②弾力性を評価する際の「**時間軸の長さ**」があると考えられている。

まず②の時間軸については、本章では中期以上を考えていることになる。ここで重要な点として短期的な価格変動と中（長）期的な価格変動の区別がある。価格が一時的に低下しても、それが再び上昇することが明らかであるような場合は、前倒し需要が出て、弾力性は高く出るだろう。これは短期の問題になる。対して、生産性向上による価格低下は一時的な低下ではないから、需要の前倒しは生じない。これは中期以上の問題になる。いずれにせよ、この②の時間軸は、弾力性測定の条件の問題であるといえる。

残るのが①の「代替財」の問題だけだとすると、それだけでは議論の範囲が狭すぎる。そこであらためて価格と需要の関係の本質に立ち返って考えてみよう。まず、価格と需要の関係を規定するのは明らかに（同語反復的だが）その財の「需要の強さ」だろう。需要が強ければ、価格が少しでも下がれば需要は大きく増えるし、需要が弱ければ、少しくらいの価格低下では需要はそれほど増えない。

では、その需要の強さは何によって規定されるだろうか。それは、③**財の「魅力度」「有用性」「必須性」の高さ**であり、一方では④「**価格水準**」**の高さ**だと考えられる。

こうした視点からすると、①の代替財も、この③の「魅力度」「有用性」「必須性」と大きな関係がある。一般に、必須性や魅力度の高い財には代替財が少ない。そもそも代替財が少ないから、必須性も高くなるということもある。一方、必須性や魅力度が低い財には、幅広い代替材が存在する。

例えば、個人によってゲーム機の魅力は異なるが、それほど魅力を感じない個人にとっては必須度が低く、代替財としては、マンガ雑誌や固い内容の書籍あるいはスポーツ用品、携帯電話といったものがありうるなど、必須度が低いほど代替財の範囲は広くなる。魅力度、必須度が特に低い財は、他のまったく異なる分野の、もはや一般通念としては代替財とは言えないほど様々な財と比較される存在である。

そして、対象とする財に代替財があるとき、この財の価格が低下すれば、代替財の需要をも吸収して、この財の需要の伸びは加速される。このように、①の代替財も、

③の魅力度や必須性を通じて需要の価格弾力性に作用している。

一方、耐久財に関しては、もう一つ、③の製品の魅力度や必須性を大きく左右する要因として、⑤**「普及率」の高さ**があると考える。耐久財では、すでに所有しているかどうかが、財の魅力の強さを左右する。一つあれば済む財を二つ買う場合の二つめの魅力度、必要性つまりニーズの強さは大きく落ちるから、財の普及率が高くなるほど、マクロで平均した財の魅力度や必須性は低下する。それは代替財の範囲を広げ、需要の価格弾力性を低くする。（なお、複数でも魅力度が下がらず需要が減少しないものもある。「コレクター」が集める財、いわば「コレクション財」である。対象は、例えば美術品や骨董品などである。しかし、これらは、多くの場合、「今の」経済で「生産」されたものではなく、とりあえずは需要の中で大きな割合を占めるものではないということで、ここでは検討から除外しよう。）

普及率がほぼ一〇〇％となれば、その財に魅力を感じるのは、財が古くなり更新期を迎えている買い手だけだ。こうした場合には、価格が低くなっても需要はあまり増えない（それが期間を区切った一時的な低下でない限り）。

財本来の魅力度や必須性と普及率の関係をみると、普及率がまだ低い場合には、その財自体の本来的な魅力度、有用性や必須性などが、そのまま価格低下に伴う需要の伸びを規定する。ところが、普及率が上昇すると、すでに所有しており、もう一台は不要だと考える人の割合が増えるから、その財の平均的な魅力度や必須性は、全体の平均では（マクロ的には）低下し、財の価格弾力性も低下する。

一方、④の価格水準の高さについては、高ければ所得の制約で買える層が限定されるため、中期的に普及率が頭打ちとなる水準は低くなる。

最後に、代替財の議論は、本書の視点からすると、特に国や地域の経済の発展状況をほとんど反映しない点に問題がある。本書では、先進工業国が抱える問題や、先進工業国と開発途上国間の国際競争などを扱うため、需要の価格弾力性についても、こうした経済の発展状況を反映できる視点が必要なのである。

こうした観点では、⑤の「普及率」が③の魅力度などに与える影響が重要である。様々な財の「普及率」は、最貧国（後発開発途上国）、開発途上国、中進国（新興工業国）、先進工業国といった市場の需要サイドの豊かさや、発展状況を反映する指標であり、それは、その高さに応じて、財の平均の魅力度を左右し、財のマクロの価格弾力性を左右するのである。

下で生じる需要数量増は、早晩その成熟期の上限にぶつかる。すると技術開発の原資も減少して技術の改善も縮小する。製品が成熟期に入ると、生産性向上で価格が低下しても、需要数量が伸びないため、生産性向上は付加価値総額の縮小をもたらすだけになる。

プロダクト・サイクルのステージごとの需要制約の状況　そこで、プロダクト・サイクルのステージにしたがって、「国際競争」などを含めた需要制約の動向をみてみよう。

開発期にある製品の市場は、そうした製品を買うことができる豊かな買い手がいる先進工業国市場におおむね限られる。そうした国においても、製品の認知度は低く、開発コストなどのために高価格でもあり、買い手の層は薄く限られている。このため、多少の価格低下があっても、需要が大きく増えることはない。この結果、開発期製品の需要の価格弾力性は比較的低い。

だが、開発期の製品は、高い開発力という障壁のために、開発途上国企業の参入は困難であり、激しい価格競争にはならない。このため、先進工業国は高い付加価値を維持できる。一方で、数量ニーズが小さいため、大きな付加価値総額は稼げない。販売・生産数量も少なく、伸び率も必ずしも高くはないため、未来のためにはなるが、必ずしも当面の経済問題を解決しないし、リスクも高い。

しかし、経済成長を実現するには、将来の成長期製品を次々と生み出していく開発期製品は重要である。たとえば、長期停滞下の景気対策としても、国の資金を、まったく新しい製品の開発に投入することには意味があると考える。

開発期製品が認知度を上げ、売れるようになると、量産効果や生産技術の改善などによって価格も低下し、需要は拡大していく。これが**成長期製品**である。こうなると製品の魅力もよく知られるようになり、需要の強さも上昇していく。すると、価格水準の低下で潜在的な購買層が拡大しているため、価格低下に応じて需要は増えやすくなり、需要の価格弾力性は上昇していく。

また、まだまだ普及率は低いため、依然として潜在的な買い手の層（新規需要層）も厚い。しかし、普及率の上昇とともに、徐々に新規需要層の厚みは減少し、それに伴って需要の価格弾力性は低下していく。

こうした成長期製品では、製品分野全体の市場が拡大を続け、数量が増加していくから、先進国でも十分な数量の伸びが実現される可能性は高い。このステージにある製品は、製品の改良や生産技術の改良が急速に進んでいくため、かつては開発途上国は技術力の低さなどのために参入できず、市場は先進工業国にゆだねられていた。したがって、この市場は技術競争は激しいが、先進工業国同士の競争だったから価格競争は厳しいものではなかった。日本は、高度成長時代には、比較的労働コストが低い一方で急速に技術力を高めたことで、この成長期製品で幅広く強みを発揮してきたのである。

しかし、現在は、開発途上国が、かつての日本のポジションを占め、低コストを武器に強力な競争相手となっている。技術の障壁は、開発途上国自身の努力や技術移転などにより低くなった。また、かつて成長期にあった製品が、徐々に成熟期製品へと移行しつつあることも、開発途上国の参入を容易にしている。

さらに重要な問題として「経済のグローバル化」で、労働コストの安い開発途上国に投資が次々に行われ、部品のモジュール化などを活かした、グローバルな分業システムが深化したことがある。高い技術力が必要な工程や部品モジュールを、先進工業国企業や事業所が受け持ち、そうでない部分の工程を開発途上国企業や事業所が受け持つ。そうした経験の蓄積や直接の技術移転によって、開発途上国の技術力が

コラム6　モジュール化

「モジュール化」では、完成品を、いくつかのまとまりのある構成部分（モジュール）に分割し、各部分間を接続するインターフェイスの規格を固定することで、分割された各モジュール単位で製品機能の開発や、生産技術の改善が自由に行えるようになる。この結果、パソコンに典型的なように、モジュールごとに専業メーカーが発展する。モジュール化は、水平分業を容易にすることなどを通じて、各国の競争力に大きな影響を与えている。

しかし、モジュール化のためには、インターフェイスの規格を固定する必要があり、それは製品全体にまたがる機能改良を制約してしまう。したがって、これに適する製品とは、製品全体の基本的な機能改良がほぼ終了した製品、つまり、成長期の中でも成熟期に近い製品が中心になる。例えば、パソコンである。一方、小型乗用車のようにコンパクトさが重要であるような製品など、製品の魅力が「摺り合わせ型」の生産技術や実装技術に大きく依存するような分野には適しない。

徐々に向上し、担当工程が拡大していくプロセスもある。

特に組み立て工程は、低労働コストの恩恵を受けやすく移転が行われやすい。この結果、最終生産地は開発途上国になり、プロダクト・サイクルによる生産国の移動が一見前倒しになるようにみえる。もっとも、成長期で技術の発展が続いている製品分野であれば、生産工程全体に対しては、先進国企業が主導権を保持している場合も多い。

いずれにしても、こうしたプロセスを経ながら、成長期の製品群の多くも、徐々に開発途上国との価格競争の激しい分野へと移行していく。このため、日本を含む先進工業国の生産性向上努力は、十分な生産・販売数量の伸びを実現するには至らず、かろうじて売上総額の低下を防ぐか、若干上乗せするレベルの数量増に止まる。

このため、先進工業国では、既存の成長期製品分野の雇用は縮小し続けることになる。

成長期を通じて先進国内の製品普及率が向上し、上限に達すると、新規需要層は消滅し、買い手は更新需要層だけとなる。このような**成熟期・衰退期の製品分野**では、需要の大きさは、所有者の更新のサイクル、つまり所有者の平均的な使用年数に規定される。その財は誰もが持っているものだから、製品の魅力は全般に低下しており、価格の低下では（生産性上昇による恒久的な価格低下であれば）更新需要はほとんど変化しないものが多くなる。このため、需要の価格弾力性は低く、生産性向上で価格が低下すると、その製品全体の付加価値総額は縮小してしまう。これは、国内需要でみたものだ。

国際競争でみると、成熟期や衰退期の製品では、技術の改善はおおむね終了して参入障壁が低くなる。このため、低賃金の開発途上国の参入で、競争は価格競争が中心になる。同時に、製品の普及も一巡しているから、分野全体の販売・生産数量は停滞か縮小しつつある。

こうした環境で販売数量を増やすには、他企業、他国のシェアを奪わなければならない。競争条件は価格しかないから、よほど大きなシェアを奪えない限り、シェアを取るための価格低下自体で付加価値総額は縮小してしまう。しかも、先進工業国は、開発途上国よりも根本的に高コストだ。この結果、一般に、成熟期・衰退期にある製品分野では、生産性が向上すればするほど、付加価値総額は縮小し、労働力は他分野に吐き出されることになる。

つまり、先進工業国は、この分野では、国内市場の普及率上昇による需要の頭打ちだけでなく、国際市場でのシェア喪失によっても、販売・生産数量の伸びに制約が生じることになる。

構造改革では、こうした分野で企業の整理を加速させ、人材や資金を吐き出させれば、自動的に成長力の高い分野の企業がそれを吸収して、日本が成長すると考えた。しかし、過去十数年、前段の「吐き出し」は実現したが、後段の「吸収」は一向に実現しなかったのである。

プロダクト・サイクルでみた消費財需要と設備投資変動

さて、ここまでは、「耐久消費財」を念頭において考えてきたが、ここで、消費財全般を消耗品と耐久品とに分けて比較してみよう。

「消耗品」とは、食料品やトイレットペーパー、歯磨き粉、鉛筆、ガソリンのようなものである。開発途上国では、これらの消費水準は比較的低い水準にあるが、経済的な豊かさの上昇とともに、それらの消費量は豊かさに比例して上昇する。しかし、ある程度豊かになると、その消費量は頭打ちとなる。たとえば食料品は、腹一杯以上には食べられないし、鉛筆も一日に一〇〇本使うということにはならず、おのずと限度があるからだ。消耗品の場合も、新しい製品は、使い方や商品価値の認知に時間がかかり、次第に認知度が高まるとともに普及し、それが上昇すると頭打ちとなり、さらに代替製品の出現によって、生産量はやはり図12のような曲線を描く。

これに対して「耐久品」(耐久財)は、一つ買うと、破損して機能が失われるまでは、複数はいらないような消費財である。「耐久消費財」はある一定額以上の高額の消費財だが、この「耐久品」は、金額に係わらない(したがって耐久消費財を含む)。たとえば、ホッチキスやマグカップのように価格が数百円のものでも、こういう性格がある。

このような耐久品では、普及率が需要を大きく左右する。耐久品も、消費者の豊かさや商品の機能の認知度の向上とともに購入量が増加していく。当初は製品の普及率が低いから、需要は新規需要と更新需要を合計したものになり、経済発展とともに、需要は急速に伸びる。しかし、普及率が上限に達すると、新規需要はゼロとなり、需要は更新需要のみとなる。

この更新需要は、使用者が平均的に使用する年数（以下、「平均使用年数」という）の長さに規定される。すると、年間の更新需要の大きさは、それが五年の場合は潜在的な全需要規模一回分の五分の一であり、二年であれば二分の一である。また、平均使用年数が一年以下の財を消耗品と定義すれば、平均使用年数が〇・五年の消耗品の場合、年間の更新需要は全需要規模の二回分となる。

このように、平均使用年数が長い高額の耐久消費財ほど更新需要は小さい。また、普及率が急上昇している成長期は、一般に技術競争も激しく製品改良のスピードも速いために製品の魅力は高い水準を維持するから製品の平均使用年数は短いが、成熟期になると平均使用年数は長くなる傾向がある。

したがって、消耗品の需要が経済発展とともに一定レベルで頭打ちとなるだけなのに対して、耐久品は、普及率が上限に近づくと、新規需要の消滅と平均使用年数の延長等による更新需要の低下という現象が生じる。耐久品の場合、普及率の上昇速度と平均使用年数の組み合わせ次第では、普及率の上昇で新規需要が消滅するあたりで、大きく需要が変動（減少）する場合があり得ると考えるが、多くは、比較的スムーズに移行しているようだ（輸出というバッファーがカバーする場合もあるだろう）。この結果、おおむね、耐久品も消耗品の生産量とも、プロダクト・サイクルにおける生産量変化のような曲線を描く。

では、これに係わる設備投資はどうなるだろうか。開発期から成長期に移行するにつれて、需要が増大すれば、それに対応する生産能力の拡張のために活発な設備投資が行われる。また、供給者間の競争が激しくなるから、製品改良や生産性向上のための設備投資も活発である。しかし、成熟期に入れば、需要は更新需要のみとなり、平均使用期間も延びるため、需要は停滞ないしは縮小気味だから、設備投資も一般には縮小することになる。

一国レベルの平均（「製品重心ポジション」）の変動と成長　さて、ここまでは、実質的に企業単位や産業単位というミクロに近いところでみてきた。次に、国を単位にマクロでみてみよう。まず、各国経済は様々な製品市場の集合である。その製品のあるものは停滞期に、あるものは成長期にと、それぞれプロダクト・サイクル上に位置を占めている。そして、その位置によって、需要の価格弾力性が異なり、効率化による価格低下で、販売・生産数量がどの程度伸びるかが異なる。同様なことが、一国で生産される全製品の平均値にもいえるだろうと考える。

一国で生産される全製品を、その製品構成の割合で加重平均したプロダクト・サイクル上のポジションを、その国のプロダクト・サイクル上の「製品重心」と考えてみよう。すると、この製品重心のポジション次第で、一国の需要の平均価格弾力性は変化すると考えることができる。

あらためて、国の経済発展にしたがって、製品重心のポジションがどのように変化し、需要の価格弾力性がどのように変化するかをみてみよう。それは、豊かさや経済発展の段階が異なる国々を比較すればわかりやすい。国によって国民の豊かさは異なり、様々な製品の普及率も異なっている。各国の国民は、その所得の高低や、すでに何をどの程度所有しているか（普及率）によって、何を優先的に買うかが異なる。

この製品重心のポジションが、成長期の中でも数量の伸び率の高い位置にあれば、その国の平均の需要の価格弾力性は大きいから、その国で生産性が上昇して価格が低下すれば、販売数量は大きく増加し、付加価値総額は成長する。これが、高度成長期の日本だったと考えられる。

一方、その国の製品重心ポジションが成熟期に近ければ、価格低下に対応する需要数量の伸び率は低いから、生産性向上で価格が下がっても需要は大きくは増えず、生産性向上が経済規模の縮小につながる可能性が高い。また、成長期製品であっても、開発途上国や中進国企業が迅速に参入するようになれば、先進国では、成熟期の製品群と同じように、数量増加率に制約がある製品群になる。こうして、先進工業国は低成長経済へ移行していく。現在の日本は、この位置にあるといえる。

先進工業国では、様々な製品の普及率が上限に達し、成熟期、衰退期製品のウエイトが高くなっている。また、それ以外の多くの成長期製品も国際競争の激化に直面し、価格を下げても十分な数量増が実現できなくなっている。こうした経済では、数量の拡大に制約があるため、生産性向上による効率化が速い製品分野ほど付加価値総額は相対的に早く縮小し、逆に第三次産業など効率化が遅い分野は、付加価値総額の比率が高くなって雇用の割合が相対的に大きくなる。

これは、ボーモル効果（またペティ＝クラークの法則）の発生メカニズムそのものであり、先にみた『労働経済白書（平成二〇年版）』における日本経済の分析と基本的な方向で一致する。すなわち、まず先進工業国では、国内的にも国際競争的にも需要数量の制約が強いために、ボーモル効果が発生しやすい。これに対して開発途上国―中進国（新興工業国）では、様々な製品の普及率がまだ低いために国内市場に高成長の余地が多く残され、また国際市場でも低賃金で価格競争力が強いために市場シェアの確保の余地が大きいから、ボーモル効果は発生しにくい。

つまり、ボーモル効果は、先進国特有の現象ということになる。これは、第二次産業が経済の発展とともに、先進国で割合を減らしていくというペティ=クラークの法則とも整合的である。

こうした差を製品重心でみれば、製品重心ポジションが、開発途上国や中進国では成長期の需要の価格弾力性の最も高いあたりにあるのに対して、先進工業国では成熟期により近い、需要の価格弾力性の比較的低いポジションにあることを意味する。ペティ=クラークの法則における第二次産業比率の低下は、製品重心が成熟期に近いポジションにあることを反映していると考えられる。

もちろん、新たな成長期製品を次々に生み出すことができれば、その国の製品重心のポジションは、成熟期から離れて若返り、高い成長が実現する。逆に生み出すことができなければ、製品重心ポジションも成熟期に近づき成長力は低下する。問題は、第2節でみたように、生産性向上率ではなく付加価値総額の伸びであり、付加価値総額の成長は、この節でみたように、普及率が未だ低く、かつ魅力ある製品があるかどうかという問題に係わる。

このように、需要の制約に普及率やプロダクト・サイクルの視点を加えることによって、ボーモル効果のように部門間の労働移動問題に限定されず、先進工業国の成長率が次第に低下する「成熟問題」など、一国レベルの経済成長率の差をもシンプルに説明できる視点が得られる。

開発途上国の新製品投入間隔圧縮型成長と先進工業国の低成長　以上の視点は、広い意味で吉川洋氏（東大教授）らの Aoki&Yoshikawa モデル（吉川［一九九九］二一一〜二二〇頁、吉川［二〇〇〇］二九一〜三〇八頁等）が考える方向と同じである。吉川氏らのモデルでは、製品の需要が「S字型」に成長すると考える。ここで「S字型」とは、本書の図11のような曲線（先にふれたように、このような形の曲線の一つをロジスティック曲線という）を意味する。これは、プロダクト・サイクルにおける生産量変化のよい近似と考えられる。

吉川氏らのモデルでも、時間が経てば、既存製品の需要は次々に頭打ちとなって、経済成長は止まってしまう。これが吉川氏のいう「需要の飽和」である。このため、その打開には、「需要創出型」のプロダクト・イノベーションが重要だと考えられている。本書も、この観点に賛同する。

吉川氏らのモデルでは、こうしたイノベーションは確率的に発生するものとされている。これは先進工業国にはおおむね妥当するだろう。

先進工業国では、新しい需要の創出につながるプロダクト・イノベーションの発生がどのような時間的間隔で生じるかが、全体の需要の強さを決定する。そして、その発生頻度は、期待されるよりも過少なことが多いのである。その結果、先進工業国では、サプライサイドの要因ではなく、需要の制約が経済成長を左右する期間が長くなると考える。このため、先進工業国は、一般に低成長となる。

その中でも、先進各国の「製品重心」のポジションは、プロダクト・イノベーションの発生頻度と、それを自国産業において製品化する能力――これは各国のサプライサイドの力が左右する――によって、成長期でも成熟期よりに移動したり開発期よりに移動したりし、それが成長率の差を生む。

こうした視点でみれば、先進国の中で、「研究」において突出する米国がトップランナーであり続けていることも合理的に理解できるのである。この問題は第6章と第5章にも係わる。

これに対して、開発途上国の国民にとって魅力ある「新製品」は、すでに先進工業国に存在するから、開発途上国は確率的に発生する「新製品」を待つ必要はない。しかも開発途上国の国民は、いまだ保有していないこれらの魅力的な製品に強いニーズを持つから、需要は平均的に「常に強い」。このため、需要は成長の制約ではなくなり、残るサプライサイドの要因が成長を規定する。この結果、もっぱらサプライサイドしか考えない新古典派成長理論がよく当てはまる。まさに、ここでは、資本の導入や生産性の向上、効率化が重要である。高成長できる国とできない国の差はまさしくサプライサイドの差が決定する。

開発経済学などの分野では、日本のかつての「高度成長」や韓国、台湾などの高度成長は「圧縮成長」ないしは「**圧縮型産業発展**」として把握されているが、このようにいったんテイク・オフ（離陸）に成功した開発途上国が高成長するのは、魅力の高い新製品の確率的な発生を待つ必要がなく、その確率的発生に必要な時間を圧縮して切れ目なく「新製品」を投入できるという、いわば「**新製品投入間隔圧縮型成長**」を行っているからだと考えられる。

一方、先進国では、国民の強い需要を引き出せる新製品が間欠的にしか生まれない。このため、生産されている製品の平均的な需要は全体として弱くなり、成長は需要の伸びに制約されることが多くなる。

以上のように、このメカニズムは、開発途上国の圧縮成長と先進国の低成長を同時に説明できるのに対して、サプライサイドのメカニズムでは、先進国が「圧縮成長」できない理由を説明することは難しい。こうした視点からすれば、従来の経済学の「人とは常に自己の満足を貪欲に満たそうとし、そのためにすべてのお金を使う存在だ」という仮定は単純に過ぎる。「需要の強さは変化する」と考えるべきだ。すなわち、需要の強さは豊かさや発展段階などによって異なり、それに応じてサプライサイドの制約が重要である場合も、需要側の制約が重要である場合もあると考えるべきだ。こうした制約条件の違いを無視して、先進工業国、中進国、開発途上国等を区別せずに行われたような成長要因の「実証研究」はまったく無意味である。

2　需要を制約するその他の問題…国際競争、イノベーション、マインド

前項では、製品の魅力やニーズなど製品特性に係わる需要の問題を、プロダクト・サイクルの視点を導入して整理し、関連して国際競争にもふれた。この項では、前項の検討も踏まえて、需要を制約する「その他の問題」を俯瞰する。その第一は、前項でもふれた国際競争上の競争力の問題である。第二は、魅力ある製品の創出に係わるイノベーションの問題である。第三は、雇用不安や需要の将来見通しに係わる消費・投資マインドの問題である。

国際競争　国際市場における一国の供給・販売数量の動向には、①国際市場の全体需要の制約の問題と、②国の間のシェア争いという二つの問題が係わる。このうち①の国際市場の「全体需要」については前項と同様に考えればよいから、以下では②を考えよう。これは、高コストの先進工業国と開発途上国の「競争力」の問題に係わる。

国の間のシェア獲得競争の様相は、当該製品のプロダクト・サイクル上のポジションによって異なる。開発期や成長期の初期には技術力の差のために開発途上国の参入は限られるから、競争は主に先進国間で行われ価格競争は激しくない。従来、日本は生産技術に優位を持っていたから、成長期製品では比較的高いシェアの獲得も可能だった。

しかし、成熟期、衰退期製品になると、技術力に係わる参入障壁はなくなるため、開発途上国の参入で価格競争が激化する。日本などの先進工業国は、開発途上国と大きな賃金格差があるために、どれだけ生産性の向上を図っても効果は限られ、高い数量の伸びを保証するようなシェア拡大は困難になる。

また、成長期製品でも、技術力の向上などで、次第に開発途上国が参入できるようになり、先進工業国の生産性向上努力も、かろうじてシェアの低下を食い止める程度にとどまるようになる。この結果、十分な数量の伸びが期待できない製品分野が増えつつある。

しかし、プロダクト・サイクル理論で想定されていた先進国と開発途上国の分担関係は、その後の経済や金融グローバル化の進展によってさらに大きく変化した。

すなわち、自由貿易の進展、米国による「世界の警察活動」、投資に係わる会計制度等の統一や外資規制の撤廃、企業のディスクロージャー（情報開示）制度などが世界的に整備され、投資の安全性が向上したことで、**経済のグローバル化**が進み、世界的な適地生産の仕組みが作られた。

これにより、開発途上国では資金と技術の制約が小さくなり、先進工業国と開発途上国の間の国際競争は激化した。特にそれは、米国が金融立国を目指すために、資本収支黒字の代償として、貿易収支の巨額の赤字を許容するようになったときに、さらに加速されるようになった。これによって巨大な米国市場への輸出が可能になったことで、従来は開発途上国の経済成長を制約していた高付加価値製品に関する国内需要成長のしばりが小さくなったのである。

先に、開発途上国では需要の制約がないために高度成長できるとしたが、それも、まずは低額の製品が生産されて売れ、それによって所得が伸びることで、その国の市場は高額製品が売れる市場へ徐々に移行していくのである。いまだ所得が低い発展の初期段階では、高額のハイテク製品を生産しても国内では売れない。ところが、米国市場が開かれたことで、発展段階の低い国でも、安心してハイテク製品を生産して高付加価値を稼ぐことができるようになったのである。

その結果、これらの国々が、低賃金を武器に先進国の有力な競争相手として登場し、そのシェアを奪うようになった。この結果、先進工業国の需要の一部をなしていた外需が開発途上国に蚕食され、先進国の成長率は低下したと考えられる。

こうしたグローバリゼーションの中で高賃金を維持できるのは、開発途上国が作れない製品を作る人々か、開発途上国にはいまだ十分には存在し得ないような高次の職種の人々などに限られ、先進工業国の分厚かった中産階級は削られていくことになった。それは同時に先進国の国内需要が削られることでもある。

本書では「**輸出立国**」とは、内需の不足で、経済が「純輸出」（＝輸出－輸入）に恒常的に依存する国を指すことにする。この意味で、それは輸出依存型経済の国ともいいうる。

さて先進工業国の中でも、ドイツや日本のような従来からの輸出立国型経済の国では、低コストの開発途上国との競争に生き残るために、人件費の圧縮を中心とする際限のないコスト削減を迫られ続けることになった。しかし、その努力によっても、開発途上国を圧倒してシェアを大きく拡大させ、付加価値総額の成長に十分な販売数量を確保するほどの競争力を得ることはほぼできない。これが根本的問題である。

十分な純輸出額には、競争力向上に向けた不断のコスト削減が必要である。しかし、開発途上国も努力を続けているから、この努力とは結局、賃金水準を開発途上国の水準に向けて継続的に落としていくことに等しい。当然、その分は内需が縮小することになるのである。

つまり、**輸出依存型経済**は、同時に内需を犠牲にする選択を意味する（この問題は**第3章**でも論じる）。この結果、先進工業国かつ輸出依存型経済の国は、外需も不十分、内需も不十分という袋小路に入る。輸出依存と国民の幸福を高める内需拡大は、両立し得ないばかりでなく、輸出依存が成功するには、その国の所得水準を開発途上国並みに低下させ、結果的に内需を縮小させていく必要がある。まさに、小泉政権時の円安政策とは、これを狙ったものだともいいうる。

なお、この先進工業国からみた国際競争問題については、**第5章**で詳しく検討し、新たな対応策の提案を行う。

製品イノベーション　さて、ここまでは、付加価値総額の成長方策として、既存製品の需要数量増加問題を中心に考えてきた。ここでは、図8bでみたもう一つの方策、新製品の創出・導入を考えよう。

過去の「新製品」の例をみると、自動車、ラジオ、テレビ、近くはウォークマンなど、それ以前にはまったく存在しなかった魅力的な製品は、新たな文化を作り価値観を変え、以前には存在しなかった需要を創り出している。それを作り出すのは、プロダクト（製品）・イノベーションである。

しかし、改良的なイノベーションでは、投資と成果の間には比較的安定した関係があるのに対して、まったく新しい需要を喚起するような**革新的な製品イノベーション**の発生には、定期性はなく不安定である。実際、長期的には、重要な発明や製品イノベーションが集中的に生じる時期と、そうでない時期があり、それが数十年単位で周期的に繰り返しているようにみえる。シュンペーターは、これを「コンドラチェフの波」と名づけ、原因を「技術革新」によると考えた。

製品イノベーションは、基礎科学が生み出すシーズや、他分野の技術発展の蓄積など、広範な土台があって、はじめて成果が生み出されることが多いため、開発投資を増やしさえすれば簡単に新しい魅力ある製品ができるというわけではない。しかし、個々のイノベーションの発生は不安定であるとしても、何らかの政策が意図的、あるいは意図せずに、製品イノベーションが行われる環境に影響を与え、一国のイノベーションを結果的に抑制したり促進したりしてしまうことがあり得る。

このような観点でみると、第一に、近年わが国では、研究の統合、重点化といった発想の政策が科学技術政策で広範に採用されるようになっているが、これは、厳しい財政環境下でやむを得ないこととはいえ、「重点化」自体は日本がキャッチアップ時代にあった頃の改良的な研究開発には有効ではあっても、革新的な研究開発にはむしろマイナスである可能性がある。第二に、吉川洋氏（吉川［二〇〇三］）が重要性を指摘する、長期不況対策としての「プロダクト・イノベーション」の促進論には重要な意味がある。第三に、サプライサイドの構造改革がある。構造改革によりイノベーションが促進され、魅力ある製品が次々に生み出されれば、付加価値総額の縮小問題は解決するかもしれない。

新古典派経済学では、市場に歪みや規制がなく競争が激しいほど、経済の効率性は高まると考える。しかし、**激しい競争下**では、長期的視点で未来の製品に先行投資する企業や国よりも、経営資源（資金、人材）を「現在の製品」に重点投入する企業や国の方が、競争で優位に立つ。競争は現在の製品で行われているからだ。したがって、市場に歪みがなく、競争が激しければ激しいほど、企業の開発投資は現在の競争のための小粒なものが多くなり、改良は進んでも、新しい製品イノベーションは縮小する。

つまり、市場の競争を激化させる**構造改革**は、生産技術等に関するこまめな改善的イノベーションは促進するが、本格的なイノベーションは阻害すると考えられる。まさに、これから日本が本格的なイノベーションを進めるべきタイミングで、構造改革主義が登場し、本格的なイノベーションを阻害する環境づくりが進められたと理解することもできるのである。

また、金融グローバル化の一環として、株主に対する情報開示など、**株主のガバナンス**を強化する有価証券制度や会計制度等の改革が行われてきた。しかし、株主によるガバナンスの強化は、第4章であらためて整理する「**経営の短期志向化**」を強め、将来に向けたイノベーション投資よりも現在の利益を重視する方向に企業を誘導し、中長期的なイノベーションや成長を阻害していくようにみえる。

経営学者の加護野忠男氏（神戸大学教授）は、九〇年代以降「株主の牽制力を強める方向で会社法や金融証券取引法の改正が行われた。その結果、短期的な視点での経営が助長され長期のリスク投資が行われなくなり…」と述べている（加護野［二〇一〇］）。特に短期志向の投資家は、現在利益の重視で投資先企業の中長期的な成長が阻害されても痛痒を感じない。その企業の成長率が低下すれば、より有利な企業や国へと投資先を変えればよいからである。

山田［二〇〇九］は、短期志向の経営について、ホンダの元副社長でGMの部品子会社デルファイの社外取締役を務めた入交昭一郎氏が（三年前に）語った「GMでは技術者が育たない。短期の収益を追う経営では再建は難しい」との言葉を紹介している。

また、ソニーが並の企業になってしまったことと、ソニーが米国等の証券取引所に早くから上場していたことが無関係とは思えない。盛田昭夫氏や井深大氏などのカリスマ的創業経営者がいた頃は影響はなかったが、彼らが去り、サラリーマン経営者になってからのソニーの経営は短期志向を強めたようにみえる。

こうした経営の短期志向化は、目先の収益性の高い既存製品への注力を促進する一方で、次世代の成長期製品を育てる余裕を失わせるだろう。近年、電子などの先端分野の新製品開発で、日本企業が韓国企業に遅れを取る例が続発しているが、これは、長期的な視野で経営される財閥・オーナー型韓国企業の優位と、短期の浮動株主が左右する株価に振り回される日本企業の差を示していると考える。

マインド

次に需要を制約する問題の一つとして、マインドにふれよう。マインドは現代の経済学では取り扱いにくい問題である。しかし、それは厳然と経済に大きな影響を与えている。

長期停滞のような重い不況では、リストラや企業の倒産で失業者が増加するから、家計は雇用不安を強め、その対策として貯蓄を増やすために消費の伸びを抑えようとする。この消費の低迷をみて、企業の投資に関する将来予想収益は低下するから、資金はだぶつき金利は低下しているのに、設備投資は増えない。

先にもふれたように、経済学には、貯蓄が増え金利が低下すれば、企業は家計が消費を先送りしているだけだと考え、将来は消費が増加すると予想して投資が活発化するという見方もあるが、これが二〇年にわたる長期経済停滞下にある日本経済に当てはまらないことは、過去十数年、一般企業が投資を抑制し続け、ついには資金余剰主体となり続けていることを示す図10をみれば明らかである。

シュンペーター（一八八三〜一九五〇。経済発展や変動の要因として「イノベーション」や「企業者」などの概念を導入した）は、ある程度の「不況」は「創造的破壊」に必要だと考えた。小泉元総理は、二〇〇一年四月の政権発足時の閣僚認証式前の時間に、閣僚（予定者）たちに「シュンペーター流の創造的破壊を伴う改革」を行うべきだと説いたという（塩川［二〇〇九］一五八頁）。

構造改革主義者たちは、「創造的破壊」の教義に従い、経済を不況にすることで、企業をリストラさせスリムにすることによって足腰の強い産業を作り、また、それによって非効率なゾンビ企業等から資金や人材を引き上げ、成長産業にそれを移動させることで、成長力の高い経済を作ろうと考えた。

小泉政権の初年度二〇〇一年の骨太の方針（「今後の経済財政運営及び経済社会の構造改革に関する基本方針」）は、第一章の冒頭で次のように述べている。「停滞する産業・商品に代わり新しい成長産業・商品が不断に登場する経済のダイナミズムを『創造的破壊』と呼ぶ。…創造的破壊を通して労働や資本など経済資源は成長分野へ流れていく。…市場の障害物や成長を抑制するものを取り除く。…こうしたことを通して経済資源が速やかに成長分野へ流れていくようにすることが経済の『構造改革』にほかならない。創造的破壊としての構造改革はその過程で痛みを伴うが、…構造改革なくして真の景気回復、すなわち持続的成長はない」。

こうした観点から、生産性の低い企業を淘汰し「生産性」を上げるというゾンビ企業論や、低生産性企業の市場退場論、また企業内部のリストラといったサプライサイドの改革は、それによって高生産性分野に人材や資金が移動し、活用されることが期待されたが、『労働経済白書（平成二〇年版）』の分析はそれが実現しなかったことを示している。結局、それは、生きている企業だけの平均生産性を数値上で操作しようとしたものにすぎず、「一国の生産性」向上には、何ら寄与しなかったといえる。それは経済全体の中で有効利用されない資本、労働力を増やしただけであり、経済全体の生産性は変わらなかったのである。

本書の視点では、需要の制約による経済の停滞に対して、構造改革が行ったことは供給側の「改革」だけであり、根本的な問題である需要側の制約はそのまま残っている。しかも、構造改革は、需要の制約を強めるように働いたと考える。

つまり、創造的破壊論、ゾンビ企業論や構造改革は、破綻への不安を煽ることで企業を借入金の返済に邁進させ、投資需要を縮小させた。また、派遣労働の規制緩和や、リストラ、生産性向上の促進は、失業や低賃金労働の増加を促進し、国民全体を雇用不安に陥れることで、消費マインドを冷やして消費需要の頭を抑え、それは企業の将来需要の予測を低くしたから、投資需要はさらに低く抑えこまれた。

このように、構造改革は、需要の制約を強化し続けたのである。結局、それは長期停滞を引き伸ばし、成長分野も含めて、企業のイノベーションや投資行動を相対的に萎縮させ、構造改革がねらいとした、資金や労働力の高生産性分野への移動自体を無用のものとしたのである。

こうした企業活動の萎縮によって、成長性の高い新しい製品群が育たず、結果的には足腰の弱い産業群が形成された。構造改革は、日本経済の長期停滞をもたらしただけだったと考える。このマインドの問題は、**第3章**であらためて検討する。

3　統合的成長理論の枠組み

以上を踏まえて、あらためて統合的な経済成長に関する理論の枠組みを、**図8c**をみながら整理する。この図8cは、図8bに本節で検討した需要制約のメカニズムを追加したものである。これは、図8a、bと図9各図に基づく第2節までの検討が、フローの成長メカニズムをみていたのに対して、ストックの影響を考慮したものである。ここで、ストックの観点を組み入れたことによって、市場の需要面から、開発途上国や中進国と、先進工業国の成長メカニズムの違いを把握しうる枠組みが導入されたことになる。

統合的成長理論のメカニズム　ここで、需要制約の視点を組み込んだ統合的な成長理論について、考え

図8c　ストックを考慮した成長のメカニズム

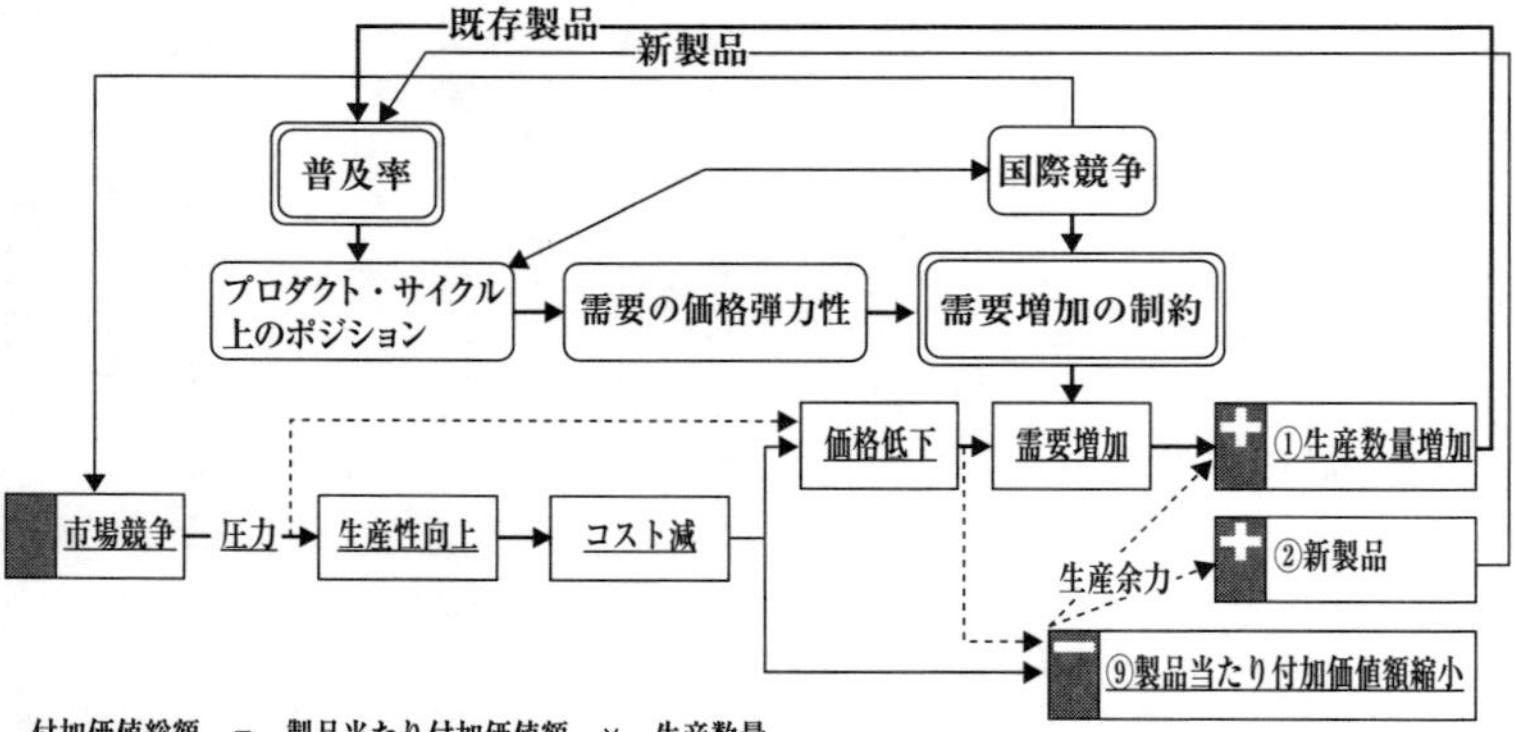

付加価値総額　＝　製品当たり付加価値額　×　生産数量

①生産数量増加分＋②新製品分	＞	⑨製品当たり付加価値額縮小分	→ 付加価値総額の成長は	→ プラス
	＝			→ ゼロ
	＜			→ マイナス

られる概略のメカニズムを整理してみよう。

まず、第一に基幹的なメカニズムとなるのが、市場競争の圧力下で生ずる（生産性向上の直接効果による）「生産余力発生」のメカニズムである。

この下で、第二に、生産性向上の間接効果として、価格低下に伴う需要刺激で「生産数量増加」メカニズムが働く。

第三に、同じく生産余力発生メカニズムの下で、「新製品投入」のメカニズムが働く。

第四に、生産量の累積に対応して、製品の普及率が上昇し、普及率の上昇が製品の魅力を低減し、「製品需要の価格弾力性」を低下させていく「ストックによる需要制約」のメカニズムが働く。

第五に、製品の魅力の変化によって、製品間競合と企業、国際間競争に係わる「プロダクト・サイクル・メカニズム」が働く。ここで市場の製品構成をみると、既存製品が普及率の上昇で、マクロで製品の魅力を低下させ、生産量を頭打ちないしは低下させていくのに対して、新製品が新しい魅力と普及率の低さで生産量を増加させ、製品間の代替なども通じて、市場における製品構成のダイナミックな変動がもたらされる。

また、企業や生産国間の競合は、既存製品に関しては、そのコスト競争を通じて、先進工業国から開発途上国への生産国の移動をもたらす一方で、高コストの先進工業国は、新製品に係わる開発技術などコスト以外の要素を活かして、高い技術力を要する新製品などを中心とした製品構成へと移行する。

第六に、以上の変動を、供給面から制約するメカニズムとして、「新古典派成長理論」がある。

統合的成長理論の特徴　以上のように、この成長メカニズムは、新古典派成長理論がサプライサイドの要因のみによって成長を把握するのに対して、供給の制約を意識しつつ、需要の制約の視点を中心に成長を理解する。その中では、新古典派成長理論は供給の制約を説明するための部分的メカニズムと位置づけられる。

需要の制約が弱いためにサプライサイドの要因が成長を制約する状況では、新古典派成長理論のメカニズムが表面に出るが、需要の制約が強いときに成長を決定するのは、サプライサイドではなく需要である。

新古典派成長理論（内生的成長理論を含む）が記述する比較的シンプルな世界に対して、この需要と製品市場を考慮した新しい統合的成長理論では、次のように経済成長の豊かな記述を可能にする視点が追加される。

① 供給力に対する需要の過不足（需給ギャップ）によって、「景気循環」を説明する（ケインズ的には当然のこと）。短期的な需要不足は、もちろん短期的に経済成長を規定する。

② 経済成長つまり「付加価値総額」の成長を、生産性向上による「製品当たり付加価値の減少」と「需要数量の増大」に分解する視点により、生産性と成長の関係を明確にする。

③ 長期的な需要数量の過不足のメカニズムとして、「需要の価格弾力性」の視点を導入し、製品の魅力や、豊かさの上昇に伴う「製品普及率」の上昇というストックの変化を介して「需要の価格弾力性」の変化を説明し、これによって経済発展のプロセスや長期的成長を説明する。またこれによって、開発途上国と先進工業国の成長における相違を明らかにする。

④ 「需要不足」によってはじめて説明できる「供給余力」の発生（供給力に対する需要の不足）によって、需要数量の拡大が生じ、豊かさが実現していくことを説明する。

⑤ 供給余力の発生、需要不足に関して、「新製品導入」と「イノベーション」の意義を明らかにする。

⑥ 「製品のライフサイクル」における競争優位の源泉の変化を織り込むことで、国際競争における開発途上国と先進工業国力の関係を明らかにする。

⑦ 需要が十分である場合に、成長を制約するサプライサイドの供給制約に係わる理論として、新古典派成長理論を位置づける。

⑧ 「ペティ＝クラークの法則」、「ボーモル効果」といった不均等成長を、②のメカニズムによって説明する。

おわりに――構造改革と日本経済

現在の日本経済は、新しい成長期製品を十分には生み出せていないため、製品構成の成熟化が進んでいる。その対応の方向は、困難であるにしても、新しい成長期製品の創出であるべきだろう。ところが日本は、そうした方向を選ばず、労働コストが低かった高度成長時代のように、「生産性向上による成長」を志向する構造改革を選択したのである。

その選択は、低賃金の開発途上国との厳しい国際競争下では、開発途上国の水準に合わせたコストの圧縮が必要になることを意味する。この結果、日本はコスト削減のために、大きな生産性向上を必要とすることになったのである。

ところが、図3でみたように、この一〇年間でG7各国が、一人当たりGDPを五〇〜一〇五％増加させたのに対して、日本はわずかに一・三％しか伸びていない。この一人当たりGDPはほぼ一国の生産性を表すから、構造改革では、日本の生産性はまったく向上しなかったのである。そのため、日本は為替レートの円安調整によって、かろうじて輸出を維持した。その結果、日本は国民の所得を、開発途上国の水準に向けて継続的に引き下げることになった。その現れが、図2でみた小泉政権期の一人当たりGDP順位の三位から一九位への急速な低下である。

小泉元首相の「痛みに耐えて明日をよくしよう」の「痛み」は、企業には投資失敗の痛みの大きさを学習させて投資を萎縮させ、国民には失業に備えて消費せずに貯蓄すべきことを学習させた。であれば、投資需要も消費需要も拡大しないのは当然だろう。痛みの大きさこそ、投資や消費を長期に抑制する最大の要因である。

なお、こうした消費マインドや投資マインドに基づく好不況の解釈は、実務的エコノミストたちによってマスコミなどでも述べられている。しかし、こうした観点が現代の主流派の経済学理論に組み込まれているかといえば、そうではない。そして、構造改革とは、そうした需要を左右する要因が無視しうると信じる、いわば構造改革派経済学者が、経済政策への影響力を強めたことによって推進されたのである。

第3章 経済循環 セイ・サイクル：漏出と貨幣の流通速度

はじめに

世界同時不況に対する経済政策をみると、（もちろん）新古典派系とケインズ系の違いは明らかだ。

これをスキデルスキー［二〇一〇］によってみてみよう。新古典派経済学者は、政府の「財政出動」には何の効果もないばかりか、有害であると考える。ユージン・ファーマ（一九三九〜。シカゴ大学教授。効率的市場仮説の提唱者）は、景気対策の資金が「国債発行を増やすことで調達されている。…政府債務が増えれば民間の投資に使われたはずの貯蓄が吸収される。結局のところ、遊休の資源がある状況でも、救済策と景気刺激で使われる資源が増加することはない」と述べている。

これに対して、ポール・クルーグマン（一九五三〜。二〇〇八年ノーベル経済学賞。国際貿易理論、空間経済学やインフレターゲット政策でも知られる）は、ケインズの業績のうち最も重要なのは「セーの法則を打破したことだ。供給がかならず需要を生み出すという主張をくつがえした…ユージン・ファーマらがケインズの結論に反対しているのではなく…ケインズの議論全体をどうみてもまったく知らないことに気づいて、深く失望している」と述べたことが紹介されている[1]（以上、スキデルスキー［二〇一〇］八二～九一頁）。

ここで、ファーマは、国債発行で「民間の投資に使われたはずの貯蓄が吸収される」とし、政府が吸収しなければ、その資金は民間が投資に使ったはずだという。財の生産の際に、賃金や配当などとして支払われた資金が回り回って必ず財の需要を作り出すという**「セイ法則」**（セーの法則）が成り立てば、これはたしかに正しい。

だが、ケインズは、セイ法則が成り立っていないことを明らかにしたのである。クルーグマンらケインズを認める経済学者は、世界同時不況下では、政府が国債発行で吸い上げた資金は、吸い上げられなければ「民間の投資」には「使われないまま」だったと考える。

ケインズ的立場からみると、「新しい古典派」の経済学者たちは、セイ法則が成立しないために生じている経済現象やメカニズムを広範に見落としていると考える。これは、「そもそも議論以前の出発点が違うために、議論がかみ合わないのである。問題の鍵は、（景気変動等の期間を基準としてみた場合に）「セイ法則が成立しているか否か」である。成立していないなら、需要を軽視する新古典派経済学全体の基盤が崩れるし、成立するなら、確かにケインズ経済学は無価値である。

一方、この世界同時不況を受け、木下栄蔵氏は、通常期は新古典派系を、今回のような大不況期はケインズ系の経済学をというように経済理論を使い分ければよいという（木下［二〇〇九］）。これは、古くはポール・サミュエルソン（一九一五～二〇〇九。一九七〇年ノーベル経済学賞。「新古典派総合」の創始者）らの「新古典派総合」に近い発想といってよい。しかし、根本的に組み立ての異なる経済理論が並立することは好ましくないし、政策にも混乱をもたらす。

かりに、二つの立場を統合する経済理論が今後現れるとするなら、その出発点は、やはりセイ法則になるはずだと本書は考える。この章では、セイ法則の成立条件の検討をもとに、「セイ・サイクル」に係わる「漏出」および「還流」のバランスとその変動に着目し、それと経済事象の関係を考察する。

第1節　漏出のある「セイ・サイクル」

「セイ法則」とは、「供給は需要を創り出す」という法則である。この法則は、ケインズによって打破されるまでは、（新）古典派経済学の基礎をなしていた。今日では、現実の世界でこの法則が完全には成り立っていないことは、経済学の世界では広く合意されていると考える。

しかし一方で、新古典派経済学者たちの思考には、今でもセイ法則は深く根づいている。かりに経済学的な意味での「短期」では完全には成立しないとしても、ある程度の期間でみれば（「長期」では）成立すると考えられている。

また、理論的な「あるべき」経済を考える場合の前提条件の一つとして、明示的ではないにしても、セイ法則が思考の基礎に置かれていることが多いようにみえる。そもそも新古典派経済学の思考のベースには、供給と需要はおおむね常に一致し、需要は供給に応じて定まるという信念があると考える。

実際、新古典派経済学者がケインズ的政策を批判する際には、意識的か無意識的かは別にして、セイ法

（1）クルーグマンの原文はそのブログ "The Conscience of a Liberal" Forum" の二〇〇九年一月一三日付エッセイ（"Bailouts and Stimulus Plans"）参照。の二〇〇九年一月二七日付記事（"A Dark Age of Macroeconomics"）、ファーマの原文は K.R.French との共同フォーラム "Fama/Frenh

則的な発想が背後にあることがわかることが多い。これは、本章冒頭で、第一級の経済学者であるファーマが、セイ法則の成立を当然の前提として考えていることにクルーグマンが気づいて嘆いたことを紹介したように、新古典派系経済学者の思考にしばしばみられることだ。第1章のコラム3で引用した宮川努氏の「標準的な考え方」も、セイ法則を前提としたものと考えられる。

また、「新しい古典派」の経済学で代表的な理論枠組みとなっているプレスコットらのRBC（リアル・ビジネス・サイクル）理論の世界は、セイ法則が成立している世界である（RBC理論はニュー・ケインジアン・モデルの基礎でもある）。これに代表されるように、理論検討の世界には、非現実的な仮定が許容される土壌があり、そのような土壌を背景に、セイ法則は現実には根強く生き残っている。

このように、セイ法則は今日でも、広義の新古典派経済学者の思考の背後に広く強固に存在していると考える。

これに対して本書では、セイ法則は、少なくとも短期では成立していないと考えるし、一般的な景気循環の長さを基準にしても成立していないと考える。そして、成立していないとすれば、実体経済からの資金の「漏出」や実体経済への資金の「還流」という現象が普遍的に存在するはずである。この第3章では、こうした漏出と還流こそ、景気循環など様々な経済事象の重要なファクターとして、景気循環等のメカニズムに深く係わっているのではないかと考え、検討を進める。

1　セイ法則の成立条件からみた漏出

かりにセイ法則が成立するなら、需要は供給に従属するから、たしかに需要は経済変動の独立した重要な要因ではない。したがって、供給側の対策のみを考えればよいという「新しい古典派」、構造改革派の主張は正しいことになる。そこで、あらためて、セイ法則が成立する条件から検討しよう。

セイ法則成立の三条件　セイ法則には三つの前提があると考えられる。第一は、「人は最大限の効用を求める」こと。第二は、「経済全体で財・サービスの生産コストとして家計等に支払われた生産費用の全額が、財・サービスの購入資金となり、支払われた生産費用と購入資金の総額は一致する」こと。これはケインズによる「セイ法則」の解釈である。第三は「購入が一定期間内に行われる」ことである。

①人は最大限の効用を求める（効用最大化原理）――経済学では、人は自分の満足を最大化しようとする存在だと考える。つまり、人は欲望が強いので、お金さえあれば、効用（満足）を最大化するように、お金を全額使うと考える。これが経済学の基本原理である「効用最大化原理」である。

②支払われた生産費用が財の購入資金となり、両者の総額は一致する（三面等価の原理）――企業は、家計が提供する資本や労働力などの生産要素を使って財を生産する。企業の売り上げから仕入れを除いた付加価値額の全額は、家計に生産要素提供の対価（コスト。利益の配当も資本の調達コストである）として移転される。(2)「仕入れ」も、仕入れ先の企業で同様に分解され、結局すべては家計にコストとして支払われる。つまり、生産された財の価格の総額と同額が、コストとして家計に支払われるのである。だから、家計は、

(2) この章では、特に必要がない限り、理解しやすくするために、政府は家計に含まれるものとして考える。この場合、政府は、企業活動のための市場環境等を維持・提供するサービスの対価として税で企業から支払いを受けるとみなす。また、企業は内部留保をせず、利益のすべては期間内に株主に配当するとみなす。そして、対価の受け手を「家計」に代表させる。

図13a　新古典派の世界：セイ法則の世界

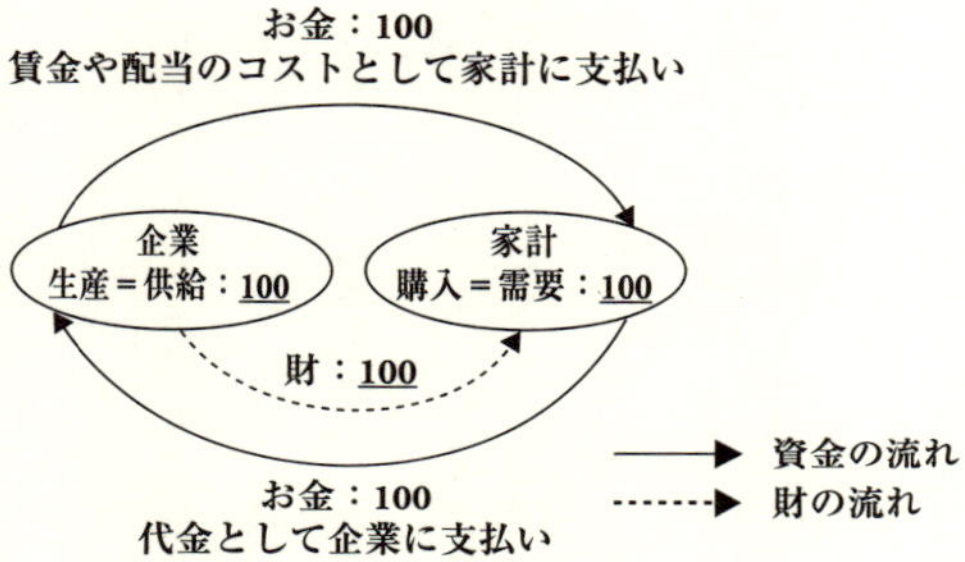

そのお金を使って、企業が生産した財を余すことなく購入できる。この関係は、生産、所得、支出の間で成立する恒等的関係であり、これが成立しないとそもそも経済は動かない。これは（セイ・サイクルにおける）「三面等価の原理」である。これが完結する一連のサイクルを、便のため**「セイ・サイクル」**と呼ぼう。対象となる財・サービスは、セイ・サイクルで生産された財である必要があり、生産に際して付加価値が発生する財でなければならないから、それは「GDPの対象となる財・サービス」と一致することになる（以下、これを**「セイ・サイクル財」**という）。

③**生産、購入のサイクルは一定期間内に完結する（時間条件）**——最後の条件は、セイ法則が実用的であるかどうかをみる基準である。セイ・サイクルが常時短期間で完結するなら、セイ法則の価値は大きい。しかしたとえば、家計が受け取ったお金の一部をタンス預金して四年間は消費に使わず五年後に使ってセイ法則のサイクルが完結するとしたら、セイ法則は四年間は実現しなかったことになる。その期間が長すぎれば、この法則は多くの経済変動の実態を理解するのに役立たない。この意味で、この条件、セイ法則がどの程度の実用性を持つかを評価する条件である。これは、経済学でいう長期と

短期の問題に係わっている。これをここでは、「時間条件」と呼ぼう。

セイ法則と三面等価の資金循環　セイ法則では、家計は、生産された製品に対応する所得を（三面等価で）受け取っているから、購買力はあり、それが全額使われる（効用最大化）ことで、生産されたものはすべて買い取られ、需給は自動的にバランスする（三面等価）と考える。

そして、買うための所得を決定するのは生産である。また、買うものが存在するためには、生産が行われなければならない。したがって、需要を決定しているのは、供給側（生産側）である。つまり、「供給が需要を作る」というセイ法則が成立すると考える。

図13aは、このメカニズムを単純化して表したものである。単純化のため、企業は一社で、製品はすべてこの企業が生産すると考える。企業は一〇〇のコストで生産し、それは家計に賃金、利子や配当として支払われる。家計は、その所得一〇〇を使って、一〇〇の価格を持つ製品を購入し、代価一〇〇を企業に支払うことで、すべてが丸く循環する。

本書は、こうしたサイクルには「**破れ**」があり、その破れの変動が、景気変動をもたらすと考える。かりに家計が、所得の一部を財の購入に使わなかったらどうなるだろうか。ケインズは、貨幣の特殊性を分析し、「流動性」という概念などで、所得の全額が使われない可能性を示した。**図13b**は、それを示したものである。

たとえば、家計が、不確実な将来の不安のために、お金を使わず銀行に預金もせず、タンスにしまったらどうなるか。この図のように、一割をタンス預金すると、企業が生産した財も一割売れ残ることになる。

図13b　ケインズの世界：セイ法則の破れ

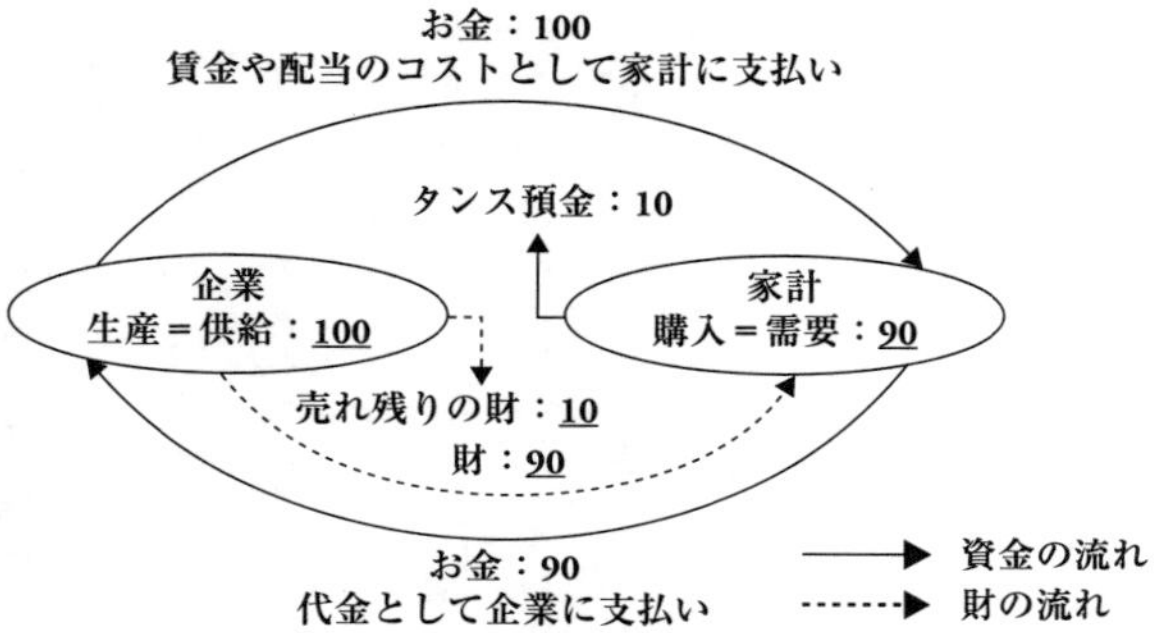

すると企業は、生産能力が過剰だと判断して、生産設備を廃棄したり、雇用を削減する。すると家計は失業を恐れて、さらにタンス預金を増やすというスパイラルになる可能性がある。

　これに対して、たとえばタンス預金を増やす人も減らす人もいるから、全体としては相殺されてしまうと考える見方がある。しかし、不況や好況のときには、人々は「斉一的に」同じ方向に行動する傾向がある（たとえば、不況時には貯金を増やす人が増える）。この場合、相殺は実現しない。この斉一的行動の問題については、この節の後段で整理する。このほかにも問題はあるから、以下、順次整理していこう。

セイ法則の成立条件からみた法則の破れ――セイ・サイクル外の使途（漏出）

　セイ法則の三つの成立条件と漏出の関係を考えてみよう。

①の効用最大化原理については、「効用最大化のために使う資金の対象が、セイ法則が対象とする財の範囲内に止まるか」が問題である。実はこれが、セイ法則の破れに関する最も根源的な問いである。第2節で述べる「貨幣の流通速度」に関するパラドックスの原因にも、これが係わっている。以下では、この観点から、広範な経済活

動でセイ・サイクルに破れ（つまりセイ法則の破れ）があることを示す。

セイ法則が成立するには、②の三面等価の原理が満たされる必要がある。これは、生産（供給）、分配（所得）、支出（需要）の間で成立する恒等的関係である。これが恒等的関係である条件は、三面それぞれの対象となる財などの範囲が厳密に一致していることだ。財・サービスを生産した生産コストが家計の所得となり、財の購入資金となるのだから、購入資金の全額が、「その資金の元になった財」の購入に充てられなければ、財には売れ残りが出てしまう。

しかし、人が「効用最大化」を追求するなら、お金を、「自分の満足（効用）」が最大化するような組み合わせ」で支出するのは当然である。ここで、人を満足させるものが、すべてセイ・サイクル財なら、問題なく三面等価原理が成立する。だが、現実に家計は、資金をセイ・サイクル財以外の様々な用途に充てている。

たとえば、「土地」の取得は付加価値を生まないから、セイ・サイクル財ではなく、その取引自体はGDP積算の対象でもない。このように、支出の一部にセイ・サイクル財ではない使途が含まれることは特別なことではない。[3] その使途が、人に満足を与えるものでさえあればよいからだ。

ここで、セイ・サイクルで循環する資金が、セイ・サイクル財以外の使途に使われることを「**漏出**」と

(3) セイ・サイクル財の需要を形成するのは、主に民間消費、設備投資、住宅投資である。これらは、セイ・サイクルで生産された消費財、資本財、中間財の需要を形成する。これに対して土地などは、セイ・サイクルで生産されたモノではないし、そのほか価格の上昇を狙って投資された価格投資は付加価値を生まないため、セイ・サイクル財の需要を形成しない。各種の資産投資は、おおむねそのようなものであり、セイ・サイクルからの漏出にあたる。

定義する。たとえば土地の取得のように、人には満足を与えるが、セイ・サイクル財には含まれない使途は「漏出」となる。以下で、漏出の受け皿となる使途をみてみよう。

①貯蓄——人が失業など将来に対する不安を強く持つとき、その備えとして貯蓄を増やす。それは不安を低減させ、人に満足（効用）を与える。貯蓄は、不時の出費に対する安心という価値に、お金を配分しているとみなすことができる。たとえば、二〇〇五年には一・四％まで低下していた米国の家計貯蓄率は、今次の住宅バブル崩壊と世界同時不況のため、二〇〇八年後半以降、ほぼゼロ金利下にもかかわらず急上昇し、二〇〇九年は四・三％となっている（これには、雇用不安だけでなく負債償還の寄与が大きい）。これは、日本（二・三％）を大きく上回る水準である（OECD Economic Outlook No. 87, May 2010 付表）。（なお、日本の貯蓄率の低下は、主に高齢化に伴う人口構成の変化が原因である。）

金融機関への預金は、企業に融資されて設備投資となり、セイ・サイクル財（そのうち生産機械などへの需要として戻ってくる。しかし、すべてが設備投資に回るとは限らない。現実に、九〇年代から二〇〇〇年代に入っても、日本では超低金利政策が続けられたが、設備投資が増えたという話を聞かない。貨幣の流通速度が低下しているのである。それはある意味で、金融機関がタンス預金をしているようなものである。また、貯蓄が設備投資ではなく、土地購入に融資されれば、それは直接にはセイ・サイクル財の需要を生まない。八〇年代末の日本の土地バブルがその例である。

②資本——貯蓄とも重なるが、資本の増加も、直ちにはセイ・サイクル財の需要を生まない。金融機関への資本注入が、その典型例である。資本が増加しても、その分が必ずしも設備投資に使われるとは限らず、借入金を返済して、資本（比率の）増強に使われるだけのことも多い。

③**株式**――資本に係わるが、セイ・サイクルで得た資金が、株式投資に投入される場合、株式の値上がりに支払われた資金は、セイ・サイクル財の需要とはならない。経済史的にみても、株価指数は上下変動を繰り返しながら、長期でみれば上昇し、資金を吸収し続けている。

④**土地**――土地の購入も、購入資金を生み出したセイ・サイクル財とは無関係である。土地は、このセイ・サイクルで生産されたものではなく、ずっと以前から存在しているから生産コストがない。しかし、その価格は、希少性ゆえに値上がりしていく。これは、セイ・サイクルで得た資金が、土地の値上がり価格に吸収され、土地価格の中に移転されたのである。土地価格の上昇は単なる物価の上昇であり、付加価値を生まない。

⑤**その他**――土地以外にも、価格の値上がりが資金を吸収する財がある。例えば、貴金属、古美術品、骨董品、原油や穀物などである。これらが生産された後に転売され、その後主に価格差益を得ることに着目して取引されるようになると、その価格差は付加価値を生まない。つまり、これらへの投資は、セイ・サイクル外への漏出となる。

また「**海外投資**」は、経常収支黒字に見合う形で、国内のセイ・サイクルに接続しているが、輸出立国を方針とする国では、その資金は「国外に滞留し続ける」点で特殊である（この節で後述）。

以上のような使途は、セイ・サイクル財に劣らない魅力があるから、セイ・サイクルから資金が漏出することは避けられない。しかし、漏出しても、またセイ・サイクルに戻ってくれば問題はない。これを「**還流**」と呼ぼう。ただし、たとえば土地取引で売却代金を受け取った側をみると、売却差益には、契約や登記関係などの費用以外ほぼコストがないから、セイ・サイクル財の生産のように賃金などのコスト支払いを経由して、経済全体に自動的に資金が還流し、循環が起きるということはない。

もちろん、売った側が売却代金でセイ・サイクル財を購入すれば、資金は還流し、セイ・サイクルは実質的に維持される。しかし、土地代金は比較的高額であり、恒常的な収入ではないから、代金は貯蓄されるか、土地などへの再投資（特に土地価格上昇期には）に充てられる可能性が高い。少なくともある割合は、セイ・サイクル外の使途に充てられるだろう。

たしかに、資金の使途のうち、セイ・サイクル財はかなりの割合をカバーする。だから、アバウトにはセイ法則は、現実を近似している。しかし、ＧＤＰが概算五〇〇兆円の日本で、需要が前年より五兆円少なければ不景気である。これはＧＤＰの一％にすぎない。つまり、ほんの数％、セイ・サイクル財以外の使途への漏出超過があるなら、セイ法則を前提に現実の経済を分析したり、考えたりすることはできない。すなわち、問題は「漏出と還流のバランス」にあり、両者の差の変動が問題となる。それに影響を与える事象については、この節の第３項で整理する。

新古典派的メカニズムと漏出の関係　新古典派は、こうした漏出は、財市場の供給と需要の一致によって最終的に解消するか、あってもおおむね無視しうるものと考えるが、それに関連するいくつかの議論をここで整理しておこう。

ここまでみてきたように、セイ・サイクルの資金が一部でも漏出超過すれば、セイ・サイクル財の購入資金が不足して売れ残りが生じ、セイ法則は成立しない。しかし、第２章の第１節、２節でも部分的にふ

コラム7　セイ・サイクルの漏出と還流

セイ・サイクルで生産された財が、その生産の際にコストとして支払われた資金を使って購入されるまでのサイクルを一サイクルと考えよう。これは製品一個単位で考えればわかりやすい。理念型として考えれば、これで十分ともいえる。しかし、マクロ経済の中でセイ・サイクルからの漏出を捉えるには、製品一単位ではなく、集計的に捉えなければ意味はない。現実には、膨大な種類の製品が膨大な数で生産され販売されている。これを現実的な、ある程度集計的なサイクルとして理解するにはどのような考え方が適当だろうか。

まず、製品一個単位の無数のセイ・サイクルが、時間の経過とともに、順次新しくスタートを切り続けていくと考えてみよう。すると、ある一定時点で一国経済の断面をみると、時間の経過に従って随時発生した無数のセイ・サイクルの途中経過が重なりあい、合算された状況がみえていることになる。また、会計年度や暦年で区切られたGDP統計などは、こうした多数のセイ・サイクルを、一定期間で合算した財・サービスと資金の流れを集計したものということになる。

そこでは、過去の製品のサイクルで漏出した資金が、今の製品のサイクルに還流して、今の製品の購入資金となるといったことが常時起きている。そして、現実に景気変動に影響するのは、その時点や、ある一定期間の「漏出と還流の差の変動」であると考えられる。そこで、現実的には、ある一定期間で集計された漏出と還流の差に着目して、セイ・サイクルからの漏出と還流のバランスを捉え直すのが現実的である。以下では実質的にそのように考えて検討を進めることにしよう。

セイ法則の成立条件を考えた際には、いわば理念型的にセイ・サイクルを捉えた。かりにこれを理念型的セイ・サイクルとすれば、これ以後のセイ・サイクルは、いわばセイ・サイクルの集合体として拡張的に用いることになる。この意味では、本書の以下で扱うセイ・サイクルは「実体経済」という用語とほとんど違いがない。

れてきたが、「古典派」には、売れなければ価格が下がって需要が増え、結局はすべてが売れるという**「価格調整のメカニズム論」**がある。これは、価格低下で名目収入は下がるが、それは物価の下落にすぎず、実質は問題ないというものである。

しかしまず、価格調整で全量が売れたとしても、セイ・サイクル財に支出される資金は、漏出分を控除した額であり（そもそも価格調整は漏出があるから必要になっている）、企業の名目収入総額が漏出分だけコスト総額を下回ることに変わりはない。「価格が十分に伸縮的」なら、価格が下がって企業の受け取る名目収入は減るが、（製品価格の下落で）お金の価値が上がっているために、企業の実質収入は変わらないと考えることができる。

これに対して、ニュー・ケインジアンは、「財の価格や賃金の硬直性」のために、売れ残り（つまり需要不足）が生じると考える。そして、価格硬直性の理由として、たとえば商品の価格を改定するには、多数の商品の価格表を作成し直し、値札を取り替えたり、価格改定をＰＲするなどのコストがかかる（「メニューコスト」という）点があげられる。このために、価格の改定は随時は行えず、価格は需要に応じてすぐには変動しないと考える。

もちろん、それだけではない。そもそも、時間を遡って価格を変えることができない問題があるからだ。いわば、**「価格伸縮の不遡及」**問題である。第2章でもふれたように、企業の供給能力は事前の名目価格によって形成されているのである。数量調整であれ価格調整であれ、企業の名目収入総額が減少することにかわりはないから、企業は、事前の名目価格で資金調達し投資した設備資金の回収・返済や、事前の名目価格で契約した仕入れ代金や賃金の支払いに窮する。それは企業経営に大きな影響を与え、存亡の危機に直面する企業も出る。

これは労働者の「能力」についても同様である。たとえば、大学の修学費用を教育ローンでまかない、それを卒業後長期間かけて返済している場合を考えればよい（日本や米国では一般的）。こうしたローンは当然、過去の価格で組まれているから、お金の価値が上がったからといって、遡及して契約を改定し、値下げしてもらえることはない。住宅ローンも同様である。返済できなければ売却すればよいが、それは住宅価格の下落をもたらし、マイナスは建設業界や不動産業界に波及するだろう。

これらはいずれも、価格や賃金が伸縮的でなくなる理由である。かりに、それにもかかわらず伸縮的に価格が変化したら、企業は、その過去の契約に係わる「過大な」支払い資金の調達のために設備投資を減らすだろうし、労働者も過去に契約したローンの「過大な」返済のために、消費を縮小するだろう。メニューコストが、コンピューター導入などで部分的には改善の可能性があるのに対して、契約金額の遡及改定は、市場の価格決定の本質に係わる。かりにそれが一般化すれば、取引が不安定化して市場が成立しなくなってしまうから、改善は困難だろう。

いずれにせよ、これは貨幣錯覚などとは異なり、合理的な行動なのである。

それを受けて、企業は、資金調達のために資産を売却し、仕入れコストや人件費をはじめとするコスト削減を図り、また翌期には生産数量を削減する。それは、雇用に影響し消費需要を冷やす。同時にそれは、その企業の将来需要の予測にも影響を与え、設備投資を抑制させるから、一国経済の需要は、さらに減少の圧力を受ける。需要不足は、需要超過の場合とは異なり、企業の存亡に係わることが少なくないために、その後の企業経営上の意思決定や行動に強い影響を与える。

この「価格伸縮の不遡及」は、名目と実質の乖離が経済主体に大きな影響を与える問題であり、リチャード・クー氏の「バランスシート不況」（本章で後述）も、この問題に係わっている。

次に**時間選考**（**異時点間の選択**）**論**を考えよう。人は、たとえば失業不安が高くなれば、失業に備えるために消費を減らして貯蓄を増やす。また、生涯の収入を予測し、その収入の支出配分を人生の様々なステージの資金需要に合わせて計画する。この両方の場合とも、現在の消費を抑えるように働く。しかし先にもふれたように、経済学では、元来人は消費したくてたまらないはずだと考える（効用最大化原理）。このため、ある時点で消費を先送りする人は、将来のある時点で必ず消費を増加させると考える。

一方、企業は収益機会を逃さない貪欲な存在である（収益最大化原理）から、貯蓄増加で金利が低下した資金を使って、将来の需要増加に向けて設備投資する。結局、消費は減っても、（セイ・サイクル財の需要を形成する）設備投資が増えるので、需要は減少しないと新古典派は考えた。しかし、問題は、そのタイムスパンである。消費回復が二年後なのか、一五年後なのかは不確実である。不確実性が高い状況下では、企業は金利が安いというだけでは、設備投資をしないことが少なくない。これは、日本の過去二〇年の長期停滞で経験済みである。

次に「**相殺論**」がある。経済には、多数の経済主体つまり家計や企業が存在するから、今消費を節約する人もいれば、逆に消費を増やす人もいる。したがって集計すれば、個々の行動は相殺され、消費は安定していると考えることもできる。しかし、たとえば①不況になれば雇用不安が強まり、人々は失業に備えるために一斉に消費を節約し、貯蓄を増やす傾向があるように見える。また、②出生率が長期的に低下すれば、若い世代、子育て世代、高齢者の割合などが長期的に大きく変化する。この場合には、たとえば消費性向は、長期に一定方向に変化していくために相殺されない。さらに、③景気が悪くなれば、企業の売り上げが減少し、それは企業の投資収益率の将来予想を平均的に低くするから、企業の設備投資は斉一的に抑制されるだろう。このように、相殺されず、需要を一定方向に動かす変動が存在すると考える。

2　「漏出・還流モデル」と景気循環

この第3章では、実体経済（セイ・サイクル）から金融・資産経済（貨幣市場）への資金の漏出と、そこからの還流の変動に応じて、実体経済が収縮、膨張するという視点で、景気循環などの経済変動をシンプルにとらえる。それを簡単に示したのが**図13c**である。

なお、ここで「金融・資産経済」とは、おおむね、貨幣、貯蓄、資本、土地などの資産ストックが取引されたり運動したりしている経済と考える。

漏出超過と景気変動

この図13cでは、右側の矢印のように、セイ・サイクルからの漏出と還流が変動するのに応じて、金融・資産経済が収縮・膨張し、一方、実体経済の側でも、左側の矢印のように、それとは反対の位相で需要の超過・膨張（需給ギャップの変動）が発生し、それに伴って実体経済が収縮・膨張すると考える。当然、金融・資産経済への漏出が還流に比べて多くなり、漏出超過となれば、実体経済は収縮し不況になると考える。還流、漏出のいずれかの超過が一定程度以上に大きければ、それぞれ実体経済では一般物価の上昇（下落）、金融・資産経済では資産価格の一般的上昇（下落）が生じやすい。

なお、これに対して、価格が十分に伸縮的であれば、需要と供給は常に一致すると考える視点がある。

図13c　漏出のあるセイ・サイクルの世界

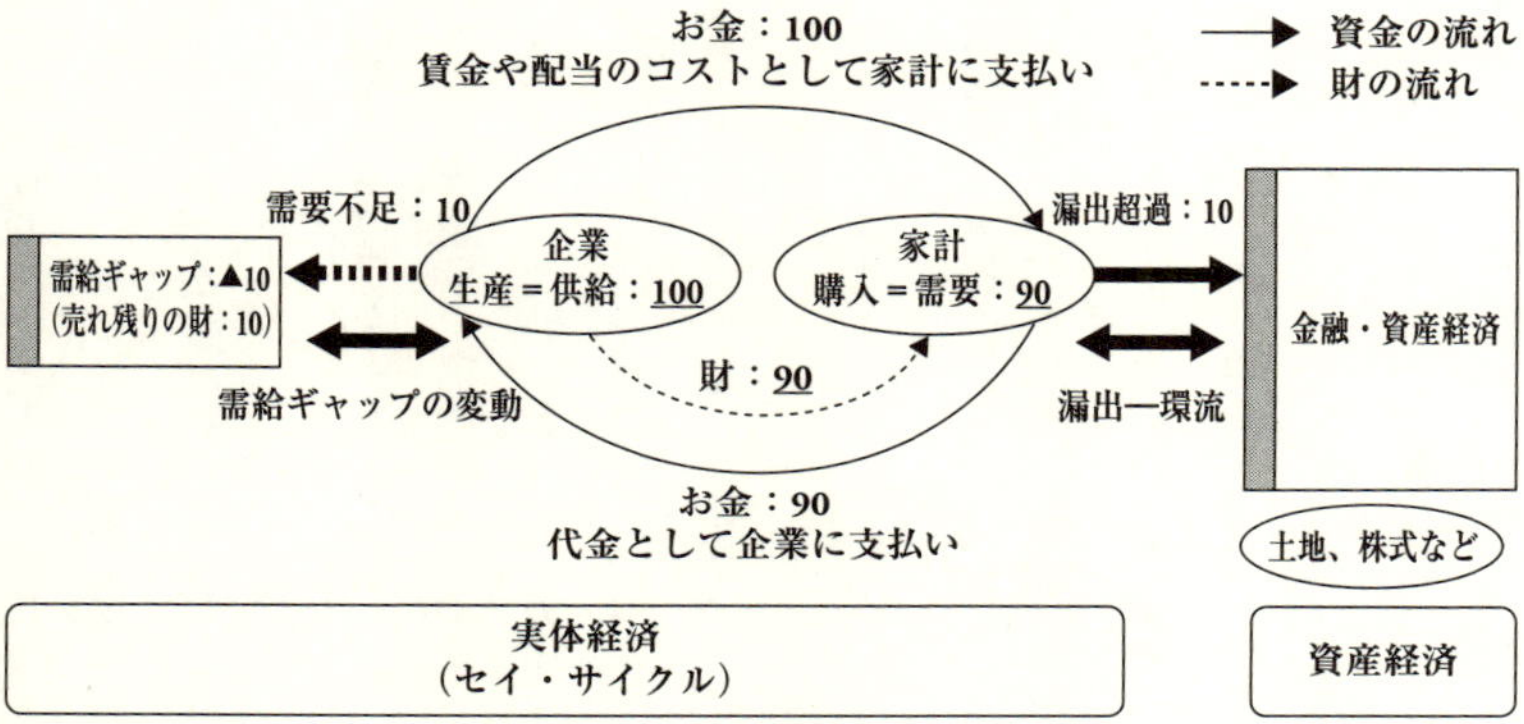

しかしこれについては、前項の「価格調整メカニズム論」と「価格伸縮の不遡及」問題でふれたように、「供給能力」との関係を考えていない。事前の名目価格で調達された企業の生産設備、資金、労働力、原材料、中間材料等の仕入れ等の総額と売上の間に乖離が生じれば、それは企業経営に危機をもたらし、供給能力の再編成に伴う雇用不安や将来の需要見通しの低下を通して消費や設備投資の変動を生み、景気循環を創り出すと考える。また、それは短期の問題として、国や分野間の不均等成長に係わる問題を引き起こす。

これに対して、構造改革派、その基礎となっている「新しい古典派」のRBC理論の信奉者たちは、短期でもセイ法則が成り立つと考えるから、セイ・サイクルからの漏出・還流はなく、需要不足はなく（需給ギャップもない）、生産や経済成長の変動は、実体経済における生産性の変化（ショック）などのサプライサイドの要因によって生じると考える。

したがって、需要不足対策は無意味なばかりか有害であり、サプライサイドの対策、特に生産性向上対策さえ行えばよいと考える。また、両経済間に漏出・還流はない、少なくともそれに変動はないと考えるから、金融・資産経済が実態経済に影響を与えることもないと考える。だが、こうした考え方は、今回のリーマンショックを引き金とする世界同時不況で根本的な打撃を受けたと考える。

これまでの主流派経済学では、図13ｃのようなメカニズムは、存在はしても一時的なものと考える。その理由は、「セイ法則」がほぼ成立するという仮定が実質的に理論体系の根本的基盤に組み込まれているからだ。この観点は、「効率的市場仮説」の登場によってさらに強化された。すなわち、「価格」というシンプルな指標を介して取引される金融・資産市場は市場の効率性を最もよく体現していると考えられたため、金融・資産経済は実体経済に不即不離で追従し、両者間の乖離は小さく、両者は一体的に変動すると考えるのである（金融・資産経済の問題については**第4章**であらためて整理する）。

しかし図13ｃは、両経済の独立性は従来考えられていたよりも強く、そのために漏出・還流量の変動は無視できない影響を経済に与えていること、その変動は様々な経済変動事象と密接に係わっていることを示していると考える。このような視点を「経済変動に関する**漏出・還流モデル**」（以下「漏出・還流モデル」）と呼ぼう。この視点は、両経済の関係を新たな視点で統合的に理解することを可能にする。

次に、この図では省略されているファクターを二つ導入して、景気変動をもう少し詳しく考えてみよう。その二つとも、この図では簡略化のために「家計」の中に含められている。

一つ目は、企業の「**設備投資**」である。企業は、図左側の「企業」のように供給を行うだけでなく、設備投資のための機械設備（これもセイ・サイクル財）などの購入者でもある。この意味では、企業も図の家計と同じ立場である。企業がどの程度設備投資を行うかは、セイ・サイクル財の需要を大きく左右する。

二つ目は、「**政府による消費・投資**」である。政府が行う消費や公共事業なども、やはりセイ・サイクル財の需要を形成している。この意味で、政府も図の家計と同じ立場にある。

　これを踏まえて、一般的な二つの「景気刺激策」の意味を再確認しよう。第一は、政府の公共事業などの「**財政出動**」である。これは、直接セイ・サイクル財の需要を作り出すから、一兆円の公共事業は、仮に乗数効果がなくても、一兆円程度の需要を生み、そこには確実な需要創出効果がある。

　第二は、「**金融緩和政策**」である。これは、政策的に資金の供給を潤沢にし、あるいは資金コスト（金利）を低下させることで設備投資や住宅投資を刺激し、それが需要を生み出す効果を期待するという間接的な景気刺激策である。問題は、これによって設備投資等が常に増加するかどうかである。通常の穏やかな景気変動では、こうした効果は確かにあるのである。

　しかし、九〇年代以来の日本の長期停滞では、こうした効果はみられなかった。長期停滞下では、金融緩和政策と設備投資量の関係は崩れているのである。それは、金融が緩和されても、企業が設備投資を行う必要を認めないからである。第1章でみたとおり、それは（構造改革派が考えるようなサプライサイドの問題、つまり資金調達問題のためでも労働力不足のためでもなく）、セイ・サイクル財の需要の将来見通しが低いために、設備が過剰だと認識されているためだ。つまり、問題は、「需要要因」にある。この結果、資金は、使われずに金融・資産経済に滞留しているのである。

　日本では九〇年代の財政出動の結果をみて、財政出動には効果がなく、期待できるのは金融緩和政策のみという見方（マンデル＝フレミング効果）が経済学者たちを支配した（もっとも、クラウディングアウトは生じていなかった。本書**第6章**参照）。これには、米国における一九三〇年代大恐慌の研究で、財政出動には効果がなく、効果があったのは金融政策だったという見解が通説化したことなども影響したと考えられる（後述するが、これには重大な見落としがあり、この通説は誤りである）。また、これに加えて、セイ法則により需要は供給に従属するから、需要は独立要因としては無視しうるという「新しい古典派」（構造改革派）の主張の影響も大きかったと考えられる。

しかし、二〇〇〇年代の日本の超金融緩和政策には、ほとんど効果がなかったようにみえる。財政出動中心の景気対策が行われた九〇年代に対し、二〇〇〇年代の小泉構造改革期には、変動相場制下では財政政策は無効で金融政策が有効だというマンデル＝フレミング・モデルに沿って、財政出動を抑制する一方で大規模な金融緩和政策を続けたが、その結果は、第1章図1、図2でみたように、日本経済の急速な（相対的）縮小を招いただけに終わった。マンデル＝フレミング・モデルは、長期停滞下の日本経済に最悪の結果をもたらしただけだったといえる。これについては**第6章**で再びふれる。

また、需要軽視の視点は、今回の世界同時不況で明確に否定されたといえる。これが例外的現象だというなら、それは無視できない例外なのである（こうした問題については、**補論**で整理する）。

財政出動と金融緩和政策という二つの景気刺激策それぞれの作用のメカニズムを比較すれば明らかなように、財政出動は直接的に需要を作り出し確実な景気刺激効果があるのに対して、金融緩和政策は、企業の設備投資の決定というプロセスを通してはじめて間接的に需要に影響を与えるのである。そして、少なくとも二〇〇〇年代の日本では、企業は金融緩和下でも設備投資を行わなかったのである（図10参照）。

金融政策は、資本不足が存在している状況下では、当然に有効性が高い。しかし、本書の視点では、日本の長期停滞のように「需要」が景気循環や成長を制約し、資本（や労働力）が余っている状況では、金融政策の有効性が低下するのは当然だと考える。無理に供給側の原因で説明するために、「市場の歪み」

などと問題をこじつける必要もない。

かりに、これまでのような緩やかな景気循環で金融政策に効果があったとしても、そのレベルから問題に入っていくと、生じている問題が理解できないままである。こうしたときには、問題の基礎に帰るしかない。その基礎的なメカニズムとしては、実体経済（セイ・サイクル）に需要の制約が存在しており、それによって「需要と供給に不均衡があり得る」という視点が重要だと考える。

そして、需要と供給がバランスしていない間の資金は、金融・資産経済が吸収または供給していると単純に考えればよい。つまり、図13ｃの視点である。需要と供給は価格調整などによって自動的にバランスすると考えていては、景気変動の本質は理解できない。

以上のように、本書の視点は、まず、経済変動をセイ・サイクル財の需要と供給の問題として捉え、そのバランスの変動を資金循環の変動で捉える。そして、シンプルに、資金が金融・資産経済に漏出超過すると、実体経済では財を購入する資金が縮小して不景気が生じると考える。この観点の中で、本書が特に重視する点は、実体経済と金融・資産経済の間の資金の漏出・還流量の変動である。

「漏出・還流モデル」と既存の経済学　ケインズは、セイ法則の破れを前提に、消費関数、乗数効果などの視点を導入して、いわゆるケインズ経済学を打ち立て、ケインズ以後は、さらに新古典派総合などへと理論は発展していった。一方、新古典派経済学は、大恐慌やケインズによる批判後、一時勢力を失ったが、フリードマンらによるケインズ批判、新古典派総合批判によって復活し、現在は主流派の地位を占めている。しかし、新しい古典派などの新古典派経済学や、ニュー・ケインジアンなど現代の経済学は、今回の世界同時不況で再構築の危機に直面していると考えられる。英エコノミスト誌は、今回の世界同時不況を受けて、「二〇〇八年ノーベル経済学賞受賞者のポール・クルーグマン氏は、最近の講義で、過去三〇年のマクロ経済学の多くは『良くいってても見事なほど役に立たず、悪くいえば積極的に有害だった』と論じた」ことを紹介している（The Economist［2009］）。

科学では、説明理論が現実に合わない状況が生じたとき、その原因は、理論の発展過程で意識的、無意識的に導入され追加されてきた様々な仮定の一部に、破れなどの誤りがあると考えられ、追求される。説明仮説に問題が生じたときに、「基礎に帰るべき」だという指針は、このような理論仮説形成過程の本質に係わる理解に基づく。どこまで「戻る」かについては、本書では（消費関数以前の）「セイ法則の破れ」まで視点を戻す（基礎に帰る）ことにする。

この章では、セイ法則の破れに基づいて「セイ・サイクルからの漏出・還流量の変動」というシンプルな視点、つまり、図13cの「**漏出・還流モデル**」の視点により、セイ・サイクルからの漏出・還流のバランスの変動によって景気循環、経済成長、フローである実体経済とストックである金融・資産経済の関係などの多様な経済現象を理解しようとする。ここでかりにセイ法則が成立するなら、「生産コスト総額－売上総額＝金融・資産経済への漏出（還流）額」式（コラム8の②式）の右辺はゼロであるが、本書の視点では、この右辺が変動するものとして実体経済（セイ・サイクル）の変動を捉える。

これは一見単純で、重要ではないようにみえるかもしれないが、そうではない。第一に、これは第2章の「成長」に、需要制約のメカニズムを提供する。第二に、実体経済における需要不足問題を金融・資産経済との関係を加えて統合的に扱える。第三に、現代マクロ経済学では、金融・資産経済が極めて効率的だという仮定の下で理論が組み立てられてきた（その仮定は今回の世界同時不況で否定された）のに対し、これは実体経済と（不完全性を持つ）金融・資産経済の関係を動的に分析し把握する枠組みを与える。第四に、現代マクロ経済学（ニュー・ケインジアンやＲＢＣ理論等）が、新古典派ミクロ経済学に基礎を置くが故にミクロ的根拠を重視する一方で、セイ法則や金融・資産経済の効率性の仮定にみるように、理論のマクロ的整合性を評価する視点が弱い点を補い得る新しいマクロ経済モデルを生み出すと考える。

3　漏出・還流を変動させる要因の検討

以上を踏まえてあらためて、漏出と還流のバランス問題を整理しよう。セイ・サイクルから漏出があっても、それが同額の還流とバランスしていれば、経済に対する影響はおおむね無視しうる。しかし、セイ・サイクル財に対する満足に比較して、セイ・サイクル財以外の土地などに対する満足（効用）の強さが変化すれば、漏出と還流のバランスは当然変動する。セイ・サイクル財の需要に直接つながる使途と、つながらない使途の割合が変化すれば、セイ・サイクル財の需要も変動する。

短期・中期的に漏出を左右する要因　様々な経済主体、経済現象がどのように漏出と還流の変動に係わっているか。まず、使途の短期、中期的な変動に影響を与える事象をみよう。

①貨幣退蔵の増減――貨幣の退蔵は、ケインズの「流動性選好」に関係する。資金を、通常の耐久財や定期預金、株式証券、土地などの不動産、宝石、絵画などの形で持っていると、緊急に必要なときに、すぐに現金に換えられない。このため、必要なときに即座に使えるように、流動性の高い現金などの形で保有

コラム8

拡張セイ法則と漏出・還流モデル

本書の視点は、セイ法則に関して法則に破れがあるかどうかを論ずるのではなく、「破れの大きさの変動」に積極的に着目して経済を考えようとする。これを三つの側面からみてみよう。

（ア）拡張セイ法則……「漏出・還流モデル」とセイ法則の関係を考えると、まず、セイ法則は、資金面では次の①式が想定されていると考える。

S（企業のセイサイクル財供給コスト）＝D（家計等のセイ・サイクル財購入費）……①

これに対して、本書は次の②式のように考える。

S＝D＋L（漏出超過額）……②

②式はLがゼロであれば①式に一致するが、本書は、これがゼロでない場合があると考える。ここで設備投資はDに入るが、土地、株などの既存資産投資はLに入ることに注意。これを「拡張セイ法則」と呼ぼう。ここで、漏出超過額は、少なくともその分だけ金融資産の増大を生み出す。

本書の視点は、この拡張セイ法則の前提となる②式の中で、Lの変動に着目し、これが様々な経済変動、経済現象と密接に係わっていると考える。

（イ）漏出のあるセイ・サイクル……漏出超過額（L）の変動の影響を実体経済（セイ・サイクル）側からみると、実体経済の好況・不況がセイ・サイクルからの漏出（還流）量の変動によって左右されるという観点が得られる。

漏出の変動は、セイ・サイクルから見れば貨幣流通速度の変動としてみえる。漏出が超過するとき、セイ・サイクルでは漏出超過分の需要が不足するため、セイ・サイクル財供給企業は、コストに対応する売上が得られずに売上が減少し、不況となるだけでなく、売上不足分だけGDPが削られ、経済成長はその分低くなる。つまり、漏出超過額の増大はGDP成長率を低くし、還流超過額の増大はGDP成長率を高くする。これが、需要制約を考慮した経済成長メカニズムになる。

（ウ）漏出・還流モデル……実体経済を中心にみた「漏出のあるセイ・サイクル」の視点に対して、実体経済（GDP経済あるいはフローの経済）と金融・資産経済（ストックの経済）の双方を統一的な視点で眺めるのが漏出・還流モデルである。フローの経済から漏出した資金が金融・資産経済を肥大化させる（肥大化には銀行による信用創造などこの分野独自の要因もある）など、多くの経済現象が、漏出・還流量の変動に係わると考える。

しようとする。定期預金にすれば利子が得られるが、それを捨てるというコストを払っても、現金という流動的な形で持つことに価値を感じる。それを「流動性選好」と呼ぶ。

最も典型的な形が、現金で直接保管する「タンス預金」である。タンス預金は、「一説では三〇兆円あるといわれている」（鈴木［二〇〇九］一四三頁）。これは、政府貨幣と日本銀行券の流通残高が八〇～九〇兆円であることからすれば、決して小さくはない。もちろん、タンス預金は、企業が設備投資に使うことはできないが、全体として、タンス預金等への漏出・還流がバランスしているなら経済全体への影響はない。問題は、それが斉一的に増加したり（たとえば金融不安時）、減少したりする場合である。

②利子率の上昇・下降と金融機関での資金滞留の増減——景気後退で雇用不安が高まれば、家計は貯蓄を増やそうとするから、貯蓄が豊富になって利子率が低下する。すると、企業の設備投資コストは低下することになる。したがって、経済学では、消費は減少するが、設備投資は増加するから、セイ・サイクル財の需要は、まずは自動的に維持されると考える。

実際、これに着目して、利子率の操作を使った景気調整手法は広く使われてきた。景気過熱下で利子率を高くすれば、貯蓄の魅力が上昇し、家計が消費よりも貯蓄を選ぶ率が高くなる。一方で、利子率の上昇は、設備投資コストを上昇させ、設備投資を縮小させる。この結果は、消費も設備投資も減少し、景気を冷やすことになる。

逆に不景気下では、利子率を低くすれば、家計は貯蓄よりも消費を選び、設備投資コストが低下するから、消費も設備投資も増えて、セイ・サイクル財の需要は増加する。従来は、こうしたメカニズムを使って、景気加熱の調整や、不況下の景気刺激が行われてきた。この手法は、小さな景気変動には有効だった。

しかし、日本の九〇年代～二〇〇〇年代には、長期の超低金利時代が続いたにもかかわらず、図10のように、企業は設備投資を行わず、借入金の返済に邁進した。つまり、長期不況や大不況などでは、利子率は、設備投資決定の重要な要因とはなっていないようにみえる。こうした場合には、利子率が低下しても、資金は金融機関等に滞留する傾向が強まる。

③金融機関の活動――金融機関がセイ・サイクルから受け入れた貯蓄額と同額が、常にセイ・サイクル財を目的とする使途に貸し出されれば、セイ・サイクルの資金循環は円滑である。だが、それは必ずしも保証されないと考える。

そもそも銀行に預金された資金は、銀行が運用先を探す。その選定基準は基本的に投資に対する収益見込みと安全性の高さである。そこには、セイ・サイクル財の需要を創出する設備投資と、それにほとんど関係しない土地投資などの資産投資の区分は、基本的にはない。したがって、設備投資への貸出が有利なら、そこに資金が流れるが、土地投資や海外投資などが有利なら、そちらに資金は流れ、漏出が増加する。

また、金融機関が設備投資に貸し出したいと考えても、企業が設備投資に消極的であれば、資金は他に流れざるを得ない。運用先がなければ、資金は銀行に滞留し、貨幣の流通速度は低下する。本書では、このような状況も「漏出」と捉える。

④設備投資の増減――設備投資は、資産投資とは異なってセイ・サイクル財の需要を形成する。セイ・サイクルで得られ、金融機関に預金された資金のすべてが、企業の設備投資に使われ、資産投資に使われなければ漏出問題はない。

問題は、企業が設備投資をどのように決定しているかである。企業の投資決定プロセスを考えると、まず「将来の収支見通し」を立て、それが一定以上のプラスなら、投資を決定すると考えられる。その決定を左右するのは、投資等のコストと売上見通しの比較である。「利子率」は、その収支見通しのコスト側の一要素に過ぎない。

ミクロつまり企業単位でみれば、「売上の将来予測」が、投資の決定に大きな影響を与える。しかし「平常時」には、経済全体では楽観的な企業もあれば悲観的な企業もあるから、楽観と悲観は相殺され一定のバランスがある。このため平常時には、結果的に利子率の影響が目立つ。利子率の変化は、すべての案件に同一方向の影響を与えるからだ。

しかし、景気の下降が大きいときや、経済が長期停滞下にあるときには、多数の企業の現実の売上が低下するから、それをみて各企業は一斉に、将来の売上を悲観的に見積もり、将来のための設備投資額も一斉に低くなる。その投資額の変動は「相殺されず」、経済全体の需要を収縮させる。その影響は、利子率の影響をかすませてしまう。

⑤住宅投資資金の増減――わが国の住宅投資は、金額的には設備投資に比べて五分の一程度であるが、設備投資と同様にセイ・サイクル財の需要を形成する。設備投資が予想収支特に収入の見通しに大きく左右されるのに対して、家計が自ら居住する目的で建設する住宅では、こうした収入見通しは不要で、住宅を取得する家計の心理的な「満足」だけで十分だから、問題は「支出」つまりコスト側のみになる。したがって、取得の意思決定では、コスト中の利子率の変動の影響をより強く受ける。

その意味で、住宅投資は、比較的金融政策の影響に従う傾向があると考えられる。しかし、企業のリストラが長期に継続され、雇用不安や将来の収入不安などが広まれば、それは住宅建設「需要」に影響し、資金の利用は縮小方向の力を受ける。

⑥価格投資、資産投資への資金流入増減――本書で「**価格投資**」とは、「価格が上がりそうなもの」への投資であり、正確には「価格差」への投資を指すことにする。これは「投機」に近いが、投機が短期間での売買を指すのに対して、価格投資は長い期間での売買も含めて考える。この価格差には「コストがない」ので、実体経済のように、コスト支払い（賃金や配当など）の形では、セイ・サイクルに資金が還流しにくい。

対象としては、土地、株式証券、貴金属、美術品など、価値があって長期的にも劣化しにくく、保存性が高いものなど、資産性があり値上がりしそうなものならなんでもよい。実体経済で生産される財の中でも、時間が経っても価値が低下せず、市場性のある産品、例えば原油や穀物などのような一次産品も、価格投資の対象となりやすい。特に株式や土地の価格は、長期では趨勢的に上昇基調だから、価格投資の対象になりやすい。

ここで注意すべき点は、「設備投資」や「住宅投資」がセイ・サイクル財の需要を形成する、つまりＧＤＰに寄与するのに対して、価格投資など資産に対する「資産投資」は、そうではないことである。したがって、この観点では、設備投資と資産投資を区分していない経済分析には、価値がない。

一般に、不景気で、設備投資の投資収益率の見通しが低い状況では、金融緩和政策で潤沢に資金を供給しても、設備資金には使われず、資金は金融機関の周辺に滞留しやすい。すると、「価格投資」に資金が流れ込みやすくなり、バブルや原料価格などの高騰が発生しやすい。バブルが生じると、セイ・サイクル（実体経済）の設備投資は、価格投資の魅力（収益の高さ）に負け、資金はさらに資産市場に漏出する。

⑦海外投資超過（資本収支赤字）の増減――海外投資の超過分もセイ・サイクルからの漏出にあたる。これは、国際収支上は「資本収支の赤字＋外貨準備増減の増加」（本書では以下、まとめて「資本収支等の赤字」という）として現れる。資本収支等が赤字となるためには、経常収支が同額の黒字である必要がある（国際収支統計では、統計上の誤差脱漏がないなら、必ず「経常収支の黒字＝資本収支等の赤字」が成り立つ［恒等式］）。

本来は経常収支（＝貿易収支＋サービス収支＋所得収支＋経常移転）で議論すべきだが、貿易収支の割合が大きいため、おおむね両者が連動すると考えて、以下では、わかりやすく貿易収支で「輸出立国」型経済の意味を考えよう（以下、三國［二〇〇五］［一九九三］、伊藤［一九九四］、岩田［一九九五］も参照）。

まず、海外投資の超過分は、セイ・サイクルからの漏出にあたるが、それは輸出超過分（純輸出）と一致し、国内で生産された財が輸出される際の購入資金としてセイ・サイクルに還流するから、それは実質的には、このサイクルからの直接の漏出ではない。しかし、これは輸出超過額をファイナンスした後も、海外資産や債権取得の代価となって海外にとどまり、輸出立国を続ける限りは、国内の経済活動のための資金としては還流せず、国内の経済に直接貢献することはないという問題がある。以下でその意味を考えよう。

輸出立国政策がセイ・サイクルに与える影響の検討　第2章第3節では「**輸出立国**」を、内需の不足のために、経済が「純輸出」（＝輸出－輸入）に恒常的に依存する国と定義した。こうした国は、必ずしも貿易依存度が高いわけではないが、常に純輸出分がＧＤＰギャップのマイナスを埋める経済構造となっているため、貿易黒字が景気に大きく影響する。このために、その国は貿易収支を継続的に黒字にすることを目指すのである。

わかりやすくするために、世界に二つの国しかないと考えよう。貿易収支黒字のJ国と、貿易収支赤字のW国である。貿易黒字のJ国を日本、貿易赤字のW国を日本以外の世界各国の合計と考えればよい（あるいは後者を、米国に代表させてもよい）。さて、J国の貿易収支が継続的に黒字であるには、W国は継続的に赤字でなければならない。W国は、その赤字分の財貨を輸入するための資金を用意する必要があるが、借りる相手はJ国しかなく、J国は、貿易収支の黒字と同額をW国に貸すしかない。これが、J国の資本収支等の赤字である。

貸さないと、W国は資金がなくて超過輸入ができないので、貿易収支はプラス・マイナスゼロになる。するとW国側は、輸入がない分モノが不足して、関連分野の物価が上昇する。それはW国の輸出入物資の価格にも影響する。また、J国側の輸出入物資の価格も逆方向に動く。その結果、為替レートがW国通貨安に調整され、両国の貿易収支は翌期以降、自然にバランスする。

輸出立国J国が貿易収支黒字を継続するには、W国の貿易収支は、当然継続的に赤字でなければならず、そのためには、J国はW国の貿易赤字額と同額を、W国に毎年貸し続けるしかない。かりにこうした貸し借りができないと、為替レートが自動的に双方の貿易収支をバランスさせるから、輸出立国戦略は存続し得ないわけである。

では、輸出立国政策は、輸出立国J国の国民にとってどういう意味を持つだろうか。今、J国は五〇〇兆円の財を生産し、そのうち六〇兆円の財をW国に輸出し、逆にJ国は四〇兆円の財をW国から輸入するとする。その差額二〇兆円が、J国の貿易黒字（純輸出）である。J国の国民は、五〇〇兆円生産するが、消費するのは四八〇兆円である。J国は輸出代金として六〇兆円を受け取るが、そのうち四〇兆円は輸入代金と相殺される。差額二〇兆円は、先にみたように、必ずW国に貸し付けなければならない。J国から見れば資本収支等の赤字であり、W国から見れば黒字である。これによって決済が済み、J国はW国に対して二〇兆円の「債権」を持つことになるが、これはキャッシュとしては、J国には還ってこない。

わかりやすくするために、この輸出入を、まとめて一つの企業が行っていると考えよう。するとJ国のこの企業は、輸出した六〇兆円の財を生産した際に、国内で使ったコストつまり賃金や利子、配当（利益）を国内で配分しなければならないが、その原資は実は四〇兆円しかない。たしかにバランスシートには、そのほかに債権として二〇兆円分が、W国通貨建てで載っているが、それはJ国内では（通常は）支払いに使えない。つまり、J国のこの企業は、六〇兆円の価値のある財を四〇兆円で生産し、W国に二〇兆円のローン付きで供給したことになる。そして、この二〇兆円のローンは、J国が輸出立国をやめるまで戻ってくることはないから、二〇兆円がJ国内を循環することはない。

もっとも、この企業は、二〇兆円を自国通貨に換金することもできる。しかし、J国が輸出立国政策を採っているなら、J国の政府は、為替レートを低く維持するために為替市場でW国通貨を二〇兆円相当買うことになる。買ったW国通貨は外貨準備に蓄積され、多くはW国債を購入する形で運用される。つまり、マクロでみればやはり、二〇兆円分はキャッシュフローとしてJ国内に還流することはない。

なお、現実には、輸出企業は全額を自国通貨に換金することはないだろう。相手国に現地工場を作ったり、販売ルートを整備したりといった直接投資を行う分がある。また、輸出企業以外の企業のW国への投資や、金融機関によるW国への債券投資などに使われる分もあるだろう。したがって、政府の為替介入は、普通はそれほど大きくはならない。

これによって、J国の生産設備は稼働率を維持し、雇用も確保されている。かりに、輸出企業自身がそのままW国に債権で持つ場合を考えると、輸出企業のバランスシートには二〇兆円が計上されている。この二〇兆円は、W国では使える。たとえば、企業の内部留保（債権として保有）や、W国での工場の建設費用としてである。すると、企業は自然に「多国籍化」が進む。だが、それはJ国とその国民の利害とは必ずしも一致しない。

これは、見方を変えれば、国と国民が、輸出企業にGDPの四％（＝二〇／五〇〇）に匹敵する輸出補助金を毎年与え続けているのと同じだといえないこともない。こうしてストックである海外資産は増え続けるが、フローのキャッシュは国内には戻らない。二〇兆円分のW国に対する債権を、企業は、海外（W国）で使うことはできるから、企業としては問題ない。しかし、J国で使うことはない。

問題は、J国の企業全体と政府を足した合計では、いずれにしろ二〇兆円は、キャッシュでは還ってきていないことだ。還ってきていれば貿易収支は黒字ではなくなり、輸出立国にはならない。

この二〇兆円は、海外債権というストックとして、セイ・サイクルから金融・資産経済に漏出したものということになる。純輸出二〇兆円分は、W国にファイナンスされ、それは二〇兆円分の輸出製品の代金に充てられるから、一見、セイ・サイクルの循環はつながっているようにみえる。しかし、その接続は海外債権によるものだから、それはフローであるセイ・サイクルから、海外債権という金融・資産経済に属するストックへの「漏出」なのである。その国が輸出立国政策を続ける限り、その海外債権は必ず相手国通貨建てでなければならない。そして、その海外債権は長期的には為替差損で目減りしていくことが多い。

J国で内需が弱いのは、六〇兆円で生産すべき製品を四〇兆円で生産し、国内では四〇兆円分の所得配分しか行っていないためであるともいえる。J国という単位でみると、J国民は二〇兆円分ただ働きしたのと同じである。産と雇用は維持されているというが、それは、J国民が二〇兆円分の所得・報酬を辞退しているから維持されているにすぎない。

国内への所得分配が二〇兆円少ないのだから、内需が小さいのも当然である。かりにその二〇兆円がJ国民に実質的に配分されれば、国内需要は二〇兆円分大きいから、純輸出二〇兆円分は輸出以前に国内で売れてしまうはずだ。無理に輸出に回せば、国内は四％分インフレになるはずだが、そうしたことは起きていない。この二〇兆円は、国内的には機能しないという意味でタンス預金のようなものである。

つまり、純輸出もGDPにカウントされるが、その代金はキャッシュでは国内に還流しないため、国内経済を豊かにしているとは必ずしもいえない。輸出立国政策自体が、内需の元となる所得を圧縮する原因になっている（ただし、輸出が急増しつつある間だけは、外需対応の設備投資増で内需拡大効果がある）。

これを「漏出・還流モデル」の視点でみると、海外債権の増加とは、まさに（海外の）金融・資産経済への漏出である。国内の貯蓄なら、企業が借りて設備投資を行えばセイ・サイクルに還流するが、（輸出立国政策を採る限り）海外債権に係わる資金が国内のセイ・サイクルに還流することはない。企業は資産が増えるからよいが、一国経済でみたフローの循環（セイ・サイクル）では、資金は漏出超過になる。つまり、輸出立国政策、自国通貨安政策は、内需拡大とは両立しない部分がある。

さて、以上では、経常収支のうち、貿易収支以外を無視して考えた。しかし日本では、近年所得収支の黒字が急速に増加しており、すでに貿易収支と同水準の規模にあって、さらに伸びている。これまでの貿易収支黒字に伴う海外投資で政府と企業の海外資産が増大した結果、その資産からの利子配当などの収益が所得収支の黒字として日本経済に還流するようになってきたのである。

ところが、これも貿易収支黒字に上乗せして経常収支を黒字にする要因（つまり円高要因）であるため、輸出立国を維持する（つまり円安を維持する）ためには、その同額相当も結局は海外投資に振り向けなければならない。つまり、国内のセイ・サイクルには還流しない。このため、所得収支黒字の拡大も国民を豊かにはしていないのである。

このように、本書の「漏出・還流モデル」の観点は、輸出立国政策の経済学的な意味をシンプルに導き出すことができる。

長期的・制度的に漏出を左右する要因　次に、漏出・還流バランスを長期的に左右する要因を整理しよう。以下でみる事象は、豊かな先進工業国と開発途上国の差や、国による文化、価値観の差あるいは制度の差に係わり、また、経済の発展とともに変化し、あるいは「改革」などによる制度の修正によっても変化する。それらは、長期的な経済成長率に影響を与えたり、バブルの発生頻度を高めたり、貨幣の流通速度を引き下げるなど、中長期的な変化を経済にもたらすと考える。

①財の魅力を左右する国民の豊かさ――開発途上国で経済が「離陸」した直後は、豊かさが十分ではなく、需要は旺盛で耐久消費財も普及率が低いから急速に売れ、高度成長が実現しやすい。そこでは、需要が強いから、まさにセイ法則は常に成立しているようにみえるだろう。

しかし、さらなる経済的発展で、先進工業国の仲間入りをする頃になると、様々な耐久消費財の普及率が次々に上限に達するようになる。すると、需要は更新需要が中心となり、売上の伸びは消滅する。そして、モノから「文化などの精神的な豊かさへ」と嗜好は変化していくと考えられる。こうした文化等の分野は「人的サービス」が多いため、セイ・サイクル財の中でも、サービスのウエイトが増大する。これは、第三次産業の増大というペティ＝クラークの法則やボーモル効果となって現れる。

こうした変化が経済成長率に与える影響をみると、サービスへの依存は、その生産性上昇率の低さから成長率の低下を招く可能性も強い。また、耐久消費財需要の伸びの消滅は、企業の需要の将来見通しを低下させ、設備投資需要を抑制していくことになる。

したがって、豊かな先進工業国が、設備投資需要が低下する中で総需要を維持・成長させるには、貯蓄率が低下して消費性向が上昇する必要がある。ところが貯蓄率が低下しない場合、企業の設備投資は減少しているから、「投資機会を失った資金」は価格投資に流入してバブルを引き起こす可能性を高める。だが、強い魅力のある新しい耐久消費財が出現すれば、還流が増加し成長は持続するかもしれない。

②一国内での分裂——豊かさと関連するが、富裕層は、その所得を投資や貯蓄等に配分する割合が高い（一般に所得が相対的に高いほど「消費性向」が低いことはよく知られている）。このため、税制、雇用制度や、企業による付加価値の配分割合等の変化で、「富裕層」への所得配分比率が高くなれば、富裕層は、貯蓄や投資への資金配分割合を増やして、平均の消費需要を相対的に引き下げるから、それは企業の将来需要見通しを低下させ、資金が潤沢であるにもかかわらず、国内の設備投資をも縮小させる。投資機会を失った資金は価格投資や海外投資に漏出する。つまり、セイ・サイクル外への漏出が大きくなる。

③文化や価値観の変化――文化や価値観の変化も、資金の配分割合を変化させる。消費が美徳であれば、人々はセイ・サイクル財の消費を増やすし、貯蓄が美徳になれば、貯蓄の魅力が上昇する。土地信仰が強まれば、土地への資金投入が増加する。そうした文化や価値観の変化には、マスコミや教育などの影響が大きく、一般には、国を単位に斉一的に変化していくことが多い。

日本では、九〇年代以来、広義の構造改革路線が定着し、生産性の向上や効率性を重視し、無駄遣いを排する文化・価値観が強まり、小泉構造改革はその頂点をなした。これは貯蓄を増やし、消費を抑制する方向に働いたため、漏出が増える方向に作用した。

④人口構成の変化――その他に、高齢化の進展も、一国の製品需要の量的な構成に影響を及ぼす。またそれは、様々な財の需要の価格弾力性に影響を与える。その結果、セイ・サイクル財需要とセイ・サイクル外の使途双方の価格弾力性が変わり、それは漏出・還流のバランスを変化させる。

4　漏出を左右する「斉一性」メカニズム

以上のように、様々な漏出に係わる事象があり、漏出が実際に起こっているとしても、過去に漏出した資金が、同時に還流しているとしたら、漏出と還流はバランスしている可能性がある。そこで、漏出、還流のどちらか一方のみを強める現象に注目しよう。以下では、漏出・還流の変動がどのように起こるかを「斉一性」の観点から整理する。

重要な点として、これによって様々な景気対策手法を評価する観点が得られる点がある。特に、この斉一性は、利子率が、なぜ比較的平穏な時期の景気調整に機能し、重い不況下では機能しないかを説明する。

以下では、景気変動要因としての利子率の位置づけを相対化することになる。

斉一性のメカニズム　現在のサイクルからの漏出額と、過去のサイクルで漏出していた資金が戻ってくる還流額がバランスしていれば、セイ法則は成立しているとみなしうる。しかし、経済主体の行動の方向を漏出、還流のどちらかの方向に、一方的、斉一的に強める要因が生じる場合があると考える。

経済主体の活動の多くは、セイ・サイクルからの資金の漏出や還流に係わってはいるが、通常時は、ある経済主体の一つの活動が漏出超過の方向に働いていれば、別の主体の活動は逆に還流を超過させているというように、個々の経済主体の事情に応じて作用の方向は様々である。この結果、経済主体の活動の方向はランダムとなり、そのほとんどは互いに「相殺」されていると考えられる。

しかし、意思決定に作用する何らかの要因が、多くの経済主体の意思決定に同一方向の影響を与え、活動の方向が互いに相殺されない状況が生じることがある。このとき、この活動がセイ・サイクルの漏出または還流に係わるものであれば、当然どちらかの「超過」が生じることになる。このように、一定以上の割合の経済主体の行動が同じ方向に揃うことを、本書では「**斉一性**」のある行動と捉える。

つまり、多数の経済主体の意思決定に「斉一的な影響」を与えるような環境変化が生じれば、漏出超過（または還流超過）という変動が生じることになる。

この斉一性は、経済主体個々の活動（つまりミクロの活動）とマクロの経済変動をつなぐメカニズムとして、マクロ経済の理解にとって、本質的に重要なメカニズムの一つと考える。

斉一的変動に係わる要因

経済主体は、資金の使途に関して、それぞれ独自に意思決定を行っている。漏出や還流を左右する要因が、意思決定のどの部分に作用するかをみるために、資金の使途に関する意思決定をいくつかの判断要素に分解すると、それは主に、(1)企業では「収益の将来見通し」、家計では「得られる満足」、(2)必要な「コスト」、(3)「調達可能な資金量」、に左右されると考えられる。またこれらに係わる(4)「リスクと不確実性」も意思決定に影響する。

以下では、この判断要素ごとに、個別の意思決定の判断に斉一的に影響を与える要因をみてみよう。まず、(1)の「**収益の将来見通し関連の要因**」を、主に設備投資関連の意思決定を中心にみる。

個々の経済主体の意思決定プロセスに立ち返って設備投資の決定をみると、その主な判断要素は、現実的には(1)の「収益の将来見通し」と(2)の「コスト」であり、両者の比較だろう。このうち(1)は、各経済主体の個々の事業ごとに、ある事業では楽観的、別の案件では悲観的というようにランダムである。このため平常時は、(1)の収益の将来見通しの個々の楽観、悲観は互いに相殺され、この判断要素がマクロ的な問題として表面化することはない。

一方、(2)のコストに関して、ほとんどの要因は互いにランダムである。その中で利子率の変化は、すべての経済主体のコストに斉一的に同じ方向の影響を与える。つまり、それは経済主体の行動の方向に斉一的な影響を与えることになる。この結果、平常時には、設備投資に大きな影響があるのは(2)のコストに係わる利子率だけだと考えられてしまう。

だが、大恐慌や長期不況などの重い不況下では、各企業の「収益の将来見通し」は、不況下の低い売上状況を反映して、斉一的に悲観に傾くために、売上の見通しが斉一的に低くなり、突如、この判断要素(1)

が重要な影響を与えることになる。このときには、(1)に比べると、(2)に係わる利子率変化の影響は極めて小さなものになる。

「流動性の罠」は、重い景気対策のために利子率を下げ続けると、ついには利子率の下限である0％につきあたり、利子率の操作が効果を失ってしまう状況を指すが、これは、利子率の引き下げ自体によって生ずるというよりも、「収益の将来見通し」という、隠れていた別の有力な要因の影響力が、斉一化によって顕在化することで生じるのである。以下、具体的にみてみよう。

①マインドの斉一性――マインドについては、第2章で「需要を制約」する問題の一つとしてすでにふれた。問題は、どのような状況で、どのように需要に影響を与えるかである。

さて、そもそも、収益の将来見通しは、(4)の「不確実性やリスク」が高い。不確実性の高いところでは、マインドや慣行の影響が大きくなり、付和雷同性も高くなる。

通常の「利子率による設備投資決定論」では、貯蓄が増えると利子率が低下して、設備投資が増加すると考える。しかし、重い不況下では、企業の投資収益に関する「将来見通し」は、現状の低い売上に影響されて低くなり、企業は設備投資を抑制する。特に不景気が長期に続けば、現在が不景気であるという事実自体が、将来の需要見通しに大きな影響を及ぼすようになる。

不況が長期に続けば、景気が回復するだろうという楽観的な理論、つまり利子率の引き下げで景気が回復するという理論であれ、需要が低いのは消費の先送りにすぎず先送りした消費は必ず回復するという理論であれ、また、構造改革で景気が回復するという理論であれ、景気や消費が回復するというすべての理論は信用を失う。

かりに企業が、高い収益の将来見通しを元に設備投資を行った場合に、それが外れれば、企業は倒産の危機に直面する。そのうえ、構造改革で、ゾンビ企業淘汰論や低生産性企業の市場退場論が蔓延していれば、(4)の)「不確実性やリスク」が意思決定者の心を捉え、企業がリスク回避姿勢を強めるのは当然だろう。

こうなれば、信用できるのは、現在の売上とそのトレンドのみである。九〇年代以来の日本経済の長期低迷では、利子率の低下にもかかわらず、投資が増加せず、企業が借入金の返済に邁進した。こうした重い不況下では、(1)の「収益の将来見通し」や、(4)の「不確実性やリスク」の見積もりを行う際に、意思決定者の「リスクを回避しようとするマインド」は、きわめて重要な影響を与えると考える。(4)

一方、逆に長期の好景気で、雇用などの不安がなくなれば人々はタンス預金を引き出して、セイ・サイクル財への支出割合を高め、また売上の将来見通しも高くなるから企業は設備投資を増やし、それはますます景気を拡張させる。

また、バブルが生じて土地や株式等が値上がりし続ければ、資産投資に関する将来見通しが上昇するから、値上がり益を期待して資金が集まる。この判断を左右する収益の将来見通しは、一見客観的なデータ(過去の上昇率、市場の需給動向、市場への資金の流入量など)に基づいているかにみえるが、データの

(4) なお、こうした利子率以外の要因が設備投資を決定していることは、「流動性の罠」自体によっても実証される。かりに利子率が設備投資にとって決定的であるなら、利子率の高さに応じて線形的に投資額が変動するはずであり、流動性の罠が生ずる余地はない。つまり、流動性の罠は、利子率から想定される以上の変動が設備投資額の変動に含まれていることを意味する。それは、他の要因の影響力が大きくなり、利子率の影響力が小さくなったのでなければ生じ得ないことである。

解釈には、楽観的なマインドが大きく影響している。

マインドは、数量的な評価や取り扱いが難しいために、その影響は従来軽視されてきたが、実際には景気に極めて重要な影響を与えていると考える。ジョン・ケネス・ガルブレイス（一九〇八～二〇〇六。制度学派経済学者。『新しい産業国家』『不確実性の時代』）は、「景気がよければ…金利が高かろうが低かろうが、企業の旺盛な投資意欲はお構いなしなのである。利益拡大への期待が投資の意思決定における最大の決め手となる。他方、景気後退期や不況期において企業行動の決め手となるのは、企業の将来収益の暗い見通しに他ならない。…民間企業の行動は、売上高の増減に反応して決まる」と述べている（ガルブレイス［二〇〇四］一〇〇～一〇一頁）。

こうしたマインド問題は、実務系エコノミストの景気判断には登場するが、学者系の分析にはほとんどみられない。それは単に「マインド」が数量的に取り扱いにくく、経済学の計量的手法になじまないためである。しかし、工夫すればマインドを経済学に取り込むことは可能だろう。ジョージ・アカロフ（一九四〇～。情報の非対称性に関する研究で二〇〇一年ノーベル経済学賞）も、マインドを経済学に取り込むべきとして、近著でこの問題を幅広く検討している（アカロフ＆シラー［二〇〇九］）。本書では、このマインドをマクロの経済変動につなぐのは「斉一性」だと考える。

②**「景気変動」自体の斉一性**――どの企業の将来予測にも一律に影響を与え、平均を動かす要因としては、「景気の動向」そのものがある。たとえば、長期停滞下の日本では、過去一〇年とか二〇年の客観的な「低い」売上データである。こうしたデータの傾向は、一国経済が等しく不景気下にあれば、多数の企業が使うデータに斉一的に現れ、それは将来の収益予測に、相殺されない斉一的な影響を与えるだろう。

また、そのデータの解釈にあたっても、在庫循環などの短期の景気変動下の不況であれば、二、三年後には回復すると解釈する企業は少なくないだろう。しかし、長期停滞下で、回復予想が長期に裏切られ続けてきた国では、そうした解釈は少数派となるだろう。

こうした解釈に現れる斉一性は、過去の経験の科学的分析に基づいているともいえるし、マインドの問題であるともいえる。いずれにしろ、長期停滞、低成長が長期にわたって続けば、各企業の将来予測は、そうした事実に影響を受け、それは、一国の多数の企業の将来予測を集計しても相殺されないだろう。

つまり、一国の「景気変動の経験自体」が、その国の企業が収益の将来見通しを行う際のデータにもマインドにも共通して同一方向の影響を与え、それが収益の将来見通しを斉一的に決定づける。重い不況下では、悪化している現在の売上状況をみて、企業は将来収益を低く予想する。これによって、企業は設備投資や人員の削減を行い、それはさらに需要を弱める。家計は、企業の動きを受けて、雇用不安や生活不安から貯蓄を増やそうとし、それは消費支出の頭を抑えるから、景気の悪化を強める。これは、さらに企業の需要の将来見通しを低くし、設備投資を縮小させ、需要を減少させるという方向に循環する。

つまり、景気変動自体が、景気変動を拡大する。景気変動は、自らを不安定化するメカニズムを内包しているのである。これによって変化が加速され、オーバーシュートが起こりがちとなり、それは経済を不安定化する。景気過熱の場合には、資金、資源の枯渇や価格の上昇が加熱を冷ますように働くから、ある程度は自動的に正常水準に戻ろうとするメカニズムがある。しかし、不況の場合には、正常水準に戻そうとするメカニズムが弱い。

もちろん、企業に収益最大化原理、家計などに効用最大化原理が十分に働いていれば、投資や消費は、回復方向の力を受けるはずだ。ところが、景気停滞が大きいほど、経済主体のマインドは、不況下で「不確実性やリスク」に関する判断を重視するようになり、リスク回避姿勢を強める。このため、特に重い不況では自律的な回復の力は弱くなり、不況（特に重い不況）のサイクルがいったん回り出すと、不況の反転には「財政出動」、「輸出拡大」あるいは問題分野以外の「他分野の好況」など、何らかの外生的な（外部からの）ショックが必要になるように思える。

次に、(2)の「**コスト関連の要因**」をみよう。

③利子率の影響の斉一性――利子率に設備投資を左右する力があることも、斉一性で理解できる。先にみたように、一般に、利子率が上昇するとすべての家計にとって貯蓄の魅力が増し、貯蓄が増える。一方、すべての設備投資コストは上昇し、設備投資は減少するから、セイ・サイクルからの漏出は超過気味となり、金融・資産経済は膨張気味となる。逆に低下すると、タンス預金へ移行する資金が若干増えるが、その一方で、すべての投資で資金コストが低下するから、設備投資は増加し、「還流」が超過気味となる。

④資産価格の上昇・下降（バブルとその崩壊）の影響の斉一性――資産価格が上昇し続けると、設備投資を予定している企業は、値上がりする前に必要な資産を取得しようとする。また、値上がりを収益機会と捉えて一斉に資産市場に資金が流入し、セイ・サイクルからは漏出が超過する。逆に、資産価格が下降を続けると資産は安全資産に流れるだけで、必ずしもセイ・サイクルには還流しない。しかも、逆資産効果が働いて実体経済の景気にはマイナスとなる。

⑤物価上昇・下降（インフレとデフレ）の影響の斉一性――物価上昇率が高いと、早く買った方が得だと考えて、人々は一斉に新規貯蓄を減らし、タンス預金や銀行預金を引き出しセイ・サイクル財を買おうとし

て還流が超過するから、それは景気を拡大させる。逆に、デフレになると、セイ・サイクル財の購入は後回しとなり、景気は悪化する。

次に(3)の「**調達可能資金量関連の要因**」をみよう。

⑥金融政策の影響の斉一性——企業の投資意欲が高いときに、一国経済の資金量に制約があれば、それは投資額を斉一的に制約する。一般に金融緩和政策が行われると、資金制約の解消で、投資は斉一的に増加し、セイ・サイクルへの還流が増加する。しかし、投資を決定する主体である企業は、投資の採算性を考慮する。このため、資金の制約がなくなっても、企業の収益の将来見通しが斉一的に低ければ、金融緩和政策が、設備投資を促進する効果は小さい。つまり、重い不況下では、金融緩和政策には効果はない。景気拡大期には効果はあるかもしれないが、そもそもそうした状況では、金融緩和政策は必要ではない。

最後に「**リスク関連の要因**」をみよう。

⑦信用不安の影響の斉一性——銀行のデフォルトなどの不安が高まると、人々は銀行から一斉に預金を引き出し、タンス預金を増やそうとするため、一般に漏出が超過し、景気は悪化する。

⑧雇用不安の影響の斉一性——経済停滞が続き、企業の倒産やリストラが頻繁に生じるようになると、雇用不安から、失業の備えとしての貯蓄等の魅力が上昇し、また失業で支払いが困難になる可能性が増えるから、民間消費や住宅投資は減る方向の力を受け、セイ・サイクル財の需要が低下して漏出が超過し、景気は悪化する。

なお、以上の漏出メカニズムを概略的に整理すると、**コラム9**のようになる。

コラム9　漏出・還流要因とそのメカニズムの再整理

セイ・サイクルからの漏出は、効用最大化を満たす資金の使途の対象が、セイ・サイクル財に限定されないために生ずる。具体的に整理しよう。

1　資金の使途と漏出

人が満足（効用）最大化の対象として選択するものとしては、以下が考えられる。

①セイ・サイクル財、②貯蓄、③土地・株式、④古美術品・骨董・貴金属等、⑤原油・穀物等、⑥その他価格投資の対象となるもの。

このうち②～⑥が漏出に係わるが、いったん流出しても、それが直ちにセイ・サイクルに還流すれば問題はないし、過去に漏出した資金が今のサイクルの漏出額と同額還流してもよい。②の貯蓄は、平時は企業が借りて設備投資に使うことでセイ・サイクルに還流する。しかし、日本の九〇年代以降の長期停滞や三〇年代の大恐慌時のように設備投資需要がない場合がある。また③～⑥が価格投資であるときは、それには、仕入れ以外にコストがほとんどないためにコストを通じた還流メカニズムは働かず、価格投資市場に再投資されることが多い。

2　還流を不十分にするメカニズム

サイクル外滞留のメカニズム　還流が不十分になる原因には、①セイ・サイクル財の需要低下、②価格投資の魅力の上昇、③貯蓄の魅力の上昇、④設備投資の縮小等があり、次のように生ずる。

①セイ・サイクル財の中長期的魅力低下→需要の中長期的低下→設備投資縮小
②資産市場の価格上昇→価格投資
③信用不安→タンス預金
④雇用不安→貯蓄　⑤老後不安→貯蓄
⑥企業の売上予測低下→設備投資減

斉一的な変動を引き起こすメカニズム　これらのメカニズムは常時働いているが、通常は相殺されていることが多い。問題は次のように、それらが一国全体として同一方向に斉一的に変化する場合である（末尾の丸番号は、右の①～⑥に対応している）。

(ア)全般的な新製品減少、普及率の上昇（①）　(イ)高所得階層の所得割合の上昇（①）　(ウ)バブル（②）　(エ)金融恐慌（③）　(オ)不況（④⑥）　(カ)高齢化の進行（⑤）

ここで、(ア)や(カ)は、先進国が直面している問題である。また(ウ)～(オ)は、経済変動自体が、経済変動を増幅するメカニズムを持っていることを示している。

5　斉一性要因が機能する環境

漏出を左右する斉一性要因は、その働く場面や条件、環境が一様ではない。また、その影響力の大きさも、環境によって変化することに注意が必要である。

「重い不況」と「軽い不況」の変動要因は異なる

前項では、収益の将来見通しに影響を与える斉一的要因の中で、「景気変動自体」を取り上げたが、そこでは、主に重い不況を想定していた。このように、不況を「重い不況」と「軽い不況」に区分することには重要な意味があると考える。

本書では「重い不況」は、「大恐慌」や、日本の九〇年代以降の「長期停滞」あるいはそれに準ずるような「大不況」の意味で使ってきている。こうした重い不況には、先行する時期に、常に「バブル」が存在している。したがって、大恐慌や長期停滞等のトリガーは、バブル（崩壊）だと考えるのが自然だろう。

バブルの崩壊によっていったん重い不況が生じれば、それは多数の企業の売上の将来見通しを斉一的に引き下げる。それは相殺されず、平均値そのものを動かすのである。その結果、投資や雇用が削減され、それはさらに消費や投資の低迷を生む。以下では、重い不況をあらためて「**重不況**」と呼ぶ。重不況は、バブルの崩壊で発生し、おおむね「流動性の罠」が生ずるようなレベルの大不況をいうものとする。

これに対して、経済が軽微な加熱や不況を伴いつつ、比較的安定した成長を続ける中で、軽い不況が生じた場合、その変動は在庫循環的なものだと企業家は考え、将来の売上予想を悲観的に見積もることは少ない。短期間で回復すると判断すれば、設備投資を削減することも雇用を削減することも少ない。投資を左右するその他の多くの要因も、企業、業界、地域ごとに様々だから、それらを集計した総和では、個々の凸凹は互いに相殺される。こうした環境下で利子率を上下させれば、他の条件が相殺され影響しないため、すべての投資案件のコストに斉一的に影響する利子率の影響が際立つ。

このように、重不況は、不況に係わる様々な要因を斉一化して、不況を強める力が強いのに対して、軽い不況は、様々な要因を斉一化する影響力が小さい。このため、軽い不況では、利子率操作の効果が際立つのに対して、重不況では、企業の投資や人々の消費の判断を「リスク回避」的マインドや「低い需要の将来見通し」が支配し続け、利子率の影響力は失われる。これらの要因を利子率に還元して、利子率ですべてを説明するアプローチもあり得るが、それは真のメカニズムを覆い隠し、誤った政策の原因になる。

バブルの崩壊があると、資産価格の下落によってバランスシートのバランス回復に資金が吸収され設備投資資金が不足すると同時に、設備投資マインド、消費マインドが低下する。この結果、バブルの崩壊が大きいほど需要不足による不況は長引く。バブルの傷の浅い企業は、しばらくすれば景気が回復すると考えて、低金利に反応して設備投資を行うこともある。しかし、打撃の大きい企業のバランスシート回復に時間がかかり、景気は一向に回復しないから、設備投資は、供給能力過剰と不良資産を増加させるだけに終わる。この結果、大多数の企業の需要の将来見通しは低位で固定化する。

また、バブルの崩壊では、リスク回避の姿勢が強められる。米国では、二〇〇〇年代初頭にＩＴバブルが崩壊したが、本書でいう「重不況」に陥っていない。リーマンショックとの差は、バブル崩壊が、「リスクに対する判断基準」に影響を与えたかどうかの違いにあると考える。これを日本の長期不況でみると、日本では、バブル崩壊に伴う不良債権問題を背景に、橋本改革や小泉・竹中時代の不良債権処理の加速でリスクに対する感応性がさらに強められ、それは重不況を固定化したと考える。

このように**重不況は、景気変動を利子率と貨幣供給量で把握する金融政策の枠内では理解できない**のである。また、重不況下では、リスク回避の強化と需要の将来見通しの低下で、設備投資や消費が縮小の力を受けるため、「需要の制約」が景気変動や成長を支配する。この結果、構造改革の論拠だった供給側の諸仮説がほぼ全滅状態となっている（**第1章**参照）のと同様に、今日の主流派経済学が依拠している「供給の制約」を（無意識に）前提とする様々な理論や仮説は、重不況下では有効性を失う。

発現状況による斉一性要因の分類　個々の企業などの経済主体の活動の多くは、個々の経済主体に応じて様々である。例えば、各企業にとっての需要の将来見通しを高く評価する企業もあれば低く評価する企業もある。これはミクロの企業にとっては極めて重要であるが、全体として（マクロで）みるとたいていは互いに相殺されあっていて、設備投資を増加させる企業もあれば縮小させる企業もあって、その見通しの方向は互いに相殺され、マクロ経済には大きな影響を与えない。一方、利子率が上昇すると、それは企業の設備投資のコストに斉一的に影響を与え、設備投資を左右する。

このように、個々の経済主体の活動の単純集計だけでは捉えられない要素として、利子率などの斉一的な要因があり、それが、ミクロ（個々の経済主体の行動）とマクロ経済の運動を結んでいる。ミクロの要因には、利子率のように①常に斉一的に働く要因と②ランダムで相殺される要因があり、経済全体に影響を与えるのは前者のみであるようにみえる。しかし、それだけではない。

景気変動の例ではないが、よく知られている例として、銀行の取り付け問題がある。平時は、預金を引き出す人もいれば預け入れる人もいて、出入りがバランスしている。ところが、いったん銀行に信用不安が広がると、人々は斉一的に行動を変化させ、預金を引き出す。すると預金の流出が止まらなくなる。これを複数均衡の枠組みで説明すると、平時は、預金の出入りがバランスして銀行が成立する均衡状態にあるが、ひとたび人々の行動が預金引き出しに斉一化すると、引き出しが超過し続け、銀行事業が成立しない均衡に移行してしまう。つまりある条件下でだけ斉一化する場合がある。

同様に、景気変動に斉一的に影響する要因にも、①常時斉一的に働いている要因（常時斉一型要因）だけではなく、②特別な条件下でのみ斉一的に働く要因（条件付き斉一移行型要因）の二種類があると考えることができる。そして、平時には①が目立つために、要因はこれだけだと考えられ、重不況時に②の影響力が大きいことが見落とされてしまいがちであると考える。

①常時斉一型要因――「常時斉一型要因」は、常に働いているから着目されやすい。典型的な例に利子率がある。これは、利子率が、全国的な金融市場の中で常に均一化され斉一的に変動していること、また、それにより中央銀行の操作の影響が大きいことによる。平時に、中央銀行による利子率操作の影響が大きくみえるのは、先にみたように、利子率以外の要因が（平時には）互いに相殺し合っているためだ。平時には、他の要因の相殺によって、利子率が投資コストを斉一的に変動させる（ほぼ）唯一の要因となる。

②条件付き斉一移行型要因――個別企業の行動には大きな影響を与えているにもかかわらず、平時には企業間、業種間などで方向がランダムなために、経済全体では互いに相殺されている要因がある。これらのうちの一つが、何らかの環境変化でその方向が一方向に揃えられると、突如大きな影響を与えるようになる。これを「条件付き斉一移行型要因」としよう。

無数にある要因は、平時にはランダムに働いているため、互いに相殺され、経済全体の動向に影響を与えない。しかし、例えばバブルやその崩壊、インフレ、デフレといった経済事象や人口学的な事象が生ずると、それが経済主体の行動に斉一的に影響を与え（行動を同調させ）、突如、大きな影響を経済に与えるようになる。先にみた要因の多くは、おおむねこの条件付き斉一移行型要因といえる。

こうした要因が、重不況などの環境下で突如斉一性を持つようになると、利子率の影響は小さすぎて、ほとんどふっとんでしまう。ケインズの投資理論など投資の理論には、実質的に利子率を中心とするものが少なくないが、利子率の影響力は、平時でのみ高いと考えるべきである。

ケインズには利子率が影響を失う理由に関して「流動性の罠」による説明があるが、それは、なぜそれが生ずる低い利子率になるまでの間に、金利引き下げの効果がなかったかを説明できない。重不況下で流動性の罠に陥るメカニズムは、利子率以外の要因が決定していると考えなければならない。それは、ここまでみてきたように、資金の借り手側企業の売上の将来見通しの低さだと考える。

重不況などでは、設備投資を左右するのは主に金利だという視点が実態に合わないことは、例えば九〇年代初頭のバブル崩壊以後、低金利下で設備投資が増えなかったこと、またこれに加えて九八年以降に企業が資金余剰主体となっても（図10）、設備投資が増えなかったことをみても明らかである。

一般に、利子率の影響を過大に評価しがちなのは、金融経済を中心に考えている学者たちである。ケインズも投資会社の経営者であり、保険会社の役員や会長も務めていた。そもそも、利子率が最もコストとして効くのは、金融市場や銀行、証券会社、保険会社など金融資本の運用者たちの事業であって、製造業などの実体経済に対する影響はかなり落ちる。実体経済企業では、例えば金利の〇・二五％程度の動きが設備投資に与える影響は、必ずしも大きくないように思える。むしろ、国などの政策の方向性の指標とし

て認識されている部分が大きいように思える。(5)

九〇年代以降の長期停滞下で斉一的に顕在化したリスク最小化

この項の最後に、重要な例として、経済主体の「リスク最小化」志向の問題にふれよう。これは、日本の九〇年代以降の長期停滞下で斉一的に顕在化し、それが、その後の構造改革によってさらに強められた可能性があると考える。

新古典派経済学は、人間が無限の欲望を持つという人間観の下で、家計の効用最大化原理と同様に、企業は収益最大化を追求すると考える（収益最大化原理）。

収益最大化原理から、企業は収益機会を利用し尽くすという企業観が導かれる。例えば「ゼロ金利」であれば、企業はそれをフルに活用して、設備投資に邁進すると考える。ところが実際には、九〇年代初頭のバブル崩壊後二〇〇〇年代に至る長期の超低金利・金融緩和下で、設備投資がほとんど増加していない。

このため、サプライサイドがすべてを決定すると考える「新しい古典派」では、その原因論として、「生産性（TFP）上昇率低下論」を中心に、「市場の歪み論」「ゾンビ企業仮説」など、その後経済の実態に合わないことが明らかになっているサプライサイドの議論が盛行し、それに基づいて小泉構造改革が進められることになった。しかし、第1章で述べたように、これらはすでに行き詰まっている。

そこで再び企業の意思決定に立ち返って、企業の投資行動を考えてみよう。考えるべきは、投資の決定者としての企業家の行動原理である。いうまでもなく、それは効用の最大化であるはずだ。つまり、一般的な言葉で「満足の最大化」こそ、企業家（一般人も同様）の行動原理の根底にあるものである。収益最大化原理はその系であると考える。

満足最大化の手段としては①「収益の最大化」があるが、満足に影響を与える要因はそれだけではない。重要なものとして、②「投資失敗に関するリスク・不確実性の最小化」がある。事後的にみると、②も収益につながるから、収益最大化原理に含めて考えることができるようにみえる。しかし、事前にはこれは統合できない。企業家が持てる情報には限りがあり、能力にも限度があるからだ（限定合理性）。また、今回の世界的金融危機であらためて明らかになったように、大数の法則を活用しても解消できない不確実性もある（ナイトの不確実性）。この②を、ここでは**「リスク最小化原理」**と呼ぶことにしよう。

投資が失敗するリスクをみてみると、その第一は過小投資だ。この場合、予想以上に需要が高ければ収益機会を失うが、失うのはそれだけである。第二は過大投資である。このとき、投資の回収はできず、過大設備と過剰人員を抱えてダメージは大きく、倒産に至ることも多い。つまり、過小投資と過大投資のリスクは「非対称」である。したがって、満足を最大化しようとする企業家には、リスク最小化原理を介して、過小投資を選択するインセンティブがあるといえるだろう。それは一般的に投資を抑制する。

かつて、日本の「**メインバンクシステム**」では、投資が失敗した場合にメインバンクの支えがあり得ると考えられ、企業は一定程度それを前提に行動し得た。しかし、バブル崩壊後、金融機関の不良債権問題が大きくなって銀行の体力が毀損され、支える能力が失われた。また、バブル前後の経験は、金融機関との関係においても、企業にリスク最小化原理を一層重視させることになったと思われる。企業が借入金の

（5）この意味で、実体経済にはコミットメントの役割が重要だ。否定的なコミットメント下の利下げや金融緩和政策は、金融業界や金融系の投資家を動かすことはできても、実体経済企業に影響は与えなかったともいえる。とすると、わが国の金融緩和とは、リスクの高い設備投資ではなく、逃げ足の速い短期の資金運用にのみ影響を与えてきたといえる。

返済を続け、九八年には資金余剰主体となる（第2章図10）という異常な事態は、需要見通しの低下もあるが、企業と銀行間の関係の見直しが、企業側からも進められたことを反映しているのかもしれない。また、並行して、この時期には金融グローバル化の一環として、「**間接金融から直接金融へ**」という観点にまつわる政策が実施されたこともある。

さらに、かつてのように経済が右肩上がりで急成長していた時代には、過大投資であっても、しばらく持ちこたえれば、時間が解決する可能性も高かった。しかし、こうした可能性は、九〇年代以降の低成長ないしはゼロ成長時代にはなくなっている。

このように考えれば、わが国の企業は、九〇年代以降、過小投資へのインセンティブを、さらに強く持つようになっているといえるだろう。

こうしたリスク最小化の視点で、**セーフティネット**を考えてみよう。有効なセーフティネットがあれば、たとえ失業の可能性が高くなっても、人々は消費を抑制しないだろう。それは企業の需要の将来見通しを引き上げ、設備投資量を安定化する。また、企業が見通しを誤って過大投資を行った場合に、メインバンクの支えや、公的機関による信用保証などのセーフティネットが十分に整備されていれば、企業は不況下にあっても果敢に設備投資を行いうる。

また、不景気になっても、一貫した財政政策で政府が経済を支えるという信頼があるとか、中央銀行が金融緩和を明確な方針の下に行うといった政策が一貫して採られていれば、企業は将来の景気拡大を予想して投資を拡大するだろう。その意味で、政府の役割は極めて大きい。

だが「小泉構造改革」では、それとは正反対の政策が採られた。元々企業の雇用保証が強かったために脆弱だった公的セーフティネットのまま、労働市場の規制緩和が行われたが、これは雇用不安を強めて、需要の抑制に貢献したと考えられる。また設備投資に関しても、先にふれたように「生産性至上主義」や「ゾンビ企業仮説」などの影響下で、過大投資で効率の低くなった企業の早期市場退場論などが蔓延したこと、バブル後の不良債権問題に加えて、金融グローバル化による間接金融から直接金融へのかけ声の下で、メインバンクシステムを過去のものとする変化が生じた。その結果は、雇用不安が消費の頭を抑え、リスク回避思考が設備投資の頭を抑え、消費と設備投資需要の減少が税収を減少させ財政悪化を招いている。

6　斉一性とバランスシート不況論

次に、本書の「漏出・還流モデル」と「斉一性」の視点を踏まえて、リチャード・クー氏の「バランスシート不況論」を検討しよう。

バランスシート不況論と主流派の大恐慌研究

バランスシート不況論とは、日本の九〇年代以降の長期停滞や一九三〇年代米国の大恐慌後の停滞を説明する仮説である。漏出・還流モデルでみると、これは企業がバブル崩壊で毀損したバランスシートの回復に向け、設備投資よりも「借入金の返済（貯蓄の増加）を優先した」ために、資金がセイ・サイクル外へ漏出するとともに「設備投資が収縮」することが原因である。

それはセイ・サイクルを需要不足にするから、設備投資や消費はさらに縮小し、返済された資金が使われないまま金融機関に滞留し（「漏出超過」が継続し）、需要不足が継続する状況と捉えられる。

すなわち、バブル崩壊で資産価格が急落すると、企業は収益力の低い不良資産を処分し、一斉に借入金返済を行う。つまり、総資本を圧縮して、財務の健全化を追求する。だが、資産価格の下落幅が大きいため、減価償却費や利益の多くを借入金の返済に充当しても、返済には長期間が必要になる。

こうした状況では、返済資金のために設備投資が抑制されて、需要不足となり景気は停滞する。すると消費需要の将来見通しも低くなり、それを受けて、新たな設備投資はさらにリスクが高いと判断されるため、低金利下でも設備資金需要はなく、資金は金融機関等に滞留し、貨幣の流通速度は低下する。こうした状況では、金融緩和政策は設備投資を拡大させる効果はなく、資金は金融機関に滞留し、資産経済に流れ込むしかない。

こうした漏出超過による需要の不足に対して、米国の大恐慌ではF・D・ルーズベルト政権のニューディール政策で、また九〇年代の日本では当時の自民党政権による「財政出動」が直ちに行われた。しかし日本では、需要不足問題が少し解消の方向に向かうと財政再建の大合唱となり、財政出動自体を財政改革の対象と考える九〇年代後半の橋本改革にみられるように、一貫した財政出動が十分に行われなかったため、長期停滞が長引いたと考える。橋本改革による財政再建で生じた大不況をみれば、逆に財政出動の効果の大きさが理解できる。これに対して、金融緩和政策の効果は常に極めて不透明だった。

これに対して、主流派の大恐慌研究では、一九三三年に始まるルーズベルトのニューディール政策による財政政策は無効であり、同時に行われた連邦準備制度理事会による金融政策の転換（マネーサプライ増加への転換）が有効だったという理解が定説となりつつあった。

ところが、クー［二〇〇七］は、当時の米国銀行の貸し出しが、一九三三年を底に反転し、一九三六年には一九二九年の水準まで回復して、マネーサプライが順調に増加していることは確認する。しかし、その

コラム10

大恐慌時の財政出動と金融政策の有効性

二〇一〇年九月までオバマ政権の大統領経済諮問委員会委員長を務めたC・ローマー氏は、大恐慌からの回復に財政出動は無効だったという定説の形成に大きく寄与した、大恐慌研究の権威であるが、〇九年三月九日に行われたブルッキングス研究所での講演で、現下の世界同時不況に関する「大恐慌からの教訓」六項目の筆頭に財政政策を取り上げ、「小さな財政刺激には小さな効果しかない」（"a small fiscal expansion has only small effects"）と述べている。これは、「財政出動は大きければ効く」ことを表明しているのである。さらに、「私の一九九二年の論文を読んで私が財政政策は効かないと主張したと誤解している人たちがいるが、これほど真実と異なることはない」とも述べている。また、かつては金融政策有効論を前提に、インフレターゲット政策を提言したP・クルーグマン氏も財政出動を主張しているし、L・サマーズ国家経済会議委員長も同様だった。

貸出先をみると、一九三六年では民間企業向けの貸し出しは、一九三三年に比べてむしろ若干のマイナスであること、実は貸し出しの増加先はほぼ一〇〇％政府であり、これが二・五倍以上に増えて、銀行資産増加の大半を占めており、民間への貸し出しは増えていないことを明らかにした。

つまり、金融政策有効論の根拠だったマネーサプライ増加は、実質的に連邦政府の財政出動（ニューディール政策）をファイナンスしただけで、従属的な役割を果たしたにすぎなかったのである。通説とは逆に「**財政出動が有効であり金融政策は無効**」だったことになる。

これを本書の「需要の制約」の視点で解釈してみよう。新古典派的視点では、人は消費したくてたまらない存在（効用最大化原理）であり、企業は常に貪欲に収益機会を逃さない存在（収益最大化原理）だから、金融危機が生じた場合、金融市場安定のために十分な金融緩和を行い金融システムさえ安定化すれば、必要な資金が供給され、企業も人も自動的に投資や消費を活発化させ、景気は回復すると考える。

しかし、このクー［二〇〇七］の発見は、金融システムの安定化だけでは投資も消費も活発化せず、重要なのは財政出動だったことを示している。これは、日本が一九九〇年代初頭のバブル崩壊後の長期停滞で経験してきたことでもある。金融は長期に緩和され続けたが、企業は投資せず、借入金の返済に邁進し続け、ついには資金余剰主体（第2章図10）となっても、投資は低水準を続けたのである。

これは、人や企業が、単純に効用最大化や収益最大化だけを追求する存在ではなく、失業や倒産のリスクを最小化しようとする存在でもあり、重不況下では、特にこうした「リスクを最小化しようとする行動」が卓越するからだと考える。こうした「リスク最小化原理」の重視が働く状況では、政府が直接需要を作り出す財政出動が不可欠である。

このバランスシート不況論は、例えば大恐慌や日本の長期停滞を含め最近までの研究動向を概括した若田部［二〇〇九］には出てこないように、学界では表面上無視されている。しかし、今回の世界同時不況で注目された中国政府の迅速な大規模財政出動は、財政政策の無効性という経済学の主流の研究を無視し、バランスシート不況論を念頭に置いたものであり、米国をはじめとする世界各国の大規模な財政出動も、このバランスシート不況論を念頭に置いて行われていると考えられる。

なお、このバランスシート不況論は、漏出・還流モデルと整合的だが、細部はともかく、こうした視点は決して特異なものではない。まず、ガルブレイスは一九九〇年の著書で、一九八七年のブラックマンデーで生じた負債が「今も」米国の生産的・革新的な投資を抑制していると述べている（Galbraith［1990］p.108、訳書［一九九一］一五三頁）。また、資産価格ではなく、一般物価の下落で考えている点でかなり異なるが、一九三〇年代大恐慌について、バブル崩壊に伴う物価下落が負債償還負担の実質的上昇を招いたとするアーヴィング・フィッシャーの「負債デフレーション理論」があり、三國陽夫氏も、バブル崩壊後の日本について「負債デフレ」を指摘している（三國［一九九三］）。

バランスシート不況論の若干の一般化　しかし、バランスシート不況論は、毀損したバランスシートの改善に着目するため、理論的には、長期不況の終期はバランスシートの修復時点となり、それは金融機関の不良債権処理の終了時点とほぼ同じになるはずだ。だが現実には、わが国の長期停滞はその後も継続しており、企業の設備投資額は、返済し終わった後も、バブル以前の水準にも妥当な水準にも戻っていないようにみえる。

つまり、バランスシート不況のメカニズムは、重不況の発生過程のほとんどと、その継続過程の半分を説明しうるが、継続過程の残りと回復への出口に係わる説明としては不十分であるようにみえる。そこには需要の将来見通し低下や企業のリスク重視マインドが企業の設備投資を抑制するメカニズムが働いている可能性がある。クー氏もこれらについてふれているが、これはバランスシート不況論の枠組みの外にある問題と考えるべきである。この意味でバランスシート問題の枠組みは少し狭い。本書では、バランスシート問題は、重不況発生の主要因とは考えるが、停滞継続の原因としては他の要因と並列に捉える。

本書は、このバランスシート不況論も、景気変動に関する一貫した説明体系、すなわち「**漏出・還流モ**

デル」の中に整合的に位置づけることができると考える。そして、その発現のメカニズムとしては「**斉一性**」が重要だと考える。

つまり、過大な投資を行う企業は、いつでも（バブル以外の時期にも）存在するし、過小な投資を行う企業も存在する。過大な投資を行ったことに気づいた企業は、投資を縮小して負債を返済するだろうし、過小な投資を行った企業は、借り入れを増やして投資を拡大するだろう。順調な経済では、両者の行動は互いに「相殺」され、経済変動を引き起こすことはない。

しかしバブルでは、多くの企業が斉一的に過大な投資を行う結果バブルが促進され、バブルの崩壊では、多数の企業が同時にバランスシートを毀損する結果、その回復プロセスにおいては斉一的に借入金の返済に専念する。この結果、経済にそれぞれ斉一的な影響を与えるのである。このように斉一性を基準に考えると、バランスシート不況論も、バブルの形成過程を含めた一貫した経済の流れの中に位置づけられる。また、バランスシートの毀損が回復された後しばらくは景気が回復しない現象も、多数の企業が長期停滞下で将来の需要見通しを斉一的に低く見積もっているため、というように、統一的に説明できる。

このようにみると、バブル用、バランスシート不況用、平時用といったように、状況に応じて異なった説明体系が並立するのではなく、**景気変動に関する一つの説明体系**があり、その上で、平時、バブル期、バランスシート不況期には、その環境の変化に従って、それぞれ特定の要因の影響力が、斉一性のメカニズムなどを通じて増大ないし卓越するという形で統一的に説明されるべきだと考える。(6) さもなければ、バブル時にはバブル崩壊後の変化を予測できず、また変化を連続的に理解することも難しい。これが、バランスシート不況論を全体的な体系の中に位置づけるべきという本書の主張の意味である。

本書の「漏出・還流モデル」は、バブル崩壊後のバランスシート不況だけでなく、バブル形成過程や平時の経済変動などを統一的に説明する枠組みになりうる。

第2節　漏出からみた「貨幣の流通速度」

第1節の「漏出・還流モデル」を認めれば、様々な現象をシンプルに理解することができる一例として、この第2節では「貨幣の流通速度」問題を取り上げ、この問題が、セイ・サイクルからの恒常的漏出問題と密接に結びついている経済事象であることを明らかにする。

1　漏出と貨幣の流通速度

ミルトン・フリードマン（一九一二～二〇〇六。一九七六年ノーベル経済学賞。マネタリズムの主唱者。新古典派経済学、新自由主義の代表的存在）は、「貨幣数量説」の視点で、一九世紀後半から一九五〇年代半ばまでのデータに基づいて、貨幣需要と経済の関係が長期的に安定していること（貨幣の流通速度と取引量の関係が安定していること）を実証し、ケインズ経済学に基づく裁量的な金融政策はインフレをもたらすだけだと批判した。

そして、インフレ抑制のためには、中央銀行はマネーサプライの増加率を一定のルールに基づいてコン

（6）経済学には、こうした理論体系を追求する研究姿勢が不足しているようにみえる。これは、例外を無視し、重要な要因や影響の大きい要因を抽出して理論を構成するという姿勢が根強いからだ。これは例外の研究が重視され、それによって新たな理論体系の構築が目指され続けている自然科学とは大きく異なる点である。この問題については**補論**で論ずる。

トロールすべきことを提言し、各国の中央銀行は一九七〇年代末から八〇年代初頭にかけて次々にこれを採用した。しかし各国中銀は、経済との間に安定した関係を持つマネーサプライの範囲を確定することができず、結局八〇年代半ばには、米英も含めて各国中銀は相次いでマネーサプライをコントロールする政策を放棄し、マネーサプライは参考指標の一つという位置づけのものとなった。これは、フリードマンの研究とは異なって、七〇年代以降、貨幣の流通速度に体現される貨幣供給量と経済活動量の間の安定した関係が失われたためである。

そこで、この貨幣の流通速度の低下現象を、漏出・還流モデルの観点で解釈してみよう。

漏出メカニズムと貨幣の流通速度低下　貨幣の流通速度とは、簡単には、お金が経済取引に年間何回使われるかを表すものと考えればよい。セイ・サイクルと貨幣の流通速度の関係をみてみよう。

通常、貨幣の流通速度を計算する場合には、経済取引の量として名目GDPが使われている。セイ・サイクルの取引とはGDPにカウントされる取引であり、両者は一致する。一方、セイ・サイクルから漏出する資金は、それがGDPにカウントされない取引に使われることを意味するから、漏出した資金は貨幣の流通速度にもカウントされない。つまり、セイ・サイクルからの漏出が超過するのに応じて、貨幣の流通速度は低下するという関係があることがわかる。

セイ・サイクルから漏出が超過する場合としては、第1節でみたように、①貨幣退蔵（タンス預金）の増加、②設備投資の減少、④価格投資の増加に伴う金融・資産経済への資金流出、⑤セイ・サイクル財の魅力低下などがある。このうち例えば、④の「価格投資の増加」をみてみよう。

セイ・サイクル財の生産では、その付加価値の全額がコスト（賃金、配当、利子）として家計に移転され、消費などの形でセイ・サイクルを循環していく。これに対して土地や株式等の取引では、売却代金のごく一部が登記や事務手数料等となるだけで、それ以外のコストは発生しないから、ほとんどはセイ・サイクルから漏出する。土地取引等は付加価値を生まないので、GDP計算の対象になっていないが、お金は実際には、土地などの取引にも使われ回転しているのである。

このように、貨幣の流通速度（＝名目GDP／マネーサプライ）の計算の分子側の名目GDPでは土地取引などは除外されているのに対して、分母側のマネーサプライは土地取引関連を含んでいることになる。分母と分子の範囲が異なり、土地取引等の割合が増加していけば分母側が大きくなるから、流通速度が低下してみえるのも当然だろう。

同様に考えれば、①から③のいずれも、セイ・サイクルからの「漏出」にあたると同時に、貨幣流通速度をも低下させていることがわかる。

このように、貨幣流通速度の低下は、主にセイ・サイクル（GDPにカウントされる実体経済）から、金融・資産経済に資金が「漏出」していることを反映している可能性が高いのである。これは、本書の「セイ・サイクルに漏出がある」という視点と整合的である。おおむね、流通速度の低下は漏出の超過、上昇は還流の超過に対応する関係があると考える。セイ法則が成り立つことを前提に考える新古典派の立場でみれば、貨幣の流通速度の低下はパラドックスだが、本書の「漏出・還流モデル」の視点では、むしろそうでなければおかしい。この現象は、本書の「漏出・還流モデル」の視点の妥当性を証明する材料の一つといえる。

価格投資と負債償還による中・短期的流通速度低下

図14は、わが国の貨幣の流通速度（「所得流通速度」）の推移である。一九九〇年前後に一つの谷があるが、これは土地バブルへの価格投資が拡大し、セイ・サイクルからの漏出が超過した影響だと理解できる。そして、それに続くバブル崩壊によって、いったんは価格投資市場への漏出が止まり、九一、九二年と流通速度は上昇したが、「バランスシート不況」のメカニズムにより、九三年前後から今度は企業が負債を圧縮し続け、それに資金が使われて設備投資が縮小し、それによる需要の現象がさらに将来の需要見通しを低くし、企業の設備投資資金需要を低く抑える。そのために、金融機関に資金が滞留して、貨幣流通速度が低下を続けたと解釈できる。

このように、「セイ・サイクルからの漏出の変動」という視点でみれば、バブル期の流通速度の低下と、九〇年代以後の長期停滞期の流通速度低下という、まったく異なる状況下の変動の双方を、一つの観点で統一的に説明できることがわかるだろう。

これに対して新古典派の視点では、この現象を簡単に説明することはできない。図14のうち、長期的、趨勢的な変化については、確かに取引形態の変化などで、ある程度は説明しうるようにみえるかもしれない。しかしそれでは、短期の変動は説明できない。

なお、一九七二年を底とする低下は、七一年の「ニクソン・ショック」に始まる円切り上げ（スミソニアン体制）から「変動相場制への移行」、七二年の田中内閣成立による「日本列島改造論ブーム」、また六五年から続いた「いざなぎ景気」等に係わる政策ミックスと土地投資等による漏出超過の影響と考えられる。七四年のピークは、その年の「第一次オイルショック」による「狂乱物価」（物価上昇率約二三％）

図14　貨幣の流通速度（名目GDP／マネーサプライ）

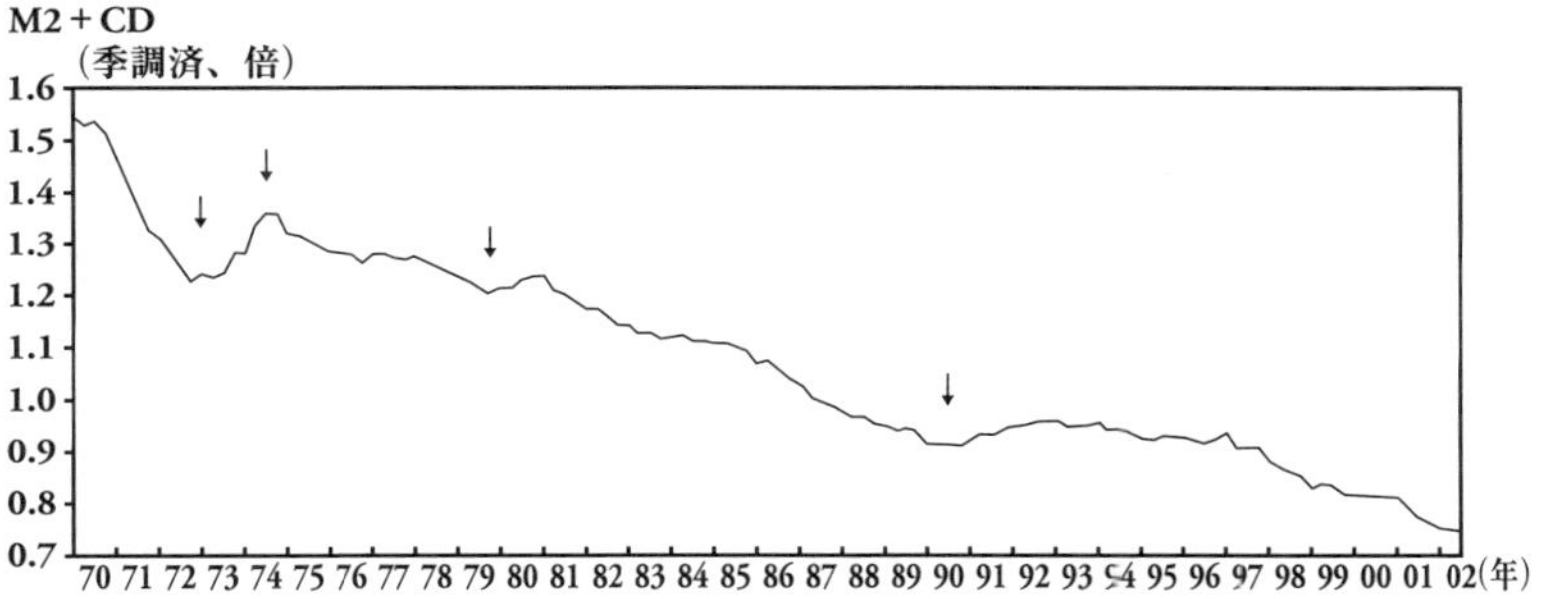

出所：日本銀行資料

によって説明できる。狂乱物価時には、まさに多くの国民がタンス預金を引き出して買いだめに走るなどで、セイ・サイクルに資金が還流超過（流通速度は上昇）したと考えられる。

また、一九七九年は、「第二次オイルショック」関連と不動産投資増大（例えばヴェルナー［二〇〇三］二三一頁の図22参照）による漏出超過が考えられる。さらに八〇年代初頭以後、日本は貿易収支黒字の急増とその定着期を迎える。この時期の低下は、（貿易収支黒字の裏返しで）資本収支が赤字を続け、セイ・サイクルからの実質的な漏出超過が続いたことも反映している。

このように、短期の貨幣流通速度の変化も、漏出・還流モデルの観点と整合的である。この貨幣の流通速度の変動問題は、新古典派モデルの限界を示す最もわかりやすい例の一つと考える。

貨幣の流通速度の長期的低下　さて図14は、貨幣の流通速度低下が長期的にも生じていることを示している。先にふれたように、取引形態の変化などの影響がある可能性はあるが、それには、後出の第4章図16が示す、金融・資産経済の長期・趨勢的な肥大化が一定程度は係わっていると考える。

本書は、むしろ主にセイ・サイクルからの継続的な漏出超過が「金融・資産経済の肥大化」をもたらしているとシンプルに理解する。つまり、金融・資産経済の肥大化は、漏出・還流モデルと整合的である。以下で、漏出超過の原因を整理しておこう（これらは、「過剰資金」の発生原因として**第4章**でも再び登場する）。

まず製品が成長期にあれば設備投資も活発である。しかし、様々な**耐久消費財の普及率**が高くなり、成熟期に入れば需要は頭打ちとなり、設備投資も縮小する。このため、資金需要の減少で金融機関に滞留する資金が増加し、資金は価格投資など金融・資産経済に向かうことになる。

また、新古典派経済学が台頭した一九七〇年代以降、世界各地で数年から一〇年程度の間隔で、バブルの形成と崩壊が繰り返されるようになった。今回の世界同時不況直前までは、これによって生じた不況対策としては、財政出動よりも金融政策が重視されるようになってきていた。これは先にみたように、これまでの主流派経済学による一九三〇年代大恐慌の研究で、財政政策は有効性が低く、有効だったのは**金融政策**であるとする誤った理解が定説となっていたためと考えられる。

しかし、日本の九〇年代以降の長期停滞のように、金融政策で資金が潤沢に供給されても、実体経済の需要見通しが低ければ、資金は設備投資には使われない。その結果、潤沢な資金は、金融・資産経済に滞留（セイ・サイクルから漏出）し、金融・資産経済を肥大化させたと考えられる。

また、これには、特に一九七一年のニクソン・ショック以来の、米国の恒常的財政赤字に伴う**ドルの過剰供給**も係わっていると考えられる(7)。

先にもふれたが、こうした資金などが原資となっているいわゆる「国際過剰資本」が、投資先の拡大を求めて各国に「金融グローバル化」を求め、さらに投資機会を求めて世界市場を徘徊するようになり、各国で定期的に（価格投資）バブルを引き起こしているとの見方もある（山口［二〇〇九］）。

なお、長期的な漏出と金融・資産経済の肥大化問題については、**第4章**であらためて整理する。

2　ヴェルナーの貨幣流通速度低下原因解明

貨幣の流通速度に焦点を当てたリチャード・ヴェルナー（一九六七〜。英サウサンプトン大学教授。『円の支配者』草思社）の検討をみてみよう（ヴェルナー［二〇〇三］）。

フリードマンは、マネーサプライと貨幣の流通速度の安定した関係を実証したはずだったが、一九八〇年代以降、日本（図14）だけでなく世界でも、こうした関係が大きく崩れており、フリードマンの最も重要な業績の一つが意味を失っている。これについてヴェルナーは、アーヴィング・フィッシャー（一八六七〜一九四七。貨幣数量説の復活に貢献した米経済学者）が定義した次の「交換方程式」の右辺の代わりに、今日では名目GDPが使用されている点にその原因があることを発見した。

交換方程式　MV＝PY　（変形するとV＝PY／Mとなり貨幣の流通速度がわかる）

ここで、Mはマネーサプライ、Vは貨幣の所得流通速度、Pは物価水準、Yは数量ベースの産出量（ま

（7）ニクソン・ショックで金とドルの交換停止が行われたため、自由にドルを印刷できるようになった。これ以後、ドル印刷の歯止めがはずれ、米国は財政赤字を背景に

コラム11

ヴェルナーの「銀行主導の信用創造論」

ヴェルナー［二〇〇三］におけるもう一つの主張は、九〇年代以来の日本の長期停滞の原因は、銀行側のイニシアティブ（貸し渋り）で、設備投資資金の貸出量が縮小したことにあるというものである。

これは、企業側には常に（旺盛な）設備投資資金需要があるのだから、銀行に貸し出す意図さえあれば、いくらでも設備投資が増えたと彼が考えているからだ。

しかしすでにみたように、当時は企業の設備投資意欲が低下しており、設備資金需要はなかったと考える。長期停滞が、銀行の貸出量の縮小と連動してはいるにしても、クー・村山［二〇〇九］にみるように、貸し渋りは極めて限定的だったと考えられる。実際、日銀短観の「貸出態度DI」をみると、九四年度以降でマイナスとなったのは、大企業では九八年と九九年のみである。また図10でみたように、九八年以降は、非金融法人（一般企業全体）が資金余剰主体となっていることなどを考えれば、ヴェルナーの主張のように、当時の貸出量の縮小が銀行側の融資先選別で生じたとは考えにくい。

一方ヴェルナーは、バブルの原因を日銀の窓口指導に求めてもいる。窓口指導で貸出枠を指定された銀行は、その消化のために無理な貸出を行い、それはほぼ土地投機資金に使われたという。

しかしそれは、逆に日銀が設備投資を拡大する意図の下で窓口指導を行っても、設備投資資金の需要は少なく、土地投資しか貸出先がなかったことを意味する。これは、日銀、銀行が自由に信用創造を行い、産業の各部門別の成長を自由に調整できるというヴェルナー自身の主張と矛盾している。すなわち、バブル期ですら、経済成長につながる信用創造には、企業の「設備投資意欲」が決定的な役割を果たしているのであり、その意欲は企業の「将来需要の見通し」に依存していると考える。

なおこのバブル崩壊は、プラザ合意による円高不況対策として行われた大規模な予防的金融緩和で生じたと考えられるが、これは二〇〇〇年代初頭のITバブル崩壊を米FRBが大規模な金融緩和でリカバリーし、それが今回の世界同時不況につながるバブル崩壊をもたらしたのとよく似ている。

またこれは重不況以外の経済状況でも、単純な金融緩和だけでは、企業に設備投資を行わせることはできない場合があることを示す。したがって、いわゆる**リフレ政策**単独の有効性を過大に評価することはできない。

たは所得）である。ところが、前項で述べたように、現在は、右辺のＰＹの代わりに「名目ＧＤＰ」が使われている。

しかし、「名目ＧＤＰを使うことには問題がある」。先にみたように、ＧＤＰは取引のすべてをカバーしていないからだ。例えば、土地取引は基本的にＧＤＰにカウントされない。本来は上記式のように「取引の際の支払い額×取引の数」であるべき右辺にＧＤＰを使うと、左辺に対応してカウントされるべき右辺の取引の一部（土地取引など）が抜けることになる。左辺と右辺の対象範囲が異なるのだから、右辺にＧＤＰを使うのは「論理的におかしい」のである。

もちろん、全体の取引量に対する土地取引量等の割合が安定していて、変化がないなら、問題は（見え）ない。しかし、バブルなどで土地取引の割合が増大すれば、それに応じて必要な左辺のマネーサプライも増加する。ところが、右辺のＧＤＰには土地の取引関係が含まれていないため、右辺は過小になってしまう。この結果、この恒等式で算出される「貨幣流通速度」は、前項で紹介したとおり、計算上低下してみえるのである。

ヴェルナーは、ＧＤＰにカウントされない取引に係わるマネーサプライを控除するために、マネーサプライの定義を再検討した結果、それを銀行の信用総額（貸出量）で把握し、土地取引にかかる分を控除した。これにより、「信用総額から三大バブル業種または四大バブル業種の信用量を除いた実物取引における流通速度は驚くほど安定している」ことを実証的に示した（ヴェルナー［二〇〇三］第一一章、一八九頁の図18等参照）。

このように、貨幣の流通速度が大きく変動するという問題は、右辺と左辺の対象取引を一致させることで解消した。二〇年以上フリードマンをはじめとする経済学者を悩ませてきた貨幣流通速度問題は、ヴェルナーによってあっけなく解明されたと考える。

3　貨幣流通速度の低下問題は「漏出・還流モデル」の枠組みに吸収される

ヴェルナーはGDP取引と、それ以外の土地取引などを分離しているが、同様の見方は、ケインズの「産業的流通目的」と「金融的流通目的」の区分にもみられる（ケインズ［一九七九］、原著一九三〇年）。また、シュンペーターも「非金融的」資本または「生産的」資本調達を不動産投資や株式投資（のための調達）と区別している（シュムペーター［二〇〇二］第一四章参照）。

貨幣流通速度の検討に際してヴェルナーが見出した、GDPにカウントされる取引とされない取引を分離するという視点は、セイ・サイクル財とそれ以外を区分するという本書の「セイ・サイクルからの漏出」（漏出・還流モデル）の視点と重なっている。つまり、土地取引などGDPから除外されている取引は、本書で考えるセイ・サイクルの対象からも除外され、漏出に係わる取引の中に包含されているのである。

しかし、本書の視点の方が、より普遍的な枠組みを持っており、ヴェルナーの視点を包含している。例えば、ヴェルナーが考慮していないタンス預金、金融機関における滞留などを、本書の定義するセイ・サイクルでは「漏出」と捉える。また、（「新しい古典派」の教義に従い）ヴェルナーは、**コラム11**でみたように、日銀の介入さえなければ預金は常に企業の設備投資資金として貸し出されると考える（これは、貨幣の流通速度低下の原因が土地投資への資金流出にあるというヴェルナー自身の結論と矛盾している。両者の両立には、日銀が土地投資へ資金を誘導したとしなければならない)。

一方、本書の「セイ・サイクルからの漏出」の視点は、設備投資資金需要がなく貸出先がなければ、金融機関に滞留したり（これも漏出である）、資産投資への貸出（漏出）が増大するという視点を含んでいる。

4　変化率が小さい要因の排除問題

この節の最後に、貨幣の流通速度低下の原因が、極めて基礎的な定義に係わる問題だったにもかかわらず、ほぼ四半世紀の間解明できなかった問題にふれよう。

これは結局ヴェルナーが交換方程式の右辺の定義を再検討したことで解明されたわけだが、新古典派経済学者たちがこのことに気づかなかったのはなぜか。その理由は第一に、彼らの間ではセイ法則やそれに関連した「供給と需要は常に一致する」という視点が根強く、そこに抵触する部分に視野が及ばなかった点があると考える。第二に、新古典派には、基礎的な仮定が誤っていても、それを元に組み上げられた理論体系全体が事象をよく説明できさえすればよいという観点が根強く、理論体系の基礎をみるという視点が弱いと考える。第三に、一見重要性が低いようにみえる要因を軽視する傾向があることが係わっていると考える。

こうした問題については**補論**で包括的に論ずるが、右のうち第二と第三の点に関しては、フリードマンの思想の影響があると考えられる（フリードマン〔一九七七〕）。第三の点について少しふれれば、経済学では影響の小さい要因を控除し、影響の大きい要因のみを抽出して理論化する手法が一般的であるようにみえる。

こうした方法論は、複雑性の高い現象の研究には避けられないものではあるが、自然科学の手法とは異なっている。

フリードマンはガリレイの落体の法則を取り上げ、空気抵抗が小さいならそれは無視しうるという議論を展開している。しかし、こうした議論の仕方は自然科学の方法とは似て非なるものである。自然科学では、たしかに真空中の現象としての落体の法則の理論式に空気抵抗の項は入れない。しかし、実際に空気中で問題を扱う場合には、当然、空気抵抗に関する項を入れるのである。

経済学では、常に影響の小さい要因を除外して、影響の大きい要因を抽出するという操作を繰り返しているために、「理論化」とはそのように「純化」することであるという思い込みがあるようにみえる。そして経済学では、いったん理論化の過程で省略された要因は、現実の経済に適用する際に思い出されることはほぼないようにみえる。交換方程式の問題は、理論化の際に使ったデータの範囲では無視しうると思われた要因が、実は極めて大きな変化を生む要因だったことに起因する。

これは、他にも真の要因を見逃しているケースがかなりあるに違いないと思わせる（例えば、投資に関する利子率以外の要因の過小評価など）。問題は、例えば「順調な経済循環下では」無視してよいと思われる要因が、「大不況下では」極めて重要になる可能性があることである。

第3節　漏出・還流モデルでみた経済循環

次に、ここまでみてきた「漏出・還流モデル」の観点で、一国経済が陥る様々な経済状況を模式的に整理し、漏出や還流がどのように景気循環を規定しているかをみてみよう。なおここでの検討は、**第6章**の

「北欧型政府」の議論にも係わる。

1　新古典派の需給均衡モデル

まず最初は、セイ法則が成立する新古典派の世界である。**図15a**は、経常収支がバランスしている国の経済で、セイ・サイクルが一巡する期間の資金の流れを示している。ここでは漏出も還流もない。図の一方向の矢印は資金の流れを示している（以下同様）。

この図で企業（左下の「生産」のボックス）は、１００のコスト（以下、図15の各図で同様）で財を「生産（供給）」し、対価として１００を（資本の対価として配当を、労働の対価として賃金を、借入金の対価として利子を）家計に支払う。以下では簡略化のために、所得はすべて家計に入るものとしている。

家計は、その「所得（分配）」１００のうち65を消費に使い、35を金融機関に貯蓄または納税する。この35は、全額が企業に借りられ、あるいは政府に移転されて投資（または政府で消費）される。つまり、投資等の35と消費の65が、生産された財１００の「需要（支出）」となり、財と引き替えに企業に移転される。これによって、生産、分配、支出の「三面等価」が成立している。新古典派経済学では、おおむねこのようにセイ法則が成立するから、需要は生産に従属すると考える。

2　需要不足の不況モデル

次は、需要不足があるモデルである。**図15b**は、不況下で、セイ・サイクルの生産で支払われた所得の一部が、セイ・サイクル外へ漏出するため、セイ・サイクルで生産される財に対する需要が不足している。

図15a　新古典派経済学が考える需給バランスの資金フロー概念図

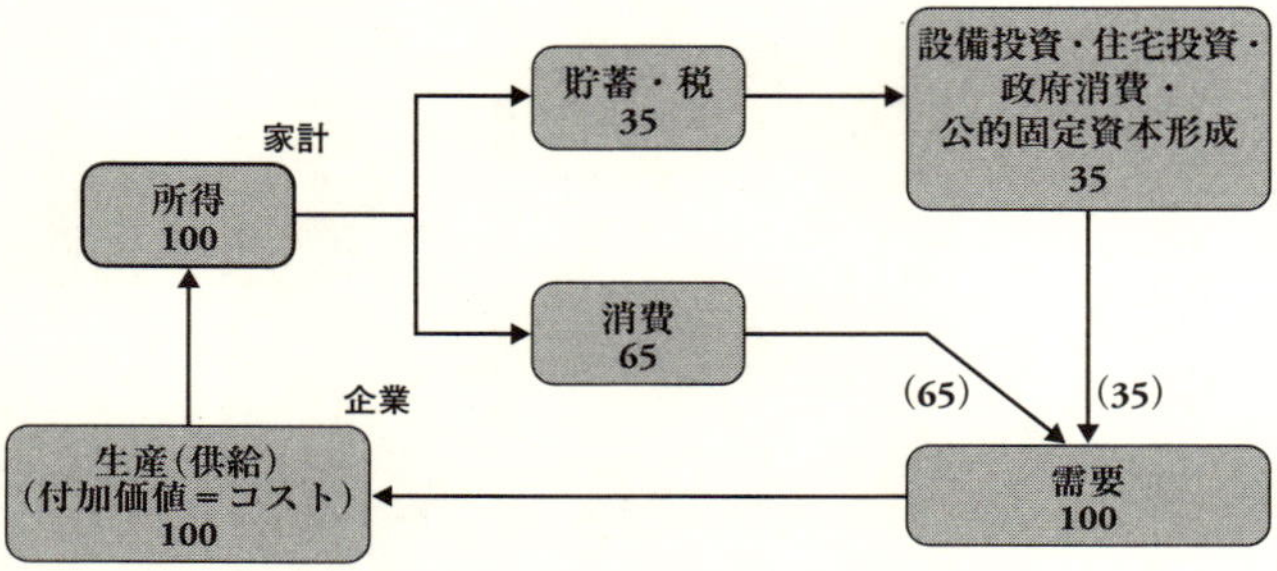

図15b　需要不足の資金フロー概念図（均衡していない）

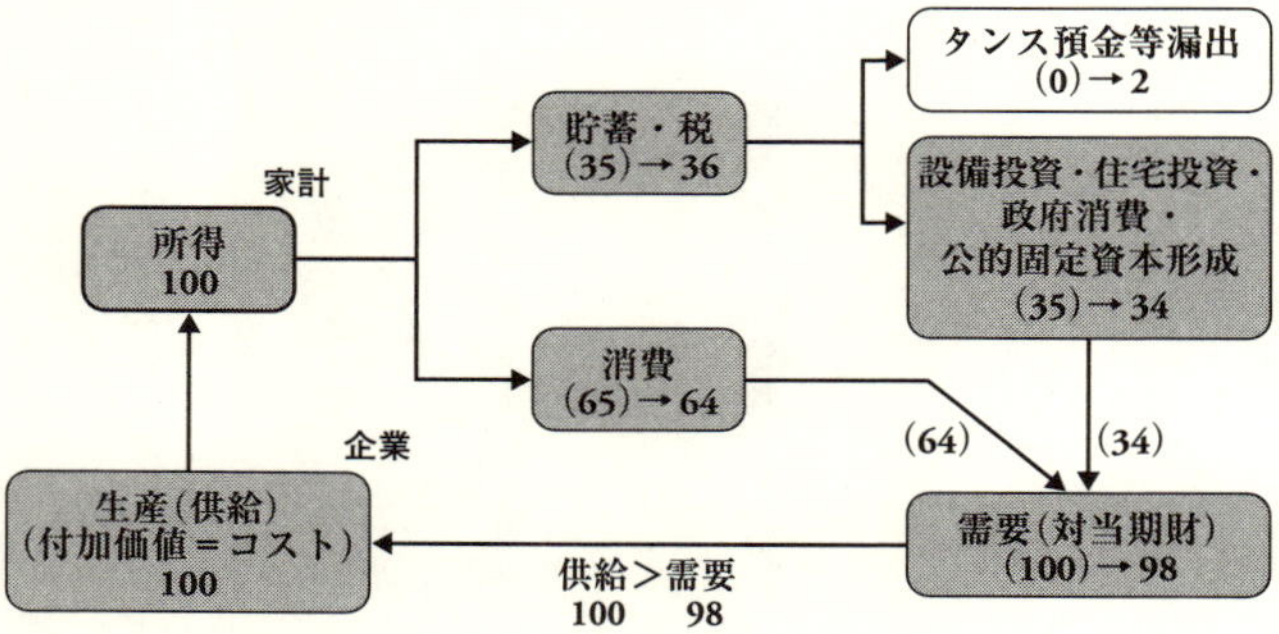

不況下では、雇用不安により家計は貯蓄を増やそうとするため、貯蓄・税は図15aの35から、この図15bでは36に増え、消費は同65から64に減る。また、貯蓄増加で金利は低下するから、家計は現金で持っていてもよいと考え、タンス預金等を2へ増やす（右上のボックスだけ白くしてあるのは、これがこのセイ・サイクルの外にあることを示す。つまり漏出である。以下図15の各図で同様）。一方で、金利は低いが、不況で財の売れ行きが悪いため、企業の売上の将来予想は低くなり、企業は設備投資を抑制する。結局、設備資金需要は低いから、利子率は低いままである。

企業が、消費減少は消費の先送りにすぎないと考え、将来の消費増を当て込んで設備投資を拡大しても、消費がいつまでも拡大しなければ、それは過剰投資となる。企業は、倒産などの苦痛は、設備投資せずに売上機会を逃す機会損失よりもはるかに重いと考えるだろう。

この結果、投資等は35から34に減少するため、需要は１００から98へ縮小する。つまり、不況となれば、消費も投資等も縮小して、需要（98）は生産（１００）を下回るレベルとなる。したがって、この図は均衡（安定）せず、売れ残り（在庫投資）は次のサイクルに持ち越される。

3　一般的なバブル経済型モデル

図15cは、バブル経済における資金の流れである。ここでは、貯蓄35の一部の5がセイ・サイクル財に向かわず、土地や株式などの価格投資に向けられ、資産市場で資産価格が上昇する。ただし、設備投資による土地取得では、価格上昇分を除いた従来の価格分は設備投資に含まれる。一方、土地の値上がり分は価格投資に含めて考える。

このサイクルが持続的であるには、資産価格上昇の効果が当期のセイ・サイクルに還流する必要がある。つまり、キャピタルゲインとして売却益五が戻ってくる。したがってバブルの継続には、サイクル外から資金が流入する必要がある（これが一番上のボックスの1である）。これは、タンス預金の取り崩しでもよいし、貨幣の流通速度の上昇でもよい。あるいは海外からの資金の流入や資本流出の減でもよい。ちなみに日本の八〇年代末から九〇年代初頭にかけてのバブル期の経常収支黒字額は、八七年の八四五億ドルから九〇年の四三九億ドルへとほぼ半減している（ＩＭＦデータ）。これは主に輸入の増加を示すが、そ

図15c　バブル経済型の資金フロー概念図（経常収支均衡・政府収支均衡の場合）

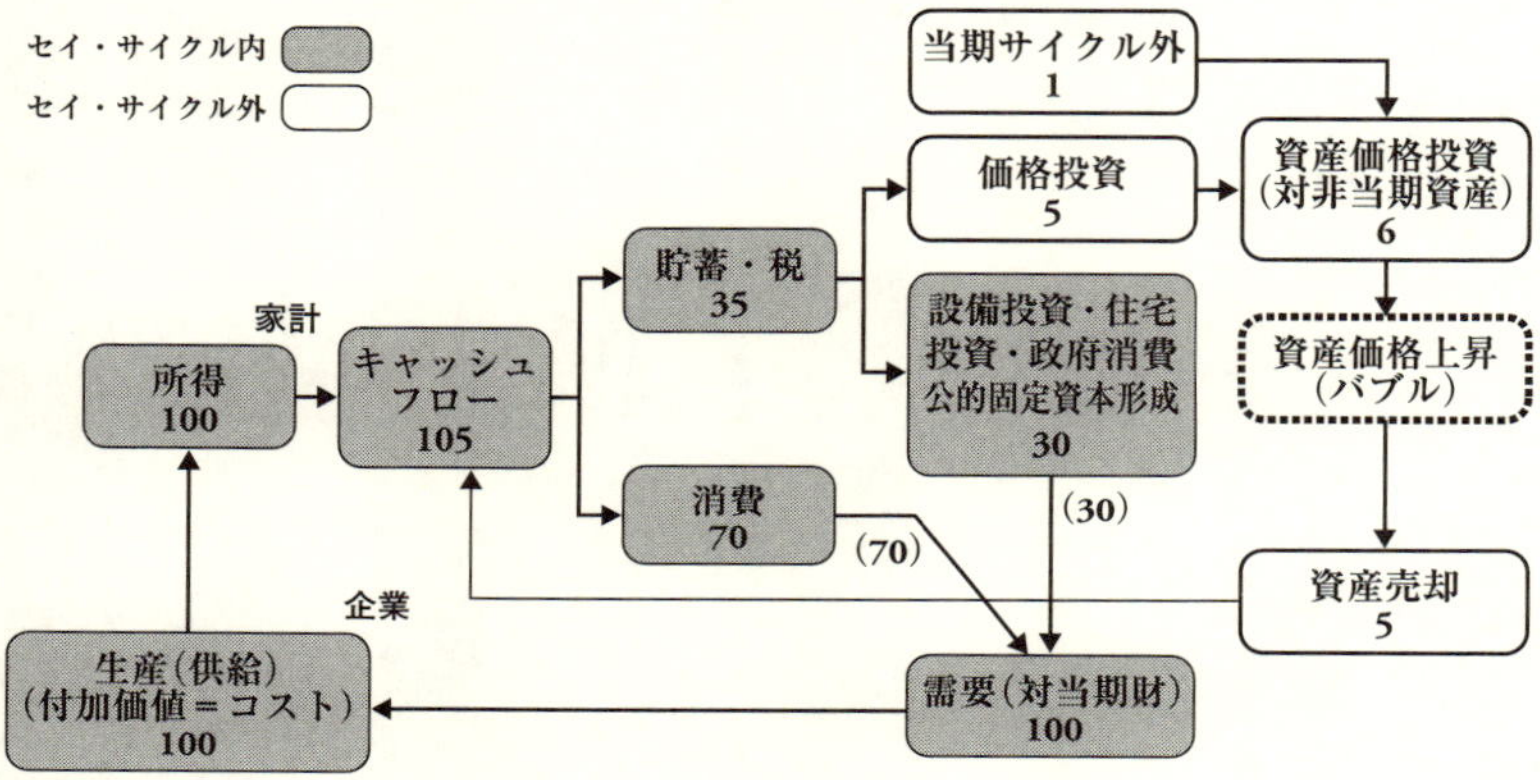

れは同時に、資本収支の赤字（と外貨準備）がこの分縮小し、この間セイ・サイクルへの還流が大きく改善していたことを示している。

なお、バブル崩壊後、日本の黒字幅は九三年度には約一三二〇億ドルへと再び急拡大した。一般には、バブル期は景気が良かったから輸入が拡大したと理解されているが、世界同時不況直前までの米国の輸入拡大（貿易赤字拡大）と好景気の関係もあわせて考えれば、むしろ因果関係は逆で、輸入が拡大したから景気が良かったと理解することもできる。とすれば、逆に輸出超過の拡大は不景気を強める方向に力が働くことになる（他の条件が係わるため、常に不景気になるわけではない）。こうした現象は、セイ・サイクルからの漏出の項で「輸出立国」について指摘した問題と整合的である。

先にも述べたように、白のボックスはセイ・サイクル外のサイクルへの資金の流出入を示す。資産投資・価格投資のサイクルは、この部分でセイ・サイクルと接続している。過剰流動性がセイ・サイクルに向かえばインフレ、資産投資に向かえばバブルが生じやすい。そして、一方の経済事象（例えばインフレ、

図15d　崩壊前の米国型バブル経済の資金フロー概念図

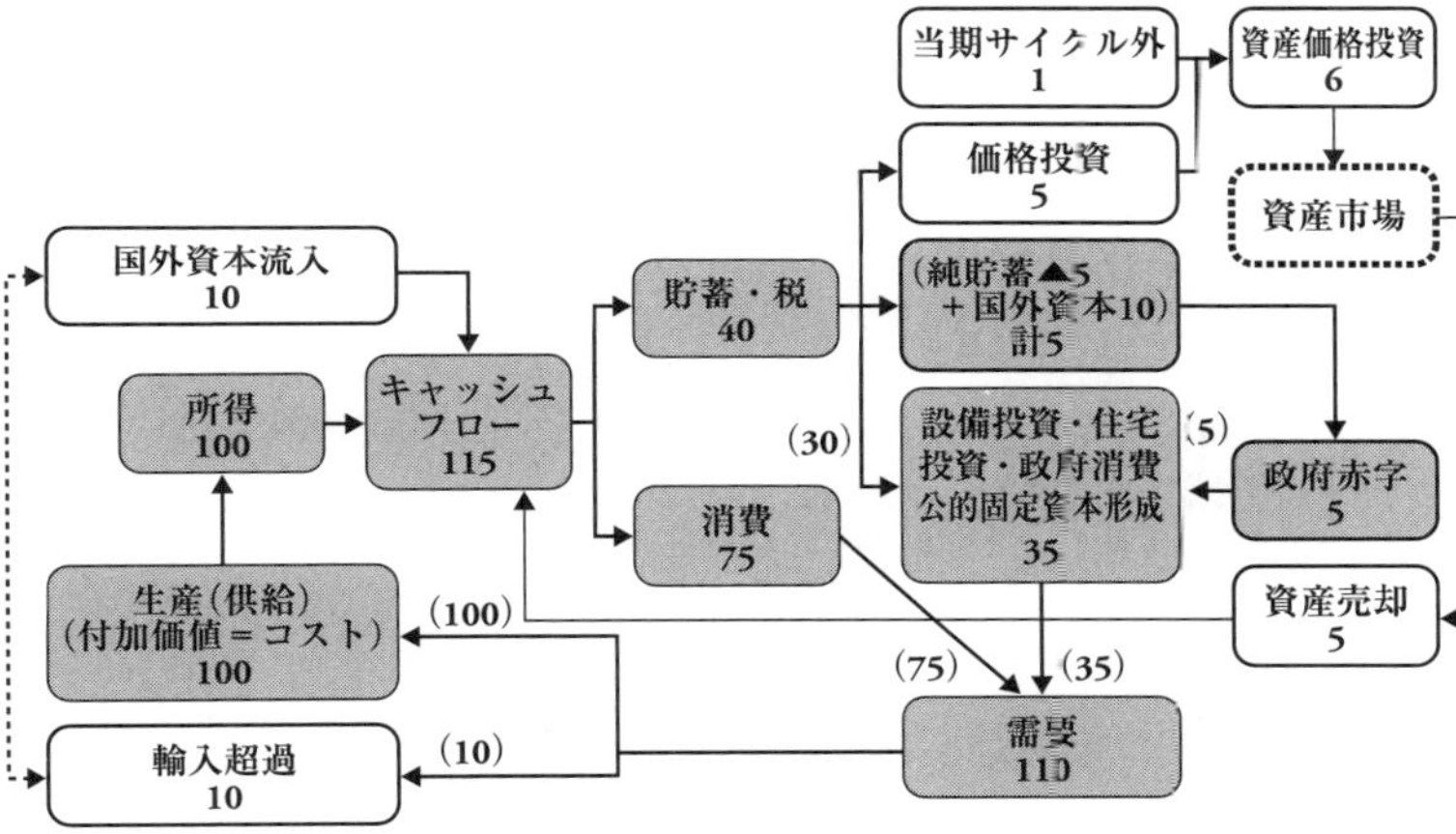

バブル、バブル崩壊など）は、この接続部分を通じて他方に影響を及ぼす。

4　米国型バブルモデル

図15dは、世界同時不況前の米国のバブルをモデルにして、海外との関係を加えた概念図である。生産は１００であるが、輸入超過10によって、財の供給は１１０である。ここで簡略化のために、国際収支は貿易収支と資本収支等のみで構成されると考え、図では輸出入の差し引き超過分のみを表示している（以下図15各図で同様）。

具体的には、輸入超過分に見合う資本収支等の黒字（国外資本流入）が10、さらに不動産などの資産売却5を加えて、所得１００に対してキャッシュフローは１１５ある。そのうち貯蓄が40であるが、うち30は設備投資、5は値上がり中の不動産等の市場で値上がりを狙った価格投資に使われる。政府赤字については、所得ベースでみた民間純貯蓄はマイナス5なので、これを国外資本流入10が埋め、差額5でファイナンスされている（「貿易収支黒字＝政府黒、字＋民間純貯蓄」の関係）。需要は、消費と設備投資等（設備投資と、収支均衡状態での政府消費・投資の合計）と政府赤字分をあわせて110となり、供給とバランスしている。

先に述べたように、白のボックスはこの期のセイ・サイクルの外にある部分であり、それと結ばれている矢印は漏出と還流を示す。こうした外部からの資金流入によって、この国の国民は、この図では100働いて（生産を行って）110の消費を享受できていた。それは、資本収支等の黒字10（＝輸入超過10）によって支えられていたわけである。また、このうち「資産売却」の5は、結局「価格投資」の5を通じて資産市場に戻っているが、この価格投資を通じた資産価格の値上がりは、資産効果を通じて消費にプラスの影響を与えている。

セイ・サイクルからみると、国際取引に関するサイクルからの資本の流入というエンジンと、もう一つの価格投資サイクルという二つのエンジンがあり、それによって米国経済は好調を持続していたのである。この二つのエンジンのうち、価格投資に関するエンジンが限界を迎えストップしたため、それに深く係わっていた金融システムが打撃を受け、世界同時不況が引き起こされたと考えられる。

5　日本の九〇年代長期停滞モデル

図15eは、日本の九〇年代の長期停滞の概念図である。まず所得100のうち、輸出に伴う国外への資本流出2があるため、キャッシュフローは98となる。実際にこの国で回る資金はこの98であり、資本流出2は輸出超過分の決済の際に、国内では使えない海外債権の形で受けとる。この結果、貯蓄は38となり、キャッシュフローベースの（純）貯蓄は4となり、この4で政府赤字がファイナンスされる。

図15e　日本の90年代長期停滞の資金フロー概念図

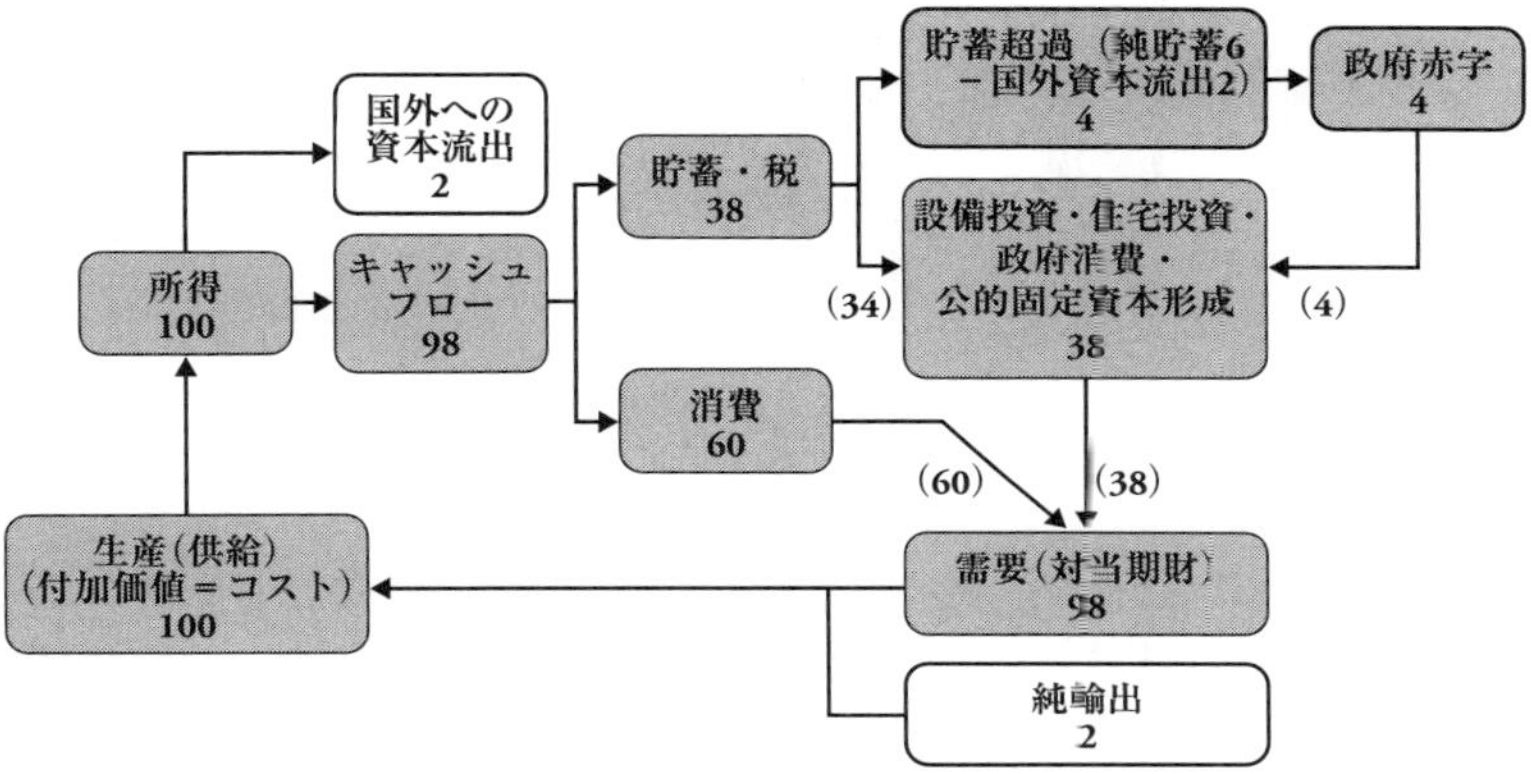

貯蓄超過の４は、第２章図10で、非金融法人企業が借入金を圧縮し九八年以降は資金余剰主体となっていることにおおむね対応している。もちろん通常は、返済された資金は次の融資に回るが、設備投資縮小による借り手不足のため、そのままでは金融機関に滞留するなど貨幣の流通速度低下の形で吸収されるしかない。しかし、それを政府赤字（財政出動のための国債発行）が吸収し、財政出動に使われて経済は循環している。

需要をみると、不況の長期化で投資の予想収支が低いから生産設備の過剰感が強まり、資金がだぶつき利子率が低下しているのに設備投資等は34と伸びない。企業は、収益をもっぱら借入金の返済に充て、総資本の圧縮つまり効率化に邁進している。その結果、この期のセイ・サイクル財に対する需要は、消費60と設備投資等34の合計94に止まり、輸出超過分２を加えても需要は不足する。このため、使われていない資金を政府が借り入れし、政府赤字４による財政出動で１００の需要となる。つまり、財政出動をやめれば景気が失速する構造であり、財政出動が極めて重要であることがわかる。

ちなみに、これを構造改革派がどうみるかというと、財政出動なしで放っておいても、民間設備投資が増加したはずだと考えるのである。しかし、これまでみてきたとおり、日本では九〇年代以来の金融機関の不良債権問題、また二〇〇一年以降の小泉構造改革下での不良債権処理問題やゾンビ企業仮説、またメインバンクシステム信仰の崩壊などで、金融機関がリスクを一部ですら支えてくれないだろうと企業が考えたとすれば、未曾有の超低金利下で設備投資が増加しなかったことも当然だろう。まさに構造改革は、日本企業の投資マインドを破壊し、設備投資縮小を加速したのである。

6　日本の外需依存輸出主導経済モデル

日本経済は、二〇〇〇年代には、①量的緩和政策と②輸出増加を主な要因として、長期にわたるいわゆる「実感なき景気回復」期に入った。**図15f**はこれを概念図化したものである（図15eまでとは国外への資本流出などの書き方を変えている）。

この図は、この時期のGDPギャップ（図3参照）を反映し、資金サイクルとしてはバランスしていない。問題は純貯蓄に現れている。第一に、需要不足の理由は、図右上の漏出1にある。第二に、国外への資本流出3は、輸出立国政策を続ける限り、内需形成のためには使えない。

第三に、図では純輸出つまり輸出超過分しか表面には出ていないが、この裏にはGDPの十数%の輸出（輸入と同額で相殺されている分）が隠れている。この輸出のための競争力の維持・向上が不可欠であれば、円安政策と生産性向上・コスト削減が必要になる。しかし第1章と2章でみたように、高コストの日本では、生産性向上努力も、それによる付加価値縮小をカバーするほど販売・生産数量を増加させ得ない。

図15f　2000年代輸出主導型経済の資金フロー概念図

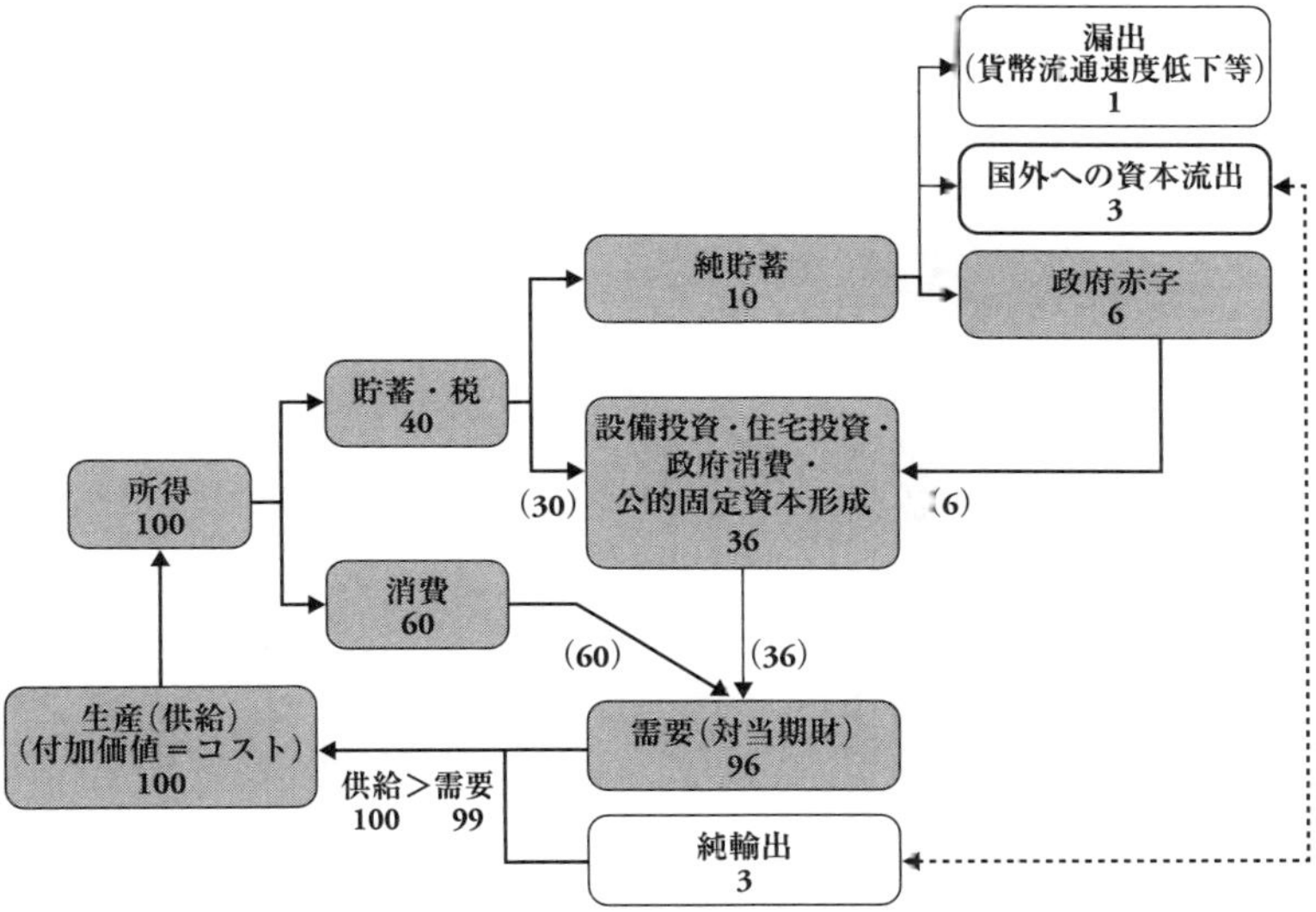

その結果は、輸出産業を中心に製造業の雇用圧縮につながる（図6参照）。それによる雇用不安は消費の頭を抑え、企業の予想収支は低くなるから、設備投資は圧縮され、需要不足が生じる。

こうした状況は、景気対策として財政出動等の要望を生み出す。つまり、日本では輸出立国政策そのものが政府財政の赤字を必要としている部分がある。このようにみると、先進工業国の輸出立国政策は、需給バランスを不安定化し、政府の拡張的財政政策の頻度と必要性を相対的に高くする方向に作用している可能性がある。

最後に、需要不足の1があるが、政府赤字がもう1だけ大きければ、二〇〇〇年代は「実感なき」という形容詞がとれた成長になったはずであり、日本経済の相対的縮小もなかった可能性が強い。この政府赤字の問題は、**第6章**であらためて検討する。

おわりに

この章では、「セイ・サイクル」の成立条件である「効用最大化原理」と「三面等価原理」の基礎的検討を通して、これらの原理が、セイ・サイクル財の範囲では成立しないために、セイ・サイクルから「漏出」する資金が「価格投資」や金融機関における滞留などを通じて「貨幣の流通速度低下」を引き起こすことを確認した。また「漏出・還流モデル」の視点によって、景気変動、バブルとインフレ、恐慌や長期不況、政府の役割などに関して新しい理解が得られること、さらに、セイ・サイクルと資産経済のサイクルを分離することで、実体経済と金融・資産経済の関係を把握する新しい視点が得られることを明らかにした。

以上の視点は、新古典派などのサプライサイドの視点と、どこが異なっているのだろうか。経済学では、人間は「消費したくてたまらない、お金があれば使いたくてたまらない」存在として定義される。いわゆる「効用最大化原理」である。しかも通常は、お金の使い道はセイ・サイクル財だけが対象であることが暗黙裏に仮定されている。たしかに、この仮定のように消費者を定義すれば、消費の問題や需要が不足するなどといったことは考える必要はない。作れば必ず売れるからである。

だが人々は、豊かになるほどこうした「人間観」から外れていく。かりにお金を使いたくてたまらないにしても、セイ・サイクル財以外の使途や、セイ・サイクル財の中でもモノ以外のサービスなどに使いたくなる。実際エンゲル係数をみてもわかるように、富裕層と中間層、貧困層では明らかに所得の使途の構成は異なる。豊かさの進展は、お金の使途を変えるのである。需要を軽視する「新しい古典派」等の経済学では、こうしたダイナミックな市場変化の影響を理論に取り込むことができない。

経済が発展すると、耐久消費財の普及率が上昇する。すると耐久消費財需要は頭打ちとなり、設備投資も減少するから、過剰となった資金は資産経済に流れ込み、それはバブルを生みやすい。

こうした世界的に過剰な資金が資産経済に流れ込むという理解は、「新しい古典派」の経済学とは対立する。「新しい古典派」の中でも構造改革派は、実体経済と金融・資産経済を密接不可分のものと捉え、金融・資産経済が独立して運動するという認識を本質的には持っていないからだ。その根拠は、実質的にはセイ法則にある。セイ法則がある程度成立するなら、両経済の資金の流出入はおおむねバランスし、金融・資産経済が特に独立して実体経済に悪影響を与えると考える理由はない（古典派の二分法）。

だが、本章でみたことは、セイ・サイクルからの漏出や還流の超過が常時変動していること、その中で豊かさの向上や景気対策としての金融緩和政策によって、金融・資産経済に資金が流入を続け、金融・資産経済が肥大化していること、そこに滞留する余剰資金は投資機会を求めて世界を徘徊し、資産インフレ、バブルを引き起こし、世界経済を不安定化するようになっていることを示唆している。この金融・資産経済の問題は、**第4章**であらためて検討する。

したがって本書では、供給側の制約に加えて需要の制約を考慮すべきと考える。一方、新古典派の影響を受けてきた現代経済学は、もっぱら供給制約がある状況を前提に構築されている。このため、需要の制約で生じた経済現象や状況をも、無理に供給制約を前提とした理論や仮説で解釈しようとしてきた。ところが「重不況」は、全面的な需要制約下にあるため、これらの理論や仮説は適用できない点が多い。構造改革では、サプライサイドの無理な解釈を元に、もっぱら「供給の制約を解消する」対策が採られたのである。需要制約の解消に、したがって長期停滞からの脱出に効果がないのは当然だろう。

これは、たまたま単純に理論や仮説の適用を誤ったという問題ではない。現代経済学の多くの理論や仮説は、新古典派成長理論やマンデル＝フレミング・モデルをはじめとして、供給制約を意識的、無意識的な前提としており、そもそも需要の制約を前提とした理論や仮説が不足している。このため、経済現象解釈のための理論や仮説選択の判断基準となる経済学者の「常識」自体が無意識に供給制約を前提としたものになっており、それが誤った説明仮説の選択に結びついていると考える。

最後に当面の問題として、現在の世界同時不況下の経済を大不況から守っているのは、金融政策ではなく各国の大規模な財政出動であると思われるが、これは政治的には長期の維持が困難だろう。遅くとも一、二年以内に、各国は「**財政再建路線への転換**」を余儀なくされると考える。しかし、それは再度の大不況を招くことになる可能性が高い。すでにギリシャ危機を反映して、ヨーロッパでは財政再建への転換の動きがみられる（二〇一〇年一〇月現在）。

この先例が、一九三〇年代大恐慌時のルーズベルトによる財政再建路線への再転換（一九三六年）、一九九〇年代バブル崩壊後の橋本政権による財政再建政策である。それらはいずれも再度の大規模な不況をもたらし、大恐慌は第二次世界大戦勃発で救われたが、九〇年代日本は節約志向、効率志向の不況マインドを企業や国民に刷り込むことで需要を冷やし続け、それがさらに長期の停滞をもたらしたと考える。日本は、最終的に米国の過剰消費と住宅バブルによって救われたが、今回の世界同時不況では、そうした国は見当たらない。

開発途上国への期待もあるが、中国を含め開発途上国の発展そのものが、米国などへの輸出主導によるものだったのであり、それらの国々が内需主導の安定成長に転換できるかどうかは不透明である。二〇一〇年時点では、開発途上国の景気は好調であり、停滞気味の先進工業国との二極化が鮮明となっている。この原因の一つは、今回の世界同時不況に係わる金融システムのダメージがほとんどなかったからだとされる。しかし、ダメージがなかったのは日本も同じである。

開発途上国好調の原因は、先進工業国を中心に、世界同時不況対策として大規模な金融緩和政策が継続されており、その資金が開発途上国に流れ込んでいることの寄与が小さくないと考えられる。これは、二〇〇〇年代初頭の米国のＩＴバブル崩壊のリコバリー対策として、グリーンスパンＦＲＢ議長が大規模な金融緩和を行った状況と似ている。しかし、米国では、その政策がサブプライムローンの拡大を生むなど、住宅バブルの原因となり、その崩壊が今回の世界同時不況を引き起こすことになったのである。

つまり、グリーンスパンはバブル崩壊を新たなバブル形成でリカバリーしたと批判されているのである。同様に、今回のそれも、遅くとも数年以内に崩壊する可能性が高い。いずれにせよ、それは先進国が財政再建路線に転換すれば、変調を迫られるだろう。一方成長する新興国に対しては、世界経済の牽引車としての期待が高まっているが、それも危うい基盤の上にある。

第4章 貨幣と経済 価格投資：金融・資産経済と実体経済＋「バブル」

はじめに

世界大恐慌は（旧）新古典派経済学全盛時代に起こり、今回の**世界同時不況**は、ケインズ経済学を打倒して復活した新古典派経済学全盛時代に起こった。今回のクラッシュが「一〇〇年に一度」とされる理由は、それが市場経済の周辺部ではなく、世界の経済システムの最中核部で発生した点にある。この最中核部は新古典派経済学の影響力が最も強く、新古典派の理念を最も体現していた部分だったはずである。にもかかわらず、こうした問題の発生を防げなかったのである。

その理由は、新古典派経済学が、事実上「**セイ法則**」がある程度成立することを前提として体系化されている点に係わると考える。この法則が成立するなら、実体経済と金融・資産経済の関係は安定しており、金融・資産経済が実体経済に与える影響は、物価上昇という名目値の変化だけであり、実体経済に大きな実質的影響を与えることはない（これを「古典派の二分法」という）。

しかし本書では、前章でみたように、セイ法則には大きな「破れ」があり、その大きさが景気循環をはじめ実体経済に重要な影響を与えると考える。前章の「漏出・還流モデル」の視点では、そのメカニズムとして、実体経済が金融・資産経済に資金を吐き出したり吸収したりすることで景気の変動が生じると単純に考えた（図13ｃ参照）。このように考えることは、両経済が一体のものではなく、おおむね互いに逆の位相で膨張と収縮を繰り返しながら、ある程度は独立性を持って運動する存在だと捉えることになる。

また金融・資産経済は、実体経済から漏出し続けた巨額の資金等によって肥大化し、さらに、新古典派経済学を背景とする新自由主義の影響力が高まり経済のグローバル化が進行したことで、「尻尾が犬（実体経済）を振り回す」ような力を持つようになっていると考える。

とすれば、金融・資産経済独自のメカニズムの理解が極めて重要になる。本章では、金融・資産経済特有の「価格メカニズム」や行動原理を摘出し、その作用と影響を解明する。

第1節　金融・資産経済と実体経済で異なる市場のメカニズム

まず、実体経済と対照しながら、金融・資産経済のメカニズムを整理しよう。それによって、金融・資産経済と実体経済を区分する実益も明確になり、また金融・資産経済とはどのようなものか、それは実体経済とどのような関係にあるかも明らかになる。

1　金融・資産経済と実体経済の関係

金融・資産経済とは　「実体経済」とは、セイ・サイクルの対象となる経済であり、ＧＤＰにカウントされる経済だ。企業の生産、分配、国民の所得がここに集約されている。それは付加価値が発生する経済であり、一国の付加価値の合計はＧＤＰである。付加価値は視点を変えればコストのことだから、コストの発生する活動が実体経済を構成していることになる。大多数の国民の幸福は、この実体経済に依存しているから、政府の経済政策の究極の対象は、この実体経済である。これに対して、金融・資産経済は、実体経済とは必ずしも一体の関係にあるとはいえないと考える。

「資産経済」とは、セイ・サイクルから漏出した資金が独自に運動している資産市場の経済を指し、「金融経済」は、それを資金の面でみた経済である。ここでは金融経済と資産経済をまとめ、あらためて**「金融・資産経済」**と呼ぶ。金融・資産経済では、取引に係わるわずかの事務コスト以外は付加価値が生じない。これに属する土地取引などがＧＤＰにカウントされないのは、付加価値を生まないためである。

新古典派成長理論とマッチしない金融・資産経済の肥大化

図16は、世界の「金融資産残高」（株式、社債、国債、預金の合計）の変化を、世界のＧＤＰ合計と比較したものである。これでみると、金融資産は一九八〇年にはＧＤＰの一・〇九倍だったものが、二〇〇六年には三・四六倍に達している。一方実物資産は、「各種資産規模の対ＧＤＰ比の、この二〇年間の推移をみると、実物資産が一定の値で安定して推移している…」（『通商白書二〇〇八』一三頁）。これは、金融資産が実体経済（ＧＤＰ）と無関係であるばかりでなく、実物資産とも無関係に肥大化していることを意味する。金融資産の意義は最終的には、それを使って実体経済からセイ・サイクル財を購入したり、実物資産を購入したりできる権利を意味するはずである。ところが、これらと金融資産の規模が乖離を続けていることは、金融資産の増加が、実体経済（ＧＤＰ）と実物資産の裏付けなしに肥大化を続けていることを意味する。

図16　世界の金融資産残高の推移と対GDP比率

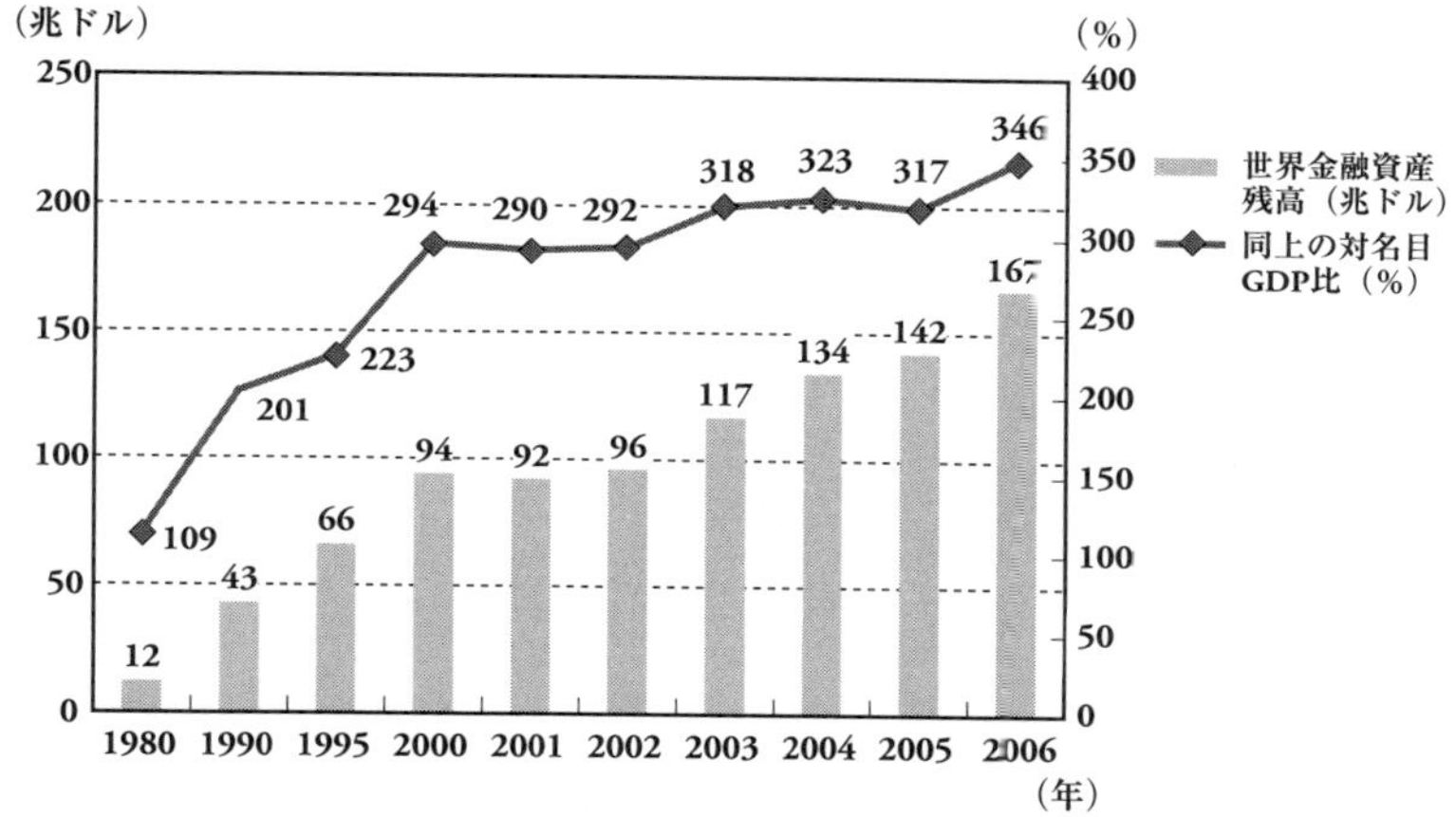

出所：『通商白書2008』（McKinsey & Company,"Mapping Global Capital Markets, Fourth Annual Report, Jan. 2008"）を一部加工

では、このような肥大化の原因は何だろうか。まず第一に、金融資産市場の各経済主体が実体経済と実物資産の裏付けなしで、独自の信用によって独自に資産規模を肥大化させた可能性である。それは極めて危ういことである。しかし、金融工学など金融技術の発展で実態がみえなくなり、市場参加者が問題を理解しないまま、このような肥大化が生じたということはありうる。

一方、各国政府が、貨幣や国債を過大に発行してきた可能性についてはどうだろうか。一般に貨幣や国債の発行目的は、実体経済に係わる政府支出の増大であるから、発行が過大であればインフレが生ずるはずであるが、過度のインフレは生じていない。これは、経済のグローバル化による世界の生産力の拡大で吸収されたと考えることもできるが、そうであれば、金融資産の伸び率と世界のＧＤＰの伸び率が乖離する理由はない。

また、一九九六〜二〇〇六年の間の世界の実体経済の名目GDP成長率が年平均五・七％であるのに対して、世界の国債の伸び率は年平均六・八％であり、若干高い程度である。これに対して、株式一〇・四％、社債一〇・七％、預金七・八％といずれも高く、むしろ国債の方が低い（同前、一三頁）。つまり、各国の財政の影響はそれほど大きくはないと考えられる。ただし、ニクソン・ショック以後の基軸通貨ドルの過剰発行が、一定程度影響している可能性はある。

第二は、実体経済（セイ・サイクル）からの資金の漏出、金融・資産経済への流入による肥大化の可能性である。本書では、この影響が大きいのではないかと考える。実際に、金融経済が実体経済や実物資産の裏付けなしに、独自の信用だけを元に、金融資産規模をこれだけの規模になるまで継続的に拡大させてきたとは考えにくい。資金の流入が続かない限り、信用の膨張はいつかは崩壊するからだ。しかし、実体経済から漏出し金融・資産経済に継続的に流入する資金額が大きいなら、それを根拠として信用膨張が拡大を続けることは不自然ではない。そもそも、そうした資金流入が続かない限り、長期にわたって信用膨張が生じるとは考えにくい。

本書は、第3章までの検討も踏まえ、こうした実体経済からの資金の流入（不況時のセイ・サイクルからの需要不足分相当の資金漏出と金融緩和政策による資金流入）が、金融資産膨張の主な原因だと考える。不況では、漏出によって実体経済の成長が圧縮される一方で、金融資産は膨張することになる。

この金融資産の肥大化と新古典派理論との関係をみてみよう。**新古典派成長理論**では、経済成長は①資本投入、②労働投入、③生産性（ＴＦＰ）に制約される。人々が豊かになるには、人口一人当たりの生産が増えなければならないが、②の労働投入の伸びは、おおむね人口の伸びで相殺される。したがって豊かさの向上には、③ＴＦＰ（全要素生産性。具体的には効率性向上に係わる技術進歩）、あるいは（③に関連する）「労働の質の向上」（内生的成長理論）か、①資本投入の増加しかない。

とすると、資本はあればあるほどよく、あればそれは直ちに設備投資に使われると考える。したがって、成長率が低いなら、原因の一つは「資本蓄積ができないからだ」と考えられるから、経済成長のためには、消費性向が低く貯蓄性向が高い富裕層への分配（株式配当増や累進課税の緩和等）を多くして資本蓄積を進めるという政策や、法人税率を引き下げて資本（投資）の誘致を進める政策が推奨されることになる。

こうした視点では、「資本過剰はあり得ない」はずだ。あればあるだけ設備投資に有効に使われ、経済は成長し、投入された資本に対応する生産設備が実物資産として追加され、実物資産総額も増加するはずだからである。ところが、現実の実物資産の伸び率は、先にみたようにＧＤＰの伸び率と連動しているのであって、金融資産のそれとは連動していない。金融資産の肥大化は、設備投資の増加にはつながっていないのである。

これは、実体経済の成長に寄与しない、実体経済では使い切れない過剰な資本が存在することを意味する。つまり、図16は資本不足を前提とする新古典派成長理論とは整合的ではない。また、これは古典派的セイ法則が、極めて大規模に（かつ「長期」に）「成立していない」ことを示している。セイ法則がおおむね成り立つなら、実体経済からの漏出はそれほどなく、金融・資産経済への資金の流入は小さいから、信用膨張は持続しない。とすれば、金融資産の成長はＧＤＰ成長と大きく乖離することはないはずだ。

これに対して図16は、実体経済から漏出する資金、あるいは景気対策のために供給された流動性が漏出し、実体経済に還流しないまま金融経済に蓄積され滞留している可能性を示すと考える。金融資産が肥大化すれば、金融資産とＧＤＰや実物資産の関係が変化し、金融資産自体も不安定化する。

少なくとも、日本のような先進工業国に足りないのは、資本ではないと考える。新古典派成長理論に基づいて、「成長には資本が必要だ」との幻想がふりまかれてきたが、資本は国際的にはあり余っている。だからこそ、その資金が資産経済に流れ込み、世界各地でバブルの形成と崩壊を繰り返し引き起こしているのだ（山口編［二〇〇九］）。

このように理解すると、新古典派的モデルの根幹となっている公理体系からは、金融・資産経済の肥大化を単純に導くことはできないようにみえる。家計や企業の行動には、新古典派の公理の想定とは異なる部分がある。それによって過剰な資金が生み出され、セイ・サイクル外つまり金融・資産経済への漏出が生じていると考える。こうしたセイ・サイクルからの漏出・還流の変動が、景気変動、特に長期不況に大きく係わっているというのが、本書のいわば「需要制約＝漏出・還流モデル」であるが、このモデルの視点は、単に新古典派の公理の条件を若干緩め（漏出を認め）、視点を拡張したものにすぎない。

あり余っているもの（資本）を希少だとし、不足しているもの（需要や企業の投資意欲）を無尽蔵に湧いて出るものとして組み立てられている新古典派経済学に、現在の経済を分析する能力はないし、有効な政策を提言することもできない。特に、実体経済の規模の数倍に達する巨額の資金が運動している金融・資産経済を、実体経済に従属するものとして無視するプレスコットらの「リアル・ビジネス・サイクル理論」（実物的景気循環理論、ＲＢＣ理論）が、現実を有効に説明できないのも当然だろう。

実物資産と金融資産の資産規模と価格　実体経済では、実物資産の価格は使用上の価値に規定されている。また実物資産は、そもそも希少性があること（だからこそ価値がある）、製造に高いコストがかかることで量的な制約がある。

これに対して金融資産は、かつては発行者の保有する金など実物資産の量に規定されていたが、今日では、信用があればいくらでも印刷できるようになり、その製造コストは極めて小さい。このため、金融資産の規模や価値に対する制約は薄くなっていると考えられる。もっともこれは、金融資産の所有者等が、それを金融資産のまま保有し続ける限りにおいてである。

かりに様々な金融資産を、使用上の価値に見合った価格の実物資産やセイ・サイクル財、また直接的にそれらの裏付けのある証券や現金貨幣などの金融資産に交換しようとする動きが斉一的に起きれば、金融資産は、使用上の価値に見合った実物資産とセイ・サイクル財の合算額のレベルに向けて、急速に縮小する。リーマンショックでは、そうした動きが部分的に生じたのである。

逆に、これを実体経済の側からみると、この巨額資産の数パーセントでも実体経済に超過還流すれば、想像を絶するインフレが生じるだろう。つまり「資産」の大半には、実体経済の裏付けがないのだ。しかし、所有者の多くがそのまま持ち続ける限り、金融資産の規模には「制約がない」。

一方、実物資産には、需要側の「使用上の価値」に対して供給側に希少性があり、需要と希少性のバランスで価格が決まる。したがって、土地などは希少性ゆえに価格が上昇することはあり得る。そこに価格投資が行われると、価格は実体経済の「使用上の価値」を離れて上昇する。だが、過度の上昇は「バブル」の崩壊によって、実体経済における「使用上の価値」と希少性とがバランスする水準に引き戻される。実物資産では、実体経済における「使用上の価値」がアンカーとなる。

したがって本書では、実物資産のうち、実体経済で「使用上の価値」に従って保有され使用されている資産は、金融・資産経済に含めない。例えば、原油は実体経済の原材料として利用され取引され保有される限りは、実体経済に属する。そして、その市場に投機資金が流入して価格がつり上がる場合にはじめて、金融・資産経済の一部となると考える（現実には、容易に分離はできないが）。

金融・資産経済と実体経済の相互作用　セイ法則がある程度成立していると考える立場では、当然、二つの経済の間には、両者の関係を変えたり問題を引き起こしたりするような相互作用はないことになる（古典派の二分法）。また、セイ法則に破れがあると考える場合でも、両経済間の相互作用が安定していて変化しないものと想定するなら、両者の関係にも重大な問題はなく、それを改めて分析する必要もない。

だが、「漏出・還流モデル」の視点では、二つの経済の間には、多様な漏出・還流による相互作用があり、その相互作用は常時「変動」していると考える。それを通じて、一方の経済は他方の経済に外生的に（外部要因として）働きかける。つまり、両経済は、互いに資金を貯留し、様々な条件によって、その資金を相手の経済に送り込んだり、吸収したりするポンプのような役割を果たす（もっとも貯留する機能は金融・資産経済の方が圧倒的に大きい）。そしてそれは、洪水時の調整池のように受動的に機能するだけでなく、両経済がそれぞれ持つ独自のメカニズムに従って、能動的に他方に働きかける存在だと考える。

両経済の接点には、次の四つの経路がある。

① セイ・サイクルからの《漏出》　（実体経済→金融・資産経済）
② セイ・サイクルへの融資、投資、消費《還流》　（金融・資産経済→実体経済）
③ 実物資産価格の変動　（金融・資産経済→実体経済）

④　資産価格効果　　　　（金融・資産経済→実体経済）

たとえば③に関しては、莫大な金融・資産経済の資金の一部でも、穀物市場や石油市場に流れ込めば価格高騰の原因となるし、特定の地域の土地取引市場に流れ込めば、土地価格の暴騰が起こる。それは多くの場合、実体経済にマイナスの影響を与える。

これらの接点を通じた影響関係を、経済変動に絡めてみれば、まずバブル関連では、バブルによる(ア)設備投資コスト上昇、(イ)設備投資資金の価格投資への漏出、また(ウ)資産効果による消費増、がある。

またバブル崩壊で、(エ)「金融システムの麻痺→実体経済の資金流通麻痺」、(オ)「実体経済企業で価格投資関与企業のバランスシート毀損→設備投資減少（バランスシート不況）」、(カ)逆資産効果による消費減、などがある。

さらにバブル以外の影響としては、例えば(キ)「有利な投資機会の選択→開発途上国に資金流出→国際競争激化」があるが、これについては後述する。

一方、実体経済が金融・資産経済に与える影響としては、不況によって(a)「雇用不安→貯蓄増加による資金流入」、(b)「景気対策→金融緩和→資金流入」、また(c)「セイ・サイクル財の魅力低下による資金流入」などがある。

投資と両経済の相互作用　不況時には、設備投資等を刺激するために金融緩和政策がしばしば採用される。これがどのようなときに有効であり、有効でないか、つまり資金が設備投資に使われるか、金融・資産経済に漏出するかは、設備投資がどのように決定されるかに依存する。

問題は、実体経済における設備投資資金の需要が常時大きいわけではなく、資金が「あればあるだけ」使われるわけではないことである。これは第3章でみたように、重不況下では、企業の設備投資が主にセイ・サイクル財の需要見通しに制約されるため（需要不足のため）である。

重不況では、金融・資産経済へは、消費需要の縮小で家計から貯蓄が流れ込むし、景気対策のための金融緩和政策で資金が流れ込む。その一方で、消費需要の伸び悩みが企業の将来の需要見通しを引き下げ、設備投資資金需要を減らす。つまり、還流が不十分で漏出が超過する。

また長期的には、先進工業国で所得が上昇すると同時に耐久消費財の普及率が上昇し、製品が成長期から成熟期に移行することでも設備投資資金需要が減少する。この結果、セイ・サイクル（つまりＧＤＰ）の成長率が低下する一方で、過剰な資金が金融・資産経済に流れ込み、ＧＤＰの規模と金融・資産経済の乖離が年々大きくなっていくと考えられる。

これを金融・資産経済側からみると、実体経済には「投資機会が不足」していることになる。裏返せば、世界的な「資本の過剰」である。資本が過剰であれば、当然投資収益率は低下する。「サブプライムローン問題」とは、この投資機会不足を、住宅資産にベースを置きつつも実体経済から離れ、金融・資産経済の中で投資機会を見つけようとする試みの結末だったと理解することもできる。

このように本書の視点では、重不況下では低い需要の将来見通しが設備投資の減少を生むために設備資金需要は低下して、資金は金融機関に滞留するか、証券投資や債券投資などの形で金融・資産経済に漏出・滞留すると考える。

これに対して新古典派では、需要は独立して働く要因ではなく、供給に従属すると考えるので、設備投資の減少は主にサプライサイドの資本や労働力の不足あるいは生産性上昇率の低下によると考える。したがって、設備投資減少の原因は「資金不足」問題から金融機関等の「貸し渋り」の議論につながり、「労働力不足」問題から「労働市場の歪み」の議論につながり、「生産性上昇率低下」問題は、生産性の低い企業が生き残り、資金や労働力を抱え込むために生じるとする「ゾンビ企業仮説」や、「補助金や規制」で低生産性企業を生き延びさせているという議論につながる。しかし、第1章等でみたように、これらは、日本の長期停滞の原因としてはすでに実証的に否定されていると考える。

一方「投資」には、土地の取得やその他の資産への価格投資など、セイ・サイクル財以外への投資（漏出）がある。設備投資の縮小で資金が過剰となれば、資金は行き場を失い、こうした投資へ漏出する。特に、資産市場で価格上昇が生じ、キャピタルゲインが見込めるとなれば、資金はこちらに流れる。だが、これはＧＤＰの対象となる取引ではないから、実体経済の需要不足は変わらない。したがって、漏出・還流モデルからすれば、経済運営上、**設備投資と資産投資は峻別されなければならない**。

ところが、金融機関や投資家にとって、こうした資産投資と設備投資に違いはないのである。違いはリターンとリスクのバランスの差にあるが、金融機関等にとっては、その違いも相対的なものにすぎない。しかしその選択は、実体経済に大きな影響を及ぼすのである。もちろん、それは金融機関や投資家だけの責任ではない。設備投資が、収益の将来見通しの低下で抑制されることが多いからである。新古典派経済学者や楽観主義者は、市場が全てを調節してくれると考えるが、図16でみた金融・資産経済の肥大化は、市場の不十分な調整を示している。

図17a　準新古典派的不況モデル《因果関係図》

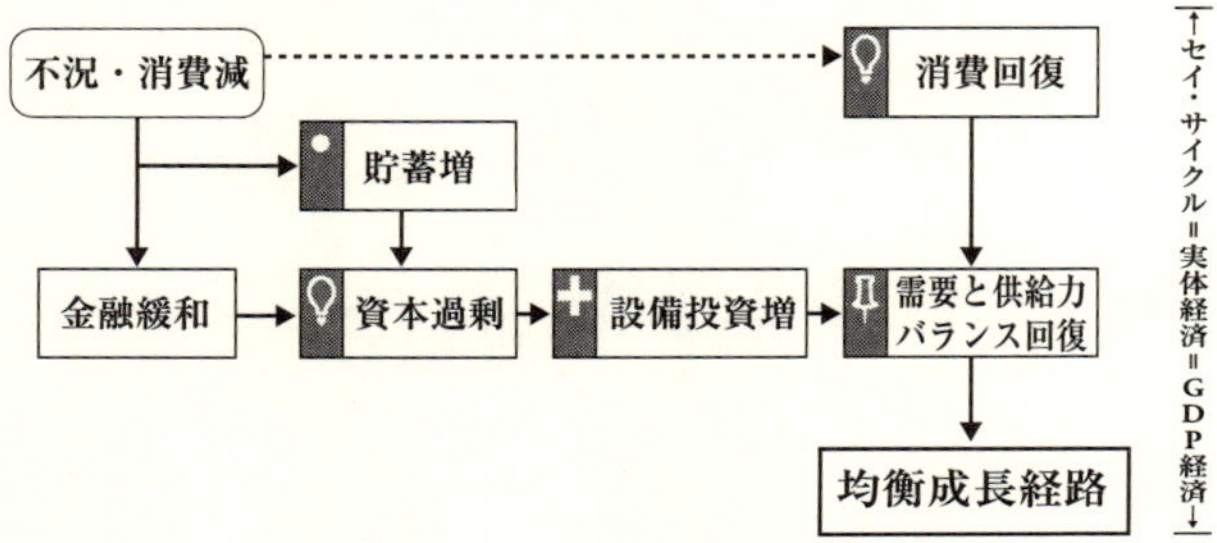

図17b　漏出・還流モデルでみた重不況モデル《因果関係図》

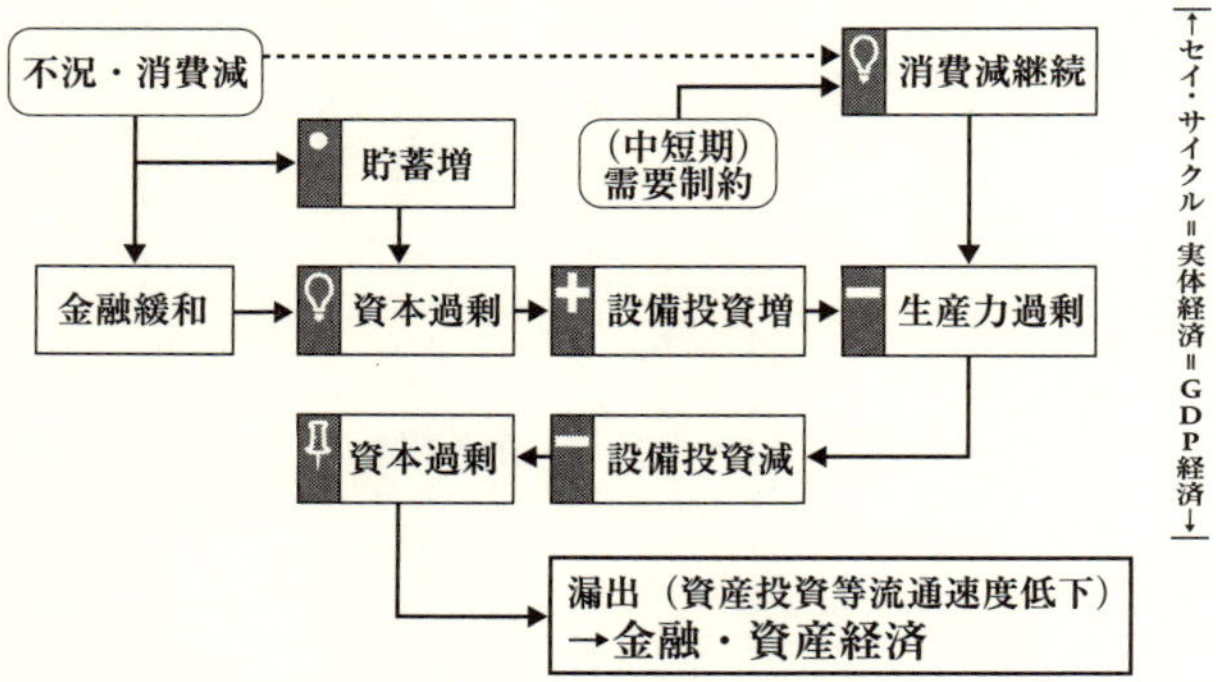

軽い不況と重不況　実体経済と金融・資産経済の関係を、簡単なモデルでみてみよう。**図17a**は、セイ法則がおおむね成立する準新古典派的な不況の因果関係を表している。消費の減少で貯蓄が増えたり、景気対策で金融緩和政策が採られたりすると、資本が過剰となって利子率が低下し、設備投資が増加して、この設備投資による需要が消費需要の減少をカバーする。そして、設備投資による工場増設などが完了する頃には、「人間は消費したくてたまらない存在」（効用最大化原理）だから、消費は回復し、需要と供給能力は釣り合って、経済は円滑な循環（均衡成長経路近傍）に戻ると考

える。

しかしかりに、九〇年代の日本でそのように考えて設備投資した企業があったのならば、消費需要は一向に増加しなかったのだからその投資は金融機関からみれば不良債権化し、その企業は退場すべきゾンビ企業として扱われたはずだ。となれば、いったい誰が、いつ回復するともしれない消費需要を当てにして設備投資を行うだろうか。企業は、ますます低い需要の将来予測に基づいて、設備投資を「適正化」するだろう。

この場合を、本書の「漏出・還流モデル」の観点でみたのが**図17b**である。設備投資の増加までは同じだが、雇用不安などで消費が停滞したままなので、増設した生産設備は過剰となってしまう。それをみて企業は設備投資を縮小する（図には書いていないが、これは投資需要の減少となり、総需要を冷え込ませる）。その結果、資本（資金）は設備投資に使われず、過剰のままとなる。資本の過剰は、資産投資や海外投資に向かうか、銀行に滞留するなどで、貨幣の流通速度の低下として現れる。

この場合、この二つのモデルは適合する状況が異なると考えることが、合理的であるようにみえる。図17bのモデルは、長期不況などの**重不況**に妥当する。これに対して在庫循環などによる比較的軽微な不況では不況自体が軽く、企業の設備投資に対する意思決定や家計の消費行動に対する決定のマインドに、悲観の影響が小さい。このため、図17bの右上の「消費減継続」は消費減そのものの程度が弱いか、いったん低下しても比較的速やかに「消費回復」へ移行する。また企業の需要の将来予想も低くはならない（またはそもそも低下していない）から、設備投資は減少しないと考えられる。こうした場合には、図17bは図17aのモデルに一致する。

2　金融・資産経済の特異な価格決定メカニズムと「バブル」

次に、金融・資産経済と実体経済の行動原理の相違を、「価格決定」でみてみよう。通常、金融・資産経済と実体経済の価格決定メカニズムは、暗黙裏に同じだと考えられている。しかし、金融・資産経済には、通常の価格メカニズムとは異なる特異な価格メカニズム（「価格投資型価格メカニズム」）があり、これが自律的に運動を始めると「効率的市場仮説」は成立しなくなるし、従来マクロ経済学が実質的に仮定してきた、金融・資産市場の無条件の効率性も成立しなくなる。

また、増加した貯蓄を直ちに設備投資に振り向け、実体経済の需給サイクルを円滑化するという金融・資産経済の機能についても、先にみたように、資産投資への漏出などで機能しない場合がある。以上の二項目は、金融・資産経済が、実体経済を影のようにサポートする役割を果たしているという現代マクロ経済学の仮定に反している。この仮定は、重不況下で金融政策が機能しない問題や、バブルの形成・崩壊をマクロ経済学がうまく扱えない主な原因になっていると考える。

実体経済の価格メカニズム：「実需型価格メカニズム」　金融・資産経済の特異な価格メカニズムを理解するために、まず実体経済の価格メカニズムをみてみよう。実体経済で家計が財を購入するのは、「消費または使用のため」であり、企業が購入するのは、それを「使用して財・サービスを生産するため」だ。したがって購入の可否は、「使途（使用上の価値）に対する満足（限界効用）と価格（コスト）の比較」で決定され、価格は、市場を通じて集約された一般的な価値と一致するように調整される。いいかえれば、市場による価格調整は、「ファンダメンタルズが示す価値」（他の財に対する相対的な価値）と一致するように自然に行われる。

また、実体経済では、企業は付加価値を稼ぎ利益を上げたいと考えて財を購入する。企業は購入した財・サービスを使って、それに付加価値を加えて新たな財・サービスを生産し、生産物市場の競争に勝ってそれを販売する。実体経済の市場（生産物市場）で売れる財・サービスの量には限度があるから、企業は収支を黒字にするために、（仕入れで）購入する財・サービスの価格をできるだけ安くしようとするし、購入する量も必要最小限に抑えようとする。つまり、企業が購入する財・サービスは、量的にも価格的にも最小限に抑えられる。

一方、家計も、予算制約の中で自分の満足（効用）を最大にしようとするから、購入する一つ一つの財・サービスは、使用して最大の効用を得られるものでなければならない。しかも、その価格を最小化することで、他の様々な財・サービスをより多く購入できるようにし、それらの組み合わせ全体で最大の満足を得ようとする。したがって、予算に制約がある中では、一つあれば満足できる財を二つ買うことは普通はない。

したがって、企業や家計には、コスト最小で効用の最も高いものを最小限取得しようとする強いインセンティブがある。この結果、実体経済の需要の原理は、「使用上の価値」に照らして、良いモノを安く、必要最小限の数だけ買うということになる。同じ価格なら「使用上の価値」のより高いモノが、同じ「使用上の価値」なら価格のより安いモノが選ばれる。そこには、「使用上の価値という評価基準」があり、常に取得コストを抑えるという基準があって、価格を抑えるメカニズムが常に働いている。したがって、「使用上の価値」に照らして価格が高い財・サービスは売れない。

一方、供給側も、市場競争に勝って販売するために、仕入れコストだけでなく、常に（長期的に）全体のコストを引き下げようとしている。この結果、市場価格は、短期的にも長期的にも、常に価格が低くなるように決定される。それは「実需」に規定されているからだといってもよいだろう。需要の量も、企業では実体経済での使用で利益が得られる範囲に、家計では所得等に規定される予算の範囲に規定され、需要が無制限に膨張することはない。これを「**実需型価格メカニズム**」と呼ぶことにしよう。

金融・資産経済の価格決定メカニズム：「価格投資型価格メカニズム」　これに対して、金融・資産経済には、実体経済にはない、特異な「価格投資型価格メカニズム」がある。

本書では、「価格が上がりそうなもの」への投資すなわち「価格差」への投資を、「価格投資」と呼んできた（第3章第1節）。これは具体的には、どのような価格決定メカニズムに従っているだろうか。

金融・資産経済では、資産の購入・保有の目的は、資産の「価値の保存またはその増加のため」（価値保蔵・増加目的）である。これは、実体経済での財購入の目的とは根本的に異なる。目的が、価値を保全するか、価格差で利益を得ることであるから、購入の際に価格が高いか安いかは問題ではない。高く購入しても、売却する際に同額以上で売れれば問題はないからだ。つまりそこには、実需型価格メカニズムとは異なって、価格の高さ自体が価格を抑えるメカニズムはない。

価格投資の対象は価格差が生じそうな資産であるから、ほぼ「投機」と同義であるが、第3章で定義したように、投機が比較的短期間での売買を指すのに対して、この価格投資は期間の制限がないものと考える。このメカニズムを、「**価格投資型価格メカニズム**」と呼ぶことにしよう。

このメカニズムでは、需要側の購入の目的は「価値の保存またはその増加」であるから、買う側にとっての購入資産の価値は「価格の上昇見通し」に依存する。つまり、将来値上がりしそうな資産ほど、購入する価値が高く需要が高い。逆に価格が安くても、値下がりしそうな資産に需要はない。購入の目的に使用・活用の意図はないから、価格と「使用上の価値」とは関係がなく、価格がいわゆるファンダメンタルズを反映する必然性もない。また、単に保有するか、転売で価格差益を稼ぐことが目的であり、実体経済で使用・活用する意図はないから、その需要は実体経済の使用量に制約されない。したがって、価格上昇の見通しがあり、資金が続く限り、需要は無制限に膨張し得る。

価格投資型価格メカニズムには安定した均衡価格がない

実体経済に係わる実需では、「使用上の価値」や、実体経済で使われて収益を生む力という絶対的な評価基準があるから、価格が二倍になれば、買い手は急速に減少する。これに対して価格投資では、その目的に照らせば「使用上の価値」に意味はなく、買い手の基準は「値上がり差益が得られるかどうか」の見通しだけである。つまり価格の高さは、直接には買い手の数とは無関係である。

この価格投資のメカニズムに、コスト面から何らかの価格を抑える力が働き、効率的な価格と取引量が実現するかどうかをみてみよう。まず供給側をみると、供給側が付加する付加価値（コスト）は、買い取り時の事務費用と保有期間に応じた保管費用のみで、その割合は極めて低く、コストのほとんどは過去の買取価格であり、それはすでに確定しているから、コスト削減に競争の余地はない。

一方需要側をみると、投資資金を借入金で調達する場合をみても、必要な資金量に対してコスト（利子)の割合は小さい。このため、購入後、価格が十分に高くなりさえすれば、売却差益は資金調達コスト(利子）に比べて圧倒的に大きくなり、コストはおおむね無視しうる。コストが小さいなら、購入価格が高くても、売却時にその価格以上に値上がりすればよいのである。

このようにコスト面でみても、供給・需要の双方で価格を抑える力は弱い。つまり、このメカニズムで価格や需要の強さを決定づけるのは、「値上がりの見通し」であり、「価格の高低」は関係がない。もちろん個々の取引では、買う側は安く買いたいとは考える。しかし結局は、値上がり見込みさえあって、その確実性が高いと考えれば、高くても買うのである。

実体経済では、使用予定のない資産の取得は資金効率を低下させるだけだから、需要は実体経済の活動に必要な量に制約される。これに対して価格投資型価格メカニズムでは、価格が上昇する限り収益が生み出されるから、価格上昇と資金供給が持続する限り需要は無制限である。価格上昇の見通しがある限り、投資家は再投資を繰り返し、価格上昇をみて実体経済から新たな資金が流入する。こうなると、金融・資産経済は、実体経済から資金を奪いながら、膨張を続けることになる。

この結果、借入金依存の投資家（後述するミンスキーのいう「ポンジー金融ユニット」）が増殖し、その資金量はバブルを巨大化させる。それは同時に、価格上昇が停止したときの変動（暴落）を破壊的にする。実体経済は、こうした破壊的な変動から保護されるべきである。

このメカニズムで買い手が存在するのは、価格の上昇見通しがあるためであり、上昇見通しがないものに買い手はいない。つまり、値上がりの見込みがなくなったとたんに、どれだけ価格が下がろうと買い手はいなくなる。これは、買いの基準が価格水準の高低の妥当性にはなく、「今後値上がりするかどうか」

だけにあるからだ。

このメカニズムで、ある価格が実現するのは、その価格が妥当な価格だからではなく、その価格以上に値上がりすると考える投資家がいるからである。したがってここで実現する価格は、上昇（あるいは下降）過程のある時点の需給関係で現れる経過的な価格であり、その価格が実現したのは、さらに価格が上昇すると考える買い手がいたためだ。逆に、どのような価格であっても、それ以上値上がりしないと誰もが確信すると、買い手は消失する。値下がり見通しが続いている間は、買い手が現れることがないから、価格は急落を続ける。

つまり、価格は値上がりし続けるか、急落するかのどちらかである。したがって、この価格投資型価格メカニズムには、（単独では）安定した市場均衡価格を形成し維持するメカニズムがないため、安定した均衡価格は存在しない。これは、金融政策によるバブルの抑制を極めて難しくする。資金供給を単純に絞れば、必ず暴落しクラッシュしてしまうからだ。対策が遅れるほどバブルは大きくなり、大きいバブルほどクラッシュの影響は大きいから、対応は困難になる。

価格投資型価格メカニズムからみた市場の効率性と「効率的市場仮説」

これら二つの価格メカニズムを前提としてみると、「効率的市場仮説」に代表される市場の効率性問題は、どのように整理できるだろうか。ただし、ここでは「効率的市場仮説」を、実体経済からみて合理的な価格を市場が常に実現し得るかどうかという視点のみで評価する。

「効率的市場仮説」については、スティグリッツらによる「情報の非対称性」の視点からの修正や、「群集心理」などに関する行動経済学による修正がある。しかし、本書のここまでの整理から明らかなように、効率的市場を実現するメカニズムは、市場そのものにはなく、「市場参加者の目的に依存している」と考える。これは市場メカニズムの本質に係わる重要な問題である。その意味を以下でみてみよう。

実需型価格メカニズムが価格を効率的にするのは、実体経済では、需要側の目的が消費の欲求や生産資材調達などの実体的なニーズにあるからだ。このため、需要側は効用最大化原理に基づいて、最小のコストで最大の効用が得られるように財の選択を行う。需要側は自身の効用が最大化するように、常に財の効用と価格を他と比較する。したがって、市場価格が効用や「使用上の価値」の観点でみて妥当な水準を超えれば買わない。この結果、市場価格は、常に低い価格に縛り付けられる。この実需型価格メカニズムが働く限り、情報の非対称性などの問題はあるにしても、効率的市場仮説は比較的よく成立する。

これに対して金融・資産経済では、市場参加者の目的は資産の維持や拡大にあるだけだから、そこでは同じ財の将来の予想価格と現在価格が比較されるだけである。そして、現在の価格が高くても、将来さらに高く売却できる見通しがあれば買われるのである。行動経済学がいう群集心理など非理性的な行動もあるが、高くてもさらに高くなる見通しがあれば、それを買う行動自体は合理的である。

このように市場は取引の場を提供するのみで、市場メカニズム自体には、価格を効率的に決定するメカニズムはない。市場で決定される価格は、市場参加者の目的や必要性によって左右される。実体経済で市場が効率的である傾向があるのは、実体経済に基礎を置く需要側の市場参加者が常にコストを意識しているからにすぎない。

一方、主な目的が価格投資にあるときは、価格はファンダメンタルズを反映した効率的なものになると

コラム12

証券化と格付けと効率的市場仮説

世界同時不況の発端は、米国で債務不履行の可能性の高い層の住宅向け「サブプライムローン」が、他の証券と組み合わせられて格付けの高い債務担保証券（CDO）となり、世界中に販売されたが、それが不動産バブル崩壊で一斉に債務不履行となったことだとされる。

これに関して、信用の低いものに高い格付けを与えた格付会社の責任はどうなるだろうか。実は「価格投資」というメカニズムが存在せず、効率的市場仮説が成立すると考えるなら、信用の低いものを複数組み合わせると、信用が高くなること自体はおかしなことではない。

たとえば、カリフォルニアとフロリダのサブプライムローンを組み合わせた証券を考えよう。価格投資によるバブルがなければ、住宅価格は両州の住宅市場のファンダメンタルズで決定される。両州は産業構造も異なるし、人口の増加状況や雇用の増加率も異なるから、住宅需要の伸びも異なる。したがって、一方で住宅価格が値下がりしても、他方では値上がりするかもしれない。

このように、より多くの地域の証券を組み合わせるだけで、その証券（債務担保証券）が債務不履行になる確率は低下し安全性は高くなるから、格付けは上がる。

これは統計的には「大数の法則」が成り立つからだ。しかし、この法則が成り立つためには、（この場合）カリフォルニアとフロリダの住宅価格の変動に相関がないこと、つまり両州の住宅価格が同時に値下がりする可能性がないことが不可欠だ。

例えば、米国全体の景気動向がこれに影響を与えるようにみえるかもしれないが、米国のように広大な国では、一つの地域では不景気でも他の地域では好景気ということがある。そうであるなら、住宅価格は各地域のファンダメンタルズつまり実体的な住宅需要を反映しているから、問題はほぼないだろう。

しかし、全国の住宅が「価格投資」の対象となると、価格を決定するのは、住宅市場への資金流入量になる。そして、資金市場は広大な米国でも単一である。この結果、**流入する資金量が価格上昇を左右する「価格投資型価格メカニズム」では、地域間の独立性はなくなり、住宅価格は連動性を高める**ことになる。つまり「大数の法則」が成立する前提が崩れてしまったのである。ところが、格付会社は「大数の法則」が成立するものとして格付けを行ってしまった。非現実的な条件を前提に生み出された理論を現実に適用する際に、その前提条件が忘れられることは、意外にも珍しいことではない（**補論**参照）。

は限らない。資産の維持・拡大を目的とする市場参加者は、実体経済のコストに縛られないからだ。したがって、彼らが影響力を増すほど、市場は効率的市場仮説から乖離していく。これは、金融・資産経済が肥大化するほど、つまり利用可能な資金量が増えるほど市場メカニズムは不安定化することを意味する。

　効率的市場仮説では、「市場メカニズム」を分割できない一体のものと捉え、市場には先験的性質として、効率的に価格を決定する特性があると考える。こうした観点で行う実証研究では、たしかに大部分の事例はこの仮説を支持するだろう。

　フリードマンは、仮説の根拠となる仮定やメカニズムの検討は重要ではなく、その仮説自体が経済現象をよく説明していさえすればその仮説は正しいと主張したが、まさにこの仮説はフリードマンの基準には合致していたわけである。その例外は極めてわずかであり、仮説は実証されたと思い込まれたのも当然である。だが、その例外こそ「バブル」であり、今回の世界同時不況を引き起こしたような重大な問題だった。これほど市場メカニズムに依存している現代経済学が、市場メカニズムそのものを本質的には理解していなかったようにみえることは、驚くべきことというしかないが、その原因は、メカニズム検討の軽視にあると考える。この経済学が陥っている手法の袋小路問題は**補論**で整理する。

価格投資の緩やかな制約条件としてのファンダメンタルズ　価格投資型価格メカニズムでは、価格が下落し始めると、価格上昇見通しだけを判断基準にしている価格投資家は一斉に手を引くから、買い手がいなくなり、価格は急落する。しかし、値下がりのどこかで需要が一斉に増える部分がある。それが「使用上の価値」に対応する価格である。そこで実体経済からの買いが入り、需給バランスが回復する。

つまり「使用上の価値」は、長期的には資産価格の下限を形成する役割を果たす。したがって、価格投資を行う投資家は、値上がり益を得るという「満足最大化」を狙うと同時に、「リスクを最小化」しようとするから、「使用上の価値」をバックに持つファンダメンタルズを常に意識する。資産価格がファンダメンタルズを反映している部分があるようにみえるのは、このためである。しかしこれは緩い制約条件にすぎず、金融・資産経済の根源的な価格メカニズムの本質は、「価格の上昇自体」にある。

価格を決定づける資金流入量を規定する要因　価格投資型価格メカニズムで、市場価格の水準を左右するのは、主に市場への資金流入量である。流入する資金量が大きく、継続的であるほど、価格投資型価格メカニズムは活発化し、市場は効率的市場仮説から乖離していくことになる。次に、金融・資産経済への資金流入の要因を考えよう。

資産市場への資金流入原因の第一は、**資産価格の上昇自体**である。価格上昇で値上がり益が得られることがわかれば、人々はセイ・サイクル財への支出よりも、資産市場への価格投資の効用（満足）が高いと評価し、資産市場に資金を振り向ける。流入する資金量は、この市場の「価格上昇見通し」に左右される。資金流入で価格上昇が続けば、それはさらに資産投資の魅力を引き上げ、流入が継続する。価格の上昇は、価格の上昇見通しが続く限り続き、価格投資型価格メカニズムが自律的に運動するようになる。

第二は、行き場のない**過剰資金の増加**である。価格上昇が直接的要因とすれば、これは間接的要因であり、背景をなす。第3章でも貨幣流通速度の低下問題に関連して簡単にふれたが、これにはおおむね三つの原因があると考えられる。

一つ目は**過剰貯蓄**である。その原因は、まず①日本や中国などの「輸出立国政策」を採る国々の存在である。輸出超過分の輸出代金は、自国通貨高を招かないように輸出先国通貨のまま保有せざるを得ない。つまり輸出相手先国通貨建ての資本輸出である。その債権の保有者は企業か政府だから、その資金は自国の消費には使われず、相手国の債券などの金融資産や不動産の形で保有され、相手国の資本を過剰にする。また、②一九七〇年代末頃から投資を重視する新古典派経済学が台頭し、その下で「新自由主義」や「小さな政府論」が力を得、英国のサッチャー政権、米国のレーガン政権以降、富裕層や法人税の減税が機会あるごとに行われてきた。日本でも、こうした動きを受け八〇年代の中曽根行財政改革で、法人税率や所得税累進税率の大幅な引き下げが行われている。

同様に、③新自由主義などの影響下で、「所得の分配」が富裕層に偏れば所得は貯蓄に回される割合が高くなる。

また、④重不況で「雇用不安」が高まり、失業の備えとして家計が貯蓄を増やすこともある。もちろん、これら四つの要因があっても、それによる余剰資金が、貯蓄等を経由して全て設備投資に使われれば、過剰な資金は存在し得ない。しかし、さらに⑤重不況では、需要見通しの低下から設備投資需要も低下する。また⑥先進工業国では、長期的に耐久消費財の普及率が上昇して需要が頭打ちになると、企業は相対的に「設備投資を縮小」するようになる。すると貯蓄は設備投資に使われず、過剰な資金が増える。

二つ目は、主に政府・中央銀行による「信用創造」である。広く各国では、景気対策として「**金融緩和政策**」が採用されている。特に戦後の主流派経済学の研究で、一九三〇年代大恐慌の回復に財政政策の効果が小さく、金融政策の効果が大きかったとの理解が定説となってからは、この傾向が強まった。これについては、第3章第1節でみたようにリチャード・クー氏が、逆に金融政策は効果がなく、効果があったのは財政政策だったことをシンプルに実証している（クー［二〇〇七］）。しかし、日本をはじめ各国は、依然として重不況対策としても金融緩和政策を重視している。

景気対策としての金融緩和政策の問題は、その資金の大部分が金融・資産市場に流入することである。在庫循環的な軽微な景気後退の場合、家計の消費マインドや企業の設備投資マインドは、決定的には衰えていないから、金融緩和は投資コストを引き下げることで景気刺激効果がある。

ところがバブル崩壊後の重不況下では、企業の需要の将来見通しは低く、また人々は雇用不安に対する備えとして貯蓄を増やして消費を抑えようとする。すると、消費需要の伸びの見通しは引き続き低く抑えられ、企業は設備投資をさらに抑制する。この結果、金融緩和政策が実施されても、緩和された流動性は設備投資には使われず、金融・資産市場や海外投資に向かう。

三つ目は、基軸通貨国米国の問題である。米国は、一九七一年のニクソン・ショックで金とドルの交換を停止して以来、国内の景気対策として、自由にドルを印刷できるようになった。この結果発生したのがユーロダラーの肥大化である。これは金融緩和政策の基軸通貨国版であるともいえる。その資金は、国際過剰資本として、国際金融市場に滞留し続けている。

3　価格投資型価格メカニズムの運動プロセス――四つの価格投資サイクル

今回のサブプライム危機で注目されたハイマン・ミンスキーの「金融不安定仮説」は、経済主体を、自らの所得で負債元利を償還できる「ヘッジ金融ユニット」、利払いのみ可能な「投機金融ユニット」、元利いずれの償還もできず、資産の値上がりに期待するだけの「ポンジー金融ユニット」の三つに分ける。そして、このうち投機金融ユニットとポンジー金融ユニットの割合が増加していく過程がバブルであり、その割合が一定水準を超えると、バブル崩壊に至ると考える（ミンスキー［一九八九］）。

しかし本書では、もう少し巨視的に、資産市場に対する資金の流出入量（それに伴う信用創造分を含む）に着目して、問題を考えよう。キャピタルゲインを目的とする価格投資が行われ、それによる資産価格の変動を受けて新たな投資決定が行われるまでを一つのサイクル（価格投資サイクル）と捉えると、そこには①相殺サイクル、②受動的変動サイクル、③自律的上昇サイクル、④下落サイクル、の四つのフェーズがある。このうち、③の「自律的上昇サイクル」がバブル形成過程である。

相殺サイクル　①の相殺のサイクルでは、投資家個々の行動の方向がまちまちのため市場全体では互いに相殺され、市場全体がかさ上げされるような大規模な上昇に向かうことはない。

価格形成は、実需型価格メカニズムを基本に、それに乗る形で、価格投資家単位で個別に価格投資型価格メカニズムが働いている。価格投資は行われているが、その方向は投資家ごとにランダムだから、資金の動きは相殺され、価格投資が独自に市場を一方向に動かすことはない。価格の変動は、基本的にファンダメンタルズに基づき、実需価格の近傍に常に止まる。したがって、市場で決定される価格がファンダメンタルズから乖離することもほとんどない。市場にある資金の総量も特に変動しない。ここでは、投機家はおおむね市場の情報の非対称性を補完し、需要と供給を結びつけて市場を効率化している。

ただし、そうした中で、株式市場でみれば特定の銘柄、土地でみれば特定の地域に値上がり期待の資金が集中すると、そこでは価格投資型価格メカニズムが自律的に運動を始めることがある。しかし、それが市場外の注目を浴びず、新たな資金の流入を招くことがないなら、市場内に分散している価格投資資金を吸収し集中するだけに終わり、市場全体がかさ上げされるような変動にはならない。

受動的変動サイクル　②の受動的変動サイクルでは、政府・中央銀行による金融緩和政策などの外生的な（市場からみて外部的な）理由で、流出入する資金量が変動し、それに応じて資産価格が受動的に変動する。金融緩和政策などで資金が流入すれば、資産市場は膨張するが、その政策が終結するなどで資金流出入の変動が止めば、全体的な価格変動は停止する。

自律的上昇サイクルと「バブル形成」　一般に資産価格上昇の原因は、需給関係つまり供給の伸びを上回る需要増加である。需要増加原因の第一は、もちろん実需型価格メカニズムに係わる「使用上の価値」の上昇である。例えば経済環境の変化で土地の必要性が上昇すれば、需要も上昇する。第二は、価格投資型価格メカニズムに係わる「資産価格の上昇そのもの」である。これには流入する資金量が重要だが、価格投資では価格上昇の見通し自体が資金を惹きつける。

平時は、こうした市場参加者の見通しは様々であるから、参加者の行動は全体として相殺される（相殺サイクル）が、「使用上の価値」の上昇や金融緩和などによる資金流入がきっかけで価格上昇が継続し、上昇を予想する投資家の割合が増える（斉一化）と、需要が増え価格は上昇する。

それによって市場は、セイ・サイクル財や他の資産の魅力に打ち勝って、連鎖反応的に資金を集めるようになることがある。資金流入で価格が上昇すると、上昇見通しはさらに強化され、市場には次々に新しい資金が流入し、市場価格はファンダメンタルズを離れて上昇する。

こうなると、実需のための市場参加者は、目前の設備投資等で必要やむを得ない場合を除いて退場し、市場価格は、価格投資家による価格投資型価格メカニズムに支配されるようになる。それが「バブル」である。それは徐々に、より広い層から資金を集め続けるようになり、価格は上昇を続ける。

このようなプロセスを「自律的上昇サイクル」と捉える。こうしたプロセスが継続する中で、市場参加者は価格上昇を確信し、リスクに対する恐れを後退させ、危険な借り入れでレバレッジを効かせる投資家が増加していく。つまり、市場に参加する経済主体の中でミンスキーのいう「投機金融ユニット」や「ポンジー金融ユニット」が増加していく。

下落サイクルと「バブル崩壊」　実需で妥当と考えられる水準を離れて価格が上昇すると、価格が高すぎて危険だと考える人々が増加する。中央銀行が金融を引き締めることも多い。この結果、資金の流入が減少し、価格は乱高下するようになるのが、バブル末期の特徴である。乱高下の発生は、上昇期待が減少し、上昇・下降の見通しが対立している状況を示している。

すでに価格水準は、ファンダメンタルズを反映した価格から大きく乖離しているから、実需面の買い手はおらず、買い手は価格投資家しかいない。ファンダメンタルズ周辺の価格水準なら、少しでも値下がりすれば実需筋からの買いがすぐに入るために価格は安定する。しかし、実需から大きく乖離した価格水準では、そうした買いは入らない。その段階では、ほぼ売買差益が目的の価格投資家しかいないから、価格変動の見通しの変化がバッファーなしで直接価格に反映され、乱高下が生ずる。それがこの価格メカニズムの特徴である。

バブルが崩壊しても、経済主体がヘッジ金融ユニットのみであれば、まだ問題は小さい。投資家は自己責任で手仕舞うことができるからだ。しかし、ポンジー金融ユニットは、価格上昇停止によって直ちに借入金や利息のための資金調達に窮し、当該資産を投げ売りせざるを得ない。これは資産価格一般の暴落の引き金となる。またこれは、彼らに資金を供給していた金融機関等に直ちに波及し、金融システムは甚大な打撃を受けることになる。

価格が暴落で十分下落すると、実体経済に係わる実需の需要家が、ファンダメンタルズのレベルで初めて買いに入る。そこで、ようやく実需型価格メカニズムが復活する。

4　バブルと経済の不安定化――なぜ投資家の行動は非合理にみえるのか

先にみたように、バブルは形成過程では、土地価格などの高騰を通じて実体経済の資金を吸収し設備投資を制約するが、逆に資産価格効果もある。一方バブルが崩壊すると、深く係わっていた金融システムが機能不全に陥り、同様に係わっていた一般企業も大きな打撃を受け、その回復のために実体経済のセイ・サイクルから資金を吸収し続けるため、長期にわたって実体経済に負の影響を与える。

バブルの形成と崩壊が経済に大きな影響を与えた有名な事件を挙げると、一七世紀のオランダで発生した「チューリップ・バブル」、一八世紀前半フランスの「ミシシッピ計画」やイギリスの「南海泡沫事件」、一九三〇年代「大恐慌」の前段をなした一九二〇年代米国のバブル、近くは一九九〇年代以降の日本の長期停滞の原因となった八〇年代後半の「日本の株・土地バブル」、九〇年代半ばのメキシコなどの「中南米バブル」、九〇年代後半の「アジア通貨危機」前のバブル、二〇〇〇年代初頭の米国の「ITバブル」、そして今回の世界同時不況前の米国などの「土地住宅投資バブル」等がある。

なぜバブルの中で市場参加者は、ファンダメンタルズから乖離した価格で資産を購入したのだろうか。このとき、すでにファンダメンタルズからの乖離で、リスクは高まっていたはずだ。

これは第一に、これまでの上昇の実績から、今後も価格上昇が確実だと考えたからだろう。その確信は、日々の上昇で補強され続けたのである。

第二には、単純に、ファンダメンタルズを反映した適正な価格を知ることが難しいからだ。ファンダメンタルズといっても、現実に適正な価格がどの水準かは、判定が難しい。株式を考えると、対象企業が将来急速に成長する見通しがあれば、それを織り込んで価格が決定されるだろう。しかしその場合、どの程度の未来の成長までを織り込むかによって、適正な価格は変化する。市場に投入される資金量が少ないときには、価格にはそれほど遠くの未来までは含められないだろうが、資金が潤沢で、しばらく寝かせておいてもよい資金が多ければ、価格はより長期にわたる成長を織り込んで高くなりうる。この両方とも、ファンダメンタルズを反映しているといえるのである。もちろん、成長がどの程度か不確定だという問題もある。

つまり、ファンダメンタルズを反映した価格には、様々な解釈がありうる。そして、市場価格は実需を通じて、そもそもある程度はファンダメンタルズを反映した価格の「はず」だから、その上昇はファンダメンタルズの変化を反映したものかもしれないと思わせる。また資産価格上昇過程では、「強気」を煽る解説や理論が一斉にマスコミに登場するのが常である。新古典派経済学の基盤の一つともいえる「効率的市場仮説」はこの意味で、投資家のリスク不安を軽減し、バブルを後押しする仮説でもあった。

しかし効率的市場仮説は、実需型価格決定メカニズムが主導する相殺サイクルと受動的変動サイクルにはおおむね当てはまるが、価格投資型価格決定メカニズムが卓越する自律的上昇サイクルと下落サイクルには当てはまらないと考えられる。

5　価格投資と実体経済

本節の最後にあらためて、価格投資型価格メカニズムの運動が実体経済にどのような影響を与えるかをみておこう。

価格投資の影響力増加

キャピタルゲインを目的に行われる価格投資の対象としては、株式などの金融資産だけでなく、土地、美術品、金などの実物資産が係わっている。C・P・キンドルバーガーは、過去に投機の対象物となったものとして（数え方にもよるが）チューリップから株式、土地まで二六種類を挙げている（キンドルバーガー［二〇〇四］六一～六四頁）。

例えば、原油もその一つである。米商品先物取引委員会（CFTC）が二〇〇九年九月から詳細を公表しはじめたニューヨーク・マーカンタイル取引所（NYMEX）のWTI原油の買い手をみると、生産者と需要家などの割合は一三％にすぎず、残りのほとんどは金融機関等とヘッジファンドなど、直接には石油を取り扱わない業者だった（「NY原油の市場参加者　大半が『非石油業者』」、『日本経済新聞』二〇〇九年九月一九日）。これは、ある時点の一断面にすぎないが、それにしても価格投資のウエイトが想像以上に高い。

価格投資の活発化が実体経済に与える影響

価格投資の活発化で資産市場の価格上昇が続くと、価格投資の魅力がセイ・サイクル財の魅力に勝ち、金融・資産経済は実体経済（セイ・サイクル）から資金を吸収する。一方では、資産価格の上昇による「資産価格効果」で実体経済でも消費が増大する。

資産価格上昇はセイ・サイクル財の生産コストを押し上げ、物価上昇をもたらす。物価上昇は家計の消費を前倒しさせ、消費需要を拡大する。一方、設備投資の投資収益率は、価格投資の収益率に負け、継続的な資産価格上昇で価格投資のリスクは軽視されるから、資金は価格投資に流れ、設備投資は抑制される。この結果、消費財の輸入が増加するかもしれない。

しかしバブルが崩壊すると、負債の償還に膨大な資金が吸収されるため、設備投資が抑制され、それによって需要は縮小し長期にわたって経済の停滞が続く（バランスシート不況）。投資需要の減少による経済の停滞で、企業倒産の増加やリストラが一斉に行われて雇用不安が生まれ、消費需要も冷え込む。

これに対して、不況対策として金融緩和政策が採られるが、重不況下では需要の将来見通しが低いから、資金は設備投資に使われないまま金融機関に滞留する。しかし、バブル崩壊後のわが国のように、価格投資の痛手の教訓が深く浸透している国では、それが払拭されるまで価格投資サイクルが「自律的上昇サイクル」に入ることはない。資金の一部は海外に向かい、海外のバブル資金として使われることになる。

第2節　過剰資本の弊害：先進国の成長、経営の短期志向化

過剰資本は、バブルのほか、主に先進国の成長率低下、企業経営の短期志向化を引き起こし、実体経済に大きな影響を与えると考える。以下で整理しよう。

1　過剰資本とグローバリゼーション

水野和夫氏は、マネタリズムの台頭で、インフレ抑制に向けた金融政策が行われた結果、インフレの昂進で上昇していた長期金利が一九七四年をピークに下がり、インフレの沈静化に成功したこと、その一方で、この頃から特に先進国で企業の利潤率が上がらなくなってきたとし、これを「経済が成熟」しているためという（水野［二〇〇八］七七〜七八頁）。

新古典派成長理論では、経済成長を決定するのは、資本・労働の投入量か生産性（ＴＦＰ）の上昇というサプライサイドの要因であり、需要は成長率に関係しないと考える。このため、成長率低下の原因はサプライサイドの「経済の成熟」ということになってしまう。

しかし、成熟化であれば趨勢的に徐々に低下するはずが、世界全体の平均実質ＧＤＰ成長率は、一九七〇年代半ばを境に急落している。スキデルスキーは、一九五一〜七三年と一九八〇〜二〇〇八年の成長率を比較しているが、前者の平均成長率四・八％に対して後者は三・二％となっている（スキデルスキー［二〇一〇］一八四頁図１）。

図18を一見すればわかるが、これは趨勢的な低下ではなく、七〇年代後半を境界とする断層的な変化である（なお、七〇年代初めの谷は第一次オイルショックに係わる）。成長率が低くなれば利潤率が低下するのは当然だろう。

図18　世界の実質GDP成長率の推移

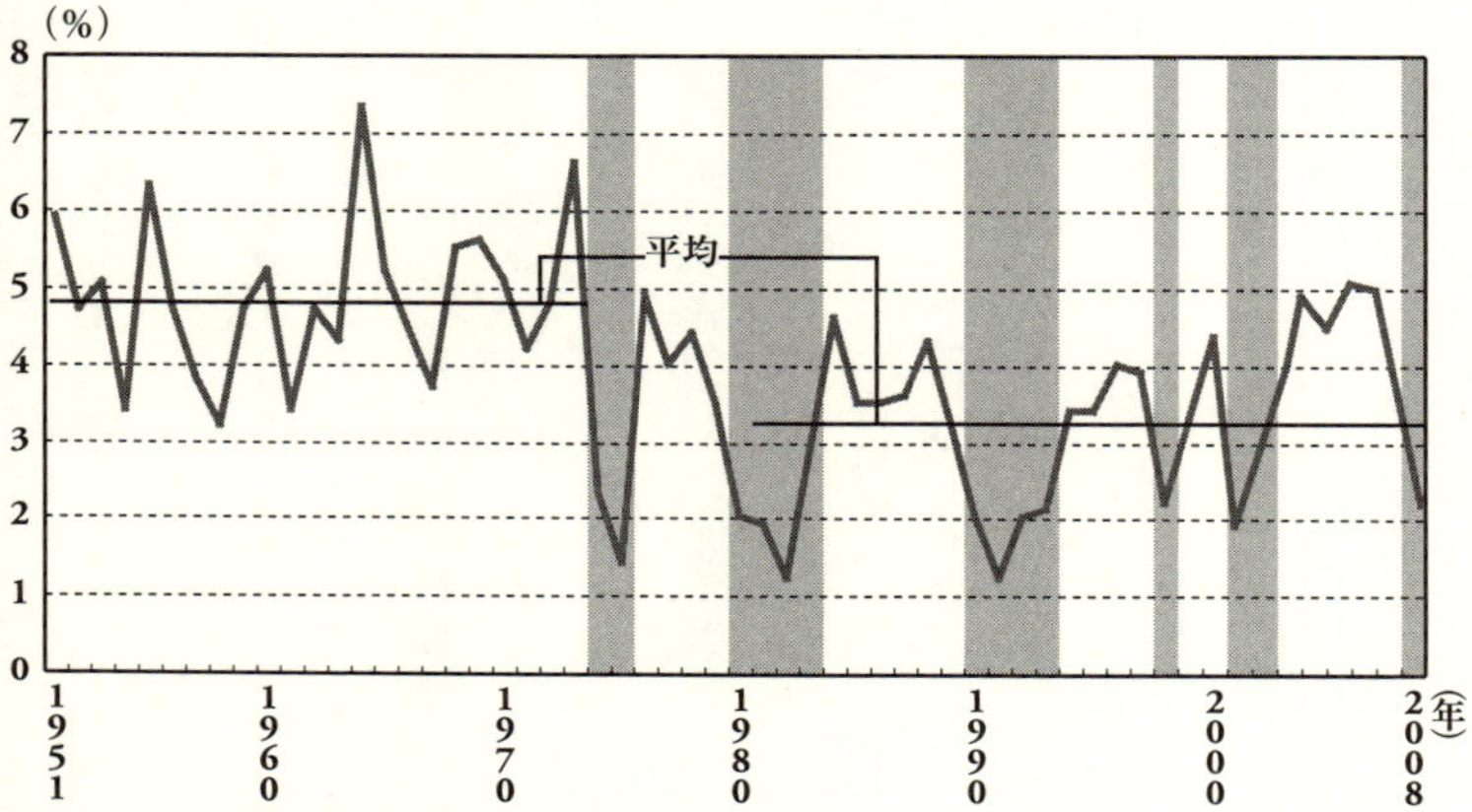

出所：スキデルスキー［2010］p.184，図1

まさにマネタリズムを端緒として(1)需要軽視の新古典派経済学が台頭し、各国の経済政策に影響を与えるようになった時期と、世界の平均成長率の低位安定化や、先進国の失業率上昇の時期は一致する。少なくとも図18をみれば、新古典派経済学が、世界の経済成長を加速したなどといえないことは明らかである。これを需要重視の立場でみれば、彼らの政策で実質成長率が低下したことは当然に思える。つまり、インフレ抑制策とは実質的に需要抑制策であり、需要不足下ではインフレになるわけはないが、経済が成長しないことも明らかだ。だが、教条的な新古典派は、需要不足の影響を認めない。

過剰資本の形成　先にもふれたが、米国は金とドルの交換を停止した一九七一年のニクソン・ショックで、ドル発行の制約（金とのリンク）から解放され、金融緩和政策を自由に選択できるようになった。この結果、過剰なドルが「ユーロダラー」として、ロンドン市場などに蓄積されるようになったとされる。

その後も、日本や米国をはじめ各国の「金融緩和政策」によって、金融・資産経済は膨張を続けてきた。金融緩和政策は、実体経済の景気対策を目的に実施されたが、副作用として、もっぱら金融・資産経済の肥大化に寄与したようにみえる。

この過剰資本は投資機会を探し、まずは各国の設備投資を活発化させる。それによって、当然生産物市場の競争は激化する。過剰資本下では、常に過剰気味の投資が行われ、設備投資の投資収益率は低くなる。

図17cは、こうした因果関係を表す図である。図17a、bに対して、ここでは複数の企業が競合する場合を考える。過剰資本が存在すれば資金調達が容易になるから、新たな企業が生産設備に投資して追加的に市場参入しやすくなり、製品の市場競争は激化する。競争激化で企業は効率化に努めるので価格は低下し、製品当たりの付加価値は低下する。第3章でみたように、問題は価格低下でどの程度需要数量が増加するかである。需要の価格弾力性が十分高ければ、十分な数量増で付加価値総額は成長するし、低ければその伸び（経済成長率）も低くなる。

需要の価格弾力性が低い場合、付加価値総額の停滞やマイナスで利潤は少なくなり、投資収益率が低下する。すると資本の運用者等は、より有利な海外投資や資産投資に資金を投入しようと考える。それは先進国内の設備投資の減少を意味するから、先進国の実体経済つまりセイ・サイクルは需要を削られる。

（1）一九七三年、七九年の二度のオイルショックを経て、各国はスタグフレーションに悩まされ、英国ではサッチャー政権が、また米国ではニューヨーク連銀総裁を経てFRB議長となったポール・ボルカーの下で、いずれも七九年からマネタリズム的政策が採用された。米国では、さらに八一年にレーガン政権が誕生し、以後サプライサイド経済学に代表されるサプライサイド重視の政策が継続的に推進されるようになった。

図17c　漏出・還流モデルでみた複数企業競合モデル《因果関係図》

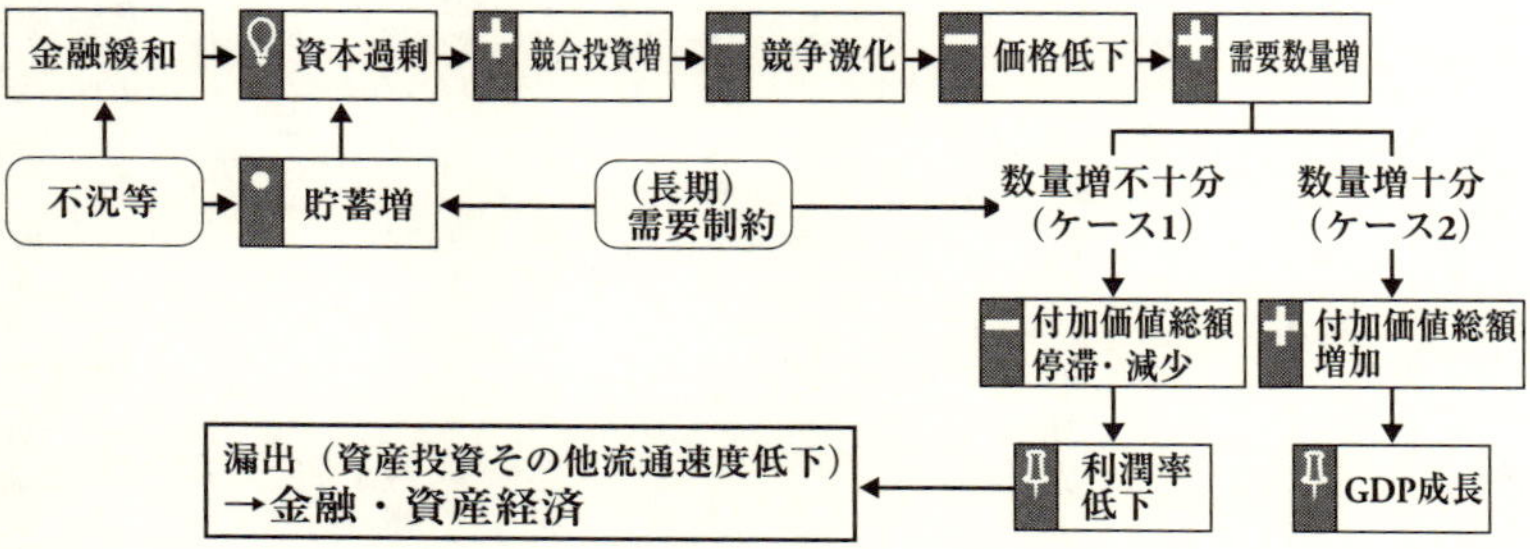

グローバリゼーションと先進国の成長率低下

こうした過剰資本の国際投資活動は、さらに開発途上国と先進国の関係を変化させる。それが先進国経済に与えた影響をみてみよう。

ニクソン・ショック以来のドルの過剰供給を端緒に、ロンドン市場などを中心に「国際過剰資本」が膨張を続けてきたが、その運用者である英米両国の金融界は、投資機会の不足を解消するため、その政治的影響力を使って、低リスクで投資収益率の高い投資機会を国際的に作り出すための制度づくり、すなわち、**金融の「グローバリゼーション」**を進めてきた。

具体的には、各国の為替市場の整備など資金移動の制約解消、また間接金融ではなく開発途上国企業に直接投資するための「外資規制の撤廃」、投資先企業の経営状況を把握しやすくするための「企業内容等開示制度」や「会計基準の統一」、「四半期決算制度」「時価会計の導入」などが推進された。開発途上国所在の投資先企業が、先進工業国に輸出できるように「貿易の自由化」も支援された。

開発途上国と先進国の問題は、図17ｃの複数企業の何社かが開発途上国にある場合を考えればよい。それが**図17ｄ**である。紙数の都合で若干書き方を変え、図17ｃの複数企業を開発途上国と先進国に振り分け、派生的な

図17d　漏出・還流モデルでみた開発途上国・先進国競合モデル《因果関係図》

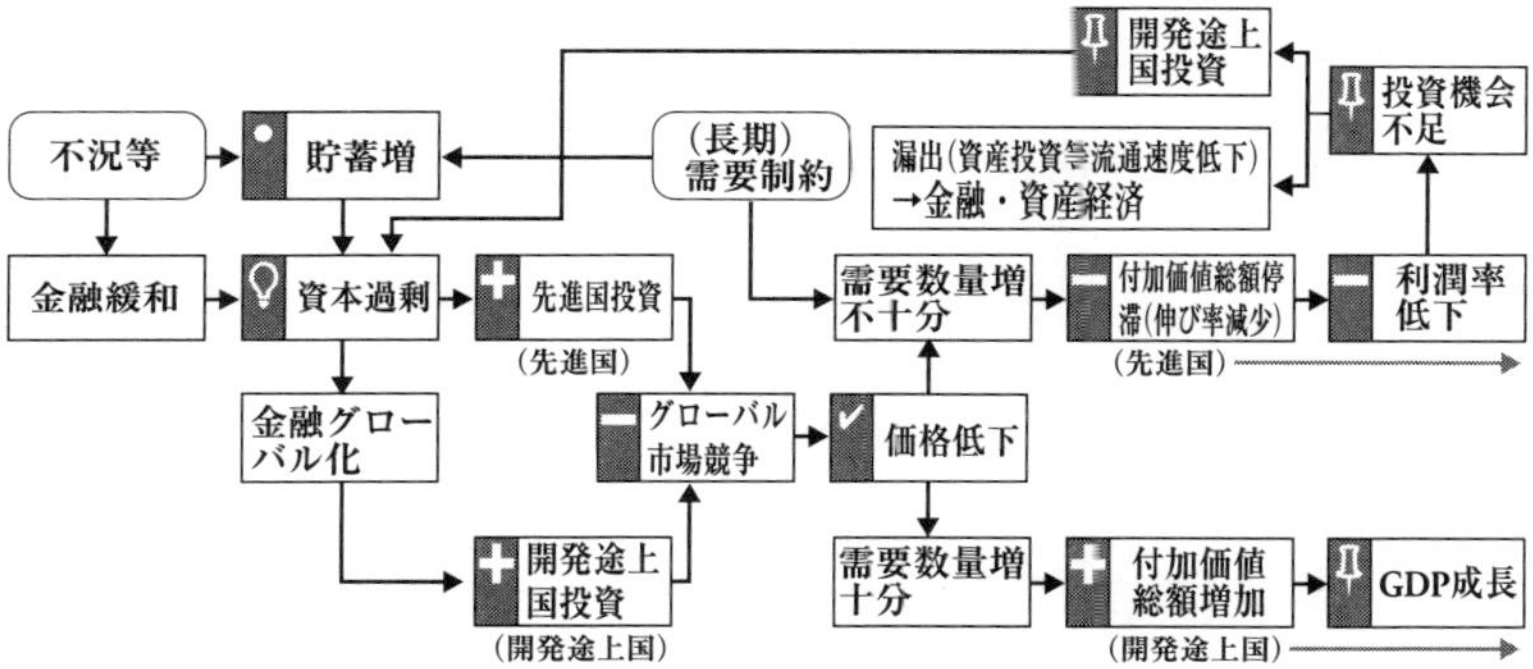

影響を追加している。

ここで、先進国は高賃金、開発途上国は低賃金とし、この製品分野では労働者の能力には差がないと考えよう。すると、先進国企業がどのように努力しても、低賃金の開発途上国企業の方が製品価格は安いだろう。その結果、販売・生産数量は、開発途上国企業が多くなり、先進国企業は少なくなる。

つまり先進工業国企業の採算性は低くなる一方で、開発途上国側は数量が確保されるので利潤率は高くなる。この結果、資本の運用者等は、開発途上国に投資したいと考えることになる。先進工業国には投資機会が不足していることになるのである。

この結果、国際過剰資本は、金融グローバル環境の下で、開発途上国への投資を増やす。先進国の資金は結局、価格投資だけでなく、開発途上国の実体投資にも流出する。

この資本収支の赤字は、直接には経常収支黒字で相殺されることになるが、その決済で受け取るのは債権であって、資金自体はマクロでは先進国経済には還流しない。つまり、その先進国の過剰資本が将来枯渇するまでは、この経常収支黒字分の資金が、国内経済に対する需要として機能することはなく、それまでの間、先進国のセイ・サイクルは実質的に還流不足となる。

一方、この資金の導入で、開発途上国は成長し、生産力や競争力は上昇するから、それとの競争で、先進国からみた市場の需要規模は次第に圧縮されるようになる。このため**先進国の実体経済は低迷し、経済成長率は低下**する。

金融・資産経済の肥大化が世界経済に与えた影響　金融・資産経済の肥大化と金融のグローバル化の影響を列挙してみよう。良い点は、①経済のグローバル化で「安くて良い製品が供給される」ようになり、②「開発途上国に投資が行われ、発展した」ことである。

悪い点は、③有利にみえる投資先に世界の金融資本が集中するようになり、「世界各地でバブルやその崩壊が起きるようになった」こと、④一国の経済変動が世界に影響を及ぼすようになり、「経済の不安定性が増した」こと、⑤賃金の低い開発途上国への投資で「先進国の雇用が打撃を受けている」こと、⑥⑤により賃金が抑えられるなどで消費需要が伸びないため、「先進国での投資機会がますます減少している」こと、⑦「国民経済（実体経済）と金融・資産経済の利害の分離」が進み、政府の経済政策、金融政策の方向性が定まらなくなってきていること、などである。

良い点は二つしか挙げなかったが、この二つとも極めて重要なことである。しかし、意図せずに生まれたこうした巨額の金融・資産経済によって、先進工業国はどの程度恩恵を受けているだろうか。これほど巨大な金融・資産経済は、果たして実体経済にとって不可欠だろうか。

2　経営の短期志向化：モノづくりシステムの毀損

金融・資産経済の肥大化によって、金融資産を扱う金融セクター、特に価格投資セクター（後述）が持つマインドや行動性向は、実体経済に大きな影響を与えつつある。金融・資産経済の肥大化は、価格投資セクターに過度の力を与えるようになっているのである。

実体経済セクター企業の中長期的・統合的行動原理　実体経済セクター、特に製造業では、製品のコスト構成の大半はその企業自身が付した付加価値が占めており、仕入れの割合は低い。コスト構成は極めて複雑であり、それらは企業の様々な活動との連関の下で、長期的な視点で計画され製品に割り当てられている。ここで機能している行動原理を、ここでは「長期的統合行動原理」ということにしよう。

実体経済セクターに属する企業の活動を具体的にみれば、長・中・短期にまたがる視野の下で、新しい製品を企画・開発し、計画的に研究開発を行い、競合企業の製品を意識しながら既存製品を改善改良し、マーケティングを続け、製品の個別需要を予測し、原材料・中間財を仕入れ、生産システムを構築・改善している。また、製品技術や生産技術の改善・改良、技術者などの育成を行い、ノウハウの継続的蓄積と労働者への体化を行っている。さらに広告宣伝を行い、取引相手や消費者への信用を形成し、イメージづくりを行い、自社の製品間の戦略的な組み合わせ、下請け企業との連携、他企業との競争など多様な分野にまたがる多種の活動を行っている。

またこうした活動は、現在の収益を稼ぐ製品と、未来の収益を稼ぐための製品のバランス、適切な製品ポートフォリオの形成、ニーズに応じた製品の組み合わせと、それによる市場支配戦略、既存製品から新製品への移行調整、技術や部品の共通化・販売ルートの共用などによる範囲の経済の追求、不採算製品であってもそれが他の製品の販売を促進する効果を意識するなど製品間の戦略的役割分担の追求、研究・開発・製造・販売・広告・マーケティング・財務・後方事務部門等の各部門間の連携など、全体が相互に連関し、統合的な一つの体系をなしている。

各分野は、それぞれがサブ目標を持ち、それぞれ最適化が追求されており、さらにそれらを統合した全体目標に向けた調整も常に行われている。このため、企業活動の中の個々の活動は、それを取り巻く他の活動と密接に連関していることが意識され、個々の活動の可否も、こうした様々な活動や目標との複雑な連関の中で常に評価・判断されている。

重要な点は、こうした企業活動は、常に短期ではなく中長期的な視野の下に行われざるをえないことだ。実体経済セクターの企業活動は、こうした活動の組み合わせによってはじめて競争力を持つ。

金融・資産経済セクター企業の短期的行動原理

これに対して、金融・資産経済セクター企業の活動は、仕入れ（元本）が九割台後半の高い割合を占める。融資や債券など運用面の商品を考えても、商品（投資等の資金）の「価格」のほとんどは仕入れコスト（元金）が占め、企業（金融機関）が付け加える付加価値は極めて小さい。

もちろん、金融セクターの企業でも実体セクター企業と同様に、中長期的な活動の累積や企業活動の統合性といったものはあるが、それに係わる付加価値が全体に占める割合は極めて小さい。しかも、その大半は事務コストといえるものである。

コラム13　**企業と市場**

「**企業**」が存在するのは、**市場に非効率がある**ためだ。市場が万能なら、毎日の事業に必要な人材や設備を市場で毎日調達すればよい。企業が人材と設備を抱え、人材育成に努力しているのは、市場から十分な水準の人材や設備を調達するためのコスト、つまり、必要なものを提供できる取引相手を探し、相手が信頼できるかどうかを調査し、交渉し契約するために必要なコスト（**取引費用**）がかかりすぎることが原因だ。

下請けとの随意契約による密接な関係（「中間組織」という）も含めて考えると、米国に比べて日本は市場よりも企業組織が卓越している。こうしたシステムでは各企業に特殊に適合した人的資本の蓄積が行われやすい。それには、当然プラスもあればマイナスもある。

ではモノづくりでどちらが優れているかといえば、明らかに企業組織が優勢な日本型のシステムの方が、市場調達が優勢な米国型よりも優れているといえるだろう。**小泉構造改革**の**市場調達重視政策**は、一概にはいえないが、基本的には日本のモノづくりを破壊する政策だったともいえる。

また、金融・資産経済セクター企業の活動は、融資や投資案件ごとに独立性が高く、しかもいずれも他人の事業に乗るのであって、根本的には独自の価値を追求するものではない。金融セクター企業は基本的には、そうした他人の事業のプロジェクトの中で、投資に見合う利益、つまり利子・配当や債券等の売却差益を追求する。その視点は基本的に案件単位である。

すなわち、実体経済セクター企業が中長期的視点や統合的視点で事業活動を行うのに対して、金融セクター企業の行動は相対的に短期的視点で行われる。特に債券や証券の形で投資を行っていれば、それを売却して次の収益機会に資金を移動することは容易である。したがって、自企業が投資している間に、できる限りの利益をその投資先から得る行動が卓越する傾向がある。もちろん、これらは良い悪いの問題ではない。各セクターの役割と考えるべきなのである。

金融経済セクターの中で、キャピタルゲインの追求を行う価格投資中心の業態を「**価格投資セクター**」と呼ぶことにしよう。これは、金融・資産経済の膨張に伴って生じた投資機会不足という環境下で収益力の高さで資金を集めるようになり、特に米国や英国で存在感を大きくしてきた。

その行動原理は、キャピタルゲインが目的の中心だから、金融経済セクター一般よりも「さらに短期的」である。そして、このセクターが巨額の利益と報酬を得るようになったために、一般の金融セクター企業の行動にも影響を与えるようになり、米国を中心に投資銀行のヘッジファンド化、また金融・証券業務の分離規制の撤廃に象徴されるように、商業銀行も投資銀行化の傾向を強めた。特に米国では、銀行の価格投資セクター化が進行したといえる。

金融・価格投資セクターの短期志向の影響

金融・資産経済の肥大化や経済のグローバル化に加えて、M＆A法制の改革などによって、実体セクター企業に対する金融・価格投資セクターの短期的な行動原理の影響が強まり、それは実体経済や実体セクター企業の活動に、様々な変質を迫っている。

生産設備、生産技術や販売力といった実体セクター企業の資源は、それを単純に引き揚げて他へ持っていっても簡単には使えない。しかし、金融経済セクターの資源である「資金」は移動性が非常に高い。

金融・価格投資セクター企業は、投資先の収益性が低ければ、いつでも資金を引き揚げて他に投資できる。だから、投資するなら、投資している短期間に投資先企業が持つ資源を最大限に利用し尽くして、利益を追求させることが合理的となる。その結果、その企業が将来の成長力を失ってもかまわない。対象企業に成長力がなくなれば、資金を引き揚げ、別の有利な投資先に投資すれば済むからである。この傾向は、広義の金融セクターの中でも、さらに短期の投融資を主体とする業態に著しい。

経済のグローバル化で、投資先の数にはかつてほどは困らなくなってもいる。金融グローバル化とは、そうした価格投資セクター企業の活動を容易にするための制度改革だったともいえる。また、金融グローバル化や債権の証券化などによって、金融機関と地域経済や実体セクター企業との共益的関係が薄れつつあるために、金融経済セクターなどの短期志向はさらに強まりつつある。

こうした短期志向セクターの視点からすれば、実体セクター企業が長期的な視点で行っている活動は、無駄なコストの集まりである。実体経済セクター企業が、常に現在の収益と未来の成長のバランスを考えながら経営資源の配分を行っているのに対して、短期志向の価格投資セクター企業は、投資先企業の将来投資を削って、現在の収益に加算する方向に圧力を加えるのである。

こうした活動が抑制されなければ、国民の幸福に直接係わる実体経済セクター企業の能力は毀損されてしまう。米英両国が、（他の原因もあるが）モノづくりの能力を失ってきたのも当然だろう。

短期志向セクター企業からすれば、低賃金の上に、追随型製品の製造で研究開発コストを負担せず、現在の収益を最大限に生み出してくれる開発途上国企業に投資するのは当然だろう。

確かに、開発途上国への投資でそれらの国の成長率は上昇するかもしれない。まさに、金融・資産経済は世界を平準化したのである。しかしそれは、単に先進国の成長力を開発途上国に移転したにすぎない。それによって、先端部（先進工業国のモノづくり企業）の牽引力や開発力は削がれ、**世界経済の成長力は減殺されている**と考える（図18参照）。

モノづくり企業経営の高株価政策、短期的経営への変質　金融グローバル化、M＆A法制の改革などで、株価の低い企業は「**企業買収の脅威**」にさらされるようになった。こうした脅威は、実体セクター企業一般の経営を「高株価」重視に変える。このため、モノづくり企業の経営は、自ら短期志向化し、それは企業の成長力を削いでいる可能性が高い。

通常、英米の価格投資セクターが行う買収の目的は、買収後に利益率を改善させて企業価値を高くし、売却してキャピタルゲインを得ることである。当然、短期で収益化することが目的だから、その企業の優れた価値を中長期的に伸ばす政策は採られない。対象企業の既存資源を組み替え、当面の収益に無駄な資源は売却し、人員を削減することなどが、買収後の「建て直し」策の中心となる。

だがそれによって、その企業が長期にわたって築き上げてきた価値の多くが失われる。企業とは机上のものではなく、自ら立てた目標や価値に対する忠誠心、仕事のための人間関係や組織間関係、取引先企業との関係などが価値をなしている部分が大きい。収益部門以外が収益部門の価値を高めている場合もある。経営力が低い企業も多いかもしれないが、長期的な視点を重視しているために現在の収益が低くみえている企業も少なくないだろう。だが、こうした企業の価値は破壊される。

そもそも、価格投資セクター的、財務的、短期的な手法で利益を生み出す方法には、「コストカット」と「企業価値の組み替え」という二つの手法しかない。後者では、企業価値は足して2で割ったり、削ったりの操作ができるものという発想がある。しかしそうした操作によって、企業価値は人的資本を中心に毀損されていく。

米国の製造業が力を失ったのは、ドル高政策もあるが、こうした金融セクター的発想、財務中心的・短期的な経営手法の影響が大きいと考える。日本でも高株価経営を志向する短期的・財務的発想の企業経営が増加しているが、これは日本のモノづくり経済を破壊する方向に作用するだろう。

こうした買収の脅威下で、企業経営者は、**高株価政策**、すなわち将来を犠牲にして現在の利益を最大化し、高株価を実現しようとする政策を強めている。

これは第一に、労働分配率の低下となって現れるが、それは従業員の「忠誠心」を静かに毀損していく。忠誠心は「企業のためによいこと」を自ら考えて実施させているのであり、それは日本企業の高品質、低コストの源泉となってきた。だが、忠誠心が低下すれば、従業員は指示・命令されたことしかしなくなり、それは静かに企業の収益力を奪っていくだろう。

一般に忠誠心は、経営者と従業員の利害が一致していると感じられるときほど強くなる。例えば不良品率の高い企業は、こうした面に問題がある可能性が強い(2)。いずれにせよ、日本でも経営層と従業員の分断が拡大するようになれば、それは日本企業の品質や競争力に大きな影響を与えていくだろう。

第二に、現在の利益のために、将来の製品を生み出す長期的研究や開発への投資が抑えられがちとなる。そもそも、企業の価値を作るのは製品の価値である。収益力のある製品とは、マーケティング、研究開発、製品企画、デザイン、製品技術、生産技術、営業力などの専門的人材の努力の組み合わせで創造されたものである。

(2) これらの問題は、今日では主としてエージェンシー理論で扱われる。

モノづくり企業が、新たな収益力のある製品を生み出すためには、そうした機能や人材の育成、醸成が欠かせず、それには先にみた長期的統合行動原理に係わる中長期的な取り組みが必要である。しかし、そうした努力は、当面の高株価対策のために軽視されるようになる。こうした現在の利益を重視する経営の短期志向化の結果が、第2章でもふれたが、近年日本企業が革新的な電子製品分野などで、オーナー経営の韓国企業の後塵を拝するようになり始めていることに現れているのではないかと思われる。

近年行われてきた資本市場に係わる**規制改革**は、こうした経営の短期志向化を促進するものであり、その改革の方向は、主に欧米の価格投資セクターの資金運用の都合を満たすものにすぎないと考える。

これらの制度改革は、日本の多くの実体セクター企業の経営に大きなマイナスの影響を与え、それは日本企業の中長期的な競争力を低下させる方向に作用したと考える。資本があり余っている日本で、こうした改革を行う必然性はなかったのではないか。

第3節　実体経済と金融・資産経済の関係のあり方（両者の分離）

実体経済に対する影響力を強めている金融・資産経済は、「価格投資型価格メカニズムの本質的な不安定性」のために、安定してもいないし効率的でもない場合がある。また金融・価格投資セクターの「短期志向の行動特性」などの問題もある。

こうした問題から、大多数の国民の幸福に直結する実体経済を保護するには、金融・資産経済を安定化し、実体経済との間の相互作用をコントロールする必要がある。またこれに関連して、「投資」の中で「設備投資」と付加価値を生まない「資産投資」の峻別が再確認されなければならない。

1　金融・資産経済と実体経済の相互作用のコントロール

実体経済の景気変動は、両経済間の相互作用を通じて金融・資産経済に影響を与え、金融・資産経済の運動もその相互作用を通じて、実体経済の景気変動に影響を与えている。とすれば、可能な限り、この相互作用をコントロールすべきである。

経済政策の対象として二つの経済は分離して考えるべき

金融・資産市場が常に効率的に機能し、したがって実体経済と密接不可分に連動していると考える主流派経済学には、金融・資産経済が実体経済に与える影響を分析する枠組みは限定されている。これに対して本書では、この二つの経済は、金融・資産経済における特異な価格メカニズムにみるように、互いに異なる行動原理と挙動を持つと考える。

実体経済は生産（供給）、分配、支出（需要）の循環を通じて、国民に所得を分配し、財やサービスを供給しており、ＧＤＰはこの実体経済の活動を表す。大多数の国民の幸福を決定しているのは実体経済であるから、景気の刺激とは主に実体経済の刺激である。しかししばしば、実体経済のための刺激策が、金融・資産経済だけに影響を与えることが多い。

本書は、どれだけ低利の資金があっても、重不況下では需要の将来見通しが低くなるため、実体経済企業は設備投資を抑制すると考える。

ところが、景気対策として金融緩和政策が有効だという認識が広く行き渡っているため、金融・資産経済に係わるセクターに資金を供給すれば、自動的に実体経済に行き渡り、企業は積極的に設備投資を行うだろうという漠然とした理解が根強い。しかし重不況下では、設備投資資金の需要が低いため、金融緩和政策は設備投資の増加に寄与しない。

また、設備投資の増加は付加価値の増加を生み経済が成長するのに対して、資産投資の増加は付加価値の増加を生まず資産価格の上昇を生むだけである。資産投資は、実体経済における消費や設備投資ニーズに対応する部分を除いて、ＧＤＰ成長には寄与しない。

ところが、金融・資産経済関連企業は、当然ながら「設備投資」と「資産投資」を区別しないから、余剰資金は海外投資など最も有利な投資先に割り当てられる。例えば二〇〇一年から始められた日銀の量的緩和政策では、資金は設備投資の拡大には寄与せず、一部は円キャリー取引などを通じて海外投資に回り、米国のバブル資金の一部となったと考えられる。

こうしたことは、事実としてはよく知られているが、（本質的には）新古典派の理論体系に結びつけて理解されてはいない。結びつけられない理由は、新古典派経済学者にはセイ法則にはおおむね破れがないという発想が根強くあるからだ。破れがあると認めれば、両経済の関係を有効に整理できるはずだ。

経済成長のための金融・資産経済のコントロール

実体経済の成長や安定には、金融・資産経済への資金漏出の防止あるいはコントロールが必要だ。また前節でみたように、金融・資産経済には、実需から離れて独自に運動を行う「価格投資型価格メカニズム」が含まれている。これはバブルの原因となるから、コントロールされなければならない。そして金融・資産経済の肥大化を抑制し、その実体経済への影響をコントロールすべきである。

経済を不安定化する価格投資型価格メカニズム起動の条件は、資産市場への資金流入である。これまでの検討から、資金の流入を趨勢的に増大させる要因を整理すると、第一に、先進国では普及率の長期的な上昇によって耐久消費財の需要が頭打ちとなり、そのための設備投資も縮小することがある。さらに経済のグローバル化で、先進工業国の開発途上国に対する競争力が低下し、生産力の再編でリストラが行われると、それは雇用不安を高めるから消費の伸びは抑えられ、それはさらに先進国での設備投資資金需要を低下させる。これらによって、先進国では余剰資金が発生する。

第二に、不況対策としての金融緩和政策が、各国で普遍的に採用されるようになったことがある。特に、主流派経済学の大恐慌研究で財政政策の有効性が否定され、金融政策の有効性が証明されたと考えられたことが、これに拍車をかけてきた。これはクー［二〇〇七］によって否定されているが（本書第3章参照）、重不況対策でも依然として、金融政策に頼る傾向は弱まっていない。しかし、重不況では資金の多くは設備投資には使われず、余剰資金が発生する。

第三に、金融のグローバル化によって、国際的過剰資本が、収益機会の高い投資対象に世界レベルで集中できるようになったことがある。資金の出自が分散していても、価格の上昇が見込めそうな資産や特定国の不動産などに、グローバルな金融市場を通じて自由に資金が集中するようになっている。資金の集中で、価格投資型価格メカニズムの影響力が高まり、それはバブルの発生頻度を高めている。

したがって経済を安定化するには、①余剰な資金の発生を抑えるか、②資金を実体経済に還流させるか、③金融・資産経済の影響力を小さくする政策が必要である。

これには第一に、**第6章**で試みる「北欧型政府論」のように、政府が資金を吸い上げて財政政策で使う方策も検討に値する。また「消費を促進する制度」も意義がある。これらは②に関連する。

第二に、「重不況対策としての金融緩和政策の抑制・最小化」である。設備投資に金利の低下が効かない重不況下では、金融政策には大きな効果がないし、資金がもっぱら資産経済に漏出するなら、それは次のバブルの山をさらに高くする。これは①に関連する。

第三に、「金融グローバル化の抑制」である。規制は最小限でなければならないが、過度の漏出（海外投資）や、実体セクター企業の行動に負の影響を与えるような規制緩和は、抑制されるべきである（過度がどの程度かの判断は困難であるが）。これは③に関連する。

第四に、短期的な対策としては、「価格投資の魅力の低下」など価格投資を直接的に抑制する制度も検討されるべきと考える。これは①と②に関連する。

第五に、世界的な問題として、かつて米国が、大恐慌の教訓から一九三三年のグラス=スティーガル法で、銀行業務（商業銀行）と証券業務（投資銀行）の明確な分離を行ったように、（条件は大きく変化したが）再度、証券業務と銀行業務の分離も検討されるべきである。これは主に③に関連する。

第六に、世界的に各国の「輸出立国政策は転換されるべき」である。純輸出に応じて、海外投資が必要になるからである。これは①に関連する。

短期的行動原理とモノづくり経済　金融・資産経済の影響力が高まり、日本のモノづくり企業の経営も短期志向化して米国製造業の経営に近づいているが、それは日本のモノづくり企業の能力を毀損しつつあると考える。こうした影響を相殺するような制度が検討されるべきである。

慎重に考えるべきであるが、例えば第一に、厳格な時価会計などは、世界を徘徊しながら投資機会を探す国際金融資本のための制度にすぎない。資本不足の開発途上国には必要だろうが、先進国、特に日本では、資本は余っているのだから、こうしたものに配慮する必要はないように思える。第二に、四半期決算制度など経営の短期志向化を強める制度は、見直されるべきである。第三に、短期株主の議決権を制約することなども検討されるべきだ。また第四に、Ｍ＆Ａ法制の過度の緩和は、慎重な検討の上、見直されるべきだ。

金融・資産経済における情報の非対称性と競争政策の非対称性

実体経済には独占禁止政策があり、さらに国際金融資本側からは、自由競争による効率的市場形成の名の下に様々な規制緩和の働きかけが、継続的に行われてきた。

しかし、今回の危機で明らかになったことは、金融・資産経済では、その情報の非対称性の大きさを利用して、投資銀行等が巨額の報酬を受け取ってきたことだ。その分野が効率的な競争市場下にあるなら、異常な報酬は存在し得ないはずだ。金融関係市場には、広範に自由な競争市場が存在していない分野があるようにみえる。

金融立国とは、金融・資産経済の巨大なプレーヤーが、情報を独占的に利用して巨額の報酬を得ることで成立している経済であり、実体経済はその犠牲になってきたと考えることもできる。少なくとも、実体経済と金融・資産経済間では、市場の競争政策、独占禁止政策に非対称があったようにみえる。これは日本のみの問題ではないから、国際的な枠組みの中で、こうしたアンバランスが解消されるよう取り組んでいくべきである。

2　金融政策のあり方

以上のような検討を踏まえて、考えられる金融政策のあり方を整理してみよう。ただし、ここでは、「金融政策」を金融システムの規制を含む広い意味で使う。

金融政策の限界　ケインズの投資理論が金利中心だったように、金利は投資の重要な要因とされてきた。この金利の地位は、経済学の数学化とともに、さらに強められた。しかし第3章でみたように、金利は、他の重要な要因が相殺される、比較的安定した経済において目立つ要因にすぎない。投資マインドや需要の将来見通しなど他の重要な要因が、長期不況などの重不況下で斉一的にマイナスの方向を向くと、利子率の影響力はとんでしまう。

すなわち、金融政策は、緩やかな不況時には効果を持つものの、バブル崩壊後の重不況期には効果に限界がある。繰り返しになるが、第2章図10で明らかなように、日本の非金融法人企業（一般の企業）は、一九九八年以来毎年資金余剰主体である。余剰の自己資金があるのに、それが設備投資に使われていないのだから、企業には設備投資意欲はないのである。であれば、どれだけ金融緩和を行っても景気刺激にはならず、金融緩和政策単独では効果は大きくない。したがって、重不況対策に関する限り、財政出動が中心となるしかなく、金融政策の役割は補完的なものになる。

わが国では、長期停滞下で二〇〇一年三月以来、長期にわたり量的緩和政策が続けられたが、ここまでふれてきたように、それに設備投資を拡大する効果はなく、供給された流動性の一部は海外への投資に使われ、米国などのバブルの原因の一つとなったと考えられている。このように、一国の金融緩和政策は、世界経済の不安定化につながる。

したがって、「重不況」に関して、金融緩和政策に景気回復の責任を過度に負わせるべきではない。金融緩和政策の目標は、主に①在庫循環などの比較的穏やかなレベルの景気変動の調整、②バブル崩壊後の金融システムの維持・回復対策、③実体経済に対する円滑な資金供給維持、④重不況時の財政出動の補完（金利上昇、自国通貨高の監視とその抑制）の範囲に限定されるべきである。

金融・資産経済と広義の金融政策　金融政策は、実体経済への資金供給の安定化に重要な役割を果たしている。また、比較的緩やかな景気変動では景気刺激効果がある。一方、新たには、「金融・資産経済の過度の膨張の抑制・コントロール」の役割が求められる。こうした観点からは、例えば国際間の短期の通貨取引に低率課税を行うことで投機を抑制しようとする「トービン税」は、無視できない検討課題の一つと考える。

また短期的には、価格投資型価格メカニズムが自律的上昇サイクルに入りつつある場合には、価格投資の抑制も金融政策の課題となると考える。バブルは、価格差益を狙った価格投資への継続的な資金流入によって引き起こされると考えられるが、その資金は主に①緩和的金融政策、②海外資金の流入、③セイ・サイクルからの漏出超過によって供給される。したがって、それが技術的に容易かどうかは別にして、バブル発生の監視は、「価格投資」サイクルの発生を監視すればよく、その防止は、三つの資金ルートをコントロールできればよいことになる。

おわりに

「新しい古典派」のように、セイ法則がおおむね成立すると考えると、実体経済と金融・資産経済の間の資金の漏出と還流も、アバウトにはバランスしていると考えなければならない。こうした非現実的な仮定や考え方がバブルを軽視させ、今回の世界同時不況につながったと考える。

本章では、金融・資産経済と実体経済（セイ・サイクル）の間には、多面的な資金の流出入があり、その変動は景気などの経済事象と密接に関連していること、また、金融・資産経済が実体経済とは異なる性質を持つことを明らかにし、バブルなどの巨大な経済変動を分析する基本的枠組みの端緒を示した。

金融・資産経済の特性としては、第一に「価格投資型価格メカニズム」がある。このメカニズムには安定した均衡価格が存在しないため、バブルの形成と崩壊の発生は必然である。第二に、金融経済セクター企業の「短期志向性」がある。これは、金融・資産経済の肥大化に伴う影響力増大によって、実体経済企業の経営の短期志向化を引き起こしている。第三に、国際過剰資本の存在が投資機会不足を生み、その圧力は金融グローバル化を促進し、それは先進工業国の成長率低下に係わっていると考える。

また、金融・資産経済の肥大化が、バブルやバブル崩壊に伴う金融・経済危機を増幅していると思われるが、その肥大化には各国の景気対策のための金融緩和が係わっていると考える。したがって、景気対策としての過度の金融緩和政策は抑制されるべきである。

一方、一九八〇年代から世界的に進められてきた富裕層の減税等は、設備投資ではなく、主に資産投資に資金を供給したのであり、それはもっぱら過剰資本の形成に貢献しバブルの形成と崩壊に寄与することになった。この観点では、それらは経済の安定と効率的成長にとって有害であり、経済学上の意味はなかったと考える。

最後に、第2章以降の検討を含めて整理すると、リーマンショック以後、現代経済学は、その理論の基礎に深く組み込まれている少なくとも三つの事項の見直しを迫られていると考える。その第一は、過度の供給重視と需要制約の軽視である。第二は、金融・資産市場の効率性に対する過度の信頼である。第三は、景気調節手段としての利子率操作や流動性供給の有効性に対する過度の信頼である。

第5章 先進国経済 非価格競争：先進国と非価格競争戦略

はじめに

日本経済は、この二〇年間の長期停滞や今回の世界同時不況等の重不況以前に、一九八〇年代に遡る真の「構造的」問題を抱えており、かりに世界同時不況から脱出できても、その「構造的」問題の解決なしには、復活はしえないと考える。それは日本を含む先進工業国が、主に**「高賃金、高コスト」**であることに起因している。本章では、主に第2章の議論を踏まえて、この問題を取り扱う。

フランスの人口学者・人類学者エマニュエル・トッド氏は、一九七六年の著書『最後の転落（*La Chute finale*）』で、人口統計学的手法を使ってソ連の一〇～三〇年以内の崩壊を予測（実際の崩壊は一九九一年）して注目を浴び、二〇〇二年の著書『帝国以後（*Après l'empire*）』では、米国の経済的衰退が世界に及ぼす影響を分析し、米国に端を発する「前代未聞の規模の証券パニック」と「ドル信認の崩壊」を予言した（後者は実現していない）。そして『デモクラシー以後』（トッド［二〇〇九］、原著二〇〇八年）では、「過度の自由貿易」に対処するために「協調的保護主義」を採ることを説いている。しかし、これは自由貿易を阻害し、破壊的な保護主義につながりかねない。

また野口悠紀雄氏は近著で、製造業のウエイトが高いことが、日本の長期の低成長や世界同時不況からの回復が遅れている理由だとし、製造業の生産能力の過剰分約二〇％程度の縮減と、製造業就業人口の同程度の削減が必要であるとする。そしてこのためには、生産設備の廃棄の促進や労働市場の流動化が必要だとする（野口［二〇一〇］）。

本章は、このようなトッド氏や野口氏の提案とは異なる、全く新しい戦略を提案する。サプライサイドの視点が強い論者は、今回の世界同時不況などで需要の影響を認めざるを得なくなっても、これまで需要を無視してきたために、経済対策といえばサプライサイドの対策、すなわち需要不足を所与（与えられたもの）として、需要に合わせて供給能力を削減するという対策しか出てこない。

これに対して本書の立場は、需要側をある程度動かすことは可能だと考えるものだ。その方策の第一は、吉川洋氏の「プロダクト・イノベーション」と同様に、魅力ある新製品を不断に作り出し続けることであり、第二は、ミュルダールらによる「社会的消費」に係わる方策である。この章では、前者の「魅力ある新製品創出」にまつわる問題を取り扱い、後者は**第6章**で検討する。

本書はまず第一に、イノベーションが生まれる環境として、高コストの先進工業国の市場に、積極的な存在意義を認めようとする。これは、新古典派成長理論や内生的成長理論の視野がサプライサイドに限定されているのに対して、市場の需要の状況に根拠を置くものである。

第二に、第2〜3章では、生産性向上による製品当たり付加価値額の縮小に対して、それを価格低下による販売数量の増加でカバーすることが可能かどうかという視点で経済成長をみてきた（図8cなど参照）。しかし、先進工業国では、耐久財全般の普及率向上や開発途上国との国際競争のために、国内需要面でも国際競争面でも数量増加が制約されているというのが、ここまでの理解だった。

したがって、先進工業国が高コストを維持し、イノベーションを続けていくには、ここまで当然とされてきた製品当たり付加価値額の「縮小」（効率向上）と販売数量の「増大」という政策セットを見直し、「製品当たり付加価値額の向上」政策こそが必要だと考える。すなわち、先進工業国は、構造改革派経済学等の影響下で過度に重視されていた生産性至上主義を改め、常識的なことではあるが、「数量重視」から「製品当たり付加価値額重視」へと、視点を転換しなければならないと考える。

第三に、本書ではこうした観点から、市場競争には、価格競争以外に「非価格競争」があること、この二つの競争の間に優劣はないことを認めようとする。こうした認識を受けて、先進国が高い付加価値を維持し、成長し続ける方策として、製品の魅力の向上策と「非価格競争戦略」を検討する。これは、国際的な企業間競争の意義を認める点で、トッド氏の提案とは異なる。

なお、新古典派経済学は、サプライサイドの視点と「価格競争」にとらわれているために、こうした観点を生み出すことはできない。

第1節　世界経済における先進工業国の意義と直面する課題

ここでは、先進工業国が世界経済の中で果たす役割、中でも「イノベーション」で先進国市場が果たしている重要な役割を摘出するとともに、先進国が直面する課題をみよう。

1　豊かで細分化された先進国市場がなければイノベーションは生まれない

開発途上国の消費者は、全般的に所得が低いために、低価格製品を購入せざるを得ない。したがって、消費者は個々の嗜好、好みや必要を抑え、量産によって低価格化された標準品で我慢せざるをえない。このため開発途上国の市場は、量産品主体のマス市場が中心となる。

これに対して先進国では、全般に所得が高いために消費者の多様なニーズが顕在化し、多様な価値観や嗜好に対応する、細分化された膨大な数のニッチ的製品市場が成立している。開発途上国の少数の富裕層が、自らの嗜好に合う製品を求めて先進国へ出かけるのはこのためである。

この点で先進国と開発途上国の市場の構造は全く異なる。先進国市場は単に豊かであるだけでなく、多様なニーズが顕在化している市場だから、開発者はそのニーズに応える多様な製品の着想が得られるし、新たに開発する製品の市場規模を見積もることもできる。多様で特殊なニーズが顕在化している市場があるからこそ、それに対応した新製品が生まれ得るのである。

また、まったくの新製品で、従来なかったものであるために使い方もよくわからないもの、設計も機能も十分に洗練されておらず、しかも高額な製品であっても、先進国市場には買い手がいて市場が成立する。そうした市場がなければ、新製品開発のハードルは極めて高くなり、新たに生まれる新製品の多様性も圧倒的に小さくなる。こうした市場なしにイノベーションは生まれないし、世界の市場を豊かにする多様な製品のバリエーションも生まれない。多様な需要が顕在化している先進国の豊かな市場は、イノベーションに不可欠のゆりかごであり、センターなのである。そうした市場が成立するための必須条件は、「国民が豊かなこと」である。国民が豊かとは、その国が高賃金・高コストの国であることだ。

これに対して構造改革派経済学は、供給を重視し、需要側の影響を考えないから、必要な開発人材さえいて、必要な研究開発投資さえ行われれば、どんな国でも製品イノベーションは行えると考える。しかし、かりに先進工業国が低コストの国になれば、平均所得が低下して多様な製品や高価格の新製品を購入できる消費者市場が消滅するため、その国はイノベーションを育む能力を失ってしまう。そうなれば、世界はイノベーションの牽引力を失うことになる。

日本ではこれに加えて、安定した社会、文化や価値観と高い生活水準などを背景に、品質に対して厳しい目を持つ消費者が存在しており、それが日本製品の品質を高くしているとされ、それが国際市場での日本企業の競争優位の源の一つとなっているとされる。しかし、国民の所得が低下すれば、安かろう悪かろうで我慢するようになり、それも消えてしまう。このように需要サイドも競争力を支えているのである。先進国が高コストの国ではなくなれば、それはもはや先進国とはいえない。

2　先進工業国問題とは高所得・高コスト問題

先進工業国の要件とは、第一に高い技術力と人材で高付加価値製品を生産し、イノベーションを活発に行っていることであり、第二に、積極的な意味で高賃金（高所得）・高コストでもあることだ。前項でみたように、この二つの要件は相互依存の関係にあり、高賃金の国でなければ、イノベーション能力は失われてしまう。しかし、この要件は危機に直面している。

開発途上国との競合による先進工業国の生存領域縮小

第2章では、図12の製品の「プロダクト・サイクル」で、先進国と開発途上国の関係をみた。第2章での説明を繰り返すと、プロダクト・サイクル理論とは、新製品の製品機能などの開発が活発に行われる「開発期」、さらに生産技術の発展によって低価格化を進めながら生産量・販売量が増加していく「成長期」、普及率（図11）が高まることで、販売量が更新需要のみとなり頭打ちとなる「成熟期」に入り、ついには新しい代替製品が出現することで販売量も減少していく「衰退期」に入るというサイクルがあり、その中でステージごとに競争力の源が異なるため、製品の主な生産国が、高い技術力を持つ先進工業国から、中進国、開発途上国など低コストの生産国へと順次移り変わっていくという理論である。

開発期は高い製品開発力が、また成長期は高い生産技術力が必要になるから、この二つのステージでは、「技術力が競争力の中心」である。しかし、開発や生産技術の革新がおおむね終わった成熟期になると、技術は競争力の中心ではなくなり、「価格競争」が主体となる。これを競争相手の数でみると、開発期は高い技術力が必要でリスクも高いので競争相手は少ないが、成長期になるとこれらの問題のウエイトは低下して、生産技術が得意な企業が順次参入して競争が激しくなる。さらに開発や生産技術の改善がほぼ終わり、技術が重要でなくなる成熟期には、開発途上国企業を含めた多様な企業が参入するようになり、激しいコスト競争になる。

したがって、経営のエネルギーを注ぐべき箇所はそのステージによって異なる。「アルミサッシ」は、かつては生産技術が重要だったが、今日では技術はおおむね成熟して差がなくなり、コスト競争や販売力が重要になっている。かつてトステムが参入し、短期間でトップ企業となったのは、ちょうどアルミサッシ生産が技術の成熟により、販売力で競争する時代になった時期に当たる。製品のポジションによって、何に力を入れるべきかが変わるのである。

これを国際競争でみると、開発期、成長期の製品では、高度の製品開発力や生産技術が必要で、開発途上国は参入が困難だったから、従来は価格競争が穏やかで、先進工業国は高い付加価値を享受してきた。しかし、先進工業国がかつて得意としていた「白物家電」などでは、製品開発や生産技術がほぼ成熟したために、様々な製造業者や開発途上国メーカーが参入して久しい。またノートパソコンは、かつては優れた実装技術によって東芝などが優位にあったが、これも技術が成熟化し、開発途上国メーカーが参入してきている。これらの市場は成熟期に移行しつつあるのである。

ただし、乗用車のように、複雑でモジュール化が困難な分野などでは、国内市場は飽和しつつあるものの、日本メーカーは国際市場でいまだ高い競争力を維持している。

一方、製品自体の成熟化とは別に、今日では低賃金の開発途上国が人材を育成し技術力を高めつつあり、また金融グローバル化で潤沢な資本が利用可能となっている。このため、従来は先進工業国が優位を持っていた成長期製品分野にも、開発途上国が進出するようになった。その結果、日本をはじめ高コストの先進工業国は、付加価値を稼げる分野を狭められ、存立基盤を脅かされている。

先進工業国の対応の二つの方向――金融立国と輸出立国

グローバル化の進展とともに、低コストの開発途上国との競争に直面した先進工業国は、結果的に二つの方向へ向かった。金融立国モデルと輸出立国モデルである。(1)

一つの方向は、英国や米国の「**金融立国モデル**」である。両国は、競争が激化した製造業を（暗黙裏に）あきらめ、金融立国を選択した。通常は、製造業をあきらめれば輸入が増加し輸出が減少するから、輸出入をバランスさせるために自国通貨安となる。これは相対的にその国の経済規模を縮小させる。しかし、貿易赤字を継続的な資本流入でまかなえれば、為替レートと交易条件は維持され、縮小は免れる。資本流入が続くには、高金利の維持と自国の投資環境、市場環境づくりが必要になり、政策はその方向に向かう。まさに金融立国である（金融界の影響力によると考えるべきだろうか）。もっとも、それは対外債務の加速度的拡大を意味し、今回の世界同時不況はその破綻でもあるから、こうしたモデルがどの程度普遍性を持つかは、今後の状況を見守る必要がある。

また、小国は別にして、金融立国を採りうる国が、英米以外にいくつも存立しうるかどうかは疑問である。英国は先行者であり、米国は基軸通貨国という条件があった。また「金融立国」とは、投資家ではなく、広義の金融機関側が高い利益を得られる仕組みを必要とする。

だが、先にふれたように、そもそも金融関係者に高額の報酬を保証し、一国の経済を支え得るほど高い付加価値をもたらす分野があるとすれば、それは、その分野に十分な競争市場が成立していないのである。十分な市場競争があれば、そうした高い利益率、高付加価値は存続し得ない。存在するなら、それが解消されるよう、早急に市場の競争環境の整備が図られるべきである。解消できないなら、その分野は、そもそも市場の自由にまかせるべき分野ではないのである。

もう一つの方向は、日本やドイツの「**輸出立国モデル**」である。これは両国が戦後において、奇跡とも

(1) もう一つの可能性は、あらためて第6章で扱う「大きな政府」による対応である。

いわれた高度成長を輸出を中心に果たした成功体験を持つことからすれば、当然の方向だったともいえる。そして、両国とも競争力の維持つまり生産性向上を目指して、構造改革を進めたのである。

ドイツは一九九〇年代の輸出不振、経常収支の赤字を背景に、構造改革推進を掲げて華々しく政権に復帰したシュレーダー政権下（一九九八〜二〇〇五年）で、日本と同様、国際競争力の向上を目指して、強力に構造改革を進めた（またそれは、おおむねメルケル政権に引き継がれた）。そして両国経済は、この間同じように低迷を続け、同じように二〇〇七年にかけて、輸出主導の、外需の影響の大きい脆弱な景気回復を遂げている。

確かに、米国やヨーロッパ諸国など先進国同士の競争だけなら、構造改革にも効果はあるだろう。だが主な競争相手は、すでに開発途上国である。こうした賃金コストが一〇分の一とか数分の一の国との競争では、構造改革をどれだけやっても、コスト面で開発途上国を圧倒できるレベルの競争力がつくわけがない。コスト差の桁が違いすぎるのである。その結果、構造改革は、弊害ばかりが顕在化することになる。

もっとも、ドイツの輸出の約七割は、地理的に近接するヨーロッパ諸国向けである。この意味で、ドイツは相対的に高コストのヨーロッパ企業との競争の側面が強く、日本よりも有利だったかもしれない。またユーロ圏の拡大は、ユーロ圏内で相対的に強い競争力を持つドイツに有利に働いたはずである。

しかし図3でみたように、ドイツは、日本ほどではないが、一〇年平均のGDPギャップがマイナスである。構造改革によるコスト削減で競争力向上を目指した両国の輸出立国モデルは、全体として、どちらも期待されたほどの成果を上げ得なかった。

これをあらためて日本のケースでみてみよう。日本経済の停滞に関する構造改革派経済学の処方箋は、コストカットや規制改革で市場を効率化し、生産性を高めるというものである。こうしたサプライサイドの改革で生産が増加すれば、需要は自動的についてくるというのが構造改革の考え方だった。しかしこれは第1章でみたように、すでに否定されている。

だが、構造改革による生産性向上に伴って、賃金コストや企業物価が他の国々に対して相対的に下落すれば（デフレ）、確かに企業の価格競争力は向上する。こうした競争力は、変動相場制下では通常は自国通貨高で調整されてしまうのであるが、二〇〇〇年代の日本では、超低金利政策で生じた資本収支等の赤字で円安が維持されたため、価格競争力は実際に向上した。

構造改革派が目指したはずの、生産量の増加に伴う内需増加はなかったが、まさに身を削った努力で、国際市場での競争力を維持したわけである。その結果、純輸出（＝輸出－輸入）の増加でGDPギャップ（需給ギャップ）が縮小方向に傾き、（実感なき）景気回復が実現した。

しかし、第一に、日本経済の規模が大きすぎるために、世界の需要の天井に近く、一方では発展する開発途上国との激しい競争で十分な輸出量が確保できなかったこと、第二に、政府が財政再建を優先し、税収の増加に応じて国債発行規模を縮小したことで、財政出動の規模が縮小し、GDPギャップがマイナスのまま維持されたため、それは「実感なき景気回復」にとどまったのである。第1章図2の日本の一人当たりGDP順位の低下は、こうしたプロセスをトレースしたものといえる。

その「回復」は、日本が、開発途上国の所得水準に自ら接近したことでようやく達成したものだったから、それが「実感なき」ものだったのも当然である。しかし、開発途上国の水準までは所得は下げられなかったから、確かに「構造改革」は「不十分」だったのである。結局、構造改革派経済学が推奨する生産性や価格競争を第一に考える限り、企業は生き残るために海外生産を拡充せざるを得ず、企業と国民国家の利害は乖離していくことになる。

先進国に必要な高コスト維持戦略の方向　金融立国モデルも輸出立国モデルも、ともに成功したとはいえないと考える。あらためて先進国の進むべき方向を、先進国産業や先進国の豊かな市場の存在意義を起点に考えることにしよう。

第2章でみたように、「生産性」向上のためにコストカットしても、付加価値総額は必ずしも増えない。生産性向上で付加価値総額が成長するには、コストカットによる製品当たり付加価値額縮小を補う以上の売上数量増加が必要だが、それは需要の制約や開発途上国との競争のために、十分な増加にはならないことが多い。一方「付加価値」を追求すれば、「生産性」は結果としてついてくる。生産性向上は付加価値総額向上手段の一部であり、コストカットはさらに生産性向上手段の一部にすぎない。**指標とすべきは、生産性よりも付加価値総額自体**である。

先進工業国では、付加価値総額の増加はコストカットよりも売上増加で、また売上増加は数量の増加よりも単価の上昇でなされるべきだとされる。それは、先進工業国では数量の増加に多くを期待できないからだ。しかし「単価の上昇」は、単なる値上げを意味しない。高い単価が許容されるような魅力のある新製品を創出し続け、その新製品の割合を不断に高めていくべきことを意味する。

もちろん、単価上昇は容易ではない。その象徴はソニーである。かつてのソニーと現在のソニーの製品の違いは、消費者にとっての魅力の違いである。今日ではソニー製品の評価は以前ほど高くはないから、消費者はそれに高い単価を許容しない。その結果、ソニーは価格競争に巻き込まれる「並の会社」になっている。それは、そのまま日本の姿なのである。

ここで「単価の上昇」をあらためて強調する理由は、**構造改革派が「単価の削減」（＝生産性向上）によって日本経済が成長しうると主張してきた**からだ。つまり彼らは、単価を削減すれば、必ずそれを上回る売上数量の増加が無条件に生じると考えていた。彼らの主張の背景には、第1章でみた池尾氏の議論のように、生産性の高い分野が必ず売上数量を伸ばし、人材や資源を吸収して成長するはず、という思い込みがある。しかしその思い込みは、図6の二〇〇〇年代の状況で打ち砕かれたはずである。

これに関連して構造改革派などからは、**日本の生産性が低い**という課題がしばしば提起される。たしかに、購買力平価で見た二〇〇八年の日本の労働生産性は、ＯＥＣＤ加盟三〇か国の中で二〇位と、北欧諸国はもとよりスペインやイタリアより低く、上位一五か国の平均に比べて二四・五％低い（データはＯＥＣＤによる）。しかし、これを生産性の問題と考えることが誤りであることは、それが小泉構造改革中も低下を続けたことで明らかだ。低い理由は、単に売上が低すぎるからにすぎない。だが、構造改革派は需要不足を考えないので、責任はすべて供給側の企業努力が足りないことに帰せられる。

問題の原因は、コスト削減や労働の効率化が不十分な点にあるのではなく（もちろんそれも重要だが）、労働生産性計算で分子側の付加価値総額が伸びない点にある。その原因は、一つは国内の需要不足であり、もう一つは、これまでわが国が得意としてきた高付加価値のハイテク製品が、開発途上国の追い上げに直面し、急速な価格低下の一方で数量が伸びないからだ。先進国の中では、わが国がこうした製品分野を最も得意とし、それに依存してきたために、開発途上国の影響を最も強く受けているのである。

数量が伸びないなら、製品当たりの単価、付加価値額を伸ばすしかない。それは一見、コスト削減とは対立するようにみえるが、そうではない。需要を考慮する立場で製品当たりの単価を伸ばすとは、「買い手が高い製品単価を許容するような価値のある製品」を作り出すことである。これは、結果として高コストの製品になるが、最初からサプライサイドの視点でコストを上げるという志向とはまったく異なる。この意味で、需要の視点での高い製品単価と、サプライサイドでのコスト削減は両立する。前者は新製品を、後者は既存製品を考えているともいえる。

第2節　高付加価値と「非価格競争」

先進工業国が先進工業国であり続ける条件として、前節では製品の「単価」に注目した。では、製品単価の向上で高付加価値を確保する条件とは、具体的には何だろうか。一般には「製品の魅力」だと考えられている。しかし、それでは不十分だ。この節では、その必須の手段として「非価格競争」に注目し、製品当たり高付加価値の条件は、①製品の魅力と、②非価格競争にあることを明らかにする。

1　高付加価値確保の二条件――魅力ある製品と非価格競争

高付加価値確保の二条件　製品当たりの高付加価値（高コスト、高単価）を維持・確保する条件は、①**魅力ある商品**であること、②**価格競争が弱い**ことだと考える。

高コスト（高付加価値）維持の手段は、まず第一に、価格が高くても欲しいと思わせる「**魅力ある商品」を作ることだろう。魅力ある商品とは、例えば「機能が高い」「役に立つ」「品質がよい」「美しい」「価値観に合う」「流行に合っている」「希少性がある」商品などだろうか。消費者はこうした商品を高い価格でも買ってくれるから、製造者・供給者は、そこに高いコストをかけてもよい。それが、いわゆる「高付加価値製品」である。

ハイテクやイノベーションの重視も、それによって魅力ある製品が創られることへの期待がある。しかし、ハイテクやイノベーションが直ちに魅力ある製品につながるわけではない。消費者にとっての「魅力」が、ハイテク等でどれだけ増えるかが問題である。

ゲーム機市場で、いわゆるプレステ3で高機能高価格を追求したソニーと、Ｗｉｉで中機能低価格を追求した任天堂の競合で任天堂が勝利したケースをみると、ソニーはハイテク・高コストで高機能を追求したが、結果論としては、それによって提供できた「高」機能は、価格機能比で十分な満足（魅力）を消費者に提供できなかったことになる。高機能が直ちに、消費者にとっての魅力の高さを意味するわけではない。価格も魅力の重要な要素である。

しかし、「魅力」だけでは不十分だ。魅力ある商品でも、競争相手が多ければ「価格競争」で付加価値の削り合いになる。そもそも、従来は先進工業国の独壇場だったはずの「魅力ある」ハイテク製品にも開発途上国が参入して価格競争が激化したために、先進工業国が今日苦境に立っているのである。

いくら魅力ある製品でも、誰もが作れるなら、市場の参加者が増えて価格競争になり、高付加価値を維持できない。したがって、第二に重要なことは「**価格競争にさらされない**」ことである。ところが、構造改革による市場規制改革とは、逆に市場参加者を増やし、価格競争を強める政策である。

このように、高付加価値・高コストを維持するには、第一に「魅力ある商品」を作り出すこと、第二に「価格競争にさらされない」ことが重要なのである。中でも第二の、価格競争にさらされないことの重要性が認識されなければならない。どれだけ魅力ある商品でも、開発途上国企業が参入できれば、価格競争で先進国は太刀打ちできないからだ。

なお、ここでいう製品の「魅力」とは、消費者の満足に依存する点で需要側の問題だから、需要は供給に従属すると考える新古典派にとっては視野の外、関心の外にある。また一般に経済学者は、「価格競争がない」状態の追求は人類の厚生の向上にはマイナスだと考えているから、こうした問題は考えない。

「価格競争にさらされないこと」

価格競争がないことは珍しいことだろうか。それがどの程度普遍的か、例を挙げてみよう。二〇〇九年に高速道路料金の割引制度が導入されたが、その対象がＥＴＣ搭載車に限られたために、〇九年初頭から半年程度、ＥＴＣ車載器の需給が逼迫し、二～三か月待ちという状態となった。市場による価格理論では、需要が超過すれば価格が上がって需給が調整されるはずが、これだけ供給不足でも価格は上がらなかった。多くの販売店等では「受付順で調整」されたのである。つまり、市場の価格機構は使われず「割り当て」によって需給調整が行われたのである。

一般に、高付加価値財や最終消費財では、価格調整メカニズムはほとんど機能しない。特に短期ではそうである。(2) 市場の価格メカニズムがよく働くのは、先にもふれたように、穀物などの農産品や原油などの一次産品、工業製品では成熟期や衰退期の製品分野、それに金融証券分野の一部に限られる。つまり、先進工業国では、市場の価格メカニズムは部分的にしか働いていない。このため、価格競争を中心に発展してきた主流派経済学は、必ずしも先進国経済にうまく適合しない。

あらためて、先進国が優位にある産業の特性をみてみよう。製造業では、航空機、自動車、工作機械、ロボット、電子部品、コンピュータ、医薬品、バイオ産業、ファッション産業、ブランド品産業などが浮かぶだろう。

これらを具体的にみると、航空機の製造には巨額の開発費と開発力、高い技術力が必要なために、参入企業は限られ、価格競争は弱い。自動車も、高い開発力、生産技術と資本力が必要とされている。価格も重要だが、エンジン性能や走行性能、安全性や静粛性、さらに現在は環境性能等が競争を決定づける。一方パソコンは、モジュール化が進み、誰でも簡単に組み立てられるようになって参入企業が増えているが、それ以外のコンピュータ分野は、依然として開発力などが重要である。

医薬品産業やバイオ産業も、研究開発力や資金力が重要である。ブランド品は、デザイン、品質、歴史などが重ね合わせられた製品であり、類似品は偽物として排除されるから、競争は価格競争ではなく、ブランド間での顧客忠誠の獲得競争である。ファッション産業は、豊かな先進国市場の急速に変化するニーズに応える分野であり、豊かな市場内にあって、市場の文化や社会の変化を肌で感じとれるデザイン企業が開発途上国の同種企業に脅かされることはない。

これらの共通項は、開発途上国との価格競争が弱い一方で、製品の機能や品質などの競争が大きいことである。つまり、これらの分野で先進国が優位にある理由は、**「価格以外の要因」**の影響が大きく、その

（2）代わりに数量調整が行われることが多い。

影響が価格競争を弱めているからだと考えられる。これらの例を図12のプロダクト・サイクルに重ねると、先進工業国優位の分野は、多くが開発期、成長期の製品である。ここでは、まさに製品開発や生産技術に係わる高度な技術競争が行われており、「価格競争は技術力によって制約されている」のである。

価格競争制限の普遍性

そこで、「価格競争を制約」する市場現象とはどのようなものかをみよう。

例えば①高度の製品開発力、②高い製品開発スピード、③生産技術、④技術・ノウハウのブラックボックス化、⑤高い技能、⑥従来存在しなかった新しい製品の開発（他社参入までは独占状態で、他社が参入しても学習曲線効果で累積生産量が先に高くなるなど、先行者がコスト的に有利なほか、開拓者としてのブランド効果など様々な先行者利得が有利に働き続ける）、⑦競争のない未開拓市場の開発（「ブルー・オーシャン戦略[3]」）、⑧製品差別化による独占的競争市場形成[4]、⑨ブランド力、⑩信頼関係とネットワークあるいは「商権」、⑪特許などの知的財産権、⑫距離の障壁、⑬制度障壁、⑭貿易障壁等々、様々な事象が価格競争を制約しており、それらは極めて普遍的なものである。

例えばイノベーション（①②③関連）やファッション性の高い製品（①②⑨関連）などによる生き残り策も、「価格競争の制限」が係わっていることがわかるだろう。また、ソニーのウォークマンは⑥の実例だろうし、先に少しふれたが、ソニーのプレステ3とマイクロソフトXｂｏｘの激しい高性能（高価格）競争から離れて低価格の新しい初心者市場を狙って成功した任天堂Ｗｉｉの戦略や、ヤマト運輸の宅急便は⑦といえる。また、マイクロソフトやインテルの成功は⑪による（知的財産権とデファクト・スタンダードの組み合わせ）。国家レベルの非価格競争対応の例としては、米国の⑪知財戦略推進がある。このようにみると、「劇的な成功」といえるものは、⑥や⑦あるいは⑪に多い。

また、「技術」は形式知であり、コピーしやすいために流出しやすく、価格競争になりやすい。この点で例えばＹＫＫがファスナー製造設備を内製していることは、④に関連して重要な意味がある。

一方、⑤の技能は暗黙知であり流出しにくい。例えば村田製作所の競争力は④や⑤にあると考えられる。ただし、技能が優れていても、機械で簡単に置き換えられるのでは意味がない。機械では簡単に作れないか、少量であるために機械ではかえってコスト高になるような製品分野、かつ買い手にとって価値の高い製品分野を掘り当てなければならない。「小さな世界企業」とは、一つには高度に専門を絞ることで、その狭い分野で①の高い製品開発力を持つ企業であることもあるが、少量であるために機械化するとかえってコスト高となるような分野に高い技能（⑤）で対応している企業も多い。

こうした観点でみると、イタリア北部の「第三のイタリア」（ピオリ＆セーブル［一九九三］）で、小都市単位で製品分野ごとに集積する企業群は、ファッション産業にも関連するが、⑤の技能を活かせる分野に特化した中小企業群と捉えることもできる。

以上で例示した能力・条件を欠く企業は、その市場に参入できない。このため価格競争は制限され、その分野の価格競争の激しさは弱まることになる。

（3）競争の激しい既存市場（レッド・オーシャン）ではなく、競争のない未開拓の市場（ブルー・オーシャン）を切りひらくことが大事だとする戦略。このために例えば、顧客にとって価値の低い製品機能を減らすことで低価格化し、企業と顧客双方にとって価値を向上させるバリュー・イノベーションが必要だとする（キム＆モボルニュ［二〇〇五］参照）。

（4）「独占的競争市場」とは、多くの供給者が互いに似た同種の製品で競争しているが、各製品は少しずつ他と差別化され違っているために、製品ごとに固有のニーズがあり、ある価格の幅の中では、各企業に価格支配力があるような競争市場のことである。

こうした価格競争の制限は、**不公正な競争**に当たるのだろうか。例示した一四項目中、⑬制度障壁と⑭貿易障壁は確かにそれに当たるから、原則として排されるべきものである。しかしその他については、第一に、対象となる製品を生産し供給するために不可欠の能力（①〜⑤、⑨）であり、第二に、競争上の努力に伴う当然のもの（④、⑥〜⑪）である。また第三に、誰かに責任を帰すべき性質のものではない（⑫）。このように考えると、（一見して明らかでもあるが）これらは、（⑬と⑭を除けば）不公正な競争に当たるものとはいえないと考える。

また、価格競争制限があって価格競争のないところに、競争がないわけではない。まさに、価格競争を制限する技術力、製品開発力、ブランド力などといった事象そのものに係わる競争が行われているのである。これを本書では「**非価格競争**」ということにする。すなわち、競争には「価格競争」のほかに、価格競争を制約する事象に係わる別の競争、つまり「非価格競争」があるのである。

高い技術や技能が必要な製品なら、それを持たない企業は市場に参入できない。高い製品開発力が必要なら、開発力の低い企業の製品は次々に陳腐化して競争力を失う。製品が知的財産権やブランドに守られていれば、他の企業は参入できない。そして、競争相手が少ないから価格競争は弱くなる。

「優良企業」や「競争力の強い企業」とは、こうした状況を意識的または無意識的に活用することで優位に立っている企業だと考えてよい。優良企業とは「価格で競争しない企業」のことなのである。もちろんそのためには、高度の製品開発力の競争や、ブランド価値を高める競争など「非価格競争」に取り組まなければならない。一般の企業活動の多くは、実は非価格競争に係わる活動で占められている。非価格競争は何ら特別な活動ではなく、ごく普遍的な企業活動である。

コラム14

価格競争と非価格競争の関係

一般に「非価格競争」は「製品差別化」と関連して理解されることが多いが、本書では、価格競争の制約要因に係わる様々な競争を含んだ、もっと広い概念として捉える。

非価格競争の例として「性能競争」をみると、排気量一〇〇〇CCのオートバイと五〇CCのオートバイ（原付）では、性能に大きな差があって用途も異なるから、それぞれに魅力を感じる人々の層は異なる。したがって両者の間には、ほぼ価格競争はない。しかし、これが四〇〇CCと二五〇CCくらいに性能の差が縮まると、価格を考慮に入れる率は高くなるだろう。つまり、性能の差が接近するほど価格競争が強まるという関係がある。

一方、一〇〇〇CCの市場と五〇CCの市場の間には、なんの関係もないのかといえば、実は両者の間にはデザイン競争など価格競争とは異なる別の競争があり、顧客の獲得競争は存在しているのである。こうしたことは、現実の経済活動では極めて重要な問題である。これは「独占的競争市場」（注4参照）の問題として考えるとわかりやすいかもしれない。

このようにみると、単純な価格競争で取り扱える市場競争は、極めて限られている。

2　非価格競争

あらためて競争の問題を整理しよう。経済学は、価格とコストの分析を中心に発展してきたが、それはその方が理解しやすく分析しやすいからだ。特に主流派経済学では、基本的に「価格競争」に基づいて経済を理解する。こうした視点では、競争力とは価格引き下げ問題に尽きてしまい、競争力強化の処方箋はコストカットしかない。彼らが「生産性」を金科玉条のように考えるのも当然だろう。だが先にみたように、実は価格競争が支配的な市場は実体経済では限られている。

競争の一つとしての非価格競争　先進国企業が係わる非価格競争には、先に挙げた①高度の製品開発力〜⑫距離の障壁などがあり、先進工業国が得意としてきた開発期や成長期の製品では、価格競争よりも非価格競争が卓越している。だからこそ、逆に価格競争が卓越している製品を「コモディティ」と呼んで、特に区別しているのである。経営学者にとっては、市場競争で非価格競争が重要な役割を果たしていることは常識だろう。問題は、わが国では価格競争しか視野にない構造改革主義経済学が政府やマスコミへの影響力を強めたことで、産業政策や企業経営の視野が、コストカットや「生産性向上」に偏りすぎるようになった点にあると考える。

こうした観点から、あらためて非価格競争の意義をみてみよう。まず第一に、これらは「イノベーションの発生」に直接・間接に決定的な役割を果たしている。これらがなければ、世界にイノベーションは発生し得なくなる。また、一見すると価格競争がイノベーションを促進しているかにみえるが、企業は価格競争を避けるために製品力を強めるイノベーションに取り組む。**イノベーションは価格競争ではなく、非価格競争によって促進されている**のである。

第二に、これらは「価格競争市場の維持」に重要な役割を果たしている。すなわち、競争が価格競争のみなら、市場の勝敗は直ちに決まり、一社のみが生き残って市場は直ちに独占市場となり、世界は独占市場ばかりになる。現実の市場に多くの企業があり、価格競争が続いているのは、非価格競争が価格競争の迅速な決着を防いでいるからである。独占市場にならないためには、価格競争を制約するこうした市場現象が不可欠である。逆に市場に多数の企業が参加し競争市場が存在していること自体が、そこに広範な価格競争を制約する市場現象が存在していることを証明している。

第三には、その「価格競争を制約する事象」に係わる別の競争（「非価格競争」）が行われており、この非価格競争が存在することで、価格競争が弱いことに伴う独占や寡占などの弊害が防止されていることである（かりにある分野に非価格競争が存在しなければ、そこにあらためて非価格競争の枠組みを人為的に構築し、競争を促すなどの管理政策を採ればよい）。

このように、非価格競争にも積極的意味がある。つまり、経済上の競争には、経済学の中心をなしている「価格競争」と、どちらかといえば経営学に親和性の高い「非価格競争」がある。

両者は一見大きく異なるようにみえるが、いずれも競争の一種であることにかわりはなく、両者に上下の関係があるものでもない。確かに価格競争は重要な競争ではあるが、非価格競争も重要な競争の一つであり、両者の関係に優劣はないと考える。

非価格競争の活用と価格競争制限の管理

だが、人類の経済的厚生を向上させるという経済学上の重要な観点からみると、価格競争制限や非価格競争は、市場における価格競争による効率化を阻害する部分がある。価格競争による完全競争の実現こそ重視されるべきであり、価格競争制限は、完全競争実現に向けて抑制・縮減されていくべきだという有力な考え方がある。

しかし、非価格競争は、第一に経済に普遍的に存在する競争形態であるから、すべてを価格競争に転換することは不可能である。また第二に、非価格競争と価格競争は密接に連関しているが、非価格競争には独自の特性があるから、それが抱える問題や効果の多くは価格競争の問題には還元できない。また第三に、すでにふれたように非価格競争はイノベーションに不可欠である。さらに第四に、これもすでにふれたように、価格競争市場における独占を防ぎ価格競争を維持するためには、そもそも価格競争の迅速な決着を防ぐ必要があるが、それには非価格競争が不可欠である。第五に、非価格競争自体が、価格競争なしでも直接独占の弊害を防止する機能を持っている。

したがって、むしろ非価格競争は、価格競争とは異なる特質と役割を持つ競争として、独自にその影響や活用のあり方を考えるべきものであり、非価格競争を市場競争に活かす制度を研究していくべきだと考える。

そこで、価格競争制限、非価格競争のあり方を考えるために考慮すべき点をみてみよう。

価格競争と価格競争制限は、相互に制約しあい補完される関係にある。この関係の中で、価格競争が価格競争制限によってどのように影響を受けるかをみてみよう。

価格競争の特性は、まず第一に、価格競争によって効率化が進み、全体として人々の経済的厚生が向上することである。第二に、価格競争は製品当たり付加価値減少と表裏をなし、その削減をカバーするだけの売上数量の増加または新たな製品の販売が削減分をカバーしない場合は、経済規模が縮小する。

価格競争が持つこの二つの特性のうち、第一の点に係わる経済のグローバル化や市場競争による価格低下は基本的に支持されるべきである。一方、第二の点に問題があり、経済規模が縮小する場合、価格競争の制限とそれに係わる非価格競争は、製品当たり付加価値の低下を防止する役割を果たしうる。

以上のような意義と役割を非価格競争に認める場合、非価格競争が働くことによって、価格競争に不公正な競争が生じないよう、**政府は非価格競争を監視していく必要がある**。非価格競争は、不公正競争、制度障壁や保護貿易等と親和性があり、非価格競争が優越しすぎれば市場は非効率に傾く。先に挙げた制度障壁や貿易障壁を中心に、それは排除されなければならない。このためには、政府の役割として、適正でバランスの取れた管理・監視の仕組みが不可欠である。

3　先進国企業の戦略の方向性──魅力ある製品と非価格競争重視へ

先進国企業は、高コストを所与として、豊かで多様な市場、高度の技術力、製品開発力、広範な技術シーズ、高度の人材などの先進国経済の特色を活かし、生産性一辺倒かつ価格競争中心から、魅力ある製品と非価格競争を重視した戦略に転換すべきだと考える。

非価格競争重視への視点の転換

プロダクト・サイクルにおける成熟期や衰退期の製品の特色は、製品間の差異が小さいことだ。このため製品間の競争は、価格競争が優勢にならざるを得ない。したがって、主流派経済学の「価格競争」中心の市場理論がよく適合する。穀物や原油などの一次産品で価格競争が卓越しているのも、それらが遠い昔に成熟期に入った製品だからとみることができる。

これに対して、開発期や成長期の製品分野は、主に製品の機能、性能、信頼性など技術力に係わる製品間の差異が比較的大きいため、それらに関する非価格競争が卓越する。そして、こうした分野こそ、先進国の盛衰を決定づけている分野なのである。

ところが、近年こうした分野にも開発途上国が参入するようになった。先進国側の対応には、非価格競争上の優位強化と、価格競争強化の二つの方向があるが、現在の日本では「構造改革」の下で、視点が後者に絞られすぎている。価格競争で対応する方向は、基本的に袋小路であり誤りである。

先進工業国は、基本的に価格競争ではなく、まずは新たな製品分野の創出と非価格競争上の優位の拡大に取り組むべきだと考える。その上で、それで対応できない分を生産性向上で対応すべきである。現状は、優先順序が逆になっているのである。もちろん、ある程度のコストカットは当然だし、非価格競争による対応を最大限に行っても高付加価値を維持できない分野は少なくないだろう。それは当然、効率化（低付加価値化）で対応せざるを得ない。

成長戦略からみた生産性追求と短期志向化　本書は、企業の成長と高付加価値化は「魅力ある製品」にかかっていると考える。生産性の追求と経営の短期志向化は、それにどのような影響を与えるだろうか。

企業経営では、経営資源の大半は現在の競争に投入されている。しかし、常に一定の割合は未来のための活動に投入されており、そのバランスは極めて重要だ。

例えば経営学の著名な事業分析手法の一つに、「プロダクト・ポートフォリオ・マネジメント」（PPM）(5)というものがあるが、その目的は、現在の収益を生む事業と未来のための事業のバランスをどのように取るか、資金をどの事業で稼いで、未来のための事業にどの程度投入すべきかを検討することにある。

このように企業や組織の活動では、常に**現在のための活動と、未来のための活動の適切なバランス**が重要だと考えられている。現在の利益を稼ぎ、現在の競争力を支えている事業と、将来の利益を稼ぎ、将来の競争力を支えるはずの事業のうち、前者に力を入れすぎればその企業の未来の成長が制約され、逆に後者に力を入れすぎればその企業は現在の競争に敗退し、存続できなくなる。

ところが近年、この選択において、前者の重視を促す傾向が強まっている。前章でもふれたが、それは新古典派経済学の興隆に係わっている。第一に、構造改革派経済学の影響で「生産性向上」が過度に重視されるようになったが、それは主に現在の事業の効率性によって達成されるから、企業のエネルギーや資金、人材などの資源はもっぱら現在の事業に投入され、未来の事業は効率性の低い事業として資源の投入が削られがちである。

第二に、金融・資産経済の肥大化や金融グローバル化によって、短期志向の金融・価格投資セクターの実体セクター企業に対する影響力が高まり、また企業買収の脅威への対応として、実体セクター企業自身に現在の利益を重視する傾向が強まり、高株価政策重視や経営の短期志向化が強まっている。その傾向の下では、企業は現在の収益に寄与しない未来のための投資を削減しがちとなっている。

第三に、新古典派経済学や新自由主義の影響下で、経済の効率化には市場競争の活発化が不可欠とされ、市場規制の緩和や経済のグローバル化が進んでいる。しかし、競争が激しいほど、未来のための製品イノベーションに力を入れる企業や国は、現在の競争で競争力を弱め、経営は不安定となり、この結果市場から退場せざるを得なくなる企業が増える。こうして企業の経営は、全般に短期志向を強めている。

こうした環境下で、今日の企業は、現在の利益を高めるために未来のための投資を削り、効率化を図ろうとする傾向を強めている。

(5) PPM (Product Portfolio Management) は、企業の事業を、市場の成長性と自社の市場シェアの二つの軸で次の四つに分類する。すなわち、市場の成長性は低いが、自社のシェアが高く金を効率的に稼いでくれる「金のなる木」(Cash Cow)、市場の成長率は高く自社のシェアも高いが、まだまだ競争が激しく、資金投入が必要な「花形」(Star)、市場の成長率が低い上に自社のシェアも低い「負け犬」(Dog)、市場の成長性が高いのに自社のシェアが低い「問題児」(Problem Children) の四つに分類してマトリックス化し、事業の取捨選択を行う経営分析手法である。こうした分析に基づいて、例えば「負け犬」事業からは撤退し、「金のなる木」の事業で稼いだ資金を「花形」事業や、場合によっては「問題児」事業に投入して、未来の成長分野を育成するといった具体的戦略を検討するもので、ボストン・コンサルティング・グループによって提唱された。

こうして、①生産性向上が経営の中心課題となるほど、また②市場原理主義的経済学の下で競争の激しい「効率的な」市場が実現するほど、企業の投資は既存製品生産の効率化や省力化など当面のコスト削減投資が中心になり、また③株式分割や株式交換など企業買収に係わる規制緩和で買収の脅威が高まり、企業が高株価経営を志向するようになるほど、新製品の開発投資は軽視されるようになり、開発投資の内容は短期的な視野の小粒なものになる。**生産性向上だけでは、製品の魅力を低め余裕のない価格競争に**

こうした方向を志向する企業は、時間の経過とともに、その製品の魅力や製品価値の優位を次第に失っていくから、企業はますます開発途上国企業との強い「価格競争」に巻き込まれることになり、余裕のない経営にスパイラル的に追い込まれることになる。魅力ある新製品の開発よりもコストカットと生産性を重視する経営は、自ら開発途上国との勝ち目のない価格競争に自社を追い込んでいるだけである。

第3節　非価格競争戦略

以上を踏まえ、日本などの先進工業国が採り得る戦略を整理しよう。

1　高付加価値製品戦略

一国の高付加価値製品戦略　「売れる」魅力のある製品を新たに作り出すことは難しい。一方、魅力のないものはいくら安くても誰も買わない。日本の消費者は「豊かでもうモノはいらない」と思っているだけでなく、「雇用不安や非正規雇用への転落」、「社会保障制度改革」に怯え、その不安解消のために可能な限り消費を控え、貯蓄を続けている（現在は日本の貯蓄率は低下しているが、これは主に高齢化に伴う人口構成の変化が主因である）。このため、生活に不可欠なもの以外は、強い魅力がある製品しか買わない傾向がある。

強い魅力のある製品は、一般に機能や性能が高いといえるが、かといって過剰機能に魅力はない。また、複雑でコストをかけたハイテク製品であれば常によいというものでもない。

ここで今後のために、過去の製品史から、高い魅力で人々に受け入れられた製品をみてみよう。第２章でもふれたが、ラジオ、自動車、テレビ、家庭用ＶＴＲ、ウォークマン、パソコンとインターネット事業、携帯電話などは、いずれも人々の文化や生活を変えるほど強い魅力で受け入れられた。これらの製品は、従来はなかった新しい価値を消費者に提供し、新しい文化とライフスタイルを創出し、それまでは存在しなかったまったく新しい需要を作り出したのである。

そのほとんどは米国メーカー発のものだったが、家庭用ＶＴＲとウォークマンは日本発である。家庭用ＶＴＲは、テレビ番組の録画と視聴時間のシフトによって生活文化を変えたといえる。またウォークマン第一号の発売は一九七九年である。この時期、日本が製品イノベーションの主導権を一時握ったかにみえたが、パソコンＯＳやインターネットなどで再び主導権は米国に戻り、日本は結果的に、生産技術で量を稼ぐ戦略に回帰せざるを得なかった。

だが、当時すでに、日本の高度成長をもたらした条件は変化しつつあり、開発途上国の台頭などによる激しい国際競争下で、引き続き十分な量を稼ぐことは次第に困難となりつつあった。こうした環境下で、本来日本が進むべきだった針路は、ウォークマンの方向にあったと考える。日本では、将来に向けて、あらためてこうした商品の創出が意識されるべきである。

企業の高付加価値製品戦略

もちろん、文化を変えるほどの製品を新たに作り出すことは大変難しい。しかし、できる限りの製品開発努力を続けるべきである。

吉川洋氏はプロダクト・イノベーションの重要性を訴えるが、その「新製品」は、一般にはハイテク製品のイメージで理解されていることが多いようだ。しかし、強い需要を生み出す新製品であれば、ハイテク製品である必要はない。クラフト的製品でも、文化的・趣味的製品でもかまわない。先進工業国には、多様なニーズを表出する豊かなニッチ市場が成立し得るからだ。

中小企業を例に具体的な製品戦略を考えてみると、第一に、たとえ数パーセントでも「独自製品」を持ち、育てることである。第二に、それは「買いたい」と思わせる「魅力ある製品」である必要がある。第三に、その製品分野は自らの蓄積や競争力を活かせる分野がよい。蓄積とは、技術力・技能力、ノウハウ、知識、販路・取引先ネットワークなどである。以上は、いずれも当然のことだろう。

第四は、基本的に「**ニッチ市場**」に絞り込むことである（先進国経済は豊かなので、ニッチ市場も大きい）。理由は、ターゲットを見つけやすいこと、競争が激しくないことにある。ニッチ市場ならば、トップに立つのに必要なエネルギーも、中小企業が資金的、人材的に手に負えるサイズである。それはニッチを対象とする独自製品だから、当然汎用品ではなく「特殊品」「嗜好品」「趣味品」「専門品」になる。コスト効率の追求は不断に行うとしても、こうした高付加価値製品を生み出す取り組みを強化しなければ成長はない。こうした視点は大企業にも当てはまると考える。

2 高付加価値・非価格競争戦略の促進

さて、以上のような、魅力ある高付加価値製品というだけでは十分ではなく、製品が価格競争にさらされないことが重要だという観点は、妹尾堅一郎氏の『技術力で勝る日本が、なぜ事業で負けるのか――画期的な新製品が惨敗する理由』（妹尾〔二〇〇九〕）の、日本が「技術で勝って、事業で負け」ているという問題意識と共通する部分がある。

違いは視点の違いである。本書では、非価格競争戦略が意識されるべきと考える。具体的には、魅力ある製品を生み出す「高付加価値製品戦略」と、付加価値を維持する「非価格競争戦略」の二つの戦略には、互いに重なる部分があるから、その重なりを活かした戦略を具体化していけばよい。以下では、こうした視点から考えられる日本（先進工業国）の戦略をみていこう。

イノベーションの促進

イノベーションは、開発途上国の参入や追随を遅らせることで先進工業国に非価格競争力を与える。具体的にみてみよう。

第一は、**魅力ある新製品**による非価格競争力である。イノベーションによって新しく開発された**新製品**では、機能や仕様が随時改善されるため、追随者はそれについていけない。何よりも、開発者でなければ製品開発の方向や意図がわからないから、追随者は何に取り組めばよいかがわからない。

製品機能の開発が一段落し機能が安定すると、成長期に移行し生産技術に優れた追随者が参入してくるが、開発企業は、開発者としてのブランド力や累積生産量が追随者に先行して上昇することによるコスト上の優位（学習曲線）などの先行者利得で、その後も優位を保ち続け得る。これはソニーのウォークマンを考えればイメージしやすい。

第二は、**ニッチ製品開発や知財戦略**である。先進国企業が新製品開発に取り組む分野は、基本的には、その企業の体力に見合う投資で成果が生み出せるサイズの分野になる。特に中小企業は、**ニッチ**に絞り込むことが合理的である。その開発は、シーズ主導かニーズ主導かによって様相が大きく異なる。

シーズ主導の場合、シーズを元に生まれた新製品の市場規模を見積もると、それがたまたまニッチ・サイズだったということも多い。しかし、市場規模が小さいという理由でそれを捨てるべきではない。大企業の視点で市場が小さすぎると考えられるなら、その部門を分社化して、そのニッチ市場を開拓させればよい。それによって新たなニッチ市場が育ち、製品の複合化などの基盤ができ、結果的に大きな市場の開拓につながることもある。そうならなくても、ニッチ市場をいくつも持つことで、全体として大企業の規模になることもある。それは本体企業との間に、様々なシナジーを生むはずだ。

ニーズ主導の場合、顕在化していないニッチ・ニーズを発掘できれば、市場開拓者になることができ、先行者利得を獲得できる。市場の発掘活動で、何がしかのニッチ・ニーズが浮かんでくれば、次はそのニーズを持つ人々がやむなく代用している既存製品を探せばよい。そこで、本来のニーズに適合した新製品の開発に進む。もちろん、その市場のサイズは、その開発コストを回収できる程度に大きい必要がある。

市場規模が小さい場合は大規模な開発投資はできないから、既存製品をニーズに合うように単純に修正しただけになるかもしれないし、既存製品と別の製品の機能を単に組み合わせた程度の製品になるかもしれない。それは、開発に必要な技術力が高くはないようにみえ、他社の参入に不安があるかもしれない。しかし、それはその市場のサイズに合ったものであり、先行者としてそのニーズを持つ人々に支持され、開拓者は先行者としての利得を十分に確保できる。

また、ニッチ分野ではあっても、その市場がある程度以上に大きい場合に競争優位を維持するには、不断の技術革新やニッチ・ニーズへの対応のための製品開発・改善を続けるだけでなく、**デザイン、ブランドなど知財戦略との組み合わせ**に取り組むことも重要である。

第三の**生産技術の革新**は、成長期製品の競争上の優位に大きな影響を与える。日本はこの分野では、高度成長以来優位にあった。トヨタのように、成長期の製品分野で生産技術上の優位を持っている企業は、生産技術革新の種が尽きるまで、その分野では非価格競争上の優位を保つことができる。

日本企業は多くの分野で国際競争上の優位を保ってきたが、その優位は非価格競争上の優位であり、その源泉は高い生産技術にある。この生産技術は、形式知だけでなく、暗黙知・ノウハウのかたまりである。暗黙知は継続性のある「**現場組織**」に蓄積される。「日本企業の強みは現場組織の強さ」とされるが、それは今日、経営の短期志向化や過度の効率性追求で毀損されつつあるようにみえる。第2章でもふれたが、入交昭一郎氏が「GMでは技術者が育たない。短期の収益を追う経営では再建は難しい」(山田［二〇〇九］)と述べているとおり、経営の短期志向化は、特に製造業でマイナスが大きい。

国際競争の激化で、生産技術の優位のみでは価格競争に耐えられないとしても、生産技術はやはり日本企業の優位の源泉である。それを捨てるのではなく、他の非価格競争手段と組み合わせることで、激しい国際競争に対応していくべきと考える。

留意すべき点としては、小型乗用車のように高度の「摺り合わせ型」の生産技術が必要な製品は、長期にわたって生産技術に向上の余地があるが、シンプルな製品の場合、比較的短期間で生産技術の向上が限界に達してしまう。そうした分野では、もはや生産技術のみで非価格競争上の優位を得ることはできない。また、イノベーションを続けていくためには、**高い技術・技能を継承**できる安定した人材育成の仕組みと組織が必要である。先進工業国がこれらを維持するには、社会全体として、また企業内の人材育成の仕組みとして、組織や仕事を守っていく取り組みが求められる。

しかし、開発途上国の技能向上や、機械で容易に代替可能になった技能などをそのまま守ることはできない。そうなった場合の対応の方向は、少量高付加価値製品への生産品目の転換である。問題は、いかにそうした生産品目を見出すかであるが、それは主にニッチ製品になるだろう。

先進国市場の特徴は膨大な数のニッチ市場にある

すでに製品開発の項でニッチ製品にはふれたが、あらためて様々な非価格競争手段の中で、核の一つになるものとして「ニッチ戦略」を挙げたい。これと他の戦略を組み合わせることによって多様な戦略のバリエーションが生まれる。

一般に、「ニッチ市場」とは「ニーズの規模が小さいために、商品の提供者がいない市場のことを指す」とされるが、ここでは「ニッチ市場」を、もう少し緩やかに、「提供者がいる」場合を含めて、漠然と**「ニーズの規模が小さい市場」**をいうものとする。

またこれに加えて、ニッチ製品とは、ある種の限定された少数の人たちにとっては必要性、必須性がかなり強いという特性をもった製品と考えることにする。例えば、特別な嗜好を持った人の嗜好品とか、特殊な医療用器材とか、特定の最終製品の組み立てに必要な特注的部品は、当然必須性が高い。つまり、①市場規模が（相対的に）小さく、②買い手側のニーズ・必要性が強いという二つの性格を持つ製品の市場を、ここでは「ニッチ市場」と考えよう。これは、一般的なニッチの定義とそれほど違いはないが、若干大き目のサイズの市場までも含むことになる。

ニッチと聞くと、小規模市場のイメージだ。しかし、例えば化学工業でのファインケミカルは、大量生産の化学品に比較すればニッチへの特化といえる。これにみるように、ニッチ市場は先進国特有の市場であり、開発途上国や低開発国にニッチ市場はない。開発途上国等は経済的に貧しいために、誰もが大量生産による低コストの標準品で我慢せざるを得ないからだ。経済が豊かになれば、消費者は多少価格は高くても、自分の好みに合ったものを求める。人々が豊かになればなるほど、全体市場が大きくなると同時にニッチ市場も規模を拡大し、生産者からみて採算に乗るような規模のニッチ市場が無数に生まれていく。

ニッチ市場がそれなりの規模を持つには、経済が豊かでなければならない。全体市場が豊かなときは、その部分市場も豊かであり、先進国の豊かな市場は多様で膨大な数のニッチ市場の集合体となる。その意味で、マス市場が貧しい国の市場を特徴づけるとすれば、ニッチ市場こそ、先進国市場を特徴づけるものである。

ニッチ市場なしにプロダクト・イノベーションは生まれない　先にふれたイノベーションと豊かな先進国市場の関係をニッチ市場の視点でみてみよう。豊かな先進国市場には、多様な無数のニッチ市場が成立し、それが多様な製品に日の目を見る機会を与える。そうした無数の製品の中で、優れた普遍的なニーズを持つ革新的な製品が育てられ、やがてピックアップされ、マス市場へ出て行くのである。多様で豊かなニッチ市場の存在こそ、イノベーションの促進に重要な役割を果たしており、このニッチ市場こそ、先進国市場の理解と先進国経済の繁栄に係わる重要なテーマである。

新古典派成長理論を発展させ、技術進歩を内生化した「内生的成長理論」では、イノベーションの原因はサプライサイドの供給能力に係わる学習効果や人的資本の蓄積、あるいは研究開発の促進等によるものと考えられている。しかし、それは改良的イノベーションに関する説明にしかならない。

需要サイドの先進国市場の豊かさ自体が、無数のニッチ市場の形成を許し、その無数の多様なニッチ市場の存在が多様なニーズを作り出し、その中に高額な開発初期製品の市場が生まれることによってはじめてイノベーションが生じているのである。

つまり、製品のイノベーションは、市場需要との関係においても、経済にとって内生的問題だといえるのである。これに対して構造改革派経済学は、サプライサイドの開発資金や人材の蓄積・投入さえあればイノベーションが進むと考え、市場との関係を考えない。

技能とクラフト戦略

次に、技能をみてみよう。まず、技能は暗黙知のかたまりだから、コピーが難しい。このため、高度な技能があれば他者の追随は困難になる。また技能は、クラフト戦略、ニッチ戦略、差別化戦略、ブランド・イメージ戦略、デザイン戦略、文化戦略と多くの戦略に係わる余地を持っている。「技能」は、もっと重視されてよいと考える。

例えば、様々な機械を作るのは工作機械であるが、作られる機械よりも工作機械には高い精度が求められる。その工作機械も、より高精度の工作機械によって作られ、その高精度の工作機械も、さらに高精度の工作機械のマザーマシンによって作られる。そのマザーマシンを作るのは、もはや工作機械のみでは不可能であり、高度の技能と高精度の工作機械の組み合わせがあって、はじめて可能になる。ここには必ず技能が残る。

また、生産が少量であるために、専用機械を使っていてはかえって高コストになる製品がある。そこでは熟練の手作業の方が、機械よりも低コストになるのである。一方、技能の中心は手作業だから、当然少量生産である。技能と**少量生産**は親和性が高い。そして、少量で採算が維持できなければ、必然的に多品種少量生産となる。一方でニッチ市場は市場が小さいから少量の生産で十分だ。

つまり、**技能の活用はニッチ戦略と親和性がある**。したがって、高い技能を活用してニッチのニーズに対応した製品が開発できれば、強い非価格競争力を持つ。

問題は、高度の技能を活かして、高い付加価値を稼げる製品を見つけ出すことである。それができれば、コスト競争を避けて、余裕のある高い付加価値を長期にわたって享受できる。そのための戦略としては、デザインやブランドを重視した製品開発が一つの方向となる。効率性の追求は大企業に任せ、先進国の中小企業はデザイン等を活かした**クラフト戦略**を追求するのが一つの方向である。

先進国の変化の激しい市場とスピード戦略　また、製品の中にはニーズが急速に変動するものがある。たとえば「ファッション産業」などでは、個々の製品デザインのプロダクト・サイクルは数か月程度しかない。需要は急速に立ち上がり、急速に減少する。このため、全体としてどの程度の量が売れるかの見極めが難しい。

こうした分野では、それが売れている豊かな先進国市場内に立地し、市場に密着している企業に有利である。特にマーケティング、企画、デザイン、流通などの面で有利であり、生産でも一定の優位性がある。豊かな先進国市場に所在する優位を活かして、流行を作り出すデザインや企画機能の強化、ブランド創出などに取り組むことが先進国企業の一つの方向である。

なお、後段の文化戦略の項で触れるが、ファッション系産業の振興を図るのであれば、その国や地域は、文化・生活面で高い水準を維持し、他の国々から憧憬の目で見られる国・地域となることが条件になる。それは、効率性やコストカットを追求することでは得られない。

独占的競争と差別化からみたいくつかの戦略　非価格競争戦略は、独占と「独占的競争」理論によって、よく理解できる。本章の注4でもふれたが、「独占的競争」とは、多くの売り手がよく似た製品で競争しているが、各企業の製品は少しずつ他と差別化され違っているため、それぞれの製品ごとに固有のニーズがあり、（差別化の程度によって異なる）ある価格の幅の中では、各企業に価格支配力（独占力）があるような競争のことである（差別化の程度が高くなると、独立した（ニッチ）市場に近づく）。

「差別化された製品」間では、その分価格競争は弱まるから、先進工業国は差別化の程度を上げることが戦略となる。たとえば製品の機能、魅力、ブランド等の強化である。この差別化を作り出す手段を、製品と消費者の関係でみると「製品差別化」であり、そのための「デザインやブランド戦略」、開発のための「技術戦略」や「マーケティング戦略」などもある。また、これを市場と消費者の関係でみると「ニッチ市場」であり、技術でみると「イノベーション」「技術力」「技能力」「知財戦略」などである。こうした手法を活用した非価格競争戦略をいくつか考えてみよう。

第一に、先進工業国企業に優位を与えるものとして、高品質の製品を長期間作り続けたことで形成された**ブランド・イメージ**がある。これは品質への信頼を生み、また保有することでステイタス感などを満足させ、それは買い手にその製品の高価格を許容させる。

先進工業国企業は、過去の遺産でもあるこうした優位を最大限に活かしていくべきだ。したがって、それを活かそうとする企業には、生産の効率化にあたっても、高い信頼を失わない努力、例えば高株価政策で現在の利益をかさ上げするだけのために、将来にわたる高付加価値獲得のポテンシャルを失わない取り組みが求められる。売れるからといって開発途上国向けの低価格品に安易に重要なブランド名を与えることは果たして有益なのか、慎重に検討されるべきだ。

また、この際に重要なのが、「**社会的関係資本**」の蓄積と向上である。社会が不安定な国や貧困が支配的な国にブランドは成立しにくい。この限りでは、政府の政策においては、ブランドやイメージに不可欠な社会の安定や国民の生活水準の維持と高い文化の維持が意識されるべきである。それは同時に、海外からの観光客の誘致にも寄与する。これは、こうした分野でのフランスの優位をみれば明らかだろう。

第二に、付加価値を高める手法として、製品への新機能の追加と**優れたデザイン**の二つを比較してみると、新機能の追加には、製品一台ごとに部品や作業人件費などのコストが追加で必要になるのに対して、デザインは、一度デザインすればほぼ追加コストなしで何千台、何万台にも無限に使える。しかもデザインが魅力的であれば、新しい機能の追加よりもはるかに高い付加価値を生む。

かつてソニーのデザイン重視は有名であり、ソニー製品の高付加価値を支えていたと考えられるが、今はコストを重視するようになったためか、サムスンの後塵を拝している。そして、コストを重視するようになったことで、消費者は以前ほどソニー製品に高い付加価値を許容しなくなり、まさにコストで比較され選ばれる「並の会社」に近づいている。第2章でもふれたが、ソニーは海外での株式上場への対応を通じて、米国型の短期志向の経営に徐々に毒され、米国企業をまねて大規模なソフト系企業の買収を華々しく試みるなど、自社の真の競争力を支えてきた戦略を見失っていると考える。

文化戦略と豊かな社会

本来、先進工業国企業は、開発途上国企業に対してデザイン面で優位にある。社会の豊かな文化、生活、経済的基盤は、デザインを生み出す人々の教育環境や雇用環境を質・量の両面で支えている。

しかし、それだけではない。豊かな社会は、多様なデザインを受け入れる消費者を育む面で、その国のデザインのレベルに重要な影響を与えている。また、先進工業国の豊かな市場は、無数のニッチ市場の形成を通じて、多様なデザインにその場を与えている。こうしたことがデザイン水準の向上を継続的に支えているのである。この市場との関係はイノベーションと同じである。

サプライサイドしか考えない新古典派的な見方では、優れたデザイナーさえいればデザインやブランドが育成できると考えがちであるが、優れたデザイナーのデザインを選び出す消費者市場がなければ、デザイナーは育たず、またデザインの対象となる多様な製品のないところにデザイナーの仕事はなく、デザインやブランドは発展しない。生産性を追求し、その価格競争のために国民の生活水準を引き下げてよいと考える「新しい古典派」的発想の下では、デザイン戦略などは機能しない。

また、例えば北欧やスイスのクラフト的製品は高い付加価値を持っているが、その国や地域が持つ「文化」は、その国の製品の付加価値にプラスの影響を与える。その国の人々の生活が豊かで安定しており、高い水準の文化があると思われている国は、そうではない国々の国民の憧れの的となり、その国の製品に高い価値を感じさせ、高額の対価を支払ってもよいと考えさせる。

かつて一九五〇～六〇年代の米国の生活がテレビドラマの背景として日本の家庭に流れ、その生活への憧れが米国製品に対する需要を生んでいたが、今日では、それは新自由主義の下で中産階級が縮少し犯罪が多発する国のイメージに変わり、米国製品の価値を引き下げてしまった。英国も同様である。

今は、むしろスイスや北欧への憧れがある。われわれは、こうした国の製品を少し高くても買っている。そのためこれらの国々の製品は、他の国の製品に比べて、価格で叩かれない割合が平均していくらか高いのである。その分、これらの国の企業は、経営がどれだけか楽になっている。これらの国の企業は、その国に属しているだけで無形の大きな利益を受けている。

こうした文化を振興する取り組みは、主に「政府」にしかできない。それこそ政府本来の役割である。これに対して、効率性を追求する構造改革主義が政府に期待する役割はこれとは対極にある。二〇〇一年以降のわが国政府の過度の効率性重視は、この意味で企業の選択肢を狭めてきたと考える。

おわりに

コストカットは、企業危急時の応急対策として重要である。また、そもそも市場経済では、企業は常時コストカットを続けなければならない存在でもある。さらに、コストカットは着実で計算ができるから、選択しやすい。これに対して新製品開発は、不確定要素が強くリスクが高い。

しかし、成長を重視し、または安定した収益を目指すなら、コストカットだけでそれを実現することはできない。コストカットは、競合企業とのコストカット競争の無限の連鎖を生むだけだからだ。成長と安定した収益のためには、魅力ある独自製品で売上を拡大することが不可欠であるが、それにはイノベーションや独自製品等の創出を促進し、非価格競争に取り組むマネジメントが不可欠になる。

厳しい全般的コストカット下では、一般に長期を目標とするイノベーションほど、カットの対象になりやすい。したがって、余裕のない、コスト削減を続けざるを得ない企業や国ほど、組織を活性化し、イノベーションを維持（さらに非価格競争戦略を追求）するためのマネジメントが重要になると考える。

第6章 政府 北欧型政府論：需要不足と政府支出

はじめに

ここまでみてきたように、先進工業国では、国内の需要不足や国際競争のために生産「数量」の成長に制約が生じやすい。こうした中で付加価値総額を成長させるには、構造改革派が主張する「生産性向上」(コストカット)とは逆に、相対的に高コストを維持しながら競争力を確保しなければならない。前章では、その戦略として「非価格競争」に着目した。

しかしかといって、その非価格競争戦略でかりに新たな輸出立国政策に乗り出しても、それですべての問題が解決するわけではない。また第3章でみたように、「輸出立国戦略」は国民にとって不幸な選択でもある。一方、内需面でみても、非価格競争戦略は企業向けのミクロの対策であるから、それがマクロの国内需要拡大につながるかどうかは保証され得ない。

そこで、「日本経済全体の問題」がどこにあるかを考えるために、あらためて第1章から4章の視点に基づいて、日本経済の四半世紀を概観してみよう。

一九八五年のプラザ合意による急速な円高対策として採られた金融緩和政策や公共事業の拡大、さらには中曽根行財政改革による法人税率や所得税最高税率の大幅引き下げなどで、企業や消費性向の低い富裕層の可処分所得が増加し、それらが設備投資や消費に回らず資産市場に流れ込んだこと（セイ・サイクルからの漏出）で、八〇年代後半からいわゆるバブル経済が発生した（第4章）。

そのバブルが九〇年代初頭に崩壊し、企業は、設備投資よりも不良資産圧縮のための借入金の返済を優先した。このため、長期にわたって設備投資需要が不足し、その結果総需要が不足し続けたが（バランスシート不況）、政府の大規模な財政出動で最悪の事態は免れた（第3章）。

そして、九〇年代後半に企業の資産圧縮がようやく終了（第2章図10）しようとしたときに、橋本政権下で、過早かつドラスティックな財政再建路線への転換が行われ、それによって生じた需要不足で大不況となり、それは国民や企業の消費マインド、投資マインドを決定的に萎縮させ固定化した。また、不況対策のために必要となった大規模な財政出動で、財政は逆に大幅に悪化した（第3章）。

一方、バブル崩壊後の大不況と、橋本改革による大不況が連続した長期停滞と捉えられ、財政出動の効果がなかったとされたことで、二〇〇一年からの小泉政権下では、国債発行三〇兆円枠やプライマリーバランス（基礎的財政収支）論などを目標に抑制的な財政政策が長期に継続された。

加えて、停滞原因の誤った解釈に基づいて、日本経済に構造的な問題があると断じられ（第1章）、グローバル経済への対応や国際競争力の維持論と併せて、サプライサイドの「構造改革」が進められ、過度の生産性向上論やそれに基づくゾンビ企業仮説、低生産性企業退場論や、過度の規制緩和によって、企業や国民は斉一的にリスクテイクを避け、安全を重視する傾向を強めた。それらは設備投資や消費を抑制し、日本経済の地位を劇的に引き下げたと考える（第1章図1）。

二〇〇〇年代に入ると「実感なき景気回復」が続いたが、それは米国のバブルと過剰消費に伴う世界的な景気拡大の一環にすぎないものであって、回復の原因は外需という「需要」にあったのであり、国内のサプライサイドの構造改革とは無関係である（第1章）。

なお、一部に、小泉政権の後期には財政収支が改善しつつあったことを「構造改革の成果」と主張する向きがあるが、それはこの外需による景気回復で生じた税収増加に基づくものであって、構造改革とは無関係である。小泉政権下では、この純輸出（＝輸出－輸入）の増加でGDPギャップは縮小に向かったが、プライマリーバランスの黒字化などを目標に財政健全化を重要課題としてきた小泉政権では、税収増に応じて国債発行を縮減したから、政府赤字つまり財政出動の規模が過少となってGDPギャップは解消せず、マイナスのまま二〇〇六年まで推移した。

橋本改革、小泉改革とサプライサイドの構造改革は成果を上げ得なかったが、これは構造改革派が「新しい古典派」の教義にとらわれ、長期停滞の原因が需要側の問題であることを理解できず、袋小路のサプライサイドの理論と政策にこだわり続けたことによると考える。「新しい古典派」は、需要は供給におおむね従属するのだから、直接的需要創出に意味はなく、政府の財政出動は有害なだけであり、政府は供給側の対策（規制緩和などの構造改革）だけを行えばよいと考えた。これが「小さな政府論」の理論的根拠であり、過去三〇年、各国政府の政策に大きな影響を与えてきた。

しかし現在の世界同時不況では、この教義に反して、米国や中国をはじめ各国政府が大規模な財政出動を行っている。これはいうまでもなく、需要に問題があると考えられていることを意味する。

新古典派経済学に基づいて「小さな政府論」を推進してきた「新自由主義」は、世界中で規制改革を進めたが、それは単に金融・資産経済を肥大化させただけに終わり（第4章）、結局、今回の世界同時不況では、「大きな政府論」（政府の金融・財政出動）に救済を求めることになった。

こうしたことを踏まえて、本書は、今日の先進工業国経済、特に現在の日本経済の根本的問題は「需要」にあると考える。そしてこの問題は、中長期的には、輸出立国では解決できない（すべきでない）のであり、重要なのは内需だと考える。この章では、「需要（内需）における政府の役割」を中心に論ずる。

第1節　政府と一国経済

政府のあり方を考えるために、政府とは一国経済の中でどのような存在であり、どのような立場にあるかをまず整理しよう。

1　一国経済における政府の役割

第3章の図15fは二〇〇〇年代の外需依存輸出主導型経済の資金循環を概念化したものだが、ここに掲げる**図15f'**は、その「設備投資等」のうち政府分を別に書き出したものである（**図15g**は北欧型経済）。この政府の赤字を家計運営的観点でみれば、政府は収入（税収等の収入13）を超える放漫な支出（19）の家計にみえるし、民間企業の観点でみれば、水ぶくれの投資やコストを借入金でまかなう「経営効率の悪い組織」だ。しかし、こうした見方は政府の役割を理解していない。まず、政府とは何かを考えよう。

図15f'　2000年代輸出主導型経済の資金フロー概念図

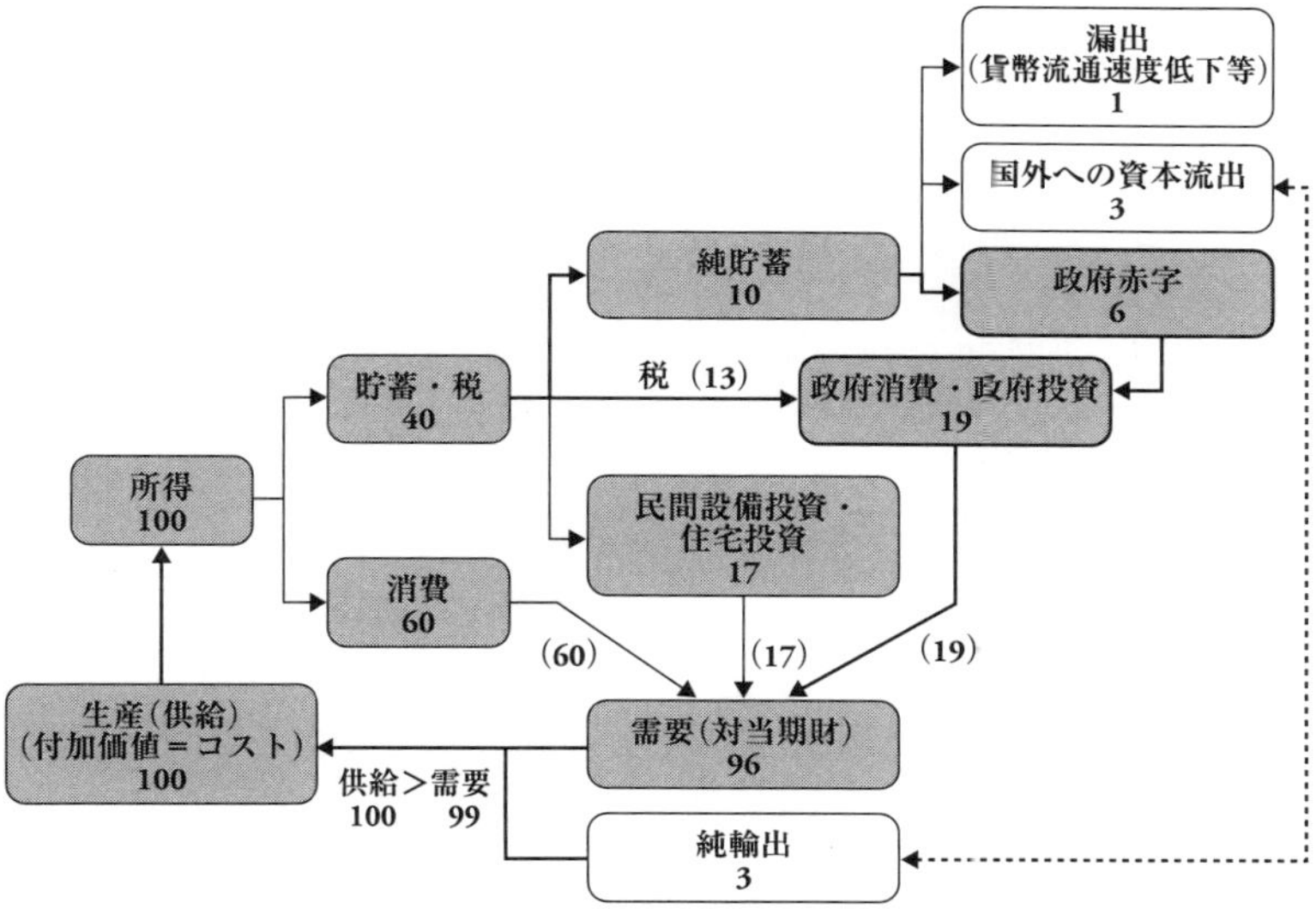

民間と異なる政府の役割　政府は、民間ではサービスが提供できないか過少になってしまうことを担ったり、民間の活動の歪みを調整し、民間だけでは「合成の誤謬」や「市場の失敗」などが生じるのを防ぐため、つまり民間ではできないことを行うために置かれている。

もちろんそれは、政府が民間と無関係に独自に活動しうることを意味しない。政府活動の内容が民間活動を補完するという目的に規定されているからだ。政府活動と民間活動の全体が一つのシステムとして円滑に運動できるように、政府活動は民間活動を補完する役割を果たさなければならない。したがって、政府活動は、民間活動を鋳型として形が決まることになる。またこのために、政府活動は民間企業・団体の活動とは異なる行動原理を持つことになる。

その中で「政府財政」にも、一国経済の中で企業や家計単独ではできない補完的な役割が割り当

図15g　北欧型経済の資金フロー概念図

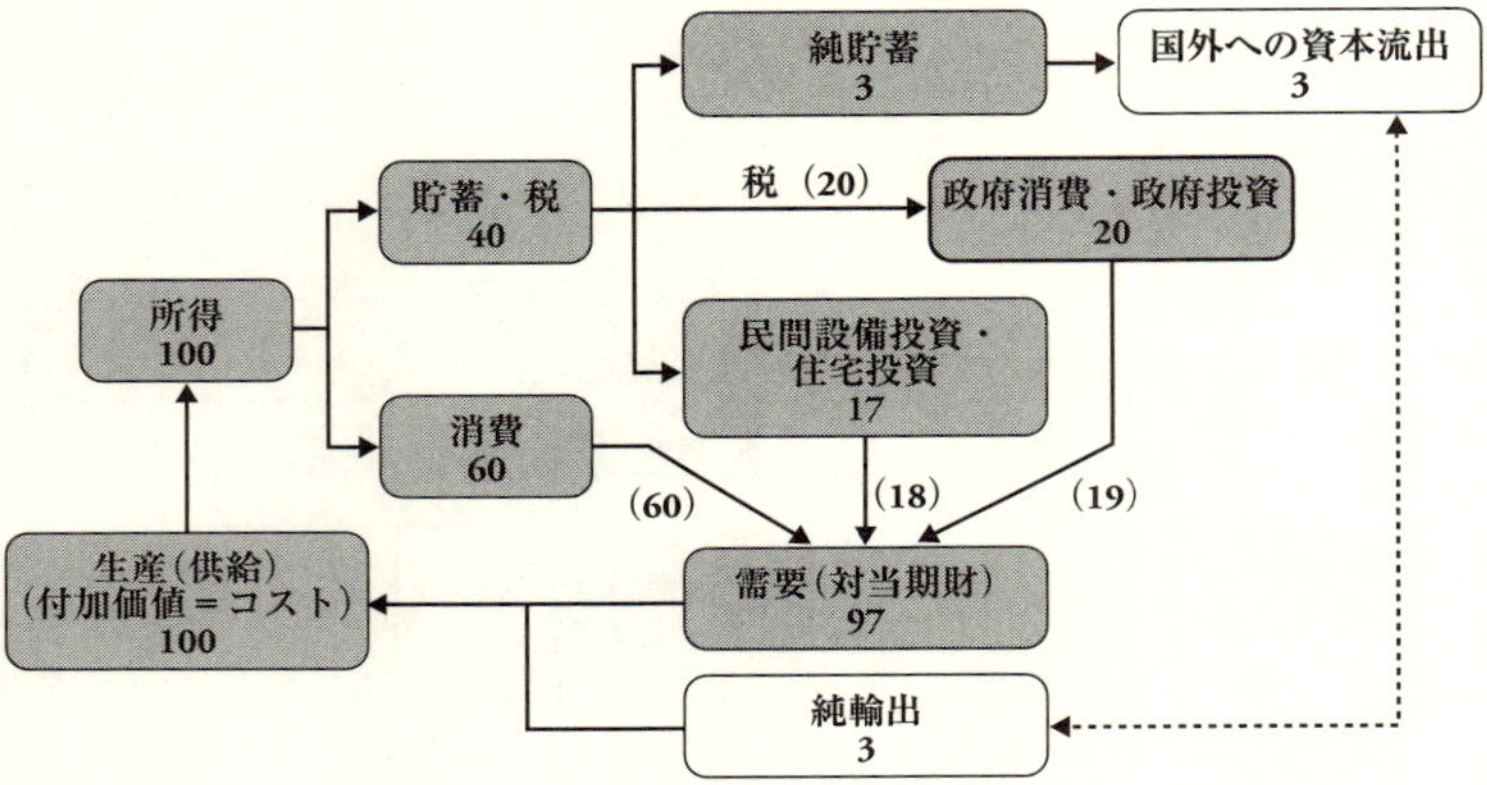

てられている。つまり政府財政は、一国経済全体が一つのシステムとして円滑に運動できるように、民間の自由な経済活動を補完するように運営されるべきなのである。この意味で、政府財政は一国経済から独立していない。この結果として、民間経済の歪みが政府財政の歪みになって現れることになる。「政府の赤字」は、政府自身が選択する部分もあるが、民間経済の状況に大きく規定されている。

しかも、国・地方の政府部門が日本経済全体に占める大きさをみると、平成二〇年度の国内総支出（GDE。三面等価でGDPと等しい）四九四兆円のうち一一三兆円で、二三％を占めている。ちなみに、企業部門全体が占める割合は一六・五％にすぎず、残りは家計部門だ（『平成二二年版地方財政白書』）。

このように、政府財政は規模が大きすぎるため、民間企業が一国経済に対する影響を考慮せず、独自に判断し行動できるのとは異なり、政府は民間経済との関係を常に意識して行動を決定しなければならない。この結果、政府の活動は、民間企業よりもはるかに一国経済に対して独立性が低く、その動向に従属せざるを得ない。

したがって、政府赤字は民間経済不調の反映であり、経済が正常なら政府の赤字も自然に縮小するか、容易に縮小が可能である。逆に赤字が拡大するなら、民間経済に重大な問題が生じていることを意味する。財政の赤字のみをみて、民間企業や家計と同様に論ずべきではないのである。また、政府財政が一国経済と密接不可分の関係にあるなら、政府が一国経済とは独立に財政再建という独自の目標を追求することは、経済に大きな負の影響を与えることになる。

民間と異なるべき政府の行動原理　それでは、政府はどのように行動すべきだろうか。民間企業は、収支が相償い、収入がコストに勝る事業運営が期待され、赤字経営は非難される。これと同様の見方を政府についても採る人がいる。しかし、政府は、収支がマイナスの事業を行うためにこそ存在している。だから強制的に税を徴収して赤字を補うのである（もちろん、税を含めれば収支は黒字でなければならない）。政府が、税の補塡なしに黒字の事業を行えば、それは政府が民間の役割を侵しているのであり、糾弾されてしかるべきである。

もちろん、執行の仕組みは民間と大差がないから、民間を模倣して運営を改善することは大事である。しかし、民間と同じ方針で政府の運営はできない。例えば、民間企業は負債が大きすぎれば収支の効率が低下するから、常に負債の圧縮を意識する。だがバブル崩壊後のように、企業が斉一的に借り入れの圧縮を行えば、「合成の誤謬」でセイ・サイクルからの漏出が拡大し、ＧＤＰが縮小する。

政府の役割は、それを調整することだから、政府が債務の返済に取り組むタイミングは、企業が一斉に返済しているときではなく、逆に企業が一斉に借り入れを増やしているときだ。政府は、企業とは逆のタイミングで行動すべき場合が多い。まさに政府の活動と民間の活動は、互いに鋳型の関係にある。

2　政府財政の二つの役割

政府財政には二つの目的があり、しばしばその二つは（意図的に）混同されている。その第一は、政府サービスを実施するための資金供給である。第二は、一国経済の資金循環の中で政府財政が果たす役割に係わるものである。

政府の存在意義と政府規模　政府財政の第一の役割は、政府活動の範囲に係わる。政府の目的は、民間活動を補完するための「サービスを提供すること自体」だ。企業も財やサービスを提供するが、それは手段ではあっても目的ではない。企業の目的は「利益（少なくとも「収益」）をあげること」だ。企業は、必要とあらば不採算事業からは撤退すればよいし、定款を変更すればどんな事業でもできる。

しかし、政府は民間企業とは異なり、提供するサービスを自由には選べない。提供すべきサービスは、**民間の事業を補うという政府の役割によって規定される**からだ。そして、政府は民間が自由に事業を行う結果として、それを補うための事業に縛られる。二〇〇九年九月の政権交代後に、鳴り物入りで行われた第一次の「**事業仕分け**」でも、削減の実績は「埋蔵金」の一時的な吸い上げを除くと、科学技術関係など疑問のあるカットを含めても〇・七～〇・八兆円程度だった（『読売新聞』二〇〇九年一一月二八日朝刊）。これは一般会計総額約九五兆円に対して〇・八％程度にすぎない。政府に「無駄」はあるとしても、その比重は小さい。これは、目的において無駄な事業は少ないことを意味する。

事業を廃止すべきかどうかは「政府の役割論」に係わる。問題が難しいのは、政府の目的がサービスの提供自体にあるために、サービスの廃止が即、政府の存在意義の議論になってしまうからだ。これは、利益や収益さえ考えればよい民間とは異なる点である。

民間活動の補完という観点でみれば、政府が補完すべき問題の種は尽きない。どれだけやっても十分ということはない。したがって、一方（「大きい政府」論者）はサービス水準が低すぎると主張するし、他方（「小さな政府」論者）は高すぎると考える。これは価値観の対立の要素が大きいから、政治的なプロセスを通じて決定されるしかない。そして政府財政の役割は、こうした政府の活動に資金を供給することである。大きな政府、小さな政府の選択によって、政府財政の規模は変化する。

なお、この大小の議論については「政府の無駄の解消」論という、一見、両者の対立を解消できるバラ色の解決策があるようにみえる。しかし、事業仕分けの結果をみてもわかるように、これには極めて限定的な効果しかない。

もっともそれは、費用対効果で効率の低い事業がないということまでは意味しない。事業手法そのものや執行過程に問題があるものはあるだろう。そこでは効率を高める努力や、より費用対効果の高い事業への代替が必要である。それは事業を廃止する理由にはならないが、改善の努力は必要だ。それには、執行プロセスにまで立ち入った、息の長い継続的な改善の取り組みが必要である。

日本の財政規模はすでに限界といえるほど小さい。財政規模を租税負担率でみると、日本は二三・〇％で、先進国クラブとされるＯＥＣＤ二九か国中（加盟三〇か国のうち計数不足の一国を除く）二八番目という低さであり、米国（二六・一％）やイギリス（三八・五％）を含めて他のＧ７各国よりも低い。

これに社会保障負担率を加えたいわゆる「国民負担率」でみても、日本は三八・九％で二五位である。これは、社会保障の多くを民間保険に頼るために、その分が負担率にカウントされない米国の三四・七％よりは高いが、フランス六二・四％、イタリア六〇・三％、ドイツ五二・〇％、イギリス四九・二％、カナダ四四・四％よりも低い（財務省資料「ＯＥＣＤ諸国の国民負担率（対国民所得比）」による）。

かりに日本がイギリス並みに税と社会保障費を徴収すれば、税収等は四〇兆円弱増えて財政赤字問題は霧散してしまう。日本の国民負担の低さは、その持続性の点ですでに限界に近いと考えられるのである。

赤字の遠因は、八〇年代中曽根行革時の法人税と所得税累進税率の大幅引き下げに始まる**過度の減税と長期停滞**にあると考えられる。その結果、企業や富裕層への資金の相対的な集中は、実体経済から金融・資産経済への資金の漏出を加速し、大規模な金融緩和とあいまって、八〇年代末のバブルにつながっただけでなく、バブル崩壊後の政府は、減税による税収の構造的不足により財政的な余裕を失って中途半端な財政出動に終始し、日本経済の長期停滞を決定づけたと考える。

また、これを世界的にみると、政府財政が赤字の国は、今回の世界同時不況以前からすでに多かったのである。ＯＥＣＤ加盟三〇か国の一般政府（国・地方・社会保障基金の合計）財政収支合計が黒字になったのは、一九九二年以降では〇・一％の黒字となった二〇〇〇年のみである。九二〜〇七年の一六年間で三〇か国合計の平均をみると二・八％の赤字である（OECD Economic Outlook No. 87, May 2010 付表）。もちろん、二〇〇八年以降はさらに悪化している。

一概にはいえないが、投資を重視する新古典派経済学に基づいて新自由主義が台頭し、さらに金融グローバル化の中で、世界的に企業や富裕層に対する減税競争が行われてきている。こうした減税は、各国の財政赤字に寄与した一方で、成長につながる設備投資にはほとんど寄与せず、単に資産投資への資金流入を通じてバブルの発生や資源への価格投資に流れ、むしろ世界経済を不安定化させている可能性が強い。

経済循環の補完者としての政府財政と「マクロ経済補完基準財政規模」

政府財政の役割の第二は、一国経済の経済（資金）循環の中での役割である。すなわち、一国のマクロ経済に需要不足があるときに、それを補完、補填するという役割である。これが実は、この章の本題である。

構造改革派経済学では、需要は供給に従属するものと考えるため、需要に直接働きかける財政出動に意味はなく、財政出動のための資金調達は、民間の設備投資資金を奪うために有害だと考えた。したがって、この立場では、財政の役割は先にみた第一の問題だけである。

だが、本書や、今回の世界同時不況で大規模な財政出動をしている米英両国をはじめとする各国政府は、大きな需要不足が民間経済にある場合に、それを補い、経済システム全体への打撃を小さくすることは、政府の最も重要な役割と考えている[1]。

財政出動を是とするこの視点は、大不況時の財政出動をみれば、一見「大きな政府論」に与するようにみえる。しかし一方で、この第二の役割は、第一の役割の観点から要請される「大きな政府論」に対して、「財政規模が民間活動を制約したり、悪影響を与えたりしない範囲に制限されるべきとする基準」を与え

（1）マスコミや一般の国民も、この第二の目的についてはほとんど認識がないため、新古典派の「政府が無駄に金を使いすぎている」という主張は一般受けしやすい。この新古典派と、「政府の無駄遣い」という恰好の政府批判材料を得たマスコミ、一日も早く財政均衡に復帰したい財務省のトライアングルが、「自民党主導」の政府財政を批判してきた。

る。この第二の役割で政府財政の目的は民間経済を補完することだから、その目的は「補完の範囲を超えてクラウディングアウト[2]を生じさせる規模の財政出動を許さないという基準」を与えるのである。それは「持続性」という観点から、政府財政の規模に制約を与える。

これは、マクロ経済の資金循環からみて妥当な政府財政規模を示すものだから、ここでは、これを「**マクロ経済補完の観点でみた基準財政規模**」（以下「マクロ経済補完基準財政規模」と略す）と呼ぶことにしよう。これは、潜在GDP、民間消費、設備投資、住宅投資等が所与のときに、漏出超過額またはGDPギャップが生じない水準の政府財政規模を意味する（ただし、政府支出の乗数効果等の程度に従って民間消費や民間設備投資等も増加するので、単純な加減算では必ずしも決まらない）。

こうしたGDPギャップを指標として財政出動や金融緩和政策を行う手法は、「古い」ケインズ経済学に遡り、クー氏のバランスシート不況論につながっている。本書ではこれを、第3章の「漏出・還流モデル」の検討から明らかなように、経済循環の本質に係わるものと考えている（ただしこれには、GDPギャップの測定方法に関する問題がある。第1章注3参照）。

この意味については、あらためて第2節で整理するが、この政府財政規模が、それよりも小さいときは不況となるし、それよりも大きいときは、景気は過熱する。図15f'でいえば、経済全体は需要が1だけ供給よりも少ない状態である。この状態で政府の財政規模は19だから、政府の財政規模は「マクロ経済補完基準財政規模」では20が妥当であり、財政規模は1だけ過少だったことになる。

これは政府の役割論に係わる。例えば高速道路は出入口が少ないのでそこに料金所を置けばよいが、生活道路では出入口の数が膨大となりコストがかかりすぎて料金を取れない（このような性質を「非排他供給者がコストや投資を十分回収できない財やサービスは、民間に任せると供う。こうしたものを公共財といい、税金を使って必要な水準まで供給することが政府の役割 一国経済における政府の財政支出もまさに、こうした位置づけにある。したがって、財政規模が過少であることは、政府が民間を「補完」する役割を十分に果たしていないことを意味する。

第一の役割と、この第二の役割の関係を整理すると、サービスの内容や水準に着目した第一の財政規模の議論は、①一国「社会」の中で「民間を補完するサービスの提供者」として政府を捉える。これに対して、第二の役割の視点では、②一国「経済」の中での「資金循環（あるいは需要）を補完する」という観点から財政規模を捉えるのである（資金循環については図15各図参照）。

前者ではサービスの「内容」と「水準」が問われるが、後者では一国経済の中での財政支出の「規模」が問われる。そして、前者の財政の規模が、持続性の観点から後者の「マクロ経済補完基準財政規模」で規定されるなど、二つの視点は相互に補完しあう関係にある。

以下では、後者②の、一国経済の中での政府財政出動の役割、つまり需要の創出者および経済循環の補完者としての役割を中心に考え、その有効な使途を考える場面で、前者①の問題にふれることにする。

第2節　重不況、短期の不況への対応

第3章でみたように、セイ・サイクルの循環に、政府財政は重要な役割を果たしている。この節では、

（2）クラウディングアウト（crowding out）とは、混雑で押し出されるという意味。ここでは、政府の国債発行で金利が高くなり、民間企業が資金調達しにくくなることを指す。

をさらに不安にさせる。重不況は不況を強め、投資・消費マインドは低位で固定化するのである。

この結果、利子率が低下しても、設備投資資金の借り手は少ないから、資金はセイ・サイクル財に向かわず、銀行に滞留し続けるか、資産投資に漏出することになる。こうしたときには、金融緩和政策の有効性は低下し、流動性の罠が生じやすくなる。つまり、第3章で「斉一性」に関連してみたように、重不況下では、不況のスパイラルを抑制する力は自動的には働かない。企業や消費者個々の合理的な判断が、不況を持続させるように働いてしまう。

そこでは、リスク回避姿勢や需要の将来見通しの低下を原因とする「需要の制約」が景気変動や成長を支配している。主流派経済学は、主に供給側の要因で組み立てられているため、重不況対策としては、供給側の「生産性向上」対策や「投資」の制約解消のための投資環境整備や法人税減税などが取り上げられることが多いが、需要の制約下では、供給側の対策にはほとんど意味はないと考える。

すなわち、重不況からの脱出には、他の生産物市場や他国の好況から派生する需要など外部からの需要のショックが不可欠になる。これらは、偶然の幸運を待つという点で受動的なものである。また、小国であれば必要なショックも小さいから、その発生の確率も高いが、日本のように巨大な経済では、必要なショックの規模は巨大であり、発生の確率も限定される。また、第3章でみたように、外需依存は企業を豊かにはするが、一国経済と国民を豊かにはしない。

これに対して、唯一、政府が能動的に対応できる手段が「財政出動」である。これは、セイ・サイクルから漏出して金融機関等に滞留している資金を国が借り上げ、セイ・サイクル財に対する政府支出として還流させるものである。つまり「国が需要を創り出す」のである。これによって漏出と還流のバランスが回復すれば、資金がセイ・サイクルを循環する。それによって、雇用が維持され、雇用不安が解消されれば、徐々に財布のひももゆるんでくる。

これを日本のバブル崩壊後の状況を模式的に示す図15f'でみてみよう。ここで政府赤字の6がなかったとすると、民間設備投資と消費が不足しているために、膨大な資金がセイ・サイクル外へ漏出し、GDPは急速に縮小していたはずだ。そうなれば、政府税収は激減し、財政赤字は大幅に拡大しただろう。後述するように、これが一九三〇年代の大恐慌で「均衡財政路線」を選択したフーヴァー政権下で現実化したことである。このセイ・サイクルからの漏出というロジックでみた政府赤字の位置づけは、「バランスシート不況」論でみる政府財政出動論と整合的である。

なお、第3章第1節でみたように、大恐慌からの回復に関して、金融政策が有効で財政出動に効果はなかったとする主流派の通説は、クー氏によって実証的に否定されている。クー氏は、九〇年代初頭のバブル崩壊後、政府の財政出動がなければ日本でも同様のことが生じたと考え、それを「人類史上最も成功した財政出動」（クー・村山［二〇〇九］二二四頁）と評している。

財政均衡主義、単純な直接的財政再建政策の結果が示す財政出動の意義　一方、財政均衡主義や「財政再建を第一」とする主張は、その根本において政府財政を一国経済から孤立したものと考え、一国経済における政府の役割の大きさを否定する発想に立っている。

しかし、そのような視点で行われた「橋本改革」は、消費税増税による五兆円弱の増収見込みなど実質一三兆円の財政改善を実現したはずが、それによる大不況で一九九八年度のみでも九・一兆円（当初予算における税収見込みと実績の差）の税収減となり、さらに景気回復のために必要となった大規模な財政出動（九八年度補正予算二回で一〇・三兆円）によって、財政赤字の大幅拡大（九七年度の国債発行一八・五兆円が、九八年度三四兆円、九九年度三七・五兆円）にのみ寄与した（鈴木［二〇〇九］、財務省資料等）。

第3章でもふれているが、同様の例として一九二九年の株価暴落に始まる米国発「大恐慌」では、一九三三年三月にF・D・ルーズベルトが大統領になるまで、フーヴァー政権下で「財政均衡政策」が続けられたが、この間、米国のGDPは、二九年から四年連続で減少し、三三年には二九年に比べて名目で▲四五・六％（実質で▲二六・五％）という劇的な縮小を示している。これを受けて三三年に政権の座についたルーズベルトはニューディール政策などで財政出動を行い、それに支えられて景気は回復した。しかし、ルーズベルト政権は、そこで生じた見かけの回復をみて、三六年には財政再建路線に転換したため、再度の大不況を招いた。これは、当時の政権が想像していた以上に、景気が政府の財政出動に依存していたことを示している。

なお、田中・安達［二〇〇三］は、米国の景気が反転した一九三三年の消費者物価と政府財政収支を月次で比較すると、物価上昇の方が財政赤字の上昇よりも半年ほど早く進行しており、財政出動による景気拡大で物価が上昇するという財政出動有効論はなりたたないという（同書八八頁、図4-4）。

しかし、財政収支は支出ベースだが、財政出動の効果は発注段階で発生する。企業は受注と同時に原材料や建設機械等を一括発注し、労働者や関連企業と契約して建設や生産を開始し、それは資材価格や賃金に影響を与える。一方、政府の支出開始は発注から何か月かは遅れ、事後的かつ段階的に行われる。また、一九三三年に着工したゴールデンゲートブリッジやTVA第一号のノリスダムの完成はいずれも一九三七年である。大規模契約は関係企業の中期の収益見通しを保証し、経営を積極化させる。つまり、財政出動の影響は支出よりも契約ベースで発生する。同書の図は、財政出動の効果だと解釈することもできる。

第3章でも述べたが、橋本改革時の過早な財政再建路線への転換に伴う大不況は、不況マインドの固定化によって、その後の景気停滞の長期化につながったと考えられるし、米国でも一九三六年の財政均衡転換後の大不況からの景気回復は、第二次世界大戦による戦争特需の拡大を待つ必要があった。これは、重不況における財政出動の効果が極めて高いことを示すと同時に、過早な財政再建路線への転換がほぼ確実に不況の再度の悪化をもたらし、しかもそれが不況マインドを固定化することで、停滞の長期化を招くことを示していると考える。

橋本改革のような、節約すれば財政が改善するという「単純な直接的財政再建論」は、政府財政と一国経済との密接な連関の大きさを理解していなかったのである。政府の効率性のみを優先させた橋本改革さえなければ、政府の累積債務は（皮肉にも）今日これほど巨額にはなっていなかっただろう。

もちろん、政府が効果的な運営をしているかどうかは、以上の議論とは別である。しかし、危機においては、政府の役割として需要創出以上に優先度の高い機能はない。セイ・サイクルに「漏出」があることを認めれば、一国経済の資金循環の中で、政府の財政出動には極めて積極的な意味があることが理解できる。まさに、そこでは政府が民間経済を補完しているのであり、九〇年代前半にそれを政府が行わなければ、かつての世界大恐慌が日本で再現されていたはずである。

コラム15

ＧＤＰギャップとセイ・サイクルからの漏出超過額

ここで、ＧＤＰギャップと漏出超過額との関係をみてみよう。まず「ＧＤＰギャップ」が供給能力（潜在ＧＤＰ）と需要（実際のＧＤＰ）の差なのに対して、漏出超過額は企業側からみた広義のコスト支払額と企業側の収入額（売上＝需要＝実際のＧＤＰ）の差だから、定義的には一致しない。しかし、潜在ＧＤＰが過去の一定期間のＧＤＰの平均から計算される一般的な方法の場合、その値は、企業が見積もる翌年度の売上見通しの一国全体の集計とかなり近いだろう。企業もやはり、過去のトレンドと前年度の売上額を参考にする傾向が強いからだ。

企業は、それを前提に生産量を見積もり、雇用や投資のための契約を行う。そのうち固定費的部分については、実際には売上が低くても、多くは当初の契約額が支払われてしまう。また、原材料や中間財の仕入れなど変動費に係わる支出も、単価や数量は事前の契約に縛られる傾向があるから、やはりある程度は当初の契約で支払われてしまうだろう。また企業は、過剰生産をすぐには認識できないから生産調整のタイムラグもある。

つまり、「ＧＤＰギャップ」と「漏出超過額」は、おおむね近い水準にあると考える。以下では、漏出超過額の代用指標としてＧＤＰギャップを使用する場合がある。

2　政府財政赤字の持続可能性

前項のように、重不況下で政府財政に重要な役割があるとしても、政府の累積債務は巨額に上り、今も拡大を続けている。こうした政府財政の赤字は持続可能だろうか。持続性のある財政規模とは、どのような水準なのだろうか。前節では、政府が一国経済と密接に結びついていることから、民間の経済活動に悪影響を与えないという観点、つまり「マクロ経済補完基準財政規模」が政府サービスの規模を決定するとした。この意味をあらためて整理しよう。

財政赤字とセイ・サイクルのバランス

長年の財政赤字で日本政府の累積債務問題に対する不安が高まっている。だが、対応に慎重を期す必要はあるが、これには基本的に問題はないと考える。政府財政の赤字が、ギリシャなどのように、その国の経済の身の丈を超えた過剰な政府サービスによって生じているなら問題だが、日本はそうではないからだ。

では、「その国の経済の身の丈にあった政府サービスの水準」は何によって決まるのだろうか。それは、一国経済のセイ・サイクル内の資金循環が円滑であるという基準で決まると考える。いいかえれば、政府の資金調達と歳出の妥当な規模は、経済全体のセイ・サイクル財の需要が供給（生産）とちょうど釣り合う水準（それは多すぎても少なすぎてもいけない）によって規定されると考える。

ところが日本経済の需給バランスは、長期にわたって需要が供給能力を下回り、GDPギャップが存在している（第1章図3参照）。GDPギャップが毎年存在することは、セイ・サイクルの資金循環の中で、循環する資金の一部が毎年使われずにセイ・サイクルから漏出（超過）している、つまり預金や資産投資の形で蓄積され、かつそれが消費はもちろん設備投資にも使われていないことを示している。

景気の回復には、このセイ・サイクルからの漏出超過つまりおおむねのGDPギャップ（需要不足）を解消すればよい。セイ・サイクルを循環する資金の漏出と還流、あるいは供給能力と需要を釣り合わせるためには、①消費需要が拡大するか、②民間設備投資が拡大するか、③純輸出が拡大するか、④政府財政の赤字が拡大するしかない。

こうした観点でみると、九〇年代以来の長期停滞では、①と②が長期にわたって不足しているのである。これに対して、おおむね橋本・小泉両政権「以外の」自民党政権では、④の財政出動で対応した。ところが橋本政権では、その財政出動でかろうじて維持されていた需給バランスを景気回復と見誤り、④の政府赤字を過早に縮小したために、大不況を招いたのである。

一方、小泉構造改革期は、供給側の問題を解決すれば問題は自然に解決すると考える構造改革派経済学が政権への影響力を強めたため、需要側の対策は考慮の外となり、（抵抗勢力ともされた自民党の守旧派的勢力の圧力でかろうじて）財政出動は中途半端には維持されもののの、常に抑制的に行われたから、**財政出動は常に過少**だった。

この結果として、小泉改革期には、GDPギャップはコンスタントにマイナス（需要不足）だった。この間、おおむねギャップ相当分の資金は、実体経済（セイ・サイクル）から金融・資産経済に漏出し続けたから、日本のGDPが各国に比べて相対的に縮小し続けたのは当然である。

小泉改革期の「実感なき景気回復」を、あらためてこのGDPギャップの視点から整理すると、第1章でみたように、この時期は日本にとっては偶然に発生した米国のバブルに伴う過剰消費で米国の輸入が拡大し、米国や米国へ輸出を行う国々などへの日本の純輸出が拡大した結果、日本にも景気回復がもたらされたのである。これは市場改革や労働規制緩和など小泉改革が力を入れていたサプライサイドの構造改革とは無関係であり、景気回復の要因は外需という需要要因だったのである。

だが小泉政権下では、財政健全化に向け、税収の増加に応じて常に過早に国債発行が縮減され、実質的な財政出動は縮小され続けたから、GDPギャップはマイナスのまま維持された。このため、景気回復は限定的だったのである。

「マクロ経済補完基準財政規模」――漏出規模からみた「持続性ある国債発行規模」 本書は、こうした財政均衡主義を離れて、一国経済の資金循環から妥当な財政規模つまり「マクロ経済補完基準財政規模」を実現すべきだと考える。次に、その最大の問題である「持続性」を整理しよう。

適正なセイ・サイクルの資金循環からみて、政府が行うべき財政出動の規模として、前節では「マクロ経済補完基準財政規模」を見出した。先にみたように、①民間消費、②設備投資、③外需を合計しても需要が不足し、ＧＤＰギャップが存在するなら、その解消には④政府赤字によって資金を循環させるしかない。この政府赤字が持続可能かどうかが問題である。

そのための資金は、クー氏が考えるように、使われずに漏出し滞留している資金を国債発行で調達すればよいと考える。なぜなら、おおむね毎年のセイ・サイクルからの漏出超過額に相当する資金は、セイ・サイクル財の購入には使われずに、金融・資産経済に漏出するだけだからである。このため、おおむね「ＧＤＰギャップを埋める水準」まで国債発行で資金を調達することには何の問題もない。

したがって、理論的には、政府が国債によって実体経済に影響を与えずに資金調達できる限度は、おおむね政府の財政収支の赤字額に、（それでも発生している）ＧＤＰギャップの額（厳密には漏出超過額。また政府支出の乗数効果分等を割引く必要がある）を加えた額になる。この資金は、政府が吸い上げなければ、民間消費にも設備投資にも使われず、預金を通じて（または直接）国内外の資産投資に使われ（漏出して）、土地などの資産価格の上昇をもたらすだけの資金である。したがって、おおむねこの額までは、実体経済の資金需要に影響を与えずに国債発行ができると考えてよい。それは、セイ・サイクルの資金循環をバランスさせ、セイ・サイクル財の需要と供給をバランスさせる。

こうした関係を無視して、ＧＤＰギャップが存在する中で財政収支の均衡策をとれば、大恐慌時のフーヴァー政権下の均衡財政のように、経済も財政も縮小スパイラルに陥る。つまり、需給ギャップが存在する経済では、**財政収支単独の均衡は安定した均衡ではない**。それは、経済全体の資金循環を縮小させることでGDPギャップを拡大し、それが税収の減少を通じて、さらに経済全体の資金循環を縮小スパイラルに巻き込むからだ。これは、政府財政が一国経済とは独立しておらず、両者が相互に連関しているためである。

つまり、**持続性ある財政規模**とは、「政府単独の財政収支の均衡」ではなく、「一国経済全体の資金循環の均衡（つまりセイ・サイクルからの漏出と還流のバランス）」を実現する財政規模である。それが「マクロ経済補完基準財政規模」である。これは、多すぎては実体経済企業の資金調達に害を与えるが、逆に少なすぎてもセイ・サイクル外への資金の漏出が超過して、実体経済内を循環する資金の不足、つまり需要不足をもたらす。

小泉改革下では、財政規模が過少だったため、ＧＤＰシェアが世界の中で縮小したのである（図1）。

財政出動に関するいくつかの論点

なお、「新しい古典派」は、財政出動のための国債発行は、一般に企業の資金需要と競合して金利が上昇し、民間企業の資金調達を妨げる「**クラウディングアウト**」を生じさせると考える。これは「新しい古典派」が、セイ法則が基本的に成立するという前提で考えるために、需要不足の存在を根本的には認めないからだ。したがって、需要不足に対応する余剰資金が発生することもないし、当然それがセイ・サイクルから金融・資産経済に漏出超過することも認めない。だから、第3章の冒頭でみたように、ユージン・ファーマは、政府の資金調達は民間の資金調達の妨げになると考えるわけである。

これに対して本書は、重不況下で需給ギャップがあって需要が供給力を下回っている状態では、実体経済に係わる資金はほぼギャップ相当分だけ使われず、金融・資産経済に漏出すると考える。このため、その額までは、政府が国債等で資金を調達しても、クラウディングアウトは発生しないと考える。

実際、巨額の財政出動のあった時期を含む九〇年代から二〇〇〇年代にかけて、一般に日本ではクラウディングアウトは観察されていない（例えば景気循環学会他編［二〇〇二］二一七頁は、九〇年代から二〇〇〇年代初頭までは「金利の上昇などのクラウディングアウト現象は起こっていない」と述べている）。

政府がこれほど巨額の資金調達をしているのに、クラウディングアウトが生じていないということは、逆に政府が何もしなければ、セイ・サイクルから巨額の漏出があったと考えなければならない。これは今回の世界同時不況に関する財政出動でも同様である。「新しい古典派」の主張は、これとはまったく整合性がないが、本書の「漏出・還流モデル」や「バランスシート不況論」の視点はこれと整合的である。

また、第2章図10でみたように、九八年以降、一般企業（非金融法人企業）は資金余剰主体である。これは企業全体としては資金が毎年余っていたことを示しており、九八年以降二〇〇〇年代前半の設備投資停滞の原因は、資金不足ではなかったことを示している。

もちろん、日本でも将来的には、民間消費や設備投資のための資金需要（「資産投資」のための資金需要ではない！）が出てきて、政府の資金調達と競合するようになり、クラウディングアウトによって利子率が上昇するだろう。そのときには、景気が回復しているのだから政府の財政出動は不要であり、国債発行を縮小すればよいのである。

すなわち重不況下では、政府はクラウディングアウトに留意しつつ、需給ギャップの上限まで資金を吸収し積極的に財政出動すべきである。それではじめて、一国経済の資金循環は安定状態に戻るのである。

こうした議論を、第3章でもふれた**マンデル＝フレミング効果**との関係でもう少しみてみよう。このマンデル＝フレミング・モデルからは、財政出動は変動相場制下の開放経済では無効だという結論が導かれる。しかしこのモデルは、長期または需要不足が軽い状態に妥当するモデルであり、少なくとも重不況期には妥当しないと考える（したがって、こうした状況の違いを区別していない実証研究には意味はない）。

マンデル＝フレミング・モデルでは、財政出動はそのための国債発行で市中の資金を吸い上げるために、クラウディングアウトが生じて、まず金利が上昇し、その高金利を求めて海外から資金が流入するため、変動相場制下では自国通貨高となって輸出が減少し、また高金利で設備投資が縮小するため、財政出動による需要増加と設備投資減、輸出減による需要減少が相殺され、財政出動の効果はないとされる。

しかし、過去二〇年、日本では巨額の財政出動が続けられたが、このモデルが起動するための第一段階である「金利上昇」（クラウディングアウト）はまったく発生していない。発生しなかった理由は、これまで述べてきたとおりである。逆にいえば、この間日本では、マンデル＝フレミング・モデルに適合する水準の財政出動は一度も実施されたことがなく、常に「過少」だったのである。

一部には、財政赤字による政府累積債務が**国内の個人金融資産を超える数年後**には、大変なことになるという議論がある。しかし、GDPギャップの発生とは、おおむねそのギャップ分相当の資金がセイ・サイクルで使われずに金融・資産経済に漏出し、ストックとして積み増されることを意味する（図8c）。つまり、日本の金融資産は、GDPギャップが発生し続ける限り毎年増加し続けるのである。逆説的だが、GDPギャップが存在する限り、GDPギャップ対策に**必要な財政出動資金が枯渇することはありえない**。

ギリシャ危機　二〇一〇年に危機を迎えた**ギリシャ**は、日本とは逆にGDPギャップは需要超過だった。つまり、国内の供給力の不足で輸入が必要だったから、経常収支が赤字であり、その赤字支払いのために、ギリシャ経済全体として、海外からの借り入れが必要だった（借り入れで資本が流入し、資本収支等は黒字になる）。

このように、国内の資金が不足していたにもかかわらず、政府も財政が赤字で、ギリシャ政府は累積債務を積み上げ続けたのである。当然、毎年のセイ・サイクルの中で余剰資金は発生しないから、赤字分は海外からの借り入れでまかなわざるをえなかった。この構造は、実は、米国の経済と政府財政の関係と同じである。違いはギリシャが通貨発行国ではなく、金融立国でもないことだけだ。

一方、日本の小泉改革期には、政府の財政出動は常に抑制気味に運営されたから、民間消費、設備投資等と政府消費・投資を合わせた総需要は慢性的に過少だった。この結果、国内需要として使われない資金は、政府が借り上げないまま国外に漏出するから、資本収支等は赤字であり、国内需要が不足していて輸入が少ないから、経常収支は慢性的に黒字である。

サプライサイドの構造改革は、供給制約下の経済ではじめて効果がある。ギリシャは、経常収支赤字にみるように国内の供給力が不足しているのだから、まさに構造改革が必要である。一方、小泉改革期の日本でもサプライサイドの構造改革が行われたが、これはこの時期に日本を支配した構造改革派経済学が、日本の長期停滞の原因が生産性などのサプライサイドの問題にあると考え、需要不足を認めなかったからだ。そして需要制約下で、需要不足を促進する構造改革が行われたのである。

政府財政については、ギリシャと日本はまったく逆の状況にある。ギリシャが経済の身の丈を超えた放漫な財政運営をしていたのに対して、日本は経済に対して過少な財政運営をしているために、国内需要が不足して経済が停滞し税収も不足している状態にある。これをセイ・サイクルの資金循環でみれば、特に小泉改革期の日本は、財政出動の抑制的運営のために、セイ・サイクルを循環する資金量は毎年停滞ないしは縮小を続けたのである。資金循環が停滞ないしは縮小すれば、名目GDPが停滞ないしは縮小するのも当然だろう。

表2　G7各国の名目GDPの成長比較

G7各国	名目GDPの変化（2007/1997比）（%）
米国	167
イギリス	207
カナダ	224
ドイツ	154
フランス	179
イタリア	176
G7（日本を除く）平均	184
日本	103

出所：国連統計部資料による

財政再建は経済成長で

たしかに、財政の悪化は政府主導で起こりうる。しかし財政の改善は、橋本改革をみても明らかなように、民間経済の活性化を経由せずには行えない。レーガン政権が悪化させた米国の巨額財政赤字は、クリントン政権で一時解消したが、これは行革努力よりも経済好調の反映だった。

竹中平蔵氏は大蔵省財政金融研究所時代に、「ナポレオン戦争後のフランス、あるいは、第一次世界大戦の後のイギリスは、どのようにして赤字問題を解決したのか」というリサーチをやらされた結果、「赤字を減らすとか、借金を返すとか言いますが、借金を返した国なんかないんです」、つまり「残高を増やさないようにして、その間に経済成長する」手法しかないという理解に達したと述べている（竹森［二〇〇九］四三〇～四三一頁）。

実際日本の名目GDPは、**表2**のように、一九九七～二〇〇七年の一〇年間でわずかに一・〇三倍になったにすぎないが、フランスは一・七九倍、イタリアも一・七六倍になっている。日本が両国と同程度に成長していれば、累積債務の規模もはるかに小さくみえていたはずである。そのためには、前半の財政赤字はもっと大きくする必要があったかもしれないが、後半には、GDP比で急速に縮小していたはずである。

しかし、小泉政権で目標とされた、国債三〇兆円枠やプライマリーバランス論は、基本的に均衡財政の方向を目指すものだったから（均衡実現には至らなかったとしても、それを志向した）、それは日本の名目GDP成長率を低くする方向に作用した。

財政再建は、長期的に行えばよいのである。政府の財政出動によって需要が増えれば、税収も増え、経済成長があれば、経済規模からみた政府の累積債務のウエイトは減少していく。

財政出動と税収弾性値――長期的な「税収弾性値」は景気回復過程には使えない　このように、将来の国債償還負担は、中長期の経済成長で実質的に小さくできると考えるが、その前に当面の財政出動自体によって、経済が円滑に循環し景気が回復すれば、税収は増加し、翌年度の財政出動に必要な国債発行額自体が縮小していくはずである。

現在、政府がマクロ的に税収予測を行う場合、「税収弾性値[3]」は通常「一・一」が使われている。この数値の根拠は、過去の税収実績と名目GDPの伸びの関係によるものとされている。

だが、この「一・一」は比較的長期の成長に対応する数字と考えられる。わかりやすくいえば、長期的な平均的成長トレンド、あるいは安定した均衡成長経路のトレンドに沿ってコンスタントにＧＤＰが伸びている状況での数値と考えられるのである。

しかし、現実の経済は、この均衡成長経路のトレンドを下回ったり上回ったりしながら変動している。下回る場合が不況で、上回る場合が好況である。財政出動とは不況期に実施され、好況期には実施されない。したがって、「財政出動」が税収に与える影響を知るには、長期的な平均のトレンドでみるのではなく、不況で平均のトレンドを下回っていたＧＤＰが景気回復で上昇し、平均トレンドを下から上に突破って成長していく際の短期の税収変動による弾性値を使う必要がある。これは、長期トレンドでのそれとは大きく異なるはずだ。

簡単な実例を挙げると、日本の名目ＧＤＰ（内閣府による）は、二〇〇三年度の四九三・七兆円から〇七年度の五一五・七兆円へと四年間で四・四％成長（年率一％強の成長）したが、この間、国の一般会計の税収（財務省による）は四三・三兆円から五一・〇兆円へと一七・八％伸びている。これは、税収弾性値に換算すると「四・〇」であり、「一・一」を大きく上回っている。このアバウトな試算が方向として正しいなら、不況回復のための財政出動の費用対効果は、かなり大きい可能性が強い。

このような大きな違いが何によって生じるかであるが、不況時と好況時では、供給能力（生産能力）の有効活用の程度がまったく異なるのである。不況時には、資本や労働力は遊休化している割合が高いが、

（3）「税収弾性値」とは、名目ＧＤＰの伸び率で税収の伸び率を割ったものである（「弾力性」とは異なる）。例えば、名目ＧＤＰが五％成長したときに税収が六％伸びた場合、税収弾性値は一・二となる。

好況時にはそれらはフル稼働する。その結果、景気回復過程の税収弾性値を短期で測定すれば、その変化を折り込んだ数字が出る。これに対して、長期では、長期の測定によって景気変動が捨象された状態で税収弾性値が計算される。これは、生産資源の有効利用の変化をまったく反映しない。したがって長期で測定された税収弾性値は不況対策問題には適用できない。

具体的に短期と長期で税収弾性値が乖離する状況をみると、例えば、景気拡大過程の前半では、一般に新たな資本や労働をさほど追加投入しなくても稼働率や生産性が向上する、という広く知られた事実がある。つまり、効果的な生産性向上努力を行った特別な優良企業だけでなく、一般の企業でも、売上数量はコストに比べて効率的に伸びてゆくから、黒字企業の納税額が比例的に増えるだけでなく、固定費負担のために赤字欠損だった企業が次々に黒字企業に転換していく。これによって、法人税は、加速度的に納税額が増加する。

稼働率だけではない。景気拡大過程で、GDPギャップが解消され需要が安定的な供給力を上回り始めると、一般に物価が上昇し始めるが、物価上昇は税収を増加させる。もちろん、これは狂乱物価によって政府の負債を圧縮すべしとするものではないし、日本がこれからも国債の増発や借り換えを続けざるを得ないなら、大量の国債発行残高を抱える政府が、発行金利の高騰につながる狂乱物価を求めるはずもない。しかし、他の国々並の低い物価上昇は、許容されるべきだと考える。

おそらくこれ以外にもあるだろう。いずれにせよ、小泉政権期の政府財政は、赤字額がGDPギャップの解消には常に小さすぎるように運営されたため、景気回復に十分な効果がなかっただけでなく、税収拡大の効果もなかった点で時間を空費し、この間、累積赤字を積み増し続けたのである。

3　短期景気循環下の軽い不況ではマンデル＝フレミング・モデルが妥当

三〜四年程度の短期的な景気循環（キチンの波）は、主に在庫の変動に起因すると考えられているが、このような軽い不況下では、消費マインドや企業の設備投資マインドの低下もそれほどではないから、金利引き下げなどの金融緩和政策は、設備投資の刺激に有効である。そして、金利低下に設備投資が反応する状況では、財政政策はクラウディングアウトをもたらす可能性がある。つまり、軽微の景気変動には、まさにマンデル＝フレミング・モデルに従い、財政政策よりも金融政策が有効だろう。

第3節　長期的な需要の趨勢変動と北欧型政府論

本書では、重不況などを含む短期・中期の景気変動とは別に、先進国では長期的に総需要が低下する傾向があると考える。この節ではその対策を考えよう。

1　先進国における需要の長期的低下と対策の概括

先進国の特色は、豊かさと製品普及率の上昇などであるが、これは、先進国の需要を長期的に低下させていくと考える。以下では、そのメカニズムと対策を概括する。

モノの豊かさ、製品普及率の向上による需要の低下　第2章を踏まえて、あらためて経済の発展過程をトレースすると、開発途上国が豊かになりつつある段階では、様々な耐久品の普及率はまだ低いから、その需要は更新需要と新規需要の合計で急速に増えていく。しかし、豊かさが高まり、先進工業国の域に達するとともに、普及率が上限に達する耐久品が次々に増え、様々な耐久品を合計した全体の需要は、更新需要レベルになり頭打ちとなる。また、消耗品の需要の伸びもゼロに近づく。

家計は、その分消費を行わないか、サービスに切り替えることになる。こうして「モノから心へ」などのように価値観や文化が変わっていく。経済発展とともに最終的に第三次産業のウエイトが高まるというペティ＝クラークの法則は、こうしたモノに対する需要の頭打ちを反映していると考える。

このような変化があるにしても、それはモノからサービスなどへの転換によって消費構造が変化するだけであって、消費需要の水準自体は変わらないようにみえるかもしれない。しかし、モノのニーズが頭打ちとなると、モノの生産設備に対する設備投資も低下する。つまり、豊かな先進国では、設備投資需要が減少するのである。これによって、トータルで総需要が不足する経済が実現する。

その結果、設備投資に使われない余剰資金が発生し、それはセイ・サイクル（実体経済）から漏出して、海外投資に流出したり、土地や証券、債券などの金融・資産経済に流入して資産価格を上昇させたりする一方で、実体経済は需要不足に悩むことになる。

先進国における長期的総需要不足への対策の選択肢

需要不足対策については、第3章や本章の第1～2節でもみたが、ここでは、設備投資の長期趨勢的な縮小にどのように対応し経済を維持するかという観点で、あらためて考えよう。

供給に対して低下しようとする需要を維持するには、セイ・サイクルの資金循環の中で、①民間消費、②設備投資、③外需、④政府消費・投資の合計金額が、供給されているセイ・サイクル財の価格総額と一

コラム16　経済の需要面の成熟化＝耐久消費財普及率上昇の影響

経済成長が続くと、耐久（消費）財の普及率が高まり、製品は成長期から成熟期へ移行するため、その生産のための設備投資は低下する。設備投資資金の需要が縮小するから、余剰資金は金融・資産市場に滞留し、投資機会を奪い合うことになる。この結果が経済に与える影響の傾向をみてみよう。

第一に、資本が過剰なのだから、当然長期金利は低下方向の力を受ける。

第二に、先進工業国の総需要の中で、設備投資のウエイトは低下していく。

第三に、先進工業国では、セイ・サイクルからの漏出が増加し、セイ・サイクル財には趨勢的に需要不足が生じる傾向が高まる。したがって、インフレは趨勢的に低下方向の力を受ける。

第四に、資金の漏出で、金融・資産経済に蓄積する資金量が累積し、この結果としてバブル発生の可能性が高まる。ただし、経済のグローバル化のため、バブルが発生する場所は先進国に限られない。こうした状況下で、不況対策やその予防などのために金融緩和政策が採られると、余剰資金はさらに増加し、資金の一部は資産市場に流入して資産価格を押し上げる。それが引き金となって価格投資に流入する資金が次々に増加し、さらにバブルが発生しやすくなる。

価格投資では、GDPは直接には増加しないが、資産価格の上昇でバブル化すると、資産経済からセイ・サイクルへの資金の還流が継続するようになり、またバブルの資産効果によって束の間の成長が実現する。

第五に、金融セクターは投資機会不足を補うために、様々な努力を行ったと考えられる。例えば、金融のグローバル化その他の世界的な投資環境整備の促進である。

第六に、金融や経済のグローバル化などによって、先進国で生じた余剰資金が開発途上国の産業に投資されるようになり、開発途上国の資金制約が弱まるため、開発途上国と先進工業国の国際競争が激化する。

このように、先進工業国における各種耐久品の普及率の上昇など需要の成熟化（需要に係わるストックの変動）は、セイ・サイクルからの漏出・還流への影響を通じて、国内の経済循環や成長、そして世界経済にも大きな影響を与えると考える。

なお、このようなダイナミックな理解は、本書の「漏出・還流モデル」の視点で、はじめて得られる。

致するか上回らなければならない。以下、この四つの分野別に、その対策を考えよう。

①民間消費——豊かな先進工業国で、長期的に低下する民間消費を活性化させる方策は二つ考えられる。

第一は、税制などに関して「**個人消費を刺激する新たな制度**」を検討し、それを税財政制度や経済などに恒久的にビルトインする方法である。ただし、消費促進は、一時的には効果があっても、恒久的に促進することはなかなか難しく、研究の余地が大きい。一例として、米国の住宅投資優遇制度が消費刺激につながる仕組みがある。もっとも、これはバブルにも係わり、また住宅の住み替えといった文化や価値観にも係わる。

なお、中曽根内閣やレーガン政権以来の富裕層に対する減税は、政府支出（という需要要因）を縮小させる一方で、資金はセイ・サイクル外の資産投資に漏出するだけで実体経済の需要不足を加速させ、また流入する金融・資産経済側でも、バブルの形成につながる点で有害である。

第二は、「**魅力ある消費財の開発**」促進である。第2章や5章でもふれたが、ラジオ、テレビ、自動車などは、それまで存在しなかったまったく新しい需要を作り出したのである。日本企業としては、かつてソニーがウォークマンなどでこうした革新的な製品を作り出したが、その後日本企業は、もっぱら「生産性」向上対策と「M&A」的経営手法に染まり、今はこうした能力は失われてしまった。しかし、こうした新しい魅力ある消費財を開発することができれば、民間消費は再び拡大すると考えられる。

②設備投資——設備投資縮小の原因は、消費需要の長期的減少にあるのだから、対策の第一は、消費需要を拡大することである。第二に、後述のように、民間消費に代わって政府の消費・投資を拡大することも、選択肢の一つと考える。一方、需要の将来見通しが長期的に低下するのであれば、金融緩和政策はそもそ

も短期の政策であり、意味はない。

③外需――日本が長年なじんできた方法として、国内需要の不足を純輸出（輸出超過）の増加で埋める方法がある。つまり、純輸出の増大によって、国内の需要不足を解消する「輸出立国政策」である。

しかし、第3章でみたように、それにはどこか他国の経済が、例えばギリシャのように常に需要超過である必要がある。また一般に輸出立国政策は、貿易赤字の国々との間のコンフリクトを増大させるし、一方で開発途上国との国際競争に勝って純輸出を維持し続けるためには、国民の所得水準を開発途上国の水準に向けて不断に切り下げていくしかない。これは国民にとって不幸な道であるから、本書では推奨しない。

④政府消費・投資――フランスについて、「公的部門や労働組合の発言力が強く、社会主義的とされる仏経済」が今回の世界的な金融危機時にも堅調だった点が「フレンチ・パラドックス」として話題を集めたそうである（古谷茂久ほか「世界を読む――仏・北欧の出生率回復」、『日本経済新聞』二〇〇九年一二月二〇日）。

これは、需要を軽視する新古典派経済学にとってはパラドックスであるが、需要の制約が経済を左右するという本書の視点からみれば、パラドックスでも何でもない。フランス経済の堅調は、フランスの経済社会システムに結果的に需要を維持する仕組みがあり、今回のような危機時にも、需要の落ち込みを一定程度防ぐ仕組みが機能したと考えられる。

本書は、フランスのそれを必ずしもベストとするものではないが、フランスは今回の世界同時不況だけでなく、第1章でみた一九九八～二〇〇七年の時期にも、構造改革に積極的に取り組んでいた日本やドイツよりも相対的に経済のパフォーマンスが高く、成長率も高い（第1章図3、図4参照）。

これは、需要の恒常的補完に関して政府の役割を考える道があることを示していると考える。つまり、政府が民間の代わりに消費や投資を行う道である。民間で消費・設備投資が低迷するなら、それに伴って余剰となる資金を吸い上げて、政府が消費・投資を拡大し、需要を維持するのである。着地点として「**北欧型政府・経済システム**」が、あり得る選択肢と考える。これは、G・ミュルダール（一八九八〜一九八七。スウェーデンの経済学者。一九七四年ノーベル経済学賞）らによる「消費の社会化」（その中で特に需要の管理政策としての側面）の視点に連なる（ミュルダール［一九四三］、藤田［二〇一〇］）。

こうした本書の視点は、榊原英資氏の『フレンチ・パラドックス』（榊原［二〇一〇］）の主張と視点をある程度共有する。ただし、フランスやかつての英国が、民間企業の国有化によって福祉国家を目指したのに対して、北欧は企業の国有化を選択していない点で、フランス等とは異なる。また、北欧は福祉国家だが、本書の「北欧型政府・経済システム」は、必ずしも福祉国家を意味しない。

2 北欧型政府・経済システム

前項でみた対策のうち、消費促進税制などは専門的な検討が必要であり、魅力ある製品の開発については主に企業の努力に依存する。また輸出立国政策は、国民にとって不幸であるから推奨しない。そこで北欧型政府・経済システムを、もう少し検討しよう。これは、必ずしもこの選択肢を最も推奨するという意味ではない。他の選択肢については、本書で検討してもこれ以上意味ある内容を提示できないのに対して、これについては多少なりとも参考になる結果を提示できると考えるからだ。

本書の北欧型政府・経済システム

一般には、北欧型政府とは「高福祉高負担」を意味すると理解されているが、本書では「漏出・還流モデル」の観点から、「北欧型の政府・経済システム」を、一国経済の需要を安定化する仕組みを政府財政の役割として明示的に組み込んだ、「政府消費・投資のウエイトが高い経済システム」と広く定義する。その要件は、不足する民間需要（消費・投資）の代わりに、政府が消費・投資するというだけだ。したがって、政府資金の使途を福祉や社会保障に特定しない。公共事業でもよいと考える。

このシステムの特色は、長期的な需要の低下で生ずる漏出超過（おおむねＧＤＰギャップ）相当分だけを税として追加徴収し、それを民間の代わりに政府が消費または投資することで、セイ・サイクルの資金循環を維持するものだ。したがって、先にみたような魅力ある新製品の開発や消費促進税制が有効に働き、ＧＤＰギャップがないか需要超過なら、その分政府財政規模は縮小されなければならない。

また、政府財政の最も重要な役割は、セイ・サイクルの資金循環を維持することだから、政府財政の支出対象は土地投資、債券・証券投資、石油や穀物に対する価格投資や単なる預金ではいけない。対象は「セイ・サイクル財」の需要を生むものであれば何でもよい。もちろん、その使途が有意義な事業であればなおよい。

北欧型システムは「成長力を削ぐ」という見方は数十年前からあった。しかし、高福祉高負担を数十年間続けたにもかかわらず、一人当たりＧＤＰ（二〇〇七年）でみると、日本の一九位に対してノルウェー二位、デンマーク六位、スウェーデン七位、フィンランド九位で、この水準は中長期的にほぼ変化していない。パフォーマンスは日本よりも高いといえるのである。まして、（後述するが）本書が提案する北欧型システムでは、資金を公共事業や研究開発費などのように投資的に使うこともありうると考える。であれば、さらによいはずだ。

なお、本書の主張の眼目は、日本では過去十数年間、生産性や投資などのサプライサイドの視点があまりにも強すぎたために問題が生じており、それを是正すべきだという点にある。しかし、逆に需要の視点のみが強くなりすぎれば、中南米や南欧の一部の国々のように、かえって問題が大きい。北欧各国も競争を重視している。要はバランスが重要なのであり、「大きな政府論」もその範囲での主張である。その限度としては、「マクロ経済補完基準財政規模（セイ・サイクルの資金循環の中で漏出・還流をバランスさせる財政規模）」という基準を提示した。その基準は、上限であると同時に下限でもある。

ところで、**図15g**（二八八頁）は、図15f'に比べて、GDPギャップ分の「1」は上乗せしているが、それ以外は単に政府消費・投資の財源を、国債から税に移し替えたにすぎない。すでに日本経済は、必要に迫られ、本書でいう北欧型システムに向けて一歩を踏み出しているともいえる。

増税論と重不況　北欧型政府・経済システム論は、最終的には増税を主張していることになる。

しかし、これは**長期的な課題としての増税論**であり、現在の世界同時不況下における増税を意味しない。それは、景気が安定した状態で初めて増税に財政収支改善効果があるからだ。景気が不安定な中での増税は、景気の悪化を招き、かえって財政を悪化させる可能性が強い。

かりに増税するとしても、現在のような重不況下では「マクロ経済補完基準財政規模」は維持されなければならない。それに反して、増税で民間から吸収した資金が国債発行額の抑制に使われ、財政規模が

「マクロ経済補完基準財政規模」を下回るなら、実体経済（セイ・サイクル）の資金循環量は不足し、需給ギャップが拡大して税収は減少することになる。

その結果は、橋本改革時のように、景気の悪化で再び大規模な財政出動が必要になり、かえって財政は悪化することになるだろう。少なくとも現在のような**重不況下では、増税によっては直接的に財政赤字を縮小することはできない**と考えるべきである。

GDPギャップ下の国債発行は、増税では避けられない消費や投資を抑制するなどの負の効果がまったくないという意味で、合理的であり、効率的でもある。

では、長期的な課題としての増税問題はどうだろうか。図15gと図15f'を比較すると、図の右上の項目が異なっている。図15gは図15f'の「政府赤字」を「税」で徴収するもので、図15gが北欧型政府・経済システムの資金フローになる。図15f'では国債で調達していた政府消費・投資のための資金（政府赤字）6の全額と、GDPギャップ（漏出）の1を、図15gでは税にする。これは五割強の増税である。

これに対しては、増税が国民や企業の「活力を削ぐ」という有力な意見がある。たしかに貯蓄や資本が不足している先進国や、特に開発途上国では問題だろう。しかし、人口規模の大きな先進工業国の中には、日本のように貯蓄・資本が過剰な国がある。こうした国で、需要が不足しているのであれば、貯蓄や資本が強制的に使われるようにすべきである。民間が使わないのであれば、政府が税で徴収し、需要を作り出すことが選択肢と考える。

たしかに増税すれば、海外に本拠を移す企業もあるだろう。しかし、「資本過剰の国では、企業の税負担と経済活力には何の関係もない」と考える。税負担に敏感なのは、主に価格投資セクター的企業であって、真の実体経済セクター企業ではない。実体経済セクター企業に重要なのは、「その国に十分な市場（需要）があり、その市場に成長力があるかどうか」である。[4]

なお、近年、世界的に**法人税率**が引き下げられる傾向がある。特にヨーロッパで著しいが、これは資本蓄積を重視する新古典派経済学、新自由主義の影響のほかには、主に貿易障壁と為替リスクがなくなったために激化した、ユーロ圏各国間の企業立地（誘致あるいは引き留め）競争を原因とするものであって、ユーロ圏経済全体の活力とはおおむね無関係だと考える。これと同様に、世界的にも経済のグローバル化によって、企業誘致（あるいは流出防止対策）に向けて、法人税率の引き下げ競争が発生している。

このような世界各国間の税率引き下げ競争は、産業の空洞化問題もあり、無視できない問題ではある。またヨーロッパでは、課税ベースの拡大（租税特別措置の縮小など）もあって、税収はむしろ増加し、新規創業が増加したともいう。しかし、この新規創業の増加などが、税制の変化によるものかどうかについては慎重な検討が必要だと考える。例えば、この時期はユーロ圏の拡大期にあたり、ユーロ圏内で企業立地の大きな変動などがあった。いずれにせよ、そもそもそれが長期停滞下の日本に当てはまるかどうかも不透明である。

ここでは国民経済の見地からみて、引き下げにどのような効果があるかだけを検証してみよう。問題は、税率を下げた場合に、それが設備投資に使われるかどうかである。第2章図10の「部門別資金過不足」でみたように、日本では長期の超金融緩和政策にもかかわらず、一九九八年以降、一般法人企業が「資金余剰主体」となっている。これは本来、設備投資のための借り入れで「資金不足主体」であるべき企業が、設備投資を抑制し資金を内部に積み増ししていたことを意味する。また、八〇年代の中曽根行革で法人税率の引き下げが行われたが、これが設備投資の拡大に寄与したかどうかは疑問である。それは資産経済への漏出によって、土地バブルの拡大に寄与しただけだったのではないだろうか。

このように、手持ち資金が潤沢かどうかと、設備投資が行われるかどうかは、まったく別の問題なのである。設備資金は、従来は金融機関からの借入金や社債で調達されていたから、法人税率とはほとんど無関係だったはずだが、今や日本では、内部留保で設備投資を行うことが前提らしい。

しかし、重不況下では、企業が設備投資を行うかどうかは、まずは収益の将来見通しに依存し、当然、それは市場の需要の伸びの見通しに左右される。市場の成長が見込めない日本のような国では、企業の手持ち資金をいくら増やしても、それは海外に投資されるか、資産投資に漏出するだけであり、国内の設備投資を刺激する効果はほとんどない。市場需要の伸びの見通しがないときに設備投資を行う経営者は失格である。その目的が設備投資の刺激であれば、二〇〇〇年代初頭から行われた長期の超金融緩和政策と同様、「ひもを押すような」効果しかないだろう。(5)

すでに潤沢な資金があるのに、設備投資が行われていないのだから、問題は資金の制約ではなく、市場の需要の伸びが低いことか、経営者のマインドか能力の問題にある。少なくとも現在の日本では資金不足

---

(4) 中国が各国（企業）に注目されているのは、税が安いからではない。中国市場の成長力が注目されているのである。これに対して、日本は一〇年でGDPシェアが半減したような国である。(海外からみれば) こうした国に長期投資するのは正気の沙汰ではない。投資面でも「ジャパン・ナッシング」が当然であることは明らかだ。しかし、それは税制の問題ではない。問題は市場の成長力だと考える。

(5) ケインズが不況時の金融政策について述べた言葉である。ひもの先に物体が結びつけられているときに、ひもを引けば物体は動くが、「ひもを押しても」物体は動かない。不況時の金融政策の効果は、ひもを押すのと同じように、効果が出にくいという意味である。

対策を行う意味はなく、効果もないように思える。企業は内部資金を潤沢に持っており、長期にわたる金融緩和で低利の資金も潤沢である。サプライサイドの環境がこれほどよかったことが過去にあるだろうか。また、起業促進を目的とするなら、起業者に対して選択的に減税すれば足りるのではないだろうか。もちろん、負担が過度にならないようにすべきではあるし、バランスを取っていくべきことはいうまでもない。しかし、日本のような資本過剰国では、（資本が過剰である間は）それが必要な程度は、資本不足の国々とは同列ではないはずだ。

国民経済活性化のために税負担の軽減が不可欠なら、法人税率の引き下げではなく、大規模な「**設備投資減税**」としてもよい。要件は、①土地などに対する資産投資ではなく設備投資が対象であること、②海外投資ではなく国内への投資であること、などの条件が妥当だろう。また減税の率は、（一、二年単位で見直し）実際にその減税の効果によって拡大した設備投資額が、減税の総額と同程度になるような率に随時調整すればよい。それは実体経済企業の投資を促進するだろう（もっとも、制度が複雑になってしまう）。

いずれにせよ、本書では世界的に資本は過剰であると考えるが、そうであれば、法人税率の引き下げに意味はない。より実効性の高い、税率引き下げ競争を抑止する制度や、タックス・ヘイヴン（租税回避地）の効果を相殺するような国際的な仕組みを国際協調によって実現していくべきだと考える。

「長期的需要減少」と「重不況や短期の不況による需要減少」の分離　①長期的需要減少対策としての北欧型政府論では財政出動は恒久的であるから、社会的な合意があれば、どのような分野の財政出動でもよい。

これに対して、②短期の不況や、バブル崩壊による重不況対策のための財政出動には、当然に出動すべき期間に限りがある。つまり、不況から回復したときには、政府支出を削減しなければならない。さもなければ、クラウディングアウトが生じて、民間の自由な経済活動を制約し、経済全体にマイナスの影響を与えてしまう。

したがって、後者②に対する財政出動には、必要に応じて政府の支出を絞れるような事業分野が採用されるべきだ。かつて財政出動に公共事業が多用されたのは、もちろんこのためである。

この二つを区分する意義は、わが国では世界同時不況あるいは九〇年代以来の長期不況が極めて重く、このために必要な財政出動規模が大きいため、それが長期的需要減少への対策と混同されてしまう可能性が高い点にある。そうなると、一度増額すれば容易には縮小できない政策分野に、財政出動予算が多く配分されてしまう可能性が高い。北欧型政府の支出分野については、こうした点を十分に踏まえた検討が必要である。

3　北欧型政府の重点分野の検討

次に北欧型政府・経済システムをかりに採用する場合、具体的にはどのような分野に政府消費・投資を行うことが妥当かを考えてみよう。先に述べたように、本書の定義する北欧型政府・経済システムにおける政府消費・投資の使途は、高福祉に限らない。これを①研究開発、②環境分野あるいは教育・文化分野に投じてもよいし、③公共事業に投じてもよい。もちろん④高福祉でもよいと考える。社会的な合意があればよいのである。しかし、長期的な需要減少と重不況による需要減少の区別は、現実にはなかなか難しいから、伸縮性のある分野を、ある程度多めに組み入れるという観点が重要だと考える。

研究開発　一般に、成熟した経済で、耐久消費財に対する需要を喚起するには、「もうモノはいらない」という感覚を乗り越えられるような「強い魅力がある製品」が出現しなければならない。それは既存製品の代替ではなく、その新製品を核に、まったく新たな文化が創り出されるような新製品でなければならない。しかし、そうした製品はなかなか出現しない。

こうした、生活や文化自体を変えてしまうような革新的な製品のほとんどを生み出してきた米国をみれば、米国政府の研究予算は、軍事関連も含めれば極めて潤沢である。現在、世界を変えつつあるインターネット事業も、軍事研究から始まっている。

このように、強力な新製品の出現には、その背後に基礎的な研究を中心とする広範な研究開発投資と研究基盤の存在が必要だと考えられる。しかし当然、基礎的な分野では、研究が直接実益に結びつく効率は低く、極めてリスクが高いから、こうした投資を民間に期待することはできない。これこそ公共財なのであり、民間に任せていては過少になってしまうのである。

ところが、購買力平価で日本の研究開発費総額を米国と比較すると、民間も含めた総額では米国の半分弱（四割）である。しかし政府資金でみると、日本は米国の四分の一から五分の一程度にすぎず極めて貧弱である（ＯＥＣＤ資料）。当然、民間の研究開発は応用的研究や開発に偏っているから、まさに日本では基礎研究が過小投資になっている。基礎研究の基盤を持たない応用研究だけでは、米国のように生活や文化を変えるような成果が出てこないのは当然だろう。こうした基盤的・基礎的研究に対する研究投資こそ、政府資金によって行われるべきではないだろうか。
それは、研究開発活動を通じて研究関連の雇用を生み、先端的な技能や技術を必要とする研究関連機器や材料の市場を育み、それによって現在の需要を創り出すとともに、魅力ある製品の出現を通じて、将来の需要も作り出すのである。この意味で、これは次世代の競争力、産業経済の活力にもつながるのであるから、極めて重要だと考える。

環境、教育・文化　地球温暖化論が正しく、環境問題が喫緊の課題であるなら、環境分野は国民的な合意が得られる分野として、まさにうってつけといえるだろう。この分野への資金投入は、研究開発にも寄与するし、環境技術の改善や新たな環境関連の製品・設備等の需要を創り出す。
また、財政の悪化に伴って、教育・文化分野への国の資金投入が細っているという。知財開発等にもつながる「知識基盤型経済」を目指すのなら、この分野への資金投入を削る方向性はマイナスであろう。

公共事業　公共事業については様々な議論があるが、誤解も多い。以下で、この問題を整理しよう。
まず**公共事業の有効性**に関する議論である。小野善康氏（大阪大学教授）は、公共投資に使われた額自体には価値がなく、公共投資の価値は、それによって建設された施設の「使用上の価値」分しかないという（小野［二〇〇七］第2章第3節）。だが、「漏出・還流モデル」では、公共投資にはそれに加えて「セイ・サイクルの資金循環を維持する」という決定的な意義がある。
また、「合理的期待形成仮説」等に基づいて、景気対策としての財政出動を無効とする有力な議論があるが、小野氏はこれに関連して**リカードの等価定理**（公債の中立命題）を引いて、国債で資金を調達して公共事業を行っても、人々は国債償還のために将来増税されると予期して消費を増やさないので、公共事業は無意味だという（同前、七五頁）。

しかし、実証的には、公債による財政出動の効果は、ある程度認められてきている。またそもそもリカードは、需要不足は存在し得ないという前提で考えていたのである。確かに小野氏は、本書第3章の冒頭で紹介したユージン・ファーマのように、セイ法則で需要不足は存在しないと考えている。辻広雅文氏との対談における小野氏の見解をみてみよう。

「[公共事業や失業手当として]政府があなたに一〇〇万円渡しても、経済全体では一〇〇万円増えているわけではないからだ。政府は自らおカネを生み出せないので、誰かから一〇〇万円調達しなければならない。一〇〇万円もらったあなたは消費するだろうが、一〇〇万円取られた誰かは消費を控えてしまう。……再分配は起こるが、全体で見れば差し引きゼロで消費が増えるはずがない」（小野・辻［二〇一〇］。なお、小野［二〇〇七］にも同様の議論がある）。

ここでの小野氏の議論は、「一〇〇万円取られた誰か」は、取られなければその一〇〇万円を消費していたことを前提にしている。そうだとすると、そもそも需要不足はないから、不況にはなっていないはずだ。ところが、小野氏は政策的には需要不足対策を主張しているのだから、矛盾である。

需要不足があるのは、誰かが消費していないからだ。その使われていない一〇〇万円を政府が税か国債で吸収して、代わりに支出することで需要不足を解消しようというのが財政出動の趣旨である。

なお、小野氏の議論の背景には、「資産投資」と「設備投資」の混同があるのかもしれない。貯蓄は、結局は金融機関によって、全額が資産投資か設備投資のどちらかに振り向けられるため、一見すべてが「使われている」ようにみえるからだ。しかし、設備投資が機械設備などの「需要」を生むのに対して、土地や株式などの資産投資（特にその価格差分への投資）は、資産価格の上昇を生むだけで実体経済の需要は生まない。

本書やケインズのように、実体経済で需要不足が存在すると考えるなら、需要不足時に公債によって財政出動し、その公債を景気拡大時に自動的に増える税収で償還することには、景気の安定化という明らかな意義がある。リカードの等価定理は、財政政策で成長を加速することはできないとは述べているが、景気の安定化については何もいっていない。

実際、現下の世界同時不況における各国の大規模な財政出動では、リカードの等価定理などは一顧だにされていない[6]。また、そもそも過去一〇〜二〇年ほどの財政出動に関する否定的な議論は、第3章でみたように、米国における大恐慌の回復過程に関する研究結果（金融政策は有効だったが財政政策は無効だったとする）に大きな影響を受けているが、これはクー氏が実証したように、重要な事実を見落としており、誤っていると考えられる。

次に公共事業と**政治力**に関する議論をみよう。公共事業が地方に多い理由を、地方の「政治力」によると捉える人も多い。財政学の分野には、保守系議員と公共事業の関係を統計的に検証しようとする研究も

（6）ジョセフ・E・スティグリッツ（一九四三〜。情報の非対称性を伴う市場の分析で二〇〇一年ノーベル経済学賞）は、「世情にうとい経済学者がよく持ち出し」、「全米の大学院で教えている〝リカードの等価定理〟」について、「まったくのナンセンス（sheer nonsense）」と評している（スティグリッツ［二〇一〇］一一五〜一一六頁）。

ある。もちろん、第一には、政治力の影響はありうる。有力な政治家が地盤とした地域は、公共事業が多いかもしれない。しかし、因果関係は逆かもしれない。公共事業が必要だと有権者が考えたから、保守系議員が多くなっているのかもしれないのだ。

第二に、地方は「人口密度」が低い。すると、人口当たりの面積も、人と人の間の距離も大きい。同じ人口中心と人口中心を結ぶにしても、人口当たりでは、地方の方が長い距離の道路を必要とする。だから、人口当たりで公共事業が多くなるのは当然だ。

第三に、大都市圏での公共事業を決定的に制約しているものに「用地買収の困難」がある。買収費が桁違いに高額であるだけではない。土地や権利が細分化され、補償交渉の必要な案件が桁違いに多く、建物など移転が必要な案件も極めて多いため、交渉に膨大な時間と人手がかかる。東京の環状七号線や八号線が計画決定から完成まで六〇年前後かかったのは、予算配分の問題ではない。用地買収の見通しがなければ、予算は配分できないのである。特に、景気対策のための補正予算で行う事業のように、短期間で着手が必要な事業は、大都市圏では用地買収の見込みが立たないために、実施可能な箇所は極端に少ない。

そもそも、面積当たりの事業密度が高い上に、用地買収が進まないことが、大都市圏と地方圏の差になっている。

社会保障　社会保障に多くを割いているのが「狭義の北欧型モデル」である。社会保障費には、年金、医療、福祉がある。このうち年金については、すでに日本は英独仏の水準にある。制度的な問題は大きいようだが、政府資金の投入については、世界に類のない高い高齢化との兼ね合いの問題になる。

また医療費は、英独仏の水準よりも若干低い。加えて、公的病院の医師不足や過重労働、救急患者の受け入れ拒否問題など、様々な医療問題が発生していることをみると、改善の余地があるだろう。これに対して、福祉については先の二分野と異なり、北欧はおろか英独仏の水準と比較しても、かなり低い状況にある。

こうした分野に政府の政策を振り向けることは、少なくとも北欧の経済活力をみても、何ら日本の活力を削ぐことにはならないと考える（その必要性と意義については榊原［二〇一〇］参照）。

おわりに――消費を刺激する制度と研究開発中心の「北欧型政府」

「大きな政府」といっても、「国民の社会的ニーズに応えるために妥当な政府の大きさ」と、「経済を安定化するために妥当な政府の大きさ」とは異なる。本書は、最終的に「経済成長」が、社会的ニーズに応える原資を生むと考えるから、経済を安定化する視点で妥当な規模を重視していくべきと考える。

「大きな政府論」に対しては、しばしば「政府は有能か?」という問いがある。しかし、「有能な」民間市場経済にまかせすぎて起きたのが、リーマンショックである。有能だからまかせるという問題ではないのだ。問題は役割分担なのである。

政府にはもちろん失敗もある。例えば、一九二九年に始まる一九三〇年代大恐慌で、フーヴァー政権は財政均衡政策を維持し続け、四年間にわたって空前の経済縮小スパイラルを招いた。しかし、フーヴァー大統領は経済通として知られていたし、大多数の政治家やマスコミも、多くの国民も、少なくとも初期にはフーヴァー政権の政策を支持していたのである（日本の構造改革の構図そのままである）。

だが、失敗してもまかせるしかない。民間経済は、各経済主体が自らの利益を追求することで成立しているから、そこには必ず「合成の誤謬」、「市場の失敗」があり得る。政府は、それを補完するためにこそ存在している。それは民間ではできないことであるから、政府にベストを尽くしてもらうしかないのである。

さて、かりに北欧型政府・経済システムを採用する場合、最終的には国民の選択の問題ではあるが、本書で妥当と考える分野を整理してみよう。まず、医療・福祉支出は削減すべきではないし、緊急に必要な歪みの是正は行われるべきだが、といって直ちに大規模に増額することは困難と考える（もっとも、それでも高齢化により増加は避けられない）。これに対して医療・福祉の財源を生み出す経済成長をまずは重視すべきである。その一環として環境分野を含む研究開発への支出を増額すべきと考える。それが直ちに経済成長につながるとはいえないが、日本の進む道は、コストカットではなく高付加価値製品の創出**（第5章参照）**だと考えるから、政府がリスクの高い研究開発への投資を引き受けることには重要な意義がある。

また、日本経済の長期停滞対策にも係わる分野として、やはり公共事業は重要だと考える。これを特に取り上げるのは、先進国の長期趨勢的な需要減少への対応と、当面の日本の長期停滞や世界同時不況対策に必要な財政規模の区分が明確にはできにくいことがある。したがって、必要に応じて縮小可能な分野として公共事業を組み入れておくことには、意味があると考えられる。

したがって、当面は、研究開発と公共事業への投資によって経済成長を目指し、成長が軌道に乗れば、医療・福祉への一定程度の支出によって、経済の安定化を図っていくことがよいと考える。

補論 経済学理論 フリードマン対ガリレオ：経済学の再構築

＊この補論では、経済の分析から少し離れ、経済学の課題、すなわち経済学の研究のあり方と方法論上の問題について論ずる。

はじめに――経済学の失われた三〇年

経済学は、数学の多用で、一見自然科学のような装いを持っている。しかし今日の経済学には、研究の考え方に関して、自然科学とは大きく異なる部分がある。自然科学は常に「例外」の発見に注力し、発見された例外を統一的に説明する理論を打ち立てることで発展してきた。天動説から地動説へ、地動説や落体の法則からニュートン力学へ、ニュートン力学から相対性理論や量子論へといった物理学の発展は、すべて従来の基本原理では説明できない例外の発見と、それを説明するための基本原理の抜本的修正によって実現している。今日でも、自然科学研究の中心的課題は、例外の発見とその理論化である。

一方、今日の経済学で主流をなす**新古典派経済学が志向するのは、基本原理の固守であり例外の無視**で

ミルトン・フリードマン
(www.freetochoosemedia.org)

ある。自然科学とは研究の態度が一八〇度異なるのである。「例外」とは、例えば第3章でみたセイ法則の破れ（漏出）のことである。経済学者がなぜ「破れ」を重視しないかといえば、セイ法則その他いくつかの基本原理に基づいて組み上げられた新古典派の理論体系の全体が、現実の経済をよく説明してさえいれば、基本原理が非現実的であっても問題はないと考えるからである。

　これは、ミルトン・フリードマンに遡る。彼は一九五三年に発表した『実証的経済学の方法論（*The Methodology of Positive Economics*）』において、基礎的な仮定（公理）が現実と異なっていても、それをもとに組み上げられた理論体系の全体が、現実の経済をよく説明していればよいとしたのである（フリードマン［一九七七］第1部序説三〜四四頁）。これは、発表当時大きな論議を巻き起こし、その後の経済学の手法や考え方に大きな影響を与えたといわれる。

　しかし、こうした観点は根本的に誤っている。**荒唐無稽の理論体系が現実をよく説明することは何ら珍しいことではない**からだ。例えば、今日では荒唐無稽と考えられている**天動説**は、ガリレイの時代に至ってなお、天体運行の予測について地動説と同等以上の説明力をもっていた。だが、どれだけ説明力があっても、天動説で宇宙旅行はできない。必要なのは基礎的メカニズムの検証を含めた総合的な検討なのである。ところが新古典派経済学者は、基礎的メカニズムの検討を拒否する。彼らの政策提言が現実から遊離するのも当然だろう。

　以下、フリードマンの主張が、経済学の発展を数十年にわたって制約してきたこと、ケインズ経済学ではなく、むしろ新古典派経済学こそが今日の天動説にあたることを明らかにする。

第1節　理論・仮説の確からしさ

フリードマンは、仮説の基になっている「仮定」（公理）の検証では、「仮説」全体の妥当性を検証することはできないと主張した（フリードマン［一九七七］一四頁）。つまり、仮定が直感や事実に反するかどうかは重要ではなく、それを基礎として構築された仮説全体（体系）が、事実をよく説明すればよいとしたのである。

ここには、二つの問題がある。第一は、仮説体系全体が事実に合っているかどうかの検証の問題である。第二は、直感や事実と異なる仮定（基礎的仮定）の問題である。以下ではまず、第一の問題を取り上げよう。

1　理論・仮説の正しさの相対性

フリードマンは、「仮説を支持する証拠というものは、その仮説がくりかえし否認されなかったということから成り立っている」（同前、二三頁）とし、また、「〝説明〟しようとする現象のあつまりにたいしてどの程度それが予測能力を持つかにしたがって判断されるべきである」（同、九頁）と述べている。事実によって仮説が何度も検証され、一度も否認されなかったという事実の積み重ねで、理論の正しさが認められるという考えには、本書も基本的に同意する。

確かに、自然に絶対的な真理があるにしても、それを人は知ることができず、ただその「近似」を知ることができるだけである。とすれば、かりにその「近似」を「仮説」（あるいは「理論」）というなら、その正しさは、それが現実をどの程度よく説明しているかでしか把握し得ない。つまり「正しさ」とは、近似的な一致度の高さをいうと考えるほかはない。

仮説が現実をよく説明できていれば、その仮説は道具として有用である。有用で価値があれば、とりあえずその仮説は「正しい」とわれわれは考える。このように考えると、仮説の正しさの検証も、検証手法の発展による観測精度の向上や、観測範囲の広さに規定されるという点で、相対的なものにすぎない。

しかし、誤った仮説を正しいと信じれば、多くの無駄な努力が費やされることになる。また、社会科学では社会に対する影響も大きい。それは「構造改革」の影響をみても明らかだろう。二つの仮説があるときに優劣はどのように評価すればよいだろうか。これが以下の中心的なテーマである。

2　無限にありうる理論・仮説

ある現象を説明しうる理論や仮説は、無数にある。少なくともそれが複数ある例は、科学史の中にいくらでも見出すことができる。フリードマン自身も、「観察された諸事実は必ず有限個であるが、ありうべき仮説は無限にある」（同前、九頁）と述べている。

ある事象を説明する仮説（以下「説明仮説（原因仮説）」という）が、複数生じる理由を考えよう。

正しい説明仮説（原因仮説）が無数にある　第一は、正しい説明仮説（原因仮説）が無数に存在する問題である。例えば、狭い道路に面した駐車場からバックで道路に出てきた車が、道路の反対側に駐車していた車にお尻から衝突したという例（実話に基づく）を考えてみよう。一般的には（あるいは民法上では）、その車の運転者の過失、不注意が原因である。

以下はその運転者が、身近な第三者である筆者に主張したことである。曰く、道路が狭かったことが原因である。また、相手の車がその狭い道路に駐車していたことが原因である。時間が夕方で薄暗かったことも原因である。さらに、駐車場と道路の関係で、バックで道路に出ざるを得ない駐車場の構造に原因があったという。これ以外にも原因は考えうる。例えば、この運転者がそもそも、この駐車場のある店舗へその時間に行ったこと自体も原因であり得るし、また昨晩はよく寝ていなかったことも原因かもしれない。さらに、この運転者は運転経験が少なく、未熟だったことも原因といいうるかもしれない。

つまり、その事故については、様々な説明仮説（原因仮説）に基づく説明が可能である。そして重要なことは、それらの多くは実証しようとすれば実証可能であり、いずれも正しいという判定が得られることだ。まさに無数の説明が可能なのであり、そのいずれも誤りではない。ここで重要なことは、一般にある一つの事象は、多数の様々な細かい部分事象で構成されており、その部分事象ごとに説明仮説が存在し、各々の説明仮説が単独で全体事象をも説明できてしまうということである。

フリードマンは、無数の説明仮説が存在する理由を、このように考えていたと思われる。このタイプの説明仮説（原因仮説）が多数あるときには、結局、どれが正しいかというよりも、「どれが主な原因か」が問題になり、そこで説明仮説（原因仮説）を絞るプロセスに入っていく。この場合に注意すべき点は、環境次第で「主な原因」が異なる場合があり得ることだ。これについては後述する。

誤った説明仮説（原因仮説）が無数にある

第二は、誤った説明仮説（原因仮説）が無数に生み出される場合である。因果関係がないのに、一定範囲では偶然相関があるようにみえる説明仮説を真の原因と捉えてしまうことがある。これは、決してまれなことではないのであり、科学が永久に真理を得られない究極の原因でもある。

原因と考える説明仮説（原因仮説）が、われわれが見ている事象の範囲でたまたま事象と相関があるために、そう見えるだけなのか、それとも真の因果関係があるのかは、容易には（あるいは永久に）わからない。アルベルト・アインシュタイン（一八七九〜一九五五。一九二一年ノーベル物理学賞）が相対性理論を提唱するまで、われわれはニュートン力学を真理と考えてきたが、後付けで考えれば、ニュートン力学は相対性理論の単なる近似にすぎなかったことになる。自然科学の歴史は、誤った説明仮説（原因仮説）を、真の説明と捉えてしまうことの繰り返しであり、いかにそれを避けるかに注意が払われてきた。

しかし、経済学では、こうした問題に対する関心が薄いようにみえる。それは、説明仮説（原因仮説）が複数となる理由として、主に先に述べた第一の問題のみが意識されているからではないだろうか。その場合、多様な「説明仮説」のほとんどは「誤り」ではないから、統計的に相関があることさえ立証できれば、そこには正しい因果関係があるということになる。しかし、誤った説明仮説が無数にあるなら、こうした想定自体に大きな問題があるということになる。

3　正しさの評価からみた地動説と天動説

複数の仮説が事実を同じ程度に「説明」できるときに、いずれの仮説が正しいかは、説明力の高低だけでは単純には判断できない。これは科学史の中でも、実験や観測精度などの制約からしばしば起きていることだ。そこで以下では、「誤っているのに説明力の高い説明仮説（原因仮説）はなぜ発生するのか」を中心に、それを排除するための仮説の検証のあり方について考えていくことにする。

まずこの項では、無数の説明仮説の評価問題を考えるために、天動説と地動説が争った時代に戻ってみよう。

天動説とは　今日、天動説と聞くと荒唐無稽に思えるが、ガリレイが地動説支持を表明した時代（一七世紀初頭）、天動説と地動説は、天文現象の説明では優劣つけがたく、天動説は科学的にも立派に実証性のある学説だった。

天動説をごく簡単に説明するなら、地球を中心に星が運動しているとみなす考え方である。まず恒星は、単純に地球の周りを回転していると簡単に理解できる。太陽の動きは一日単位でみると単純だが、季節単位では少し複雑になる。月も比較的単純だが複雑な部分も若干ある。最後に、惑星は地球からみると、行ったり戻ったりとかなり複雑な動きにみえる（だから「惑星」というわけである）。

問題は、惑星の複雑な動きと、太陽や月の「細部」の動きである。そこで天動説は、地球を中心とする「導円」という円軌道上の点に中心を置く「周転円」に沿って惑星が回転し、周転円の中心は導円に沿って動いていくと考える（**図19**）。加えて、精度を高めるために、周転円の上にさらに副周転円を追加したり、導円の中心が地球とずれている離心円、離心円の中心がさらに小さな導円の上を動くといった改良なども考えられていた。

そして、二世紀アレキサンドリアの天文学者クラウディオス・プトレマイオス（八三頃～一六八頃。『ア

図19　天動説の導円と周転円

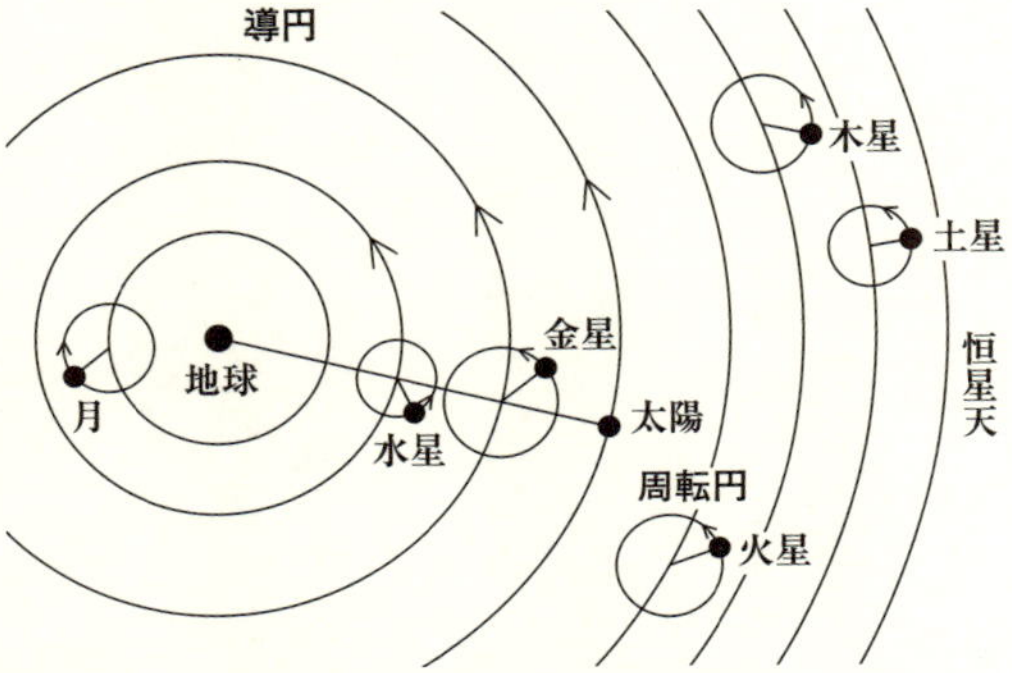

出所：新潟大学教育学部・小林昭三「理科教育研究室」（http://kakuda.ed.niigata-u.ac.jp/98soturon/java/gyakko/syutenen/gyakko.html）

ルマゲスト』）は、これらを集大成するとともに、さらにエカント（虚中心）という点を設けて、周転円の中心が、このエカントからみて一定の角速度で運動していると考えた。

エカントは、離心円の中心点に対して、地球と点対称の位置に設定された。後述するケプラーの楕円軌道説が現れるまで誰もその意味には気づかなかったが、この「エカントからみて一定の角速度」とは、楕円軌道による運動の近似とみることができる（青木［二〇〇九］八一～八二頁）。こうしたプトレマイオスの体系は、実際に各惑星の公転軌道が「円軌道」であれば、完全に惑星運動等を説明できるという。

しかし実際には、惑星の軌道は「楕円軌道」である。エカントなどの工夫は、これを解消する試みだったが、完全には解消し得ない。だから、プトレマイオス以後の天文学者たちはこれを解決するために、周転円の追加など様々な改良を加えた。この意味で、天動説の天文学は進化していたのである。

トーマス・クーン（一九二二～九六。科学哲学者。「パラダイムシフト」概念を提唱。『科学革命の構造』みすず書房）は、プトレマイオス体系の改良について、地動説を唱えたコペルニクスには

「つくろいか引き伸ばし」としか思えなかったことが、天動説支持者たちにとっては「普通の適合と拡張のプロセスであり…［天動説支持者たちは］彼らの体系が究極的には機能するようになるであろうことをほとんどまったく疑っていなかった」と述べている（クーン［一九八九］一一五頁）。これは、今日われわれが真理と考えている理論にも、生じうることなのである。

地動説　一六世紀になると、コペルニクス（一四七三〜一五四三）が一五四三年に出版した著書で円軌道による地動説を唱え、これを支持したガリレオ・ガリレイ（一五六四〜一六四二）が二度目の異端審問で有罪となったのが一六三三年とされる。

ガリレイと同時期には、ドイツのヨハネス・ケプラー（一五七一〜一六三〇）がチコ・ブラーエ（一五四六〜一六〇一）の観測データを基に楕円軌道による地動説を唱えているが、ガリレイは楕円軌道を拒絶し、円軌道にこだわっている。最終的には、ケプラーが一六二七年に出した、楕円軌道に基づく精度の高い「ルドルフ星表」が徐々に普及して、天文学の分野では、天動説対地動説の争いに事実上の決着がついたとされる。

ガリレオ・ガリレイ

天動説とガリレイの支持した地動説の説明力　ここではケプラーの功績を横に置き、ガリレイが支持した円軌道による地動説と、天動説の評価を考える。

まず先に述べたように、当時の天動説による天文現象の説明力は決して低くはなかった。ガリレイが支持したコペルニクスの地動説は円軌道を前提としていたため、楕円軌道との誤差は小さくなく、そのために天動説と同様、離心円、周転円や副周転円を使う必要があり、理論の複雑さでも天動説と優劣はなかった。また、惑星運動の記述の正確さにおいても、天動説と地動説はほぼ同水準だった（例えばクーン［一九八九］二六三頁参照）。

また、地球が太陽の周りを公転しているとすれば、季節によって地球の位置が大きく変わるため、恒星の見える位置（角度）に季節によってずれが生じる（年周視差という）はずだが、当時最高水準の観測精度を誇ったチコ・ブラーエでもそれは観測できなかった。

このように、惑星運動の説明力において、コペルニクスやガリレイの地動説は、天動説に比べて何ら優位はなかったし、厳密に評価すれば劣っていると考えられても不思議ではなかった。すなわち、この時点での天動説と地動説という二つの理論の併存は、一つの現象を説明しうる理論や仮説が無数にあり得るという例であり、現象を正確に説明できるようにみえる仮説や理論の中には、荒唐無稽の説（天動説）もあり得るという例でもある。

われわれは今日ニュートン力学を知っていて、地動説がそれと一体不可分の関係にあると理解する一方で、天動説が力学的には成り立たず、その意味で荒唐無稽であると感じている。しかし、天動説は、当時支配的だったアリストテレス（前三八四～前三二二）の自然学、物理学の体系と整合的な理論だったのであり、むしろ整合性がなかったのは地動説の方だった。

また導円と周転円など、すべてを円運動で説明できる天動説は、それなりに美しくかつ「シンプル」な理論体系であり、シンプルさや美しさの点でコペルニクスの地動説との間に優劣はなかった。実際、ガリレイがケプラーの楕円軌道による地動説を否定したのは、それがまさに美しくなかったからだといわれている。まして天動説を支持していた学者たちは、こんなに美しい体系が誤っているとは考えたくもなかっただろう。

このように、それなりに説明力の高い天動説が実は荒唐無稽なものだったという事実は、単純な説明力の高さを仮説の正しさの判断の基準とすることの危険性を語っている。

「説明範囲」でみた地動説と天動説　では、当時コペルニクスやガリレイの主張が、天動説に比べて客観的に何の優位もなく、優劣の判定がまったくできなかったかといえば、必ずしもそうではない。ガリレイは、人類として初めて望遠鏡で天体観測を行い、木星の衛星四つ（今日、「ガリレオ衛星」と総称されている）を発見し、また金星に月と同じように満ち欠けがあり、金星の大きさが変化することを発見した。金星の見える大きさの変化は、地動説では地球と金星それぞれの公転軌道上で双方の位置が接近することで説明できるが、天動説では必ずしも簡単には説明できなかった。また金星の満ち欠けも、従来の天動説では適切に説明ができなかった。

つまり、ガリレイが支持したコペルニクスの地動説は、主戦場である惑星軌道の説明においては天動説に対して優位があったとはいえないが、金星の大きさの変化や満ち欠けの説明では圧倒したといえる。しかし当時の天文学者たちにとって、金星の満ち欠けや大きさの変化などは、惑星運動の説明に比べれば重要性の低い「些細な問題」にみえたに違いない。実際、航海に必要なのは金星の満ち欠けなどではなく、惑星の位置である。だからこそ、地動説の勝利は、ケプラーの楕円軌道による惑星運動の精密な予測によって、はじめて確定したのである。しかし、この金星に関する問題は、理論や学説の正しさの評価に関連して重要な意味を持っている。

4 単なる説明力から説明範囲の広さへ

以上の検討を踏まえて、あらためて複数の仮説の正しさを判定する基準を整理しよう。

「予測能力」の、「説明力」と「説明範囲」への分解　複数の仮説や理論のうち、どれが採用されるべきかについて、フリードマンは先のように「〝説明〟しようとする現象のあつまりにたいしてどの程度それが予測能力を持つかにしたがって判断されるべきである」（フリードマン［一九七七］九頁）と述べている。

この「予測能力」には二つの観点が含まれており、その二つは分離されなければならない。第一は、一つの事象について、複数の説明仮説の説明力の高さを比較し、より高い説明力を持つ説明仮説の方が予測能力が高いと考える観点であり、そこで問題にされるのはいわば単純な「**説明力**」といってよいだろう。これは、対立する説明仮説と数値レベルで比較できることが多いために、注目されやすい。

これに対して第二は、対立する説明仮説の一方が説明できない範囲の事象を、別の説明仮説の方が予測できるかどうかである。これは「**説明範囲の広さ**」に係わる。説明範囲の広い説明仮説と狭い説明仮説は、両者の重ならない部分では説明力を比較できない。

多くの場合、対立する二つの説明仮説を比較するときは、比較可能な範囲の事象に対する「説明力」に関心が集まりやすい。これはそもそも、両者の説明が重なり合う範囲こそ、関心の高い領域である場合が多いからでもある。しかし、こうした部分的な説明力の比較だけでは、ガリレイ時代の天動説と地動説の優劣を判定することはできなかったといえる。

「説明範囲の広さ」の意義　二つの説明仮説の優劣については、ケプラーの楕円軌道による地動説が、精度の高い説明で最終的に天動説を圧倒したように、説明力の高さを重視し、観測精度の向上を待てばよいと考えられるかもしれない。だが、それには時間がかかる。その間、双方の学者のうち片方は、徒労に終わる無駄な努力を続けることになる。また、社会科学は現象に複雑な要因がからまりあっているから、判定には時間がかかるだろう。

さらに、社会科学ではその間に、その仮説が現実の社会や経済に大きな影響を与えることがある。例えば「新しい古典派」に基礎を置く構造改革派の経済学は、小泉構造改革の理論的根拠となったが、本書ではそれは二〇〇〇年代の「失われた一〇年」をもたらしたと考える。このように考えると、判定基準として「説明可能な範囲の広さ」の重要性が浮かび上がると考える。

「説明範囲の広さ」が重要な理由の第一は、思考の節約である。すなわち説明可能な事象の範囲が広いほど、世界をより少数の理論や仮説で解釈できる。これはフリードマンも「理論が予測をなしうる範囲が広ければ広いほど…その理論は〝有益〟である」（同前、一〇頁）と述べている。

第二に、極めて重要な点として、仮説・理論の説明範囲が広いほど、それが真理に偶然に一致する確率は急速に低下することである。逆に、説明範囲が狭いほど、現象を（偶然に）説明できる仮説はより多く存在しうる。すなわち、説明範囲が広くなればなるほど、仮説が真理に偶然フィットする確率は急速に低下し、偶然が排除される確率が高くなる。この結果、説明範囲が広い仮説ほど、その仮説が「正しい」確率は急速に高くなると考えられる。

このように説明範囲の広さは、説明仮説の「正しさ」を判定する極めて重要な基準と考えられる。ところがこのことは、論争の主戦場から外れた範囲にまたがるため、重要性が認識されないことが多い。

評価基準の整理　以上のように、複数の仮説のどれが正しいかは、少なくとも二つの基準から評価できる。

①　説明力（説明対象とする事象との一致度ないし近似度が高いこと）

②　説明範囲（説明対象の範囲が広いこと）

この二つはフリードマン自身の基準を分解し、整理し直したものといえるが、特に②は、その重要性が認識されていないために、ここで分離し、あらためて重要性を強調しておきたい。この二つの基準でガリレイが支持した円軌道の地動説をみると、結果論ではあるが、①の基準では天動説との間にそれほどの差がなくても（あるいは説明力が多少劣っていても）、②の基準では地動説の方がより説明範囲が広いから、正しい蓋然性が高いと解釈できる。つまり、金星の満ち欠けや大きさが変化する点を天動説で説明しようとすれば、導円と周転円などを組み合わせたメカニズムでは簡単には説明できず、別のメカニズムあるいは仮定の追加が必要である。これに対して地動説は、それらを惑星の運動と同じメカニズムで、統一的に説明できたのである。

ケインズは、「正確に誤るよりも漠然と正しくありたい」（I'd rather be vaguely right than precisely wrong.）

と述べたが、まさしく天動説は「正確に誤っていた」のであり、ガリレイが支持したコペルニクスの地動説は「漠然と正しかった」ことになる。コペルニクスの地動説は、円軌道による点で誤りはあったが、仮説の方向性は正しかったのであり、それは説明範囲の広さに現れていたのである。

一般論として、「ある仮説がアバウトに正しく、かつ説明範囲が他よりも広いなら」、狭い範囲で厳密に事象を説明できる他の仮説よりも、考え方の方向は正しい蓋然性が高い。一方、説明範囲全体が狭い仮説は、考え方の方向に誤りがある可能性が高いと考える。またこれは、「説明範囲の一部に関する説明力の高低」が、直ちに仮説間の優劣を決定するものではないことを示していると考える。

説明範囲と説明要因　一般に対象とする説明範囲が広いほど、説明の対象となる事象に係わる「環境」が変動する余地は大きく、変動の蓋然性も高い。

先に取り上げた駐車場の事故の例では、「薄暗さ（明るさ）」は、通常日中は事故にはまったく影響がない要因である。しかし、夕方や夜には重要となるだろう。つまり、日中だけを説明範囲として考えれば無視できる要因だが、説明範囲が二四時間に広がると重要な要因になる。これは要因の影響力が時間という環境で変化する例である。

同様に、経済の例では、通常の景気変動の範囲内では、利子率は設備投資の説明要因として重要だが、大不況や大恐慌時にはまったく意味をなさず、別の説明要因の影響力が大きくなる。つまり、通常の景気変動だけなら利子率だが、それに大不況や大恐慌時も加えた普遍的な説明が必要になると、利子率のほかに別の説明要因が必要になるのである。

コラム17

説明力の高さと説明範囲の広さ

道府県の人口一人当たり歳出は、「人口規模」と相関がある。図aは、四六道府県の人口一人当たり歳出決算額（縦軸）と人口規模の関係である。これをみると、人口規模が大きいほど、人口一人当たり歳出（つまりコスト）が小さくなる関係がある。市町村についても同様の関係があり、「平成の大合併」推進の理由の一つとしては、明らかにこうした認識があった。

しかし、「面積」が大きい地方公共団体は行政コストが余分にかかるだろうから、合併で人口規模が大きくなっても、同時に面積も大きくなるため、それほどコストは下がらないのではないかとも考えられる。ところが、面積で歳出との関係をみると、相関はほぼまったくない。

そこで、「人口密度」（＝人口規模／面積）でみたのが図bである。ここで要因の説明力を示す「決定係数R^2」（相関係数の2乗値）をみると、人口規模の０・７１０4に対して人口密度は０・６８８2であり、人口規模の方が高い（向井［二〇〇六］）。つまり、統計的な説明力だけをみれば、これは人口規模の方が重要な要因であることを示している。

そこで、あらためて国勢調査のメッシュ統計にある一〇ｋｍメッシュ単位の人口データを利用して、各道府県の面積の中で、常住人口のあるメッシュ（人の居住している一〇ｋｍ四方の地域）のみでみた各道府県の人口密度をみると、決定係数は０・８０１8と人口規模よりもはるかに高い説明力が得られる（中村・向井・田平［二〇〇七］）。

これにより、道府県の財政の効率性については、人口密度の方が人口規模よりも重要であるという結論が得られる。人口密度と人口規模の影響力の違いも、重回帰分析によって求めることが可能になる。それによれば、道府県を単純に合併統合しても、効率化の効果は小さいという結論になる（ただし、市町村は一般に面積が小さいために人口規模の影響の方が大きい。このため、小規模市町村では合併の効果は比較的大きい）。以上は、統計的な説明力の高さ（決定係数の値）のみから、こうした結論を導いたのである。

しかし、実は、この図ａと図ｂを比較すると、そもそも人口規模に関する図ａでは、北海道が外れ値になっているのに対して、人口密度の図ｂでは、外れ値が存在しない。つまり、人口密度は北海道を説明できるのに、人口規模では説明できない。一方で、人口規模と人口密度の決定係数の差はそれほど大きくない。北海道を説明できるかどうかは「説明範囲」の広さが異なることを意味する。

だから、補論の観点からすれば、この図の段階ですでに、人口密度は人口規模より財政の効率性に関する説明力は高いと判断すべきだったことになる。単純に統計的な有意性を比較するだけでは、仮説の優劣の判断はできないのである。

図a　人口規模でみた人口1人当たり歳出決算額

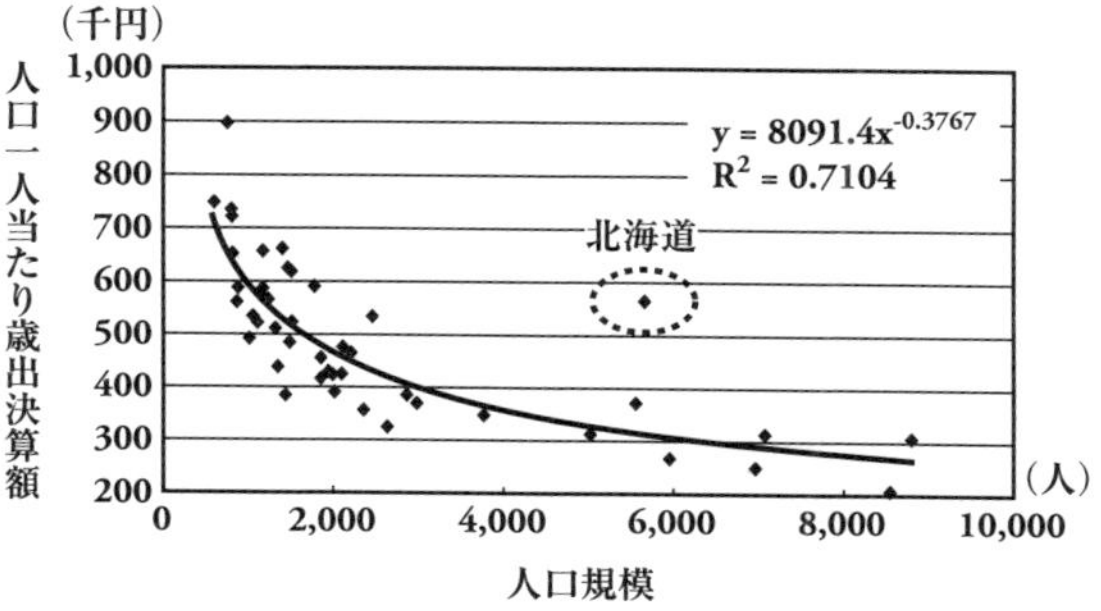

図b　人口密度でみた人口1人当たり歳出決算額

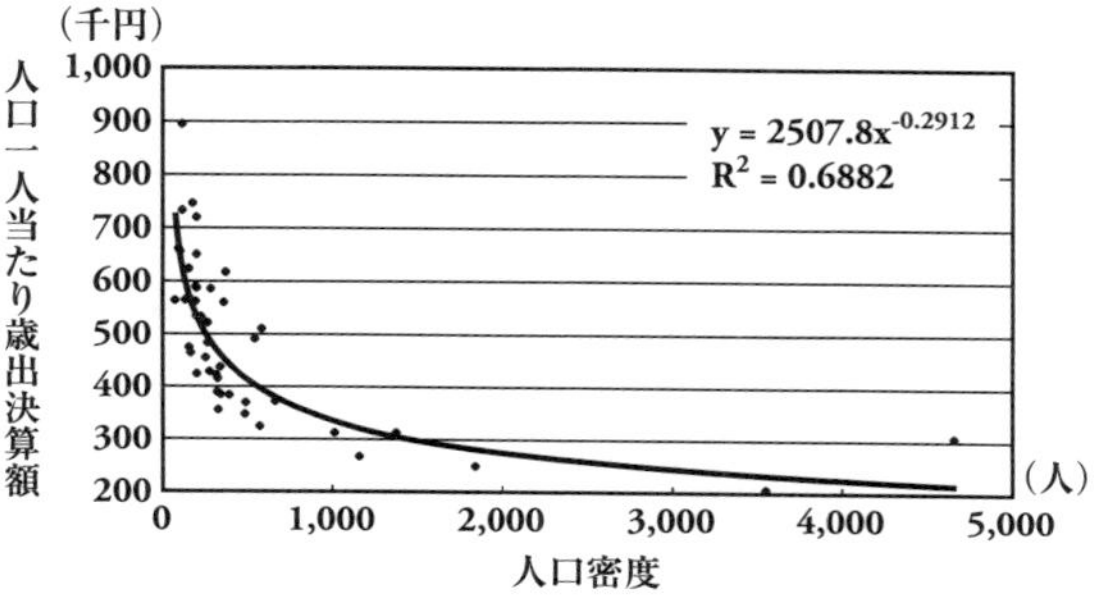

この「環境の違い」や変化の幅を生み出すのは「説明範囲の広さ」である。説明範囲が狭ければ、狭い範囲で動く要因の影響しかみえない。逆に、説明範囲が広いほど、その広い範囲の中で環境が変化しうる余地は大きくなり、その環境の変動に伴って、各要因の影響力のウエイトが変化する可能性が高い。説明範囲が広くなれば、狭い範囲では動かないようにみえる要因の動きがみえるようになるのである。説明範囲の広い説明仮説ほど、一般に説明変数（要因）の数が増える傾向があるのは当然なのである。

もちろん、自然科学は常に「説明範囲の拡張」を目指している。そして、より広い範囲の説明では、古い理論では説明範囲が狭かったために気づかれなかった「新しい要因」が発掘され、追加されなければならない。逆に新しい要因を発掘できなければ、説明範囲を広げることはできず、新しい理論も出現できない。

たしかに、理論とは、そもそも最小限の要因で広範な現象を説明するものであり、要因の絞り込みこそ理論の意義ではある。しかし、自然科学の歴史とは、常に新しい「要因」の追加で、より広い範囲を説明する理論が生み出された歴史なのである。ところが、現代の経済学が指向する方向はこれとは異なっている。経済学は、ここ数十年、原因を絞る方向への努力のみを続けているようにみえる。

また、例えば前述の小野善康氏は、（ケインズは）「投資を刺激するには将来への楽観こそが重要だと指摘する。しかし、本当にそれが原因なら、新古典派経済学の考えている将来予想に悲観や楽観の偏りがない状態こそが基準の状態となり、不況は将来予想が悪い方に偏った特殊な状態ということになってしまう」（小野［二〇〇七］一六二頁）と述べる。

だが、自然科学をみれば、その目標は極めて特殊な現象を一般的な現象と同様に、一つの理論に統合的に取り込むことである。したがって「基準」と「特殊」にこだわる意味はまったくない。素粒子論をはじめ、自然科学の「先端分野」とは、まさにすべてが「特殊な」事象を研究しているのである。それは、特殊な事象を説明できるかどうかが、理論（説明仮説）が正しいかどうかを決定づけると考えられているからだ。

既存の説明仮説が特殊な事象を説明できないなら、その説明仮説は捨てられるべきであり、新しい説明仮説が必要なのである。こうした自然科学の視点からみると、経済学は、その応用的な性格を考慮しても、極めて特異な方向を指向する学問といえる。

説明力が高い誤った説明仮説の弊害

ある現象を説明できる説明仮説は無数にあるが、一つ以外はすべて誤っている。誤ったものでも、説明力が高ければ、有用ではないかと考えられるかもしれない。しかし、それには重大な問題がある。

まず、より広い説明範囲の説明仮説が必要になったときに、誤った理論に係わる研究は無意味になる。また、それを信じて社会に適用した場合に、誤った影響を社会や経済に与えやすい。

さらに、誤った理論仮説は説明の範囲が狭いが、その支持者には「説明範囲が狭いことが意識されない」。彼らにとっては、その理論仮説が説明できる範囲が、宇宙であり世界であるため、その外に宇宙や世界が広がっていることに気がつかない。たまたまそれでは説明できない事実に直面しても、それは単なるデータの揺らぎや実験・計測の誤りであり、あるいは重要ではない別の原因が介在しているだけで、大した問題ではないと解釈してしまう。重要な点は、このことがその分野の科学の発展を制約することである。

自然科学の発展は、その多くが、そうした実験・計測の誤りだと考えられ見過ごされていたものをすくい上げたことがきっかけで生じている。しかし、演繹的な理論体系の蓄積が大きければ大きいほど、それが科学者の思考を制約し、理論体系と現象の間の些細な破れをすくい上げることを困難にする。

偶然の発見を行う能力を「セレンディピティ」というが、それが稀有であるのは、偶然にぶつかる確率の問題というよりも、普通はぶつかっても既存の理論体系の知識が、それを拾い上げることを困難にするからだ。現象を評価するには、評価の基準が必要であり、科学者たちの評価の基準とは、既存の説明仮説体系だからである。その仮説体系は、そもそも、その現象を評価できる理論的枠組み自体を持っていないから、その現象は大した問題ではないと評価してしまう。だからこそ、それをすくい上げたセレンディピティが評価されるのである。

誤った説明仮説が重要な現象を見落とさせるのに対して、正しい説明仮説は、それに従って次々に新しい現象を認識させ、説明範囲を広げていく。正しい説明仮説は、単に説明力が高いだけではない。科学の発展を誘導していくのである。

第2節　「仮定」の妥当性と「仮説」の妥当性

フリードマンは、基礎的仮定が事実と異なっても、それを基に構築された説明仮説（の体系）が、経済をよく説明できればよいと考えた。これに含まれる問題のうち、第一の「仮説（の体系）が経済をよく説明しているかどうかの検証問題」については第1節で検討した。この第2節では、第二の「事実と異なる仮定問題」を考えよう。

1　仮定の集合と仮説の等価性

基礎的仮定と、それから演繹的に導かれた理論・仮説の関係をみると、仮説モデルとは、単純な現象を抽象化したいくつかの「基礎的仮定」のセットを、論理的な等価性を維持しながら変形し、別の現象の説明がしやすい形にしただけのものである。つまり、基礎的仮定（公理）から演繹的に導かれた仮説モデルと、元の基礎的仮定（公理）の集合は、論理的には等価である。この意味で、「基礎的仮定」も「仮説モデル」も、双方とも仮定の集合にすぎず、両者に論理的な上下関係はない。

したがって、仮説モデルが現実をよく説明しているとしても、それと等価な基礎的「仮定」の一部に、事実と一致しないものがあれば、その説明体系には問題がある。つまり、仮説モデルが現象をよく説明さえしていれば、基礎的な仮定の誤りは無視してよいというフリードマンは誤っている。

2　直感・事実と「仮定」の整合性

自然科学の例から、基礎的な仮定と、直感的な認識や事実との関係をみてみよう。

フリードマンが、仮定が「直感」と異なってもよいとする点については、確かに自然科学では、直感と異なる仮定や説明は珍しくない。例えば、われわれは相対性理論の世界は直感と一致しないと感じる。しかし相対性理論は、われわれ人間が日常的に活動している世界のスケール（説明範囲）では、ニュートン力学とほぼ一致する。したがって、直感とは一致しないように感じる理由を、事実に基づいて説明できる。自然科学でも、理論の根拠となる仮定は「直感」と異なる場合がある。しかし、なぜ直感と異なるかが、事実に基づいて説明できるべきだと考えられている。

上記のような自然科学の暗黙の基準に照らせば、経済学で、かりに直感と異なる仮定があっても、それが事実に一致するように説明でき、かつ直感と一致しない理由を説明できればよい。逆にそれができない説明体系や仮説は、誤っている可能性が高いと考えるべきだろう。少なくとも自然科学では、そうした説明ができない理論は存在しないし、経済学以外でも、仮定と事実が一致しなくてもよいという話は、寡聞にして聞いたことがない。前節での論理的な検討に加えて、本節での自然科学の常識からみた検討からすれば、当然、仮説の根拠となる仮定は、事実と一致するかどうかが検証されるべきであり、一致しないなら、その仮説は誤っていると考えるべきである。

説明仮説が無限にあり、それらのいくつかが、荒唐無稽でありながら説明力が極めて高いことは、天動説のケースのように現実にあり得ることである。であるなら、説明仮説が正しいかどうかを判定するための手段は総動員されるべきであり、そうした中で「基礎的な仮定が事実と一致するかどうか」は重要な判定基準となるべきである。フリードマンの主張がそれを軽視するように働いていることは、大きな問題である。

3　仮説の妥当性検討の整理

正しい説明仮説　先にみたように、無数の説明仮説（原因仮説）が生じる原因として、フリードマンは主に第一の、「正しい説明仮説が無数にある」ことのみを考えていたのかもしれない。この場合、各説明仮説に誤りはないから、その中で最も影響の大きいものに絞る検討をすればよい[1]。

なお、影響力の大きい要因を絞る際には、留意すべき重要な点がある。すなわち、説明範囲を広げるほど、環境が変化する余地は大きくなるが、その環境変化に伴って影響力の大きい要因が移り変わり、ある範囲では影響力のない要因が、別の範囲では重要な要因となる可能性があることだ。

誤った説明仮説　説明仮説が多くなる原因の第二は、見かけの相関の存在であり、それは無数の誤った説明仮説（原因仮説）を生む。そして、誤った説明仮説（原因仮説）が、一定範囲の事象を精度よく説明してしまうことは、しばしば起きることであり、それは説明範囲が狭いほど起きやすい。無数にある説明仮説（原因仮説）の多くが誤っているのに、いずれも説明力が高いとしたら、説明仮説の検証は極めて重要な問題になる。

この場合、正しいかどうかの判定には、①「現象の説明力の高さ」だけではなく、②「説明範囲の広さの評価」が必要であり、③「仮説の基礎となる仮定の検証」も当然必要である。それはメカニズムの検討に係わる。

すなわち、まずは、その仮説の説明力の高さが重要であるが、同時に、仮説が説明している範囲の広さが重要である。現象との一致度がどれだけ高くても、その一致の範囲が狭ければ、その仮説が誤っている可能性は高い。また、その仮説を構成する仮定の集合の中に事実と一致しない仮定を含む仮説モデルは、そのことのみですでに説明範囲が狭いといえるのである。説明仮説とその基礎的な仮定の集合は等価であるから、基礎的な仮定の一部が事実と異なっていれば、その部分は説明仮説側でも説明できない部分とい

(1) あるいは、フリードマンは、説明仮説が高い説明力を持ちさえすれば、それは正しいと比較的容易に判定できると考えていたのかもしれない。しかし、天動説のように、荒唐無稽であっても説明力の高い仮説は、いくらでもありうるのである。

うことになる。とすれば、それは仮説全体が正しくないというべきである。

仮定の軽視はメカニズム検討の軽視を生む　フリードマンは、基礎的な仮定を検証しても、それによっては、その基礎的な仮定を基に導かれた仮説やモデルの妥当性は評価できないと主張した。これによって経済学では、基礎的な仮定の検討や基本的なメカニズムの検討が軽視され、結果さえ事象に合っていればよいという考え方が強くなっているようにみえる。このように仮説の予測能力や説明能力の検証だけを重視する姿勢は、基礎的な仮定（公理）とそれに係わるメカニズムを検討することの軽視を生んでいると考える。

基礎的な仮定のメカニズムを軽視し、仮説や推計式などと事象との相関の高さのみを重視することには、ある範囲で真の原因とたまたま共変動しているにすぎない要因を原因と見誤り、あるいは無関係の要因を偶然の相関の高さで原因と見誤る可能性が常に存在しており、経済学における「実証」そのものが極めて危ういものになっている可能性がある。

フリードマン自身が述べているように、現象を説明しうる仮説は無数にあるのだから、「説明力が高い誤った仮説」はいくらでもあると考えるところが出発点でなければならない。

第3節　科学の発展と「大統一理論」

理論・仮説の進化を考えるために、いまいちど自然科学の発展史をみると、理論的なブレークスルーは多くの場合、「(大) 統一理論」の出現にあることがわかる。自然科学では、異なる現象として異なる理論で説明されてきた複数の現象を、一つの理論で説明できる理論を「統一理論」と呼ぶ。例えばアインシュタインは、その後半生を電磁場と重力場を統合する統一理論の構築に捧げたが、成功しなかった。今日の素粒子論では、電磁気力と「弱い力」を統合する「統一理論」に、さらに「強い力」の説明を完全に統合する理論を「大統一理論」と呼び、日夜研究が続けられている。

1　ニュートンの万有引力の発見

統一理論の出現が持つ意味を、もう少し詳しくみてみよう。ここでは、アイザック・ニュートン（一六四三〜一七二四）の万有引力の法則が、当時の大統一理論だったことを示し、その意義を考える。

万有引力の法則発見の意義

ニュートンは、「木からリンゴが落ちるのを見て万有引力を発見した」という後世の逸話に象徴されるように、日常の事象に常に注意を払い、そこからの着想を重視していた。しかし、リンゴの落下のような物体の日常的現象と、万有引力法則発見の関係について、納得できる説明を目にすることが少ない。

アイザック・ニュートン

ケプラー後、惑星の運動を力学的に理解しようとした人々の中で、フランスのルネ・デカルト（一五九六〜一六五〇）は、宇宙に満ちている微小粒子の渦巻きの影響で惑星が運動するという渦動説を提唱した。また、イギリスのウィリアム・ギルバート（一五四四〜一六〇三）やケプラーは、太陽と惑星の間に働く一種の磁気力の作用を考えた。一方、フランスの数学者ジル・ド・

ロベルヴァル（一六〇二～七五）は、すべての物体間には互いに引き合う力が働いているというアイディアを提出していた。また、フランスのイスマエル・ブーリオー（一六〇五～九四）は、ニュートンの数十年前の一六四五年に、太陽と惑星に働く力が、距離の逆2乗に比例すると発表していた。しかしこれは、惑星の運動関係のみに止まり、落体の法則との統一にまでは進んでいない。

ニュートンの万有引力の発見の意義とは、①リンゴなどの物体が下に落ちることと、②惑星が太陽の回りを楕円軌道で回るメカニズムとが、同じ数式で説明できることに、ニュートンが突如気づいたということにある。

当時の一般の理解では、①物が下に落ちるという現象と、②惑星が楕円軌道を描いて太陽の回りを回っているという現象は、まったく別の現象であり、メカニズムも全く別のもの、何の関係もない問題だと考えられていたのである。ニュートンは、このまったく別の二つの現象が、統一的に理解できると気づいたのである。万有引力の法則の発見とは、①物が下に落ちるという「ガリレイの落体の法則」と、②「ケプラーの惑星の楕円運動と面積速度一定の法則」を統一的に説明するメカニズムの発見だったのである。

落体の法則と惑星運動の法則の統合　そこで、少しニュートン以前に立ち返って、当時の人々の理解を整理しよう。まず、フリードマンも取り上げた「ガリレイの落体の法則」で、ガリレイは、落下する物の動きを次のように等加速度運動として捉えている。

① 物体が自由落下するときの時間は、落下する物体の質量には依存しない。
② 物体が落下するときに落ちる距離は、落下時間の2乗に比例する。

ここで①と②を、式で表してみよう。落下する距離Yは、定数をg（実は重力加速度（約9・8 m/s²））、経過時間をtとすれば、次の式で表される（以下の数式はほぼ加減乗除中心で中学校レベルである）。

$Y=1/2gt^2$ ……(1)

これは、一定加速度gが働いている物体の等加速度運動の式である。

一方、その物体が、水平方向へ一定速度vで投げられたものとすると、その物体の水平方向への移動距離は次の式で表される（慣性の法則が働くので、これは等速運動である）。

$X=vt$ ……(2)

この(2)式を変形すると $t=X/v$ であるから、これを(1)式に代入すると

$Y=1/2g(X^2/v^2)=\{g/(2v^2)\}X^2$ ……(3)

となり、右辺の｛　｝内は定数だから、YはXの二次関数、つまり放物線軌道を描くことがわかる。

一方、ケプラーにより、惑星は太陽の回りを楕円軌道を描いて回っていることがわかっていた。つまり、ケプラーの惑星運動が楕円軌道であるのに対して、落体の法則は放物線軌道であるから、二つの現象は完全に別のものとして理解されていたのである。

ニュートンは、落体の法則を、力の概念を使って次のように考えていただろう。物体に働く力をF、物体の質量をm、重力加速度をgとすると、物体に働く力は次の式で表される。

$F=mg$ ……(4)

これは、上記のガリレイの①の法則を満たしている。つまり、物体の質量が大きければ、それに比例した大きい力（mg）がかかり、また質量の小さい物体には、それに比例した小さな力しか働かないから、

落下時間や速度は、質量とは無関係となる。

一方、楕円軌道は、距離の2乗の逆数に比例する力があれば説明できるとニュートンは考えた。したがって、太陽と惑星の間に働く力は、惑星の質量をm、太陽の質量をM、太陽と惑星間の距離をr、またGを定数（実は重力定数）とすれば、ニュートンは次のようになると考えていただろう。

$$F=GMm/r^2 \quad \cdots\cdots\cdots\cdots(5)$$

この(5)式と(4)式の二つの式の形に、類似性はまったくないようにみえる。しかし、(5)式を(4)式に近い形に、次のように変形すればどうだろうか。

$$F=m[GM/r^2] \quad \cdots\cdots\cdots\cdots(5)\mathrm{b}$$

(5)b式の［　］内の、Mは地球の質量、rが地球の中心から地表までの距離だが、このうち、Gは定数だし、地球の質量Mは一定である。地球の中心から地表までの距離rは、地球表面上ではどこでもほぼ同じだから、定数にみえるだろう。つまり、［　］内はほぼ定数である。［　］内が定数であり、それが(4)式のgと同じ、つまり「$[GM/r^2]=g$」なら(5)b式と(4)式と同じ式になる。実は、この［　］内全体が、重力加速度として測定されていた約9・8m/s^2だったわけである。

放物線軌道は、(4)式でみるように、落下物体に働く力や加速度が、「下」に向けて一定の場合に描かれる軌道である。しかし、投げた物体がかりに地表にぶつからずに、どんどん「下」に落ちるなら、地球中心との距離が近くなるほど、受ける加速度（つまり(5)b式の［　］内の値（=g））は定数ではなく、変化して次第に大きくなり、方向もほぼ垂直方向から、地球の核の近傍を通るときには進行方向に対して真横へと変わり、通り過ぎれば今度は働く方向が逆になり減速をはじめる。そして、地球の反対側で再び逆方向の運動が始まり、投げた元のところへ戻ってくる。軌道は楕円軌道となる。

つまり、(4)式から導かれる放物線軌道とは、(5)式から導かれる楕円軌道の近似にすぎなかったのである。この意味で、「落下」運動は、わずかでも水平方向の速度がある限り、すべて楕円軌道になる。月が地球に向かって「落下」し続けているというのは、こうした関係を意味している。

ニュートンは、「リンゴが木から落ちる」に代表されるような物体の落下現象から、こうした関係が一瞬に閃いたのかもしれない。つまりリンゴが落ちるのは放物線軌道であって、惑星の運動とは何の関係もないと思っていたところ、実は惑星と同じ楕円軌道であり、放物線は近似にすぎないことを直感したのである。

ニュートンは、はじめケプラーの惑星の楕円軌道の観測結果を定式化して、自分は惑星運動の法則を数式化できたと思っていたが、実はすべての物と物の間に働く力、惑星と太陽間だけでなく地球とリンゴとの間にも働く力の関係を発見し、それは落体の法則をも説明していることに気づいたのである。

統一理論としての万有引力の法則の理解

ニュートンが発見した万有引力の法則とは、「落体の法則」と「惑星運動の法則」を統一する当時の「大統一理論」だったわけである。科学上の独創的な発見とは、このように一見無関係の複数の事象や法則を統一的に説明する理論を見出すことと考えてよい。

当然、その理論は、説明範囲を飛躍的に広げるわけであり、それは思考の節約をもたらす。さらに、説明範囲の広い仮説ほど正しい蓋然性が高いと考えれば、それは人類の自然理解のレベルを飛躍的に高めたものといえる。

2　科学の発展の歴史は説明範囲拡張と変数の追加史

ここまでみてきたように、科学の発展史は、変数や視点の追加による説明範囲拡張の歴史である。

①　科学の発展は、「より広い範囲を説明できる理論」出現の歴史であり、統一理論の発見は、その大規模なものとして理解できる。

大統一理論の出現とは、異なる現象・メカニズムと理解してきたものを、一つのメカニズムで説明できる説明仮説の発見を意味する。

②　統一理論の発見では、常に新しい変数が追加されている。大統一理論などのブレークスルーは、「定数の中に隠れていた変数の発見」が契機となることが多い。

大統一理論の出現はもとより、理論の発展とは、基本的には理論の説明範囲を広げることであるが、説明範囲を広げるには、通常は説明に新しい変数が必要になる。例えば、落体と惑星運動（や金星の満ち欠け）の統一的理解は、万有引力の法則の発見によってなされたが、その際には、落体に係わる力の式に、「距離」という変数が新たに導入された。落体の法則は距離とは無関係だったが、新たに距離という概念を導入することで、はじめて惑星運動と落体運動の法則がつながったのである。

③　通常のレンジでは無視しうる変数も、広いレンジでは重要な変数になる。

説明のレンジを広げると、一般に、それまでは定数だと思っていたもの（の一部）が動き、重要ではないと考えられていた変数が重要な役割を果たす。例えば、地球表面上で落体を見ていたときには、距離は（地球の中心から）ほとんど一定だったので気づかなかったが、惑星運動へ視野を広げると、距離が重要な要因だったことがわかったわけである。

こうした意味で、ケインズが大不況（大恐慌）という特殊な環境で「需要制約」に着目したのは、極めて重要なブレークスルーだったと考える。ケインズの体系が正しいかどうかは別にして、少なくとも、経済学の説明を、大不況に拡張するために必要な視点を見出した点で、彼はまさに「漠然と正しかった」ように思える。

④ 定数の中に変数を見出し、新しい変数を導入することで、科学は発展してきた。

変数とは、視点のことと考えてもよい。新しい視点を導入することで、まったく異なるようにみえる複数の現象を統合的に説明する統一理論が初めて可能になる。定数の中に変数を見出した例として、物体間に働く力をみてみると、落体の法則の段階では、重力加速度gとして定数となっていたものの中に、すでに述べた距離の2乗や地球の質量が隠れていたことがわかる。

このように考えれば、例えば、通常の範囲ではほとんど変化しないために「無視」しうる変数であっても、経済の大きな変動や大恐慌などの異常時には、重要な変数となるものがあるかもしれないと考えることは、ごく自然なことだろう。

3 新古典派経済学における変数・要因の絞り込み問題

新古典派経済学は、フリードマンの影響下で、こうした普遍的な科学発展の方向とは異なり、もっぱら視点や変数を絞る方向に進んできた。変数の絞り込みに関連する問題をいくつかみてみよう。

影響の小さい要因の排除　第一は「**理論純化のための要因の絞り込み**」問題である。フリードマンのロジックは、複数の要因があるときには、影響力の大きい重要なもののみを取り上げ、そうでないものは無視すべきという発想が強い。この際に重要な点は、絞り込みの際のデータの発生環境である。

例を挙げれば、先にみたように、落体の法則で距離が無視できたのは、地表上で使う限り、地球の中心との距離は地表のどこでもほぼ同じであるためだった。ところが説明のレンジを太陽系のサイズに拡大したために、距離が極めて大きな影響を与える要因となり、その導入が不可欠になったのである。

このように、狭い説明のレンジで無視しうるからといって、それがより広い説明の範囲でも無視しうるとは限らない。例えば大きな経済変動のない平穏な時期に得られたデータで要因を絞り込むと、重不況などそのレンジを超えた状況下で重要になる要因が排除され、その理論は重大な局面ではまったく役に立たないことになるだろう。今回の**世界同時不況下**で、新古典派経済学がほぼ無視されているのは、アバウトにはこうした問題が背景にあると考えられる。

第二に「**数学化に伴う要因の排除**」問題がある。つまり、今日の経済学が、数式化しやすいロジックを中心に発展してきたという点も、変数の絞り込みに影響を与えた可能性がある。数式化しにくいがために、経済学の仮説のロジックからふるい落とされてしまっている要因が重要である可能性は高いと考える。

例えば、アカロフとシラーの『アニマルスピリット』（アカロフ＆シラー［二〇〇九］）に取り上げられているような要因は、そのようなものだろう。経済学が過度に数学に依存することについては、マーシャルやケインズも警鐘を鳴らしていたし、フリードマン自身も危惧を表明していた（スノードン＆ヴェイン［二〇〇一］七一頁）。いずれも数学に強いとされた人たちである。

現実経済への適用の際の誤り問題

例えばフリードマンは、落体の法則への空気の影響に関して「一平方インチあたり一五ポンドの気圧は、公式 $S=1/2gt^2$ を用いてもさしつかえないほど〝じゅうぶんに〟ゼロに近いかどうかをきっぱりいいきることができないのと同様に…」（フリードマン［一九七七］三七頁）と述べているが、これは「気圧」が要因の一つであることは間違いがないが、その影響が無視しうるかどうかが問題だと考えていることを示している。そこには、影響力の小さい要因を排除し、大きい要因に絞る視点がある。もちろん自然科学でも、理論の構築過程では要因の絞り込みが行われる。しかし、現実への適用の際には、多少でもそれが影響を与えるなら、排除した要因はあらためて取り入れられる。実際にガリレイは、現実の測定の際には、落体の式に空気抵抗を含んだ式を考えている（伊東［二〇〇七］一四六頁、伊東［一九八七］）。

しかし、経済学では、理論化のための純化や技術的な理由から、様々な要因を排除することで得られた仮説が、しばしば当初の仮定や要因の絞り込みの問題を忘れたまま現実経済に適用され、誤った解釈を生んでいるように思われる。特に「新しい古典派」の影響を受けた人々は、要因を絞り込んで形成された理論や仮説を、その形成プロセスで排除した要因を無視したまま、現実の経済に適用し、政策提言する傾向が強いように思われる。

疑似自然科学としての新古典派体系

最後に、非現実的ではあっても純粋化された仮定を基にくみ上げられた理論仮説体系（新古典派体系）こそ、現実の経済を評価する基準として、経済の理解に有益だという有力な考え方がある。

しかし、まず第一に、それは自然科学にはあり得ない手法だ。自然科学でも、例えば落体の法則で、純粋に落体の運動法則を知るために空気抵抗の影響を排除して関係式を求めたように、現実とは異なる条件で理論化が行われることはある。しかし、先にもふれたが、現実の落体の測定では、空気抵抗はあらためて必ず式に組み入れられて測定されるのである。ところが（新古典派）経済学は、それを除外したまま、その「純粋な」像を規範として、現実の経済を評価したり解釈したりしようというのである。これは自然科学にはない手法であり、この意味では、この立場は疑似自然科学である。

第二に、それは非現実的な仮定をはじめ、恣意的に抽出・限定された少数の要因と仮定で構築された体系によって（つまりそれを規範として）、現実の経済とは離れた位置から経済をみようとするものだから、現実の経済に影響を与える様々な要因を無視している。ところが、無視された要因の中には、例えば重不況やバブルという環境下では極めて大きな影響を与える要因が含まれている可能性がある。これは、新古典派体系が、今回の世界同時不況を予見できなかったことからも推測できる。

現実から離れて抽象的な理論体系を構築しようとする試みは、常にこうしたリスクを抱えているから、自然科学にそうした志向がないのは当然だろう。それは、自然科学では遠い過去に淘汰され絶滅した手法なのである。少なくともこの手法は、科学発展の主要な源泉である「現実の細部」を無視し続けるものであるから、理論体系の発展を袋小路に追い込み続けると考える。

おわりに

フリードマンの『実証的経済学の方法論』の、仮説の根拠となる仮定が事実と異なっていることは問題ではなく、仮説自体が事象をよく説明できればよいという主張が含む問題は二つある。

第一は、仮説が事実に合っているかどうかの検証の問題である。一つの事象を説明できる仮説は無数にある。その中には説明力は劣るが誤ってはいない仮説だけでなく、天動説のように、誤っていて荒唐無稽であるのに事象をよく説明する仮説がまれではない。こうした点を考慮すると、仮説の妥当性の評価には、「予測力」という漠然とした基準では不十分である。予測力を「説明力」と「説明範囲の広さ」に意識的に分離し、中でも仮説の説明範囲の広さの意義を重視すべきである。

すなわち、説明範囲の広い説明仮説ほど偶然の一致が排除されることから、説明範囲の広さの評価は極めて重要である。狭い範囲で説明力が高い仮説よりも、説明力が若干劣っていても説明範囲の広い仮説の方が、基本的な方向として正しい可能性が高いのである。

第二は、仮説の根拠となる仮定が直感や事実と異なる問題であるが、基礎的仮定の集合体とそれから導かれる仮説は論理的に等価であるから、仮定に事実と反する点があれば、その仮説は誤っていると考えるべきである。

さて、自然科学史をみると、自然科学の発展史とは説明範囲拡大の歴史である。そして、そのブレークスルーは統一理論の出現であり、それによってそれまでまったく無関係なものとして理解されていた現象が、新しい説明範囲の広い理論で統一的に理解できるようになる。特に、こうしたブレークスルーに際しては、常に新しい視点や変数が導入されていることが重視されるべきである。

これに対してフリードマン以来の現代経済学は、視点や変数を絞ることを追求してきたこと、また仮説レベルの実証性のみを重視し、仮説の基となった仮定に係わる基礎的メカニズムの検討を軽視してきた点で極めて特異であり、それが経済学の発展を制約してきたと考える。

科学の一般的な発展の方向に照らせば、供給中心に考えられてきた新古典派経済学に、ケインズが需要の制約という視点を追加したという経済学の歴史は、本質的に順当な方向だったと考える。かりにその時点でケインズの経済学に問題があったとしても、彼の目指した方向がアバウトに正しい方向だったことは、科学史の経験に照らして間違いないものと考える。

フリードマンの視点を強めた新古典派経済学、特に「新しい古典派」は、ケインズが着目した需要の重要性を否定することに始まり、基本的に、説明力の高さのみを重視して説明範囲の広さに対する関心を持たない結果、説明力を得るために説明範囲を操作し、一方では要因を純化し絞る方向に「発展」してきた。

このように新古典派経済学は、過去数十年にわたり、自然科学の一般的発展の方向とはまったく逆の方向に進んだのであり、それは袋小路への進化であったと考える。

あとがき

著者の関心は地域経済にあり、その延長上に日本経済への関心もあった。その中で、二〇〇一年には、著者が在住する富山県で三つの国立大学統合の動きが本格化し、当時㈶北陸経済研究所にいた著者は、その夏には県の担当課長さんの個人的な依頼で、県の要望書作成作業に黒子として参画した。

その後、毎週末に課長からメールが届き日曜に意見や代案を返すというやりとりが続いたが、紙数に限りある県の要望書に、個人的な意見のすべてを盛り込むことはできない。そこで、まったく面識はなかったが、統合の当事者の一人だった国立高岡短期大学長の蠟山昌一先生に、A４で二〇頁余りの私見を直接お送りした。すると思いがけず、すぐに先生が高岡から研究所まで会いに来て下さった。嵐のため、ゴム長靴で来られたのを今でも鮮明に覚えている。これが蠟山先生にお会いした最初だった。

その後は、主にメールでの意見のやりとりを続けたが、最後に、先生の依頼で大学の紀要に六・七万字、五〇頁弱の論文（「地域の視点からの大学改革：国立大学の再編統合に向けて」、『国立高岡短期大学紀要』二〇〇二年三月）を書いた。その前半は、大学を材料に地域経済と日本経済を扱っている。これについてはその後、蠟山先生から「退官して関東へ帰られた経営学の先生から、これを書いたのはどんな者かと訊かれたので、私も今あらためて読み直している」というお話を伺った。これが、先生との実質的な最後の会話になった。

そして、その年に先生の発案で発足した研究会（大学の先生方主体に地域経済等を議論）に入れていただいたのは、この方向を発展させろという蠟山先生のご趣旨だと感じたのである。研究会は最終的に『富山地域研究会提言集』（〇六年一月）をまとめ、二〇〇三年に亡くなられた蠟山先生に捧げることとなった。著者はこれに「地域産業政策における『競争力』と産業集積、大学」を寄稿したが、その際あらためて、地域経済は先進工業国問題と密接不可分であり、自分の考察が不十分であることを痛感した。

一方、これとは別に当時は「平成の大合併」が進行中で、道州制論も立ち上がりつつあった。この背景には、地方公共団体の効率性には人口規模の影響が強いために、合併で人口が大きくなると効率が高まるという認識があった。しかし、著者は、人口の影響は過大に評価されており、これは特に規模の大きい道府県には必ずしも適用できないと考えた。

そこで、この問題を「人口密度」関連の指標で分析した「道州制を視野においた道府県の効率性の研究」(『地方財務』〇六年四月号)を、さらに当時「交付税制度が地方公共団体のモラル・ハザードを引き起こし、無駄遣いを助長している」という有力な交付税批判があったが、その反論として「一面的な交付税論議の検証と行政のメカニズム」(同、〇六年八月号)を寄稿した。

このモラル・ハザード問題は、行政サービス水準の地域間格差を最小限にとどめるという交付税制度の根幹に対する批判を含んでいたため、その主張が通れば、交付税制度の抜本的改廃を通じて、今以上に地域間格差の拡大をもたらす危険性があった。

この論文は、幸いに反響があり、公共選択学会研究会での報告(一二月)や新たな共同研究(結果は〇七年五月の地方財政学会で報告)につながった。また、〇六年一〇月には、財務省財務総合政策研究所が「最適人口規模」や「ソフトな予算制約」などを課題に含む「地方財政のあり方等に関する研究会」を設置している。この「地方交付税のモラル・ハザード問題」は、結局この時期にはおおむね沈静化したようにみえることから、これに関しては一定の貢献ができたのではないかと考えている(現在は、交付税問題をめぐる議論は制度の複雑性と交付税特会借入金問題に焦点が絞られている）。

これらの問題については、計画行政学会中部支部の助成で、財政効率性に係わる主要な経済社会指標間の関係を整理した「地方公共団体の行政サービスのコスト構造に関する考察」（〇八年一〇月）をまとめ、取りあえず一段落したことにして、地方経済・日本経済の問題に戻ってきたのが、〇八年半ばである。

この間、地方財政を優先したこの迂回が良かったかどうかを常に自問し続けてきたが、ちょうどこの時期にリーマンショックから世界同時不況が起き、検討材料が増えて真実に接近しやすくなり、また、財政学を通じて現代経済学特有の研究手法の傾向に気づいたことが本書「補論」の内容につながり、それが本書のいくつかの主張にも重要な影響を与えることになった。筆力不足のために〇九年末の脱稿までに一年半、編集にさらに一年弱を要したが、ようやく、拙いながら蠟山先生のご遺志に部分的には報いることができたように思う。

本書を、地域経済の活性化にも心をくだいておられた蠟山昌一先生に捧げます。

本書の内容の一部を圧縮したものは、㈶北陸経済研究所発行の『北陸経済研究』〇九年一二月号に独立した論文として掲載していただいた。同研究所に謝意を表したい。また、大木英文氏をはじめ、最終段階の原稿に目を通して下さり、ご意見をいただいた方々、そして本書の出版にあたってお世話になった新評論代表取締役の武市一幸氏と編集部の吉住亜矢氏に感謝します。

二〇一〇年一〇月

向井文雄

藤田菜々子［2010］『ミュルダールの経済学』NTT出版
ブラウン，R. A.，塩路悦郎［2007］「投資ショックと日本の景気変動」，林編『経済停滞の原因と制度』第5章
フリードマン，M.／佐藤隆三・長谷川啓之訳［1977］『実証的経済学の方法と展開』富士書房（Friedman, Milton［1953］*Essays in Positive Economics*, Chicago University Press）
ボウモル，W.J.&ボウエン，W.G.／池上惇・渡辺守章監訳［1994］『舞台芸術：芸術と経済のジレンマ』芸団協出版部（Baumol, W.J. & Bowen, W.G.［1966］*Performing Arts: the Economic Dilemma: a Study of Problems Common to Theater, Opera, Music, and Dance*, Twentieth Century Fund）
ホリオカ，C.Y.［2007］「日本の『失われた10年』の原因——家計消費の役割」，林編『経済停滞の原因と制度』第1章
マディソン，A.／金森久雄監訳・政治経済研究所訳［2004］『経済統計で見る世界経済2000年史』柏書房（Maddison, A.［2001］*The World Economy: A Milleninial Perspective*, OECD）
三國陽夫［1993］『円の総決算』講談社
三國陽夫［2005］『黒字亡国——対米黒字が日本経済を殺す』文藝春秋
水野和夫［2008］『金融大崩壊《アメリカ金融帝国》の終焉』日本放送出版協会
宮川努［2003］「『失われた10年』と産業構造の転換——なぜ新しい成長産業が生まれないのか」，岩田・宮川編『失われた10年の真因は何か』
宮川努・櫻川幸恵・滝澤美帆［2007］「日本における生産性と景気循環——産業データによる分析」，林編『経済停滞の原因と制度』第2章
宮川努・竹内文英・浜潟純大［2008］「産業構造の転換と日本経済の成長力」，香西泰・宮川努編『日本経済　グローバル競争力の再生』日本経済新聞出版社，第3章，114-135頁
ミュルダール, G.／河野和彦訳［1943］『人口問題と社會政策』協和書房（Myrdal, Gunnar［1940］*Population: A Problem for Democracy*, Harvard University Press）
ミンスキー，H.P.／吉野紀・浅田統一郎・内田和男訳［1989］『金融不安定性の経済学——歴史・理論・政策』多賀出版（Minsky, Hyman［1986］*Stabilizing an Unstable Economy*, Yale University Press）
向井文雄［2006］「道州制を視野においた道府県の効率性の研究」，『地方財務』（622），54-71頁
村上陽一郎［1986］『近代科学を超えて』講談社
山口義行編［2009］『バブルリレー——21世紀型世界恐慌をもたらしたもの』岩波書店
山田厚史［2009］「山田厚史の経済言論第50回：負の遺産と人が育たない経営——GMの破産から何を学ぶ」，『Governance』7月
山本義隆［2003］『磁力と重力の発見』（全3巻）みすず書房
吉川洋［1999］『転換期の日本経済』岩波書店
吉川洋［2000］『現代マクロ経済学』創文社
吉川洋［2003］『構造改革と日本経済』岩波書店
吉川洋［2009］『いまこそ，ケインズとシュンペーターに学べ』ダイヤモンド社
吉村弘［2008］「産業構造変化の世界標準パターンと修正ペティ=クラーク法則」，『岡山大学経済学会雑誌』39（4），59-80頁
若田部昌澄［2009］『危機の経済政策——なぜ起きたのか，何を学ぶのか』日本評論社

シュムペーター，J.A.／塩野谷祐一他訳［1980］『経済発展の理論』岩波書店（Schumpeter, J.A.［1926］*Theorie der wirtschaftlichen Entwicklung*, 2 Aufl., Duncker & Humblot）
シュムペーター，J.A.／吉田昇三監修／金融経済研究所訳［2001］『景気循環論：資本主義過程の理論的・歴史的・統計的分析（Ⅳ）』有斐閣オンデマンド版（Schumpeter, J. A.［1939］*Business Cycle*, McGraw-Hill）
スキデルスキー，R.／山岡洋一訳［2010］『なにがケインズを復活させたのか？――ポスト市場原理主義の経済学』日本経済新聞出版社（Skidelsky, R.［2009］*Keynes: The Return of the Master*, Allen Lane）
鈴木淑夫［2008］『円と日本経済の実力』岩波書店
鈴木淑夫［2009］『日本の経済針路――新政権は何をなすべきか』岩波書店
スティグリッツ，J.E.／楡井浩・峯村利哉訳［2010］『フリーフォール』徳間書店（Stiglitz, J.E.［2010］*Freefall: America, Free Markets, and the Sinking of the World Economy*, W.W. Norton & Co.）
スノードン，B.&ヴェイン，H.R.／岡地勝二訳［2001］『マクロ経済学はどこまで進んだか』東洋経済新報社（Snowdon, B. & Vane, H.R.［1999］*Conversations With Leading Economists: Interpreting Modern Macroeconomics*, Edward Elgar Pub.）
妹尾堅一郎［2009］『技術力で勝る日本が，なぜ事業で負けるのか――画期的な新製品が惨敗する理由』ダイヤモンド社
竹中平蔵［2006］『構造改革の真実　竹中平蔵大臣日誌』日本経済新聞社
竹森俊平［2009］『経済危機は九つの顔を持つ』日経BP社
田中秀臣・安達誠司［2003］『平成大停滞と昭和恐慌　プラクティカル経済学』日本放送出版協会
トッド，E.／石崎晴己訳［2009］『デモクラシー以後――協調的「保護主義」の提唱』藤原書店（Todd, Emmanuel［2008］*Après la Démocratie*, Gallimard）
内閣府編［2009］『経済財政白書（平成21年版）』日経印刷
中村和之・向井文雄・田平正典［2007］「サービス供給の効率性再考――人口分布が支出に及ぼす影響を中心に」，『商大論集』（兵庫県立大学）59，33-60頁
西村清彦・中島隆信・清田耕造［2003］「失われた1990年代，日本産業に何が起こったのか？――企業の参入退出と全要素生産性」，『RIETI Discussion Paper』（03-J-002），1月
野口悠紀雄［2008］『世界経済危機　日本の罪と罰』ダイヤモンド社
野口悠紀雄［2010］『世界経済が回復するなか，なぜ日本だけが取り残されるのか』ダイヤモンド社
バーナンキ，B.／高橋洋一訳［2004］『リフレと金融政策』日本経済新聞社
バーノン，R.／霍見芳浩訳［1973］『多国籍企業の新展開』ダイヤモンド社（Vernon, Raymond［1971］*Sovereignty at Bay: The Multinational Spread of U.S. Enterprises*, Basic Books）
林文夫編［2007］『経済停滞の原因と制度』，〈経済制度の実証分析と設計〉第1巻，勁草書房
ピオリ，M.J.&セーブル，C.F.／山之内靖他訳［1993］『第二の産業分水嶺』筑摩書房（Piore, M. J.& Sabel, C.F.［1984］*The Second Industrial Divide: Possibilities for Prosperity*, Basic Books）
深尾京司・宮川努［2009］「JIPデータベース2009：成長・産業構造・経済危機に関する分析 RIETI BBL用資料」（http://www.rieti.go.jp/jp/events/bbl/09041701_2.pdf　及び議事録 http://www.rieti.go.jp/jp/events/bbl /09041701.html）

川本卓司［2004］「日本経済の技術進歩率計測の試み：『修正ソロー残渣』は失われた10年について何を語るのか？」，『金融研究』（23），147-186頁
木下栄蔵［2009］『経済学はなぜ間違え続けるのか』徳間書店
キム，W.C.＆モボルニュ，R.／有賀裕子訳［2005］『ブルー・オーシャン戦略――競争のない世界を創造する』ランダムハウス講談社（Kim,W. C. & Mauborgne,R.［2005］*Blue Ocean Strategy*, Harvard Business School Press）
金榮愨・権赫旭・深尾京司［2007］「企業・事業所の参入・退出と産業レベルの生産性」，『RIETI Discussion Paper』（07-J-022），5月
キンドルバーガー，C.P.／吉野俊彦・八木甫訳［2004］『熱狂，恐慌，崩壊――金融恐慌の歴史』日本経済新聞社（Kindleberger, C.P.［2000］*Manias, Panics and Crashes: A History of Financial Crisis*, 4th. ed., John Wiley & Sons）
クー，R.／楡井浩訳［2003］『デフレとバランスシート不況の経済学』徳間書店（Koo, Richard C.［2003］*Balance Sheet Recession - Japan's Struggle with Uncharted Economics & Its Global Implications*, John Wiley & Sons (Asia)）
クー，R.［2007］『「陰」と「陽」の経済学』東洋経済新報社
クー，R.・村山昇作［2009］『世界同時バランスシート不況』徳間書店
クラーク，C.／大川一司他訳［1955］『経済進歩の諸条件（下）』勁草書房（Clark, Colin［1940］*Conditions of Economic Progress*, Vol. 2, MacMillan & Co.）
クーン，T.／常石敬一訳［1989］『コペルニクス革命』講談社（Kuhn, Thomas S.［1957］*The Copernican Revolution: Plantary Astoronomy in the Development of Western Thought*, Harvard University Press）
景気循環学会・金森久雄編［2002］『ゼミナール　景気循環入門』東洋経済新報社
経済産業省編［2008］『通商白書2008』日経印刷
ケインズ，J.M.／塩野谷九十九訳［1941］『雇用・利子および貨幣の一般理論』東洋経済新報社（Keynes, J. M.［1936］*The General Theory of Employment Interest and Money*, MacMillan & Co.）
ケインズ，J.M.／小泉明・長澤惟恭訳［1979］『貨幣論Ⅰ（ケインズ全集第5巻）』東洋経済新報社（Keynes, J. M.［1971］*The Collected Writings of John Maynard Keines, Vol. V, A treatise on Money 1, The Pure Theory of Money*, MacMillan& Co.）
権赫旭・深尾京司［2007］「失われた10年にTFP上昇はなぜ停滞したか：製造業企業データによる実証分析」，林編『経済停滞の原因と制度』第3章
権赫旭・金榮愨・深尾京司［2008］「日本のTFP上昇率はなぜ回復したのか：『企業活動基本調査』に基づく実証分析」，『RIETI Discussion Paper』（08-J-050），9月
コイレ，A.／菅谷暁訳［1988］『ガリレオ研究』法政大学出版局（Koyre, A.［1939］*Etudes Galileennes*, Hermann）
厚生労働省編［2008］『労働経済白書（平成20年版）』日経印刷
榊原英資［2010］『フレンチ・パラドックス――経済の新世界勢力図』文藝春秋
阪本崇［2008］「文化経済学と新しい公共性――政策論的視点から見た「ボーモルの病」の貢献」，『同志社政策研究』（2），95-110頁
桜井邦明［2007］『新版　天文学史』筑摩書房
塩川正十郎［2009］『ある凡人の告白――軌跡と証言』藤原書店

参考文献

Baumol, W. J.［1967］"Macroeconomics of Unbalanced Growth: The Anatomy of Urban Crisis," *American Economic Review*, Vol.57, No.3, pp.415-426

Caballero, Ricardo J.& Hoshi, Takeo & Kashyap, Anil K.［2008］"Zombie Lending and Depressed Restructuring in Japan," *American Economic Review*, 98 (5), pp. 1943-1977

Galbraith, J.K.［1990］*A Short History of Financial Euphoria*, Whittle Direct books, reprint ed., Penguin Books, 1994（ガルブレイス，J.K.／鈴木哲太郎訳［1991］『バブルの物語』ダイヤモンド社，新版2008）

Hayashi, F. & Prescott, E. C.［2002］"The 1990s in Japan: A Lost Decade," *Review of Economic Dynamics*, 5 (1), January, pp. 206-235

The Economist［2009］"What went wrong with economics: And how the discipline should change to avoid the mistakes of the past," *The Economist*, Jul. 18th

青木満［2009］『それでも地球は回っている――近代以前の天文学史』ベレ出版

赤松要［1956］「わが国産業発展の雁行形態」，『一橋論叢』36（5）

アカロフ，G.A.&シラー，R.J.／山形浩生訳［2009］『アニマルスピリット』東洋経済新報社（Akerlof, George A. & Shiller, Robert J.［2009］*Animal Spirits: How Human Psychology Drives the Economy, and Why It Matters for Global Capitalism*, Princeton University Press）

浅子和美［2007］「書評『経済停滞の原因と制度』」，『経済セミナー』（626），5月号

池尾和人・池田信夫［2009］『なぜ世界は不況に陥ったのか――集中講義・金融危機と経済学』日経BP社

伊東俊太郎［1987］「ガリレオは中世の運動論から出発したか」，渡辺正雄編著『ガリレオの斜塔』共立出版

伊東俊太郎［2007］『近代科学の源流』中央公論新社

伊藤元重・通産省通商産業研究所編著［1994］『貿易黒字の誤解：日本経済のどこが問題か』東洋経済新報社

岩田規久男［1995］『国際金融入門』岩波書店

岩田規久男・宮川努編［2003］『失われた10年の真因は何か』東洋経済新報社

ヴェルナー，R.A.／村岡雅美訳［2003］『虚構の終焉――マクロ経済「新パラダイム」の幕開け』PHP研究所

小野善康［2007］『不況のメカニズム』中央公論新社

小野善康・辻広雅文（対談）［2010］「辻広雅文　プリズム＋one ――民主党は何のために消費税を10%に引き上げるのか　菅首相ブレーンの小野善康・大阪大学教授に聞く」，『Diamond Online』7月7日（http://diamond.jp/articles/-/8668）

加護野忠男［2010］「経営時論（第102回）弱った会社の足を引っ張る公開会社法『三大欠陥』」，『プレジデント』5月3日号

ガルブレイス，J.K.／佐和隆光訳［2004］『悪意なき欺瞞――誰も語らなかった経済の真相』ダイヤモンド社（Galbraith, J. K.［2004］*The Economics of Innocent Fraud*, Houghton Mifflin）

マ行

ヤ行

ラ行

タ行

ナ行

ハ行

サ行

事項索引

人名索引

ア行

アインシュタイン，アルベルト（Albert Einstein） 338
赤松要 71
アカロフ，ジョージ（George Arthur Akerlof） 142, 364
浅子和美 24, 35
アリストテレス（Aristotelês） 342
池尾和人 12
井深大 92
入交昭一郎 92, 273
ヴェルナー，リチャード（Richard A. Werner） 167
小野善康 327, 350

カ行

加護野忠男 92
ガリレイ，ガリレオ（Galileo Galilei） 341
ガルブレイス，ジョン・ケネス（John Kenneth Galbraith） 142, 158
キンドルバーバー，C.P.（Charles P. Kindleberger） 217
クー，リチャード（Richard Koo） 155, 168, 211, 235, 294, 304
クーン，トーマス（Thomas Samuel Kuhn） 340
クラーク，コーリン（Colin Grant Clark） 13
クルーグマン，ポール（Paul Robin Krugman） 101, 123, 157
ケインズ，ジョン・メイナード（John Maynard Keynes） 39, 101, 122, 346, 350
ケプラー，ヨハネス（Johannes Kepler） 341
コペルニクス，ニコラウス（Nicolaus Copernicus） 341

サ行

榊原栄資 318
サミュエルソン，ポール（Paul A. Samuelson） 102
シュンペーター，ヨーゼフ・アロイス（Joseph Alois Schumpeter） 90, 93, 170
スキデルスキー，ロバート（Robert Skidelsky） 101, 219
スティグリッツ，ジョセフ（Joseph E. Stiglitz） 205, 329
ソロー，ロバート（Robert M. Solow） 21

タ行

竹中平蔵 5, 18, 309
トッド，エマニュエル（Emmanuel Todd） 243

ナ行

ニュートン，アイザック（Sir Isaac Newton） 357-361
野口悠紀雄 243

ハ行

バーナンキ，ベンジャミン（Benjamin S. Bernanke） 40
バーノン，レイモンド（Raymond Vernon） 71
林文夫 4, 24
ファーマ，ユージン（Eugene F. Fama） 101, 328
フィッシャー，アーヴィング（Irving Fisher） 159, 167
プトレマイオス，クラウディオス（Claudius Ptolemaeus） 339
ブラーエ，チコ（Tycho Brahe） 342
フリードマン，ミルトン（Milton Friedman） 161, 171, 334, 344, 353
プレスコット，エドワード（Edward C. Prescott） 4
ボーモル，ウィリアム（William Baumol） 56

マ行

水野和夫 219
宮川努 13
ミュルダール，グンナー（Karl Gunnar Myrdal） 243, 318
ミンスキー，ハイマン（Hyman Philip Minsky） 211
盛田昭夫 92

著者紹介

向井文雄（むかい・ふみお）

1951年富山県生まれ。東北大学理学部卒。財団法人北陸経済研究所情報開発部長兼地域開発調査部部長、富山国際大学非常勤講師、富山県知事政策室参事、同県職員研修所長等を経て、現在富山県民ボランティア総合支援センター専務理事。地方財政学会、計画行政学会、経済地理学会他会員。
論文：「一面的な交付税論議の検証と行政のメカニズム」(2006年)他。共著：『100年後の中部』(中部開発センター2100年委員会編、日刊工業新聞社、2002年)。

「重不況」の経済学――日本の新たな成長に向けて

2010年11月25日　　初版第1刷発行

著　者　向　井　文　雄

発行者　武　市　一　幸

発行所　株式会社　新　評　論

〒169-0051　東京都新宿区西早稲田3-16-28
http://www.shinhyoron.co.jp
電話　03（3202）7391
FAX　03（3202）5832
振替　00160-1-113487

定価はカバーに表示してあります
落丁・乱丁本はお取り替えします

装訂　山田英春
印刷　神谷印刷
製本　手塚製本

ISBN978-4-7948-0847-9
Printed in Japan